V&R

Das Alte Testament Deutsch

Neues Göttinger Bibelwerk

In Verbindung mit Walter Beyerlin, Walther Eichrodt,
Karl Elliger, Erhard Gerstenberger, Siegfried Hermann,
H. W. Hertzberg, Jörg Jeremias, Diether Kellermann, Christoph Levin,
James A. Loader, Diethelm Michel, Siegfried Mittmann, Hans-Peter Müller,
Martin Noth, Jürgen van Oorschot, Karl-Fr. Pohlmann, Norman W. Porteous,
Gerhard von Rad, Henning Graf Reventlow, Magne Sæbø,
Ludwig Schmidt, Werner H. Schmidt, Hans-Christoph Schmitt,
Hermann Spieckermann, Timo Veijola, Artur Weiser, Peter Welten,
Claus Westermann, A. S. van der Woude, Ernst Würthwein,
Walther Zimmerli

herausgegeben von Otto Kaiser und Lothar Perlitt

Teilband 16/2

Das Hohelied / Klagelieder
Das Buch Ester

Göttingen · Vandenhoeck & Ruprecht · 1992

Das Hohelied / Klagelieder
Das Buch Ester

Übersetzt und erklärt

von

Hans-Peter Müller, Otto Kaiser
und James Alfred Loader

4., völlig neubearbeitete Auflage

Göttingen · Vandenhoeck & Ruprecht · 1992

Plan des Gesamtwerkes

Die Deutsche Bibliothek - CIP-Einheitsaufnahme

Das *Alte Testament deutsch:* neues Göttinger Bibelwerk / in Verbindung
mit Walter Beyerlin ... hrsg. von Otto Kaiser u. Lothar Perlitt. -
Göttingen; Zürich: Vandenhoeck und Ruprecht
Teilw. mit Nebent.: ATD. - Teilw. hrsg. von Artur Weiser
NE: Kaiser, Otto [Hrsg.]; Weiser, Artur [Hrsg.]; NT
Teilbd. 16.
2. Das Hohelied, Klagelieder, Das Buch Ester. - 4., völlig neubearb. Aufl. - 1992
Das *Hohe Lied, Klagelieder, Das Buch Ester* / übers. und erkl. von Hans-Peter Müller,
Otto Kaiser und James Alfred Loader. - 4., völlig neubearb. Aufl. — Göttingen: Vandenhoeck und Ruprecht, 1992
(Das Alte Testament deutsch; Teilbd. 16, 2)
ISBN 3-525-51237-6
NE: Müller, Hans-Peter; Kaiser, Otto; Loader, James Alfred

Inhalt

Das Buch Ester
Übersetzt und erklärt von James Alfred Loader
deutsch von Ilse v. Loewenclau

Abkürzungsverzeichnis

Biblische Bücher

Altes Testament

Gen	=	Genesis (1. Buch Mose)
Ex	=	Exodus (2. Buch Mose)
Lev	=	Leviticus (3. Buch Mose)
Num	=	Numeri (4. Buch Mose)
Dtn	=	Deuteronomium (5. Buch Mose)

Jos	=	Josua	Jes	=	Jesaja
Ri	=	Richter	Jer	=	Jeremia
Rut	=	Rut(h)	Klgl	=	Klagelieder
1. Sam	=	1. Samuel	Ez	=	Ezechiel/Hesekiel
2. Sam	=	2. Samuel	Dan	=	Daniel
1. Kön	=	1. Könige	Hos	=	Hosea
2. Kön	=	2. Könige	Joel	=	Joel
1. Chr	=	1. Chronik	Am	=	Amos
2. Chr	=	2. Chronik	Obd	=	Obadja
Esr	=	Esra	Jona	=	Jona
Neh	=	Nehemia	Mich	=	Micha
Est	=	Est(h)er	Nah	=	Nahum
Hiob	=	Hiob	Hab	=	Habakuk
Ps	=	Psalmen	Zef	=	Zefanja
Spr	=	Sprüche	Hag	=	Haggai
Koh	=	Kohelet/Prediger	Sach	=	Sacharja
Hld	=	Hohes Lied	Mal	=	Maleachi

Apokryphen und Pseudepigraphen des Alten Testaments

Jdt	=	Judit	Weish	=	Weisheit Salomos
Tob	=	Tobit	Sir	=	Jesus Sirach
1. Makk	=	1. Makkabäer	Bar	=	Baruch
2. Makk	=	2. Makkabäer	1. Hen	=	1. (aeth.) Henoch

Neues Testament

Mt	=	Matthäusevangelium	Joh	=	Johannesevangelium
Mk	=	Markusevangelium	Röm	=	Römerbrief
Lk	=	Lukasevangelium	1. Kor	=	1. Korintherbrief

Weitere Abkürzungen

Abkürzungen nach S. Schwertner, TRE Abkürzungsverzeichnis, Berlin–New York 1976; ferner werden gebraucht:

GesB^{17} W. Gesenius – F. Buhl, Hebräisches und aramäisches Handwörterbuch über das Alte Testament, Leipzig ^{17}1915.

GS   Geistliche Schriftlesung. Erläuterungen zum Alten Testament für die geistliche Lesung, Düsseldorf.

HAL   W. Baumgartner – J. J. Stamm u. a., Hebräisches und aramäisches Lexikon zum Alten Testament, Leiden 1967 ff.

KTU   M. Dietrich – O. Loretz – J. Sanmartín, Die keilalphabetischen Texte aus Ugarit (AOAT 24/1), Neukirchen 1976.

LXX   Septuaginta (die griechische Standardübersetzung des Alten Testaments).

NEB   Die Neue Echter Bibel.

PAAJR   Proceedings of the American Academy for Jewish Research.

POT   De Prediking van het Oude Testament.

RHA   Revue Hittite et Asianique.

WTM   J. Levy, Wörterbuch über die Talmudim und Midraschim I–IV, Berlin – Wien ^{2}1924 = 1963.

Das Hohelied

Übersetzt und erklärt von
Hans-Peter Müller

Meinem Mitarbeiter, Herrn Volker Kluft, danke ich für vielfältige Hilfe bei der Manuskriptgestaltung. — Da die Arbeit im Sommer 1989 abgeschlossen vorlag, konnten Publikationen, die danach erschienen sind, nicht mehr berücksichtigt werden.

Hans-Peter Müller

Einleitung

1. Während einzelne Stücke des Hohenliedes in der einen oder anderen Form bis in die ältere Königszeit zurückgehen mögen[1], besteht heute nur noch wenig Grund, daran zu zweifeln, daß die abschließende Sammlung und Redaktion, oft auch eine sprachliche Überformung vorgegebener Texte und Teilsammlungen wie 3,1-11; 4,8-5,1; 5,(2-)9-6,3 erst im 3. Jh. v. Chr. geschahen[2].

Dafür sprechen neben den zahlreichen lexikalischen und grammatischen Aramaismen Merkmale einer späten, zum Hebräisch der Mischna hinüberleitenden Sprachform sowie je ein griechisches und ein altiranisches Fremdwort, nämlich 'appirjôn „Tragsessel" 3,9 < φορεῖον und pardēs „Hain" 4,13 < pari-daiḍam „hinter der Mauer" (vgl. unser „Paradies"); dazu kommt die Fülle eines Wohlstands- und Luxusvokabulars, verteilt auf fast die ganze Sammlung, was auf jahrhundertelange Welthandelsbeziehungen, dazu auf eine Lockerung religiös-ethischer Bindungen hinweist und in manchem an Kohelets Experiment mit der „Torheit" der Lebensfreude Pred. 2,1-11 und an deren resultierende Empfehlungen Koh. 2,24-26; 3,12f. u.ö.; 11,9-12,6 erinnert. Dabei scheint es, als verdanke sich zwar nicht die Entstehung, wohl aber die endgültige Sammlung und Redaktion der Einzeltexte, wenn diese im 3., dem hellenistischen, Jh. v. Chr.[3] anzusetzen sind, einer Anregung des übermächtigen ägyptischen Alexandria, insbesondere vom Hof des kultur- und genußbeflissenen Diadochen Ptolemaios II Philadelphos (284-246 v. Chr.). Die „alexandrinische Dichterschule" mit griechisch schreiben-

---

1 Vgl. etwa zu 1,9-11. — Am energischsten für eine Datierung des *vorliegenden* Textes des Hohenliedes in die frühe Königszeit ist Gerleman (Das Hohelied [S. 10], bes. 75-77) eingetreten, indem er eine dem entgegenstehende Sprachevidenz herunterzuspielen suchte. Dagegen zieht Ringgren (Das Hohe Lied [S. 10], 253) „die Annahme ..., die ursprünglichen Lieder können sehr wohl in die ältere Königszeit zurückreichen," mit Recht nur unter der Voraussetzung in Betracht, daß „man ... mit einer ziemlich eingreifenden Überarbeitung der einzelnen Lieder rechnet".

2 An eine Entstehung der Sammlung im 3. Jh. v. Chr. denken neben anderen O. Eißfeldt (Einleitung in das Alte Testament, ⁴1976, 664), M. Hengel (Judentum und Hellenismus, ³1988, 238), G. Garbini (La datazione del „Cantico dei Cantici", Revista degli Studi Orientali 56, 1982, 39-46) und O. Kaiser (Einleitung in das Alte Testament, ⁵1984, 365). Etwas weitmaschiger auf die Zeit zwischen dem 4. und 2. Jh. v. Chr. führt die Sprachevidenz nach Fox (Song of Songs [vgl. S. 10], 186-190, bes. 189); vgl. die Arbeiten Krinetzkis. Andere denken allgemeiner an eine Entstehung der Sammlung in nachexilischer Zeit.

3 Zum Charakter des 3. Jh.s v. Chr. als eines Zeitalters erster weitreichender Hellenisierungen des Frühjudentums vgl. Hengel, Judentum und Hellenismus (Anm. 2), passim.

den Autoren wie Kallimachos, Apollonios von Rhodos und vor allem Theokrit[4] pflegte zwar einen völlig anderen Stil und weithin andere Inhalte; der Druck aber, der von einer überlegenen dichterischen Leistung in der bewunderten Metropole – Palästina gehörte im 3. Jh. v. Chr. zum Ptolemäerreich – auf die Provinz ausgeübt wurde, mag gleichwohl dazu beigetragen haben, eigene thematisch vergleichbare Traditionen zu mobilisieren, zu sammeln und einer endgültigen Gestaltung zuzuführen.

Darin artikuliert sich – wieder wie bei Kohelet, dessen Weisheit der Lebensfreude in der Sammlung des Hohenliedes gleichsam eine poetische Ausführung findet – eine begüterte, politisch aber depotenzierte palästinische Oberschicht, ein „Bürgertum", wenn man Analogien liebt, eine urbane jerusalemische Bildungsklasse in jedem Fall, die keine Gelegenheit hat, Vitalitätsreserven für den Existenzkampf zu mobilisieren, diese darum zunächst gegen das eigene Innere wendet, um vermutlich der Skepsis, offenkundig aber der Gleichgültigkeit gegenüber der offiziellen Religion zu verfallen, und schließlich beides durch die religiös-ästhetisch unterlaufene Verherrlichung einer naturorientierten Lebensfreude kompensiert[5]. Uralt-heidnische Vorstellungsreste, Erinnerungsspuren auch aus Magie und Mythos werden in spielerischer Umformung – unberührt von prophetischer Götzenpolemik, die in nachexilischer Zeit zu kanonischer Selbstverständlichkeit degenerierte – wiederum lebendig, tauchen aus Unterbewußtseinsschichten auf, um Poesie zu gestalten und so zu einer dichterischen Wirklichkeitsaneignung, die nichts von allgemeiner Verbindlichkeit hat, stimmungsmächtig beizutragen[6]. Das geistig-religiöse Leben der späteren nachexilischen Zeit, insbesondere des durch Traditionsabbruch und weltanschauliche Überfremdung gekennzeichneten 3. Jh. s v. Chr., ist bunt, ja antagonistisch: gegenwartsgenügsame Theokratie und weltflüchtige Endzeiterwartung, „Weisheit" und deren skeptische Auflösung, frühe Gesetzesfrömmigkeit und ein zumindest in der Phantasie ausgelebter, assimilationsbereiter Freisinn stehen neben- und gegeneinander; vor allem motivieren sie sich untereinander – Turbulenz einer Übergangszeit.

Dennoch bleibt vor exegetischen Vereinnahmungen zu warnen. Aktualisierungszwänge seitens zeitgenössischer Theologie mögen befriedigt sein, wenn sie den triumphierenden Säkularismus der Gegenwart und vermutlich des eigenen Selbst in einer biblischen Analogie wiederfinden. Sie sollten sich aber hüten, zu

---

[4] Vgl. zu 1,7 f. mit Anm. 23 (Lit.).

[5] Zum sozial- und geistesgeschichtlichen Hintergrund Kohelets und des Hohenliedes vgl. H.-P. Müller, Neige der althebräischen „Weisheit", ZAW 90, 1978, 238–264, bes. 254–260, ferner Ders., Theonome Skepsis und Lebensfreude, BZ 30, 1986, 1–19; Der unheimliche Gast. Zum Denken Kohelets, ZThK 84, 1987, 440–464.

[6] Daß wir mit dieser und ähnlichen nachfolgenden Feststellungen nicht der mythisch-kultischen Deutung des Hohenliedes das Wort reden wollen (vgl. zuletzt Ringgren, Das Hohe Lied [S. 10], 253/4 [Lit.]), wird zu betonen nicht ganz überflüssig sein: welche Differenzen zwischen virulentem Mythos und einer lyrischen Reproduktion des Mythischen bestehen, hat der Verfasser in: Die lyrische Reproduktion des Mythischen im Hohenlied, ZThK 73, 1976, 23–41, umrissen; vgl. Ders., Vergleich und Metapher im Hohenlied (OBO 56), 1984.

vereinerleien: was heute Mehrheitsgesinnung ist, die der Rechtfertigung nicht mehr zu bedürfen meint, war im 3. Jh. v. Chr. eine befremdliche Randerscheinung in Kreisen, die sich bei ihrem Traditionsabbruch elitär dünken mochten, um – anknüpfend vermutlich an gängige Sitte, die vielleicht schon zur Folklore geworden war – in die Phantasiewelt literarischer und geselliger Travestien (s. zu 1,4a.5f. u.ö.) einzutauchen. Dabei brauchte eine ästhetisierte Religiosität ihre Vorstellungsmodelle und emotionalen Anregungen weder weit herzuholen – Kanaanäisches mochte man in der Nachbarsiedlung aufnehmen; noch war Paganes in Israel jemals so exotisch, wie die nachexilischen Schriften des Alten Testaments suggerieren und es gleichzeitig einer protestantisch-aufklärerischen Spätfrömmigkeit entsprechen mag. Insbesondere eine gelegentlich und vorsichtig verwirklichte Theomorphie (Gottesbildlichkeit) des lyrisch verklärten Menschen, neben dem Königsspiel der Liebenden die radikalere Weise einer Travestie-nach-oben (s. zu 1,13.16 u.ö.), mochte an einem gemeinorientalischen, nicht nur biblischen Bewußtsein der Gottebenbildlichkeit des Menschen (Gen. 1,26f. u.ö.), aber auch an einem paganen Gefühl eigener Gotthaltigkeit[7] seine Motivation gehabt haben, so daß nur wenig Einbildungskraft dazu gehörte, dergleichen in dichterischer Atmosphäre wieder lebendig werden zu lassen.

2. Die erste und zugleich größte Schwierigkeit, die sich einer Interpretation des Hohenliedes entgegenstellt, liegt, von den Exegeten allerdings selten wahrgenommen[8], bei der Übersetzung des hebräischen Textes.

Die dichterische Sprache des Hohenliedes mit ihren im Alten Testament sonst wenig, oft gar nicht belegten z.T. unverständlichen Wörtern und ihrer gedrängten, alles Überflüssige vermeidenden Syntax beruht auf einer poetischen Stiltradition, die wir im nordwestsemitischen Raum bis zu den Texten aus Ugarit (14./13. Jh. v. Chr.) zurückverfolgen können. Innerhalb dieser Tradition ist zumindest das Hohelied als Sammlung ein Spätprodukt. Neben sprachlichen Archaismen, die sich von dem, was alltagssprachliche Gewohnheit ausmacht, anscheinend weit entfernen, zeigt sich der bereits erwähnte Einfluß des Aramäischen in Diktion und Satzbau, da Aramäisch offenbar bereits das Idiom des profanen Alltags war. Wie viel von dem, was nach unserer bisherigen Kenntnis der semitischen Sprachen als ein Aramaismus erscheint, in Wirklichkeit Älteres repräsentiert, das sich zufällig nur im Aramäischen erhalten hat, wissen wir allerdings nicht sicher.

Wie läßt sich eine solche Mischsprache ins Deutsche übertragen? Bei den Hapaxlegomena (nur einmal belegten Vokabeln) und bei seltenen bzw. abweichend von den Prosabedeutungen gebrauchten Wörtern ist man auf den riskanten Vergleich mit nachbarsprachlichen Entsprechungen (altsemitischen Isoglossen) und

---

[7] Babylonische Menschenschöpfungsmythen berichten des öfteren von der Schlachtung eines Gottes, wonach dessen Fleisch und Blut, etwa mit Lehm vermischt, als Material für die Formung des Menschen verwendet werden; so ist der Mensch gleichsam Blutsverwandter von Göttern.

[8] Von den rühmlichen Ausnahmen mögen hier nur die Kommentare von W. Rudolph und M. Pope genannt werden.

auf die antiken Übersetzungen angewiesen; aber auch diese scheinen, so sehr sie Beachtung verdienen, ihrer Aufgabe nicht immer gewachsen oder – in manchen Fällen – durch Voreingenommenheiten an einem Verständnis, wie wir es für sachgemäß halten, gehindert gewesen zu sein. An nicht wenigen Stellen muß darum die Entscheidung über die richtige Übersetzung offenbleiben; die entsprechende Problemlage wird dann jeweils in Anmerkungen, soweit nötig und sinnvoll, dargestellt. – Ebenso schwierig, wenn nicht schwieriger, ja teilweise unerreichbar ist die Umsetzung einer „gehobenen", manchmal ein wenig manierierten Diktion, die mit schlichtem, volksliedhaftem Ton abwechselt. Das dichterische Sprachgeschehen, im besonderen aber die Lyrik lebt ja immer mehr vom Stil als von Inhalten; das Wie ist in seiner die Wirklichkeit verwandelnden Kraft ein Teil des Was, wenn nicht gar dieses selbst. Auch darauf ist in einigem Detail hinzuweisen, nicht ohne daß die theoretischen Voraussetzungen von Wahrnehmungen zum Stil der Gedichte hin und wieder kenntlich gemacht werden.

Wenn schon in der Übersetzung Wichtiges unentschieden bleibt, kann erst recht die Interpretation nicht immer wissenschaftliche Eindeutigkeit erreichen oder sie auch nur wünschen. Die Deutung poetischer Texte läßt sich im Grunde überhaupt nicht wissenschaftlich absichern, da das, was sie hörenswert macht, nun einmal nicht bei objektiven Inhalten oder in geradezu mathematisch darstellbaren Strukturen liegt: Dichtung lebt, abgesehen von jenem Unnennbaren, das wir Stil nennen, von Assoziationen, die unterhalb des logischen Niveaus eigentlicher Begrifflichkeit bleiben, schließlich von einem tastenden Weiterfragen, zu dem sie anregt; lyrische Dichtung verharrt darüber hinaus in einer Vieldeutigkeit, die ihren Hörer bzw. Leser nicht bevormundend festlegen will. Auch da, wo die Übersetzung relativ eindeutig scheint – man denke nur an 8,8-10 —, gelangt die Auslegung oft selbst über ein tastendes Fragen nicht hinaus. Die erlebte Welt, wie sie in der Dichtung zum Ausdruck kommt, ist im Unterschied von der reflektierten, womöglich einlinig abgeleiteten Welt immer komplexer, widerspruchstoleranter, ungleichgewichtiger, ohne daß in solcher Beschreibung eines poetischen Wirklichkeitszugangs die Abwertung aller übrigen begründet läge.

3. Mag die Anregung zur Sammlung der Texte, die sich im Hohenlied vereinigt finden, aus dem Hellenismus gekommen sein, die Gattungen und die mit ihnen verbundenen Stimmungen und Motive sind orientalisch-palästinisch; es war, auch was die Liebesdichtung betrifft, eine tausendjährige, weit gefächerte autochthone Tradition, die sich durch hellenistische Konkurrenz herausfordern ließ. Gattungsentsprechungen finden sich sowohl in Ägypten[9], als auch in Mesopotamien sowie später in der arabischen Literatur; noch die Folklore des neuzeitlichen Palästina läßt Vergleiche mit Verhaltensweisen zu, die wir im Zusammenhang mit Texten des Hohenliedes vermuten[10].

Die Merkmale, an denen die Einzelgattungen erkennbar sind, werden in der Exegese der betreffenden Texte genannt. Hier genügt darum ein kurzer Über-

---

[9] Vgl. A. Hermann, Altägyptische Liebesdichtung, 1959, 124-136; Fox, Song of Songs (S. 10), 227-252.

[10] Vgl. zum Verhältnis von neuerer palästinischer Volksdichtung und Hohemlied S. Linder – H. Ringgren, Palästinische Volksgesänge I, Uppsala – Wiesbaden 1952, und die S. 15 Anm. 10 genannte Lit.

blick[11]. Die längste Tradition hat das aus der kultischen Beschreibungshymne für Götter hervorgegangene erotische *Beschreibungslied* (für eine Frau 2,2; 4,1–7[?] 12–15, für einen Mann 2,3.8f.; 5,10–16, vgl. 3,9–11), das in der arabischen Literatur unter der gleichbedeutenden Bezeichnung *waṣf* (von *waṣafa* „beschreiben, schildern") fortlebt. Damit verfließende Nebenformen sind das den Partner anredende, gelegentlich die Wirkungen seiner Schönheit auf den Sprecher bezeichnende *Bewunderungslied*, das manchmal durch rhetorische Fragen um staunendes Einverständnis wirbt (für eine Frau 1,9–11.15; 3,6–8; 4,1–7[?].9–11; 6,4–7.10; 7,1–7.8–10; 8,5a, für einen Mann 1,16f.), ferner die *Selbstschilderung* (1,5f.; 2,1; 8,10) und das *Prahllied* (6,8–9a; 8,11f.). Aus Ägypten wie aus dem Hohenlied bekannt, vielleicht schon in der Volkspoesie des älteren Hellas angelegt, ist die weit in die hellenistische und vor allem römische Dichtung hineinwirkende *Türklage* (Paraklausithyron) des ausgeschlossenen Liebhabers (2,10–14; 5,2b). – In ihrer Form weniger festgelegt sind die mit den Türklagen stimmungsmäßig verwandten *Sehnsuchtslieder* (der Frau 1,2–4; 2,4.16[?]; 7,12f.; 8,1f.6f., des Mannes 8,13f.), die oft scherzhaften *Rollengedichte* oder *Dialoge* (1,7f.15–17; 2,1–3; 4,12–5,1; 8,8–10) und vor allem mehrere *Erlebnisschilderungen*, die Naturszenen als Rahmen des erotischen Geschehens vergegenwärtigen (der Frau 2,8–14; 6,2; 8,5b, des Mannes 6,11), sowie die beiden *Traumschilderungen* einer Frau 3,1–4(5); 5,2–8. In keine Gattung einzuordnen sind meist die vielen versprengten Fragmente, nämlich 1,12.13f.; 2,6f.15; 4,8; 7,11.14, und redaktionelle Rahmenverse wie 5,9.16b; 6,1.

So sehr die orientalische Liebesdichtung individuelles Empfinden gestaltet, so sehr ist sie doch durch Formzwänge an die Sprachmodelle gebunden, die eine jahrhundertelange Konvention für dessen Ausdruck zur Verfügung stellt. Hierin unterscheidet sie sich von der sehr viel originelleren neuzeitlich-abendländischen Lyrik insbesondere seit der Romantik, für die ein formgebundener Standard zu dichterischer Schöpferkraft in prinzipiellem Gegensatz zu stehen scheint.

Der ursprüngliche Sitz im Leben für die *Entstehung* des meist kurzen Einzelliedes ist wie wohl überall in der Welt das Spiel der Liebenden, das sich den normativen Institutionen jeder Gesellschaft in einem geringeren oder größeren Maße entzieht und einen am institutionalisierbaren Gemeinschaftsleben orientierten Begriff des Lebenssitzes im Grunde sinnlos macht. Aber auch ohne gesellschaftlich sanktionierte Institutionen können sprachlich-literarische Konventionen entstehen, wobei aus der mündlichen Literatur des Volkslieds wie in der frühgriechischen Lyrik allmählich die Kunstdichtung entsteht, ohne daß eins vom anderen immer deutlich abgrenzbar wäre. Bevorzugter Ort des *Vortrags* und damit der *Tradition* solcher Lieder mögen wie im alten Ägypten Gastmähler gewesen sein (vgl. zu 2,4; 4,12–5,1; 7,1).

Für den volksliedhaften Ursprung der im Hohenlied vereinigten Texte sind die Wiederholungen von Motiven und Wendungen, ja ganzer Verse und Gedichte

---

[11] Grundlegend ist F. Horst, Formen des althebräischen Liebesliedes (1935), in: Ders., Gottes Recht, 1961, 176–187.

charakteristisch. Für den wachsenden Kunstverstand der Sammlung und Redaktion dagegen zeugt nicht nur der Wunsch, größere kompositorische Einheiten zu bilden[12], sondern auch die in einzelnen Stücken anspruchsvolle Sprache mit wohlstands- und luxusorientierten, z.T. exotischen Kulturwörtern und einer dichtungsbewußten Syntax. Merkmale einer tendenzgesteuerten Redaktion, sei es in Teilsammlungen oder in der mehr oder weniger endgültigen Textfassung, lassen sich, wie es dem Charakter der Gattung entspricht, nicht aufweisen; eine sichere Abgrenzung redaktioneller Einfügungen gelingt überhaupt nur in seltenen Fällen.

4. Anstelle der in Judentum und Christentum jahrhundertelang herrschenden allegorischen Deutung hat sich, nicht zuletzt dank des reformatorischen Schriftverständnisses, die buchstäbliche oder natürliche Deutung der Einzeltexte als Liebesgedichte so weit durchgesetzt, daß es ihrer Rechtfertigung nicht mehr bedarf. Die Problematik der Kanonizität eines Textes, der - wenn auch nur an wenigen Stellen - in seiner Drastik zumindest dann befremdet, wenn die Übersetzung auf Retouchierungen verzichtet, ergibt sich dennoch nicht allein aus dem Scheitern einer weithin phantastischen allegorischen Auslegung, sondern auch aus der Einsicht in die Unmöglichkeit einer salomonischen Verfasserschaft, deren Voraussetzung allem Anschein nach für die Kanonisierung der Anlaß war (s. zu 1,1). - Das Erstaunen darüber, daß die Bibel eine Sammlung von Liebesliedern enthält, ist heute freilich geringer als in früheren Jahrhunderten. Auf modernitätsbeflissene, vordergründige Abmahnungen gegenüber einer endlich zu überwindenden Leibfeindlichkeit samt ohnehin obsoleter Polemik gegen diese verzichten wir; sich bei Modeerscheinungen einzunisten, hat der Theologie langfristig noch immer Schaden gebracht. Die religiöse, wenn schon nicht kanonische Bedeutung des Hohenliedes sehen wir vielmehr darin, daß Reminiszenzen halbvergessenen Heidentums bei weitgehendem Geltungsverlust der bislang tragenden und verpflichtenden Offizialreligion, beim späten Verfall vor allem der klassischen Heilsgeschichtsentwürfe augenblickhaft am liebenden und geliebten Menschen aufscheinen, weil das Heilige einen neuen dichterischen Verwirklichungsraum in Elementarerfahrungen suchen muß. Naturreligiöse Zwischentöne, die älteren Liedern schon ursprünglich zueigen waren, gewinnen in der spätnachexilischen Zeit der Sammlung neues Gewicht.

Bleibt also das Hohelied ein altorientalisches, profan zu deutendes Buch, dem nicht aus anderen Teilen des Alten Testaments eine kanongerechte Theologie unterlegt werden darf, so fragt sich, wie weit man auf der Suche nach Geistesverwandten anderweitige Ausschau halten darf. Selbstverständlich kommen neben den heute meist reichlich beigebrachten ägyptischen Entsprechungen mesopotamische, sumerische sowohl als akkadische, Parallelen in Frage; sie alle sind älter als die Sammlung des Hohenliedes. Wir nehmen im Kommentar darüber hinaus

---

[12] Den Versuch, im ganzen Hohenlied einen dramatischen Aufbau zu finden, hat Keel (Das Hohelied [S. 10], 24-27) mit Recht noch einmal zurückgewiesen; Keel unternimmt selbst vorsichtige Versuche, engräumigere Kompositionsschemata zu finden.

auf Texte der frühgriechischen Lyrik Bezug – nicht weil wir meinen, diese seien in wesentlichem Maße altorientalisch beeinflußt, sondern aufgrund der Beobachtung, daß frühe Kulturen, wenn es um die religiöse und künstlerische Gestaltung von Phänomenen elementaren natürlichen Lebens geht, untereinander einen nur geringen differentiellen Abstand haben. Einst selbstverständliche Empfindungen, die uns zumeist nur noch in Verzerrungen zugänglich sind, kommen aus der orientalischen wie der griechischen Antike heilsam auf uns zurück – in einer relativ unverbrauchten Anschauungskraft und Sprache; freilich ist die Sammlung des Hohenliedes so viel jünger als Sappho und deren lyrische Zeitgenossenschaft, daß wir uns nicht wundern dürfen, wenn Metaphern, die als einzelne ihr Gewicht bereits eingebüßt haben, nicht selten gehäuft werden müssen. Die mit der Liebe verbundenen Stimmungen und Motive sind, auch was deren religiöse Durchdringung angeht, von der Verschiedenheit der Nationalreligionen weithin unberührt.

Ein von Fragen kanonischer Geltung unabhängiges theologisch-philosophisches Problem ist schließlich durch den Tatbestand bezeichnet, daß der Mensch viel ursprünglicher und umfassender unter biologischen als unter geschichtlich-gesellschaftlichen Bedingungen steht; darum auch vermögen uns – fernab von allen hermeneutischen Kunststückchen – Liebeslieder so ferner Kulturen wie der altorientalischen oder der frühgriechischen immer noch unmittelbar anzusprechen. Die alttestamentlichen Heilsgeschichtsentwürfe, die allerdings nicht die einzig relevanten Konzepte der alttestamentlichen Religion sind, haben, da sie geschichtsbedingt sind und ihrerseits Geschichte gestaltet haben, ohnehin kaum Denkfiguren gebildet, die für eine religiöse Deutung der biologischen menschlichen Befindlichkeit Hilfen bieten; die schroffe Abweisung mythischer Naturreligion durch die prophetische Bewegung und ihre Nachwirkungen hat in dieser Hinsicht ein Vakuum hinterlassen. Für das Bewußtsein der Heiligkeit einer Lebenswelt, an der der Mensch mit anderen Kreaturen teilhat, vermögen umgekehrt Texte wie das Hohelied gerade darum etwas zu leisten, weil sie die naturreligiöse Erfahrung im Jeweiligen, dazu dichterisch Gebrochenen belassen. Eine die Wirklichkeit überfremdende Gesamttheorie kann ausbleiben, ohne daß man etwas vermißt; Doktrinen und Ideologien sind nicht zu befürchten. Im durchrationalisierten System unseres wissenschaftlich-technischen Weltumgangs, worin das Heilige und das Schöne unter dem Verdikt der Irrelevanz verkommen, mag zudem die dichterische Spiegelung der Liebe für manchen überhaupt die letzte Quelle religiöser Begegnung sein.

Kommentare zum Hohenlied in Auswahl

Die Kommentare werden im Vorangehenden und Folgenden mit den unten in eckigen Klammern angegebenen Kurztiteln zitiert. Für Monographien und Aufsätze zum Hohenlied wird auf die Anmerkungen verwiesen; vgl. ferner die Literaturangaben in: H. Graf Reventlow - P. Kuhn - U. Köpf - J. M. Vincent, Art. Hoheslied, TRE XV, 1986, 499-514, bes. 502, zur Auslegungsgeschichte 506-508, 512f.

A. Bea, Canticum Canticorum Salomonis (SPIB 104), Rom 1953 [= Bea, Canticum Canticorum].

F. Delitzsch, Hoheslied und Koheleth (Biblischer Kommentar über das Alte Testament 4), Leipzig 1875 [= Delitzsch, Hoheslied].

M. V. Fox, The Song of Songs and the Egyptian Love Songs, Madison/Wisconsin 1985 [= Fox, Song of Songs]; Übersetzung und Kommentar S. 82-177.

G. Gerleman, Ruth. Das Hohelied (BK XVIII), Neukirchen (1965) ^{2}1981, S. 43ff. [Gerleman, Das Hohelied].

M. Haller, Das Hohe Lied, in: M. Haller - K. Galling, Die Fünf Megilloth (HAT I 18), Tübingen 1940, S. 21-46 [= Haller, Das Hohe Lied].

O. Keel, Das Hohelied (ZBK AT 18), Zürich 1986 [= Keel, Das Hohelied].

L. (= G.) Krinetzki, Das Hohe Lied (KBANT), Düsseldorf 1964 [= Krinetzki, Das Hohe Lied].

G. Krinetzki, Hoheslied, in: W. Dommershausen, Ester - G. Krinetzki, Hoheslied (Die Neue Echter Bibel), Stuttgart 1980.

G. Krinetzki, Kommentar zum Hohenlied (Beiträge zur biblischen Exegese und Theologie 16), Frankfurt 1981 [= Krinetzki, Kommentar zum Hohenlied].

O. Loretz, Das althebräische Liebeslied (AOAT 14/1), Neukirchen 1971 [= Loretz, Das althebr. Liebeslied].

M. H. Pope, Song of Songs (AncB 7C), Garden City/New York (1977) ^{5}1983 [= Pope, Song of Songs].

H. Ringgren, Das Hohe Lied, in: H. Ringgren - O. Kaiser, Das Hohe Lied/Klagelieder/Das Buch Esther (ATD 16/2), Göttingen (1962) ^{3}1981, S. 253-290 [= Ringgren, Das Hohe Lied].

W. Rudolph, Das Hohe Lied, in: Ders., Das Buch Ruth, Das Hohe Lied, Die Klagelieder (KAT XVII 1-3), Gütersloh 1962, S. 73-186 [= Rudolph, Das Hohe Lied].

R. J. Tournay, Quand Dieu parle aux hommes le langage de l'amour. Études sur le Cantique des Cantiques (Cahiers de la Revue biblique 21), Paris 1982; englische Übersetzung: Word of God — Song of Love. A Commentary on the Song of Songs, New York & Mahwah/New Jersey 1988.

E. Würthwein, Das Hohelied, in: E. Würthwein - K. Galling - O. Plöger, Die Fünf Megilloth (HAT I 18), Tübingen ^{2}1969, S. 25-71 [= Würthwein, Das Hohelied].

Auslegung

1,1

1 Das Lied der Lieder, das von Salomo (stammt)[1].

Der Redaktor vermutlich des 3. Jh.s v. Chr., der für die folgende Sammlung profaner Liebeslieder – reichlich anachronistisch – Salomo als Verfasser in Anspruch nimmt, hätte zwei Gesichtspunkte geltend machen können: (1.) die Königsrolle, die der Liebende spielt, wobei der Name „Salomo" fällt Hl. 3,(7)9.11 (vgl. dagegen 6,8.9a und 8,11 f.), dazu die Königinrolle seiner Partnerin *hš(w)lmjt* der „Salomonin", d.h. der zu Salomo Gehörigen, 7,1 (s. dazu) und (2.) die Angabe von 1. Kön. 5,12, wonach Salomo, der exemplarische Weise, neben „3000 Sprüchen" auch „1005 Lieder" verfaßt habe. Die Behauptung salomonischer Verfasserschaft hat – wie im Falle Kohelets, des „Predigers" Salomo, der mittels einer Königstravestie ein Experiment mit der Lebensfreude im Unterschied von der Weisheit macht (Koh. 2,1 ff., s. zu 1,4) – als Motiv der Kanonisierung des Buchs offenbar eine Rolle gespielt, wobei die Natürlichkeit, mit der der Text von der Liebe spricht, zumindest nicht geradezu hinderlich war. Später, bei prüderer Moral, scheint die kanonische Geltung der Sammlung zu einer allegorischen Deutung gezwungen zu haben[2], die im Verhältnis der Liebenden mehr oder weniger ausschließlich eine Metapher für das Verhältnis Jahwes zu Israel, Christi zur Kirche bzw. zum gläubigen Einzelnen o.ä. sah[3]. Dagegen scheint die im Frühmittelalter aufkommende Verwendung des Hohenliedes als Festrolle für das Passah[4] die allegorische Deutung bereits vorauszusetzen.

---

[1] Zur Übersetzung vgl. Keel, Das Hohelied, 47. Die Überschrift sticht von der Sammlung auch dadurch ab, daß sie den einzigen Beleg für die vorwiegend in Prosa gebrauchte Relativpartikel *'ªšär*, hier: „das", statt des sonst im Hohenlied verwendeten *šä-* enthält.

[2] Vgl. Rudolph, Das Hohe Lied, 83 f., mit „Prüfung der (spärlichen) altjüdischen Angaben"; anders Ringgren, Das Hohe Lied, 256, der umgekehrt, wenn auch unter Vorbehalt, damit rechnet, daß die Aufnahme des Hohenliedes in den Kanon erst durch eine allegorische Auslegung ermöglicht wurde.

[3] Vgl. die detaillierte Darstellung bei F. Ohly, Hohelied-Studien. Grundzüge einer Geschichte der Hoheliedauslegung des Abendlandes bis um 1200 (Schriften der Wissenschaftlichen Gesellschaft an der Johann Wolfgang Goethe-Universität Frankfurt am Main, Geisteswissenschaftliche Reihe 1), 1958.

[4] Vgl. zum einzelnen Rudolph, Das Hohelied, 77.

1,2-4

2 Er küsse mich mit Küssen seines Mundes!
   Ja, deine Liebe ist besser als Wein.
3 An Duft sind gut deine Salben.
   Ausgeschüttetes Öl ist dein Name.
   [Darum lieben die Frauen dich.]
4 Nimm mich mit dir! Mach's eilig!
   Der König bringe mich in seine Gemächer[5]!
   Wir wollen frohlocken, uns freuen an dir,
   deine Liebe preisen mehr als den Wein.
   [Mit Recht lieben sie dich[6].]

Das Stück ist ein Sehnsuchtslied der Frau. Auffällig ist einerseits der Wechsel von Anreden der Frau an den Bewunderten (V.2b.3a.4abβγ) und jussivischen Appellen an ihn (2a.4bα), andererseits das anscheinend konkurrenzlose Nebeneinander einer einzelnen Sprecherin (2.3a.4abα) und anderer Frauen (4bβγ). Darüber hinaus ist in 3b und 4bδ von Frauen in der 3. Person die Rede, während der junge Mann wieder angeredet wird. Handelt es sich um Lieder, die schon bis zur Fragmentierung zersungen sind und darum einen geschlossenen Zusammenhang vermissen lassen[7]? Entsprechen die Konkurrenten der fiktiven Sängerin nur den „Töchtern Jerusalems" (1,5 u.ö.) als Statisten der lyrischen Szenerie? Oder gehört es zum poetischen Stil, daß die Szenerie verschwimmt und selbst die Empfindungen konturlos werden?

2 Liebe und Wein sind vergleichbar, weil beide in Rausch versetzen (vgl. 1,12; 4,10; 5,1b; 7,10; 8,2b)[8]; der Rausch der Liebe aber dringt tiefer[9]. — Den Überset-

---

5 Die Afformativkonjugation (das „Perfekt") $h^a bî'anî$ ist, ohne daß der Text verändert werden müßte, wie auch sonst gelegentlich im Hebräischen jussivisch zu verstehen. Nähme man sie präterital — „der König *hat* mich in seine Gemächer gebracht" —, so geschähe schon hier die Erfüllung der das Lied beherrschenden Sehnsucht. Eine Vokalisation (Punktation) als Imperativ Singular, $h^a bî'ênî$ „bringe mich!", wie sie von BHK, BHS u.a. nach der griechischen Übersetzung des Symmachos und nach Peschitta, der syrischen Bibelübersetzung, vorgeschlagen wird (vgl. zu 2,4), zöge nach sich, daß $hammäläk$ als Vokativ „o König" verstanden und mit Peschitta $hadräkä$ „dein Gemach" gelesen wird, worin ein alternatives Verständnis bestände.

6 Wenn der Text richtig ist, liegt so etwas wie „gnomisches Perfekt" vor, das dem griechischen Aoristus gnomicus entspricht und präsentisch (zeitlos) wiedergegeben wird; vgl. W. Gesenius - E. Kautzsch, Hebräische Grammatik, ^{28}1909, § 106k.

7 Einer solchen Voraussetzung würde auch eine redaktionsgeschichtliche Aufteilung des Textes entsprechen, d.h. der Vermutung nachträglicher Bearbeitung, wie sie Loretz (Das althebr. Liebeslied, hier: 4f.) zu begründen sucht; Loretz schreibt V.3b und 4bδ sowie das Wort $hammäläk$ „der König" 4bα der Bearbeitung zu, womit die Königsrolle des Mannes für den ursprünglichen Text überhaupt entfiele. In Anknüpfung daran sind die Versteile 3b und 4bδ in unserer Übersetzung in Klammern gesetzt.

8 Für die in einen weiteren Zusammenhang dieser Topik gehörige Metapher „Weinberg" für den Leib der Frau vgl. zu 1,6.

9 Entsprechende Empfindungen werden auch einer Göttin dargebracht - so in der Einführung eines akkadischen Liedes auf die Muttergöttin $Bêlet-ilî$ = $Mama$ (Übersetzung C. Wilcke, Zeitschrift für Assyriologie 67, 1977, 154f.):

zungen „Salben" und „Öl", die lediglich die bloße Wiederholung vermeiden wol- 3
len, entspricht dasselbe hebräische Wort: $\check{s}\ddot{a}m\ddot{a}n$; gedacht ist an ätherische Öle, die
nach Est. 2,12 von Haremsfrauen gebraucht werden; solche Spezereien sind Im-
portgüter aus Südarabien und von der Somaliküste. Daß sie hier genannt werden,
hat atmosphärische Bewandtnis: durch Wohlgerüche Begierden zu wecken, gehört
zur orientalischen Liebeskunst.

Der erste Satz von V.4 ist, in lateinischer Übersetzung, aufgrund der alle- 4
gorischen Auslegung auf Christus und den gläubigen Einzelnen in eins unserer
bekanntesten Adventslieder eingegangen: trahe me post te! Im hebräischen Original kommt lediglich zum Ausdruck, wie eilig es die Liebe hat. — Der Geliebte
erscheint in einer lyrischen Travestie-nach-oben als König (vgl. 1,12; 3,9-11 sowie
in weiblicher Entsprechung 7,1-7), weil für eine vordemokratische Gesellschaft
im Königtum die klassische Wunschrolle liegt. Das erotisch-gesellige Königsspiel[10] mag darüber hinaus auf Riten zurückgehen, bei denen der König in Heili-
ger Hochzeit einen Gott, dessen priesterliche Partnerin eine Göttin vertrat[11];
bewußt war dieser Hintergrund den Liebenden sicher nicht. Eher mochte man
im 3.Jh.v.Chr., als die Lieder gesammelt wurden, die Empfindung gepflegt haben, daß individuelles Königsspiel in einem politisch entmachteten Volk für die
Unbill der Fremdherrschaft schlecht und recht entschädigen müsse. Dabei wird
der glanz- und geistvolle Ptolemäerhof in Alexandria, unter dessen Fremdherrschaft Palästina im 3.Jh.v.Chr. stand, einer „großbürgerlichen" Phantasie das
Modell der Travestie geliefert haben. — Die auf den Gebrauch des Königstitels folgende Aufforderung zur Freude ist zunächst sexuell gemeint; darüber hinaus mag
sie uns an Weisheitslehren wie die Kohelets erinnern, der in der Königsrolle ein
Experiment mit der „Torheit" der Lebensfreude macht, wobei sich herausstellt,
daß diese im Gegensatz zur „Weisheit" hält, was sie verspricht, statt mit höheren
Ansprüchen am Ende bitterer zu enttäuschen (Koh. 2,1-11.24-26; 3,12f. u.ö.;

„Ein Lied der *Bēlet-ilī* werde ich singen —
Freunde, merkt auf! Krieger, lauscht!
Mama – sie zu besingen, ist süßer als Honig und Wein!"
„Süßer ist es als Honig und Wein?
Süßer ist es als die ganz prächtigen Früchte, als ein Apfel,
als die beste reine Butter?" —
„Süßer als die ganz prächtige Frucht, als Äpfel ist es!"

10 Vgl. immer noch die Beobachtungen J.G.Wetzsteins (Die syrische Dreschtafel, Zeitschrift für Ethnologie 5, 1873, 270-302, dazu Ders., Bemerkungen zum Hohenliede, in: Delitzsch, Hoheslied, 162-177) zur syrisch-palästinischen Folklore.
11 Die Metapher von der Liebe als „Rauschtrank", die das Bild von der Frau als „Schenkin" nach sich zieht, begegnet auch in einem sumerischen Liede, das eine Priesterin im Zusammenhang der heiligen Hochzeit dem König Šu-suen darbringt (Übersetzung A.Falkensteins in:
A.Falkenstein – W. von Soden, Sumerische und akkadische Hymnen und Gebete, 1953, 119f.):

Mein Gott! Der Schenkin Rauschtrank ist süß,
wie ihr Rauschtrank ist ihre Scham süß, ist ihr Rauschtrank süß,
wie ihre Rede ist ihre Scham süß, ist ihr Rauschtrank süß,
ist ihr kaschbir-Rauschtrank süß, ist ihr Rauschtrank süß.

11,9-12,6). Gesellschaftliches Milieu und resigniert-hedonistische Lebensstimmung Kohelets entsprechen denen unserer Liedersammlung[12].

Unklar bleibt, warum V.4bβγ zur 1. Person Plural übergeht: handelt es sich um einen „Chorschluß", der den Konkurrenten der Sängerin in den Mund gelegt wird? Identifiziert sich das lyrische Ich mit dem anderer Frauen, um sich selbst größeres Gewicht zu geben (vgl. 1,11)? Oder stößt der Interpret einfach an die Grenze des rational zu Vereindeutigenden, eben weil er es mit Lyrik zu tun hat?

1,5-6

5 **Dunkel bin ich und doch reizend,**
      ihr Töchter Jerusalems,
   Wie die Zelte Kedars,
      wie die Behänge von ‚Salma'[13].
6 **Achtet darauf nicht, daß ich so dunkel[14] bin,**
      weil mich die Sonne erspäht hat.
   Meiner Mutter Söhne zürnten mir,
      setzten zur Weinbergswächterin mich.
   Meinen eigenen Weinberg habe ich nicht bewacht.

Eine Selbstschilderung der jungen Frau: das sonnengebräunte ländliche Mädchen preist seine derbere Schönheit gegenüber der hellhäutigen und gepflegten Anmut der Städterinnen. Da die Sängerin offenbar selbst Jerusalemerin ist, wofür auch der städtische Charakter vieler anderer Lieder der Sammlung spricht, liegt wie in dem folgenden Stück 1,7f. mit der Nomaden- und Gärtnerrolle eine Travestie-nach-unten vor, der Schäferinnenrolle unserer idyllischen Dichtung entsprechend: zivilisationsmüde identifiziert man sich mit dem einfachen Leben in der Steppe. Der volksliedhafte Ton beider Gedichte entspricht dieser Sehnsucht. Eine aramäische Verbalwurzel und eine deutlich aramaisierende Wendung am

---

[12] Zur poetischen Ausführung der von Kohelet begründeten Philosophie der Lebensfreude im Hohenlied vgl. H.-P. Müller, Neige der althebräischen „Weisheit", ZAW 90, 1978, 238-264, bes. 252f.

[13] Der hebräische Urtext hat: „wie die Behänge Salomos". Aber „Salomo" paßt weder im Parallelismus membrorum zu „Kedar", noch die parallel mit Zelten genannten „Behänge" in einen Palast. Offenbar folgt die masoretische (frühmittelalterlich-jüdische) Vokalisation der Suggestion der Salomorolle bzw. der fiktiven salomonischen Verfasserschaft. Die demgegenüber passendere Lesung šalmā gewinnt man, ohne den hebräischen Konsonantentext zu verändern.

[14] Der hebräische Text verwendet hier eine Reduplikationsform des in V.5 für „dunkel" gebrauchten Adjektivs.

Ende des Gedichts[15] sprechen für seine spät-nachexilische Entstehung oder Bearbeitung. Inhaltlich fügt der Text sich in eine Zeit, als die Verstädterung der frühjüdischen Gesellschaft zugenommen hatte.

Die „Töchter Jerusalems" sind, wie in 2,7; 3,5.10; 5,8.16; 8,4, Statisten der lyri- 5 schen Szenerie, die hier die urbane Gegenseite verkörpern, der die fiktive ländliche Schönheit wohl in Wirklichkeit selbst angehört. — $q\hat{e}d\bar{a}r$ und $\check{s}alm\bar{a}$ heißen Araberstämme fern im glühenden Süden, mit deren schwarzen Zelten aus Ziegenfellen die Sängerin sich wegen ihrer Rolle als dunkelhäutiges Nomadenmädchen vergleicht, die sie damit offenbar andeutet[16].

Vers 6b arbeitet mit der für das Hohelied charakteristischen gegenständlich- 6 metaphorischen Doppelbedeutung des Wortes „Weinberg". *Einerseits* ist an einen gegenständlichen Weingarten[17] gedacht. Die Brüder, hier ironisch-distanziert „meiner Mutter Söhne" genannt, üben eine Art Vormundschaft über die Schwester aus; vgl. zu 8,8-10. Offenbar wegen deren erotischen Eskapaden ergrimmt, haben sie sie zur Landarbeit draußen in den Weingärten beordert; dichterisch verbindet die in V.5b angedeutete Nomadenrolle sich offenbar mit der Gärtnertravestie, wobei die Fiktion vergessen kann, daß Nomaden keinen Weinbau pflegen. — Töricht genug freilich sind die Brüder verfahren: die müßige Rolle einer Wächterin, dazu der offenbar abgelegene Ort geben gerade zu Abenteuern Gelegenheit. Dabei kommt ein schlüpfriges Wortspiel zustande; denn der „Weinberg" ist *andererseits* Metapher für den Leib der Frau (vgl. 2,15; 8,11 f., ferner Jes. 5,1; 27,2f; Jer. 12,10, wo das Bild auf Israel als Geliebte Jahwes bezogen wird), eine Spezifikation der archaischen Identifikation der Frau mit Erde und Acker[18]. Die Sondersprache des Lyrischen und vielleicht eine zugehörige Narrenfreiheit erotischen Rollenspiels (vgl. zu 4,9) gestatten einen gesellschaftlich kaum tolerierten Freimut zweideutigen Bekennens: dunkle Schönheit hat Gefallen gefunden. Zur Liebe in Weingärten vgl. 1,14; 7,13, ferner 2,8-14; 7,12.14; 8,13 f.; von fern klingt das uralte, weit verbreitete Folkloremotiv vom heiligen Beischlaf auf der Erde, speziell auf dem fruchtbaren Acker[19] an, das die Identifikation von Frau und Erde bzw. Acker abzuwandeln scheint. Die Sondersprache des Lyrischen vermittelt dabei

---

[15] So ist ntr „bewachen" in $n\hat{o}t\check{e}r\bar{a}$ „Wächterin" V.6bα aramäische Nebenform zu nsr „bewachen"; die Wurzel ntr kommt allerdings nicht nur in späten Texten vor. Typisch aramäisch ist die Hervorhebung des Pronominalsuffixes (Possessivpronomens) durch eine nachfolgende Verbindung mit $\check{s}\ddot{a}$- in $karm\hat{i}\;\check{s}\ddot{a}ll\hat{i}$ „mein eigener Weinberg" 6bβ. Vgl. 8,11 f., dazu Anm. 277.

[16] Ringgren (Das Hohelied, 258) bemerkt mit Hinweis auf S. Linder - H. Ringgren (Palästinische Volksgesänge I, Uppsala-Wiesbaden 1952, 99), daß „der Gegensatz zwischen dem sonnengebräunten Beduinenkind und dem hellen Stadtmädchen ... noch in moderner Zeit ein beliebtes Thema der arabischen Liebeslyrik" ist. Über eine Andeutung, daß die Travestie auch eine Nomadenrolle im Auge hat, geht der Text freilich nicht hinaus. Vgl. auch Theokrit, Eidyllion X 26-29, dazu Anm. 23.

[17] Wein wird im warmen Palästina in der Ebene angebaut, nicht auf den uns geläufigen „Weinbergen"; wir wählen diese Übersetzung lediglich, um konventionelle Assoziationen nicht zu zerstören.

[18] Das verwandte Bild des „Gartens" für die Frau findet sich 4,12-5,1; 6,2.11.

[19] Vgl. Odyssee V 125-127, wonach Demeter mit Jason auf dreimal geackertem Felde die Liebe genießt; zu den Fruchtbarkeitsfolgen des Beischlafs von Zeus und Hera auf der Spitze

wie die älteren Folkloremotive eine Integration des Menschen in seine natürliche Umwelt, eine Heimkehr in das Reich des Gewachsenen und Gewordenen, die Geborgenheit schenkt.

1,7–8

7 „Du, sage mir, den meine Seele liebt,
   wo du zur Weide führst!
   Wo läßt du lagern am Mittag?
   Warum[20] muß ich denn wie eine Irrende sein
   bei den Herden deiner Gefährten?“
8 „Weißt du es selbst nicht,
   du Schönste unter den Fraun,
   So zieh hinaus auf den Spuren des Kleinviehs
   und weide deine Zicklein
   bei den Stätten der Hirten!“

Das anspruchslose Gedicht ist ein Scherzgespräch, das wie der vorangehende Text[21] romantisch-nostalgisch in die Nomadenatmosphäre versetzt. Anders als in 1,5–6 ist die Travestie hier vom Mann und von der Frau verwirklicht. — Die nomadische Lebensform ist in Israel seit den frühen Propheten idealisiert worden. Der Liebeslyrik war die Hirtentravestie schon im Ägypten der Amarnazeit (14. Jh.v.Chr.) vertraut[22]. Im hellenistischen 3. Jh.v.Chr. mag der Sammler des Hohenliedes eine wirklichkeitsfremde Verklärung des harten Hirtendaseins - zumindest atmosphärisch - aus der Zivilisationsflucht der gleichzeitigen alexandrinischen Dichterschule um Theokrit angeeignet haben[23], obwohl die betreffende Mentalität zu den einfacheren Verhältnissen in Jerusalems nicht recht paßte (vgl. zu 2,10–14).

---

des Ida Ilias XIV 346–351. Zum Folklorebefund im engeren Sinne W. Mannhardt, Wald- und Feldkulte 1, 1905 = 1963, 469.480–488; G. van der Leeuw, Phänomenologie der Religion, [2]1956 = 1970, § 10,4; 29,2. — Biblische Anspielungen auf den Geschlechtsverkehr im Freien finden sich Jer. 2,20; 3,6.16; Hos. 4,13; 9,1.

[20] Statt „warum“ wäre auch die Übersetzung „damit nicht“ möglich.

[21] Auch wenn wir die Andeutung in V.5b überschätzen (vgl. Anm. 16), bot sie offenbar dem Sammler den Anlaß, V.5f. und 7f. aufeinander folgen zu lassen.

[22] Vgl. A. Hermann, Altägyptische Liebesdichtung, 1959, 119–124.

[23] Man denke an die Bukolik Theokrits in den schon Anm. 16 erwähnten Eidyllia, die durch die Übersetzung E. Staigers (Theokrit. Die echten Gedichte, 1970) weiteren Kreisen bekannt geworden sind; vgl. die Charakterisierung der bukolischen Gedichte Theokrits bei A. Körte - P. Händel, Hellenistische Dichtung, 1960, 201–221. — Lit. zu einer möglichen Beziehung Theokrits und des Hohenliedes bei M. Hengel, Judentum und Hellenismus, [3]1988, 210 mit Anm. 16; vgl. Pope, Song of Songs, 26, der auch in der Kommentierung gelegentlich auf Theokrit verweist, schließlich G. Garbini, Poesia alessandrina e „Cantico dei Cantici“, FS A. Adriani (Studi e materiali. Istituto di archeologia. Università di Palermo 4), 1983, 25–29.

Der einphasige Dialog variiert das unsterbliche Grundmotiv: Trennung der 7
Liebenden; die Initiative zu deren Überwindung geht von der Frau aus, die ihre
Liebe gesteht. Die Mittagsstunde wird erwähnt, weil in ihr die Hirtenarbeit ruht;
so ist Zeit für die Liebe. V.7b enthält eine leise Warnung: wenn du mich vergeblich suchen läßt, gibt es unter deinen „Gefährten" andere Interessenten. — Im
Spiel sich verstellender Gleichgültigkeit steht der Mann nicht nach: wenn du es 8
nicht weißt, wo ich bin, so versuch's doch mit den anderen Hirten! Gleichzeitig
aber gibt die scheinbar genaue Ortsbezeichnung von V.8b - immer in der Phantasiewelt der Hirtentravestie - zu verstehen, daß der Gesuchte sich finden lassen
will.

1,9-11

9 **Einer Stute am Wagen Pharaos**[24]
   vergleiche ich dich, meine Freundin.
10 **Reizend sind deine Wangen mit den Gehängen,**
   dein Hals mit den Muschelketten.
11 **Gehänge aus Gold wollen wir dir machen,**
   dazu Perlen aus Silber.

Der kurze Text mit seinem anspruchsvollen Vokabular - Wohlstandswort-
schatz - ist ein Bewunderungslied, als solches kenntlich an der Anredeform; vielleicht will V.11 die Wirkung der bewunderten Schönheit auf den Sänger
bezeichnen, der sich durch die 1. Person Plural ähnlich wie die Sprecherin von
V.4bβγ um des größeren Gewichts seiner Rede willen vervielfältigt. Das Grundmotiv ist ein Tiervergleich, dessen ursprüngliche Funktion es war, die Besungene
um die Merkmale eines bewunderten Tieres sprachmagisch zu bereichern; die
Kraft des Wortes[25] entscheidet für das im Hintergrund immer noch nachwirken-
de archaische Sprachverständnis nicht nur darüber, wie ich das Besprochene sehen
will, sondern wie es durch das Sprechen wird. Wenn auf diese Weise Merkmale
des Vergleichsspenders an den Vergleichsempfänger übergehen, so liegt darin wieder ein Stück Integration des Menschen in seine natürliche Umwelt (vgl. zu 1,6),
wenn man will: eine Alternative der Subjekt-Objekt-Spaltung. Daß als Vergleichsspender eine „*Stute* Pharaos" gewählt wird - mit einem Pferd verglichen zu wer-

---

24 Die hebräische Wendung *rikbê par'ô* läßt speziell an den kriegerischen „Streitwagen Pharaos" denken; wir verzichten auf eine wörtliche Übersetzung im Blick auf zeitgenössisches
Empfinden, um den poetischen Gehalt des Textes nicht zu zerstören. Der Plural des hebräischen Textes ist generalisierend und wird darum nicht wiedergegeben.
25 Die sprachmagische Kraft des Wortes drückt sich noch durch die Afformativkonjugation („Perfekt") des Koinzidenzfalls von Wort und Handlung aus, die performatorisch die Ver-
gleichbarkeit herstellt, die sie bezeichnet: *dîmîtîk* „... vergleiche ich dich hiermit", vgl.
Gesenius - Kautzsch, Hebr. Grammatik (Anm. 6), § 106i.

den, ist für uns kein Kompliment[26] –, entspricht der Eleganz des mit kostbarem Schmuck behängten Tiers, dessen Verwendung auf die Aristokratie und dabei für lange Zeit auf den Krieg beschränkt war; daß es eine „Stute *Pharaos*" ist, verbindet den Vergleich mit der Königstravestie. Wenn das Lied als Einzeltext vorexilisch ist, wogegen nichts spricht, hat man daran zu denken, daß dem Jerusalemer Hof viel daran lag, pharaonischen Glanz nachzuahmen; von daher wurde Pharao zum Ideal auch des Volkes, das zum Hof der Davididen aufschaute. Den Sammlern des 3.Jh.s v.Chr. mag ein ähnliches Kulturideal bei den Ptolemäern in Alexandria als realisiert erschienen sein, die sich ja auch als Pharaonen legitimierten.

9   Die Anrede „meine Freundin" (*raʿjātî*), die im Hohenlied sehr häufig gebraucht wird, deutet eine Beziehung an, die nicht durch rechtliche Bindungen legitimiert ist; sie hebt sich darin von der in 4,8-5,1 verwendeten Bezeichnung der Partnerin als „Braut" bzw. „Schwester (und) Braut" wohl nur in der Formulierung ab. Ob freilich so etwas wie freie Liebe noch in der spät-nachexilischen Gesellschaft gelebt werden konnte, erscheint zweifelhaft[27]; wahrscheinlich mußten lyrische Phantasie und Augenblicke geselliger Travestie ersetzen, was die Wirk-

10f.   lichkeit versagte. Die Erwähnung von Schmuckstücken, u.a. aus Gold und Silber, mag unmittelbar als Milieumerkmal gewertet werden: sie bezeugt dann einen Reichtum, wie er für die Zeit der Sammlung des Hohenliedes auch durch Kohelet bezeugt ist. Freilich kann der Aufwand an Wohlstandsvokabular auch den sehnsüchtigen Geschmack des „kleinen Mannes" bezeugen, dessen imaginierte Freigebigkeit grenzenlos ist (vgl. zu 1,17; 4,9; 4,12-5,1; 8,6f.).

1,12

Solange der König bei seinem Gelage[28] ist,
verströmt meine Narde ihren Duft.

Der Vers ist ein versprengtes Fragment aus einem verlorengegangenen Liede. Er wurde wegen der Königstravestie in V.4, vor allem in 9-11 hier eingefügt, zumal auch das Motiv Duft in 3, vor allem aber in dem folgenden Gedicht 13f. eine Rolle spielt.

---

[26] Wie sehr sich unser Geschmack darin vom antiken Geschmack unterscheidet, geht auch daraus hervor, daß die Ehefrau des Sokrates Xanthippe, d.h. „blonde Stute", hieß; zu ähnlichen semitischen Personennamen vgl. HAL s.v. *sûsî*. In solchen Namen kommt zum Ausdruck, daß sich der antike Mensch insbesondere mit Haustieren verbunden wußte, die er bewunderte und denen er gern ähnlich wäre.

[27] Vgl. auch die Warnungen vor der fremden Frau Spr. 5; 6,20-7,27, speziell 7,12ff., die Strenge im Lob der tugendhaften Hausfrau Spr. 31,10-31 und die Warnung vor der Frau überhaupt, die sich Pred. 7,26.28 - entgegen Pred. 2,8 - findet. Daß auch das Hohelied trotz poetischer Vorurteilslosigkeit gegenüber der natürlichen Liebe nicht einfach Freizügigkeit voraussetzt, zeigen 3,1-4(5) (vgl. bes. zu V.3), 5,2-8 (vgl. bes. zu V.7) und 8,1f.

[28] *bimsibbô* ist von **mēsab* „Gelage" abzuleiten, dem das mittelhebräische *mᵉsibbā* „Gelage" entspricht. Rudolph (Das Hohe Lied, 126f.) schlug vor, *bimsibbî* „um mich" von **mēsēb* „Umkreis, Umgebung" (2. Kön. 23,5) zu lesen, was sinngemäß keinen Unterschied macht, aber auf die Metapher verzichtet.

Für die Königsrolle vgl. zu 1,4. — Das Stichwort „Gelage" hat eine ähnliche Doppelbedeutung wie „Weinberg" (vgl. zu 1,6). An die gegenständliche Bedeutung ist zu denken, weil Lieder wie die hier gesammelten bei Gastmählern gesungen wurden (vgl. zu 2,4; 4,12-5,1). Doch das Wort ist zugleich Metapher für den geschlechtlichen Umgang, der als ein Essen, Trinken, Sich-Berauschen vorgestellt werden kann: Liebe und Wein werden auch in 1,2.4b; 4,10; 7,10; 8,2b verglichen; insbesondere 4,16b; 5,1b machen von der Zweideutigkeit der genannten Metaphern Gebrauch. Dem intimen Essen, so sollen wir wohl denken, folgen andere Intimitäten. Dabei entströmt der Frau ein betörender Duft – ein Motiv, dem *nērd* „Narde" als Fremdwort aus dem Altindischen (Sanskrit) eine erotisch-erlesene Atmosphäre hinzufügt, die die Körperlichkeit zugleich ins Sublime rückt; zum Stichwort „Duft" vgl. zu 4,10f.; 7,9.14.

1,13-14

13 **Ein Myrrhenbeutel ist mein Geliebter mir,
der zwischen meinen Brüsten ruht.**

14 **Ein Hennastrauch[29] ist mein Geliebter mir
in den Weinbergen von En-Gedi.**

Offenbar beruht auch dieses kurze Stück auf einem Fragment: von den zwei gleich gebauten Sätzen mag der eine dem anderen erst bei der Sammlung nachgebildet worden sein, um so etwas wie ein vollständiges Gedicht zu gewinnen. Reziprok zu V.12 bezieht sich das Motiv Duft hier auf den jungen Mann[30].

„Geliebter" (*dôd*) ist, als Oppositum zu „Freundin" (*ra'jā*; vgl. zu V.9), die gängige Bezeichnung des Mannes als Partner der Liebe. Wahrscheinlich wurde das Wort auch darum gebraucht, weil ihm die Erinnerung an etwas Göttliches anhaftete. *dôd* erscheint in Zeile 12 der bekannten Inschrift des Moabiterkönigs Mêša' als Bezeichnung (Epitheton) für Jahwe, den Gott des unterlegenen Israel[31]. In Am. 8,14 ist dieselbe Gottesbezeichnung durch eine sehr wahrscheinliche Textverbesserung zu gewinnen[32]; auch in der Bildhälfte des Weinbergliedes Jes. 5,1-7

13

---

[29] Wörtlich: „eine Traube des Hennastrauchs"; die Übersetzung „ein Hennastrauch" wird gewählt, weil der Kontext ein Maskulinum erfordert.

[30] Daß 1,12 und 1,13f. als ein kleiner Dialog zueinander passen könnten, mag der Sammler im Sinn gehabt haben. Gegen ursprüngliche Zusammengehörigkeit spricht die Unvereinbarkeit der Metaphorik: in V.12 die Königstravestie, in V.13f. dagegen vegetabile Vergleiche.

[31] Vgl. H. Donner - W. Röllig, Kanaanäische und aramäische Inschriften 1-3, ²1966-1969, Nr. 181.

[32] Der verbesserte Text lautet dort:

So wahr dein Gott lebt, Dan,
so wahr dein Geliebter lebt, Beerseba;

statt des überlieferten *däräk* „Weg", das keinen Sinn gibt, ist mit kleiner Veränderung eines Konsonanten entsprechend ὁ θεός σου in LXX *dôdkā* „dein Geliebter" zu lesen (vgl. BHK, BHS u.v.a.).

erscheint Jahwe unter dieser Bezeichnung. Schließlich kennt 2.Chr. 20,37 in einer Vokalisation, die Septuaginta, die griechische Übersetzung des Alten Testaments, offenbar voraussetzte, einen Personennamen *Dôdijjāhû, d.h. „mein Geliebter ist Jahu/Jahwe"[33]; der Namensträger ist Vater eines in dem judäischen Maresa gebürtigen Propheten. Indem der Beiname eines Fruchtbarkeitsgottes auf den Partner der Liebe übertragen ist, wird dieser – freilich nur zu poetischer Überhöhung – nach einem gottheitlichen Modell angeschaut; er erfährt eine theomorphe (gottesbildliche) Steigerung[34], so wie umgekehrt Gott anthropomorph (menschenbildlich) vorgestellt wird. Die Liebe wird darüber zum Götterspiel.

14 Der Hennastrauch, *kōpär*, womit unsere Bezeichnung „*Zyper*blume" etymologisch zusammenhängt, liefert eine orangegelbe Schminkfarbe. Die Identifikation mit der Hennatraube hat wieder eine atmosphärische Funktion: der Geliebte repräsentiert in seiner Schönheit zugleich einen bescheidenen Luxus. — Daß der Freund sich „in den Weinbergen" aufhält, ist natürlich metaphorisch gemeint – wenngleich dezenter als bei der Verwendung des Wortes in V.6. Mit einem mittelmäßigen Weinberg will sich die Sprecherin allerdings nicht vergleichen: es müssen schon die Weingärten der wegen ihrer Schönheit und Fruchtbarkeit berühmten Oase En-Gedi am Westufer des Toten Meeres sein.

1,15–17

15 „Ja, du bist schön, meine Freundin;
   ja, du bist schön, deine Augen sind Tauben."
16 „Ja, du bist schön, mein Geliebter, gar lieblich;
   auch ist unser Lager grün.
17 Die Balken unseres Hauses sind (aus) Zedern,
   unsere Dachsparren (aus) Wacholder."

Das Rollengedicht, ein einphasiger Dialog zwischen Mann (V.15) und Frau (16f.), besteht aus zwei gegenseitig bezogenen, kurzen Bewunderungsliedern. Die Schlichtheit von Satzbau und Wortschatz gibt ihm etwas Volksliedhaftes. 1,15 kehrt in 4,1 wieder; volksliedhafte Wendungen pflegen in entsprechenden Sammlungen mehrfach verwendet zu werden (vgl. zu 2,6f. und 6,2f.).

15 In der Verbindung von „Augen" und „Tauben" fehlt die Vergleichspartikel, also ein unserem „wie" entsprechendes Element; anders verhält es sich in 5,12aα, wo

---

[33] Die betr. griechische Form ist Δωδια; der masoretische (frühmittelalterlich-jüdische) Text hat zu *dôdāwāhû* entstellt; vgl. BHK, BHS, wo sich weitere Hinweise zu den Übersetzungen finden.
[34] Zum Begriff „Theomorphie", den ich von H.Blumenberg (Wirklichkeitsbegriff und Wirklichkeitspotential im Mythos, in: M.Fuhrmann [Hg.], Terror und Spiel. Probleme der Mythenrezeption, 1971, 11–66, bes. 13) übernommen habe (zuerst in: Die lyrische Reproduktion des Mythischen im Hohenlied, ZThK 73, 1976, 23–41), vgl. jetzt auch O.Keel, Deine Blicke sind Tauben. Zur Metaphorik des Hohen Liedes, 1984, 24f.; Das Hohelied, 39.

im übrigen derselbe Vergleich im Blick auf den Mann begegnet. Wie in dem Tiervergleich von 1,9-11 (vgl. dazu) wird der Vergleichsempfänger sprachmagisch mit Merkmalen des Vergleichsspenders bereichert: durch das Aussprechen des Vergleichs in der lyrisch erregten Situation werden die Augen bzw. die Blicke der Geliebten für den Sprecher taubenhaft. Doch bleibt es der Phantasie des Hörers überlassen, wie er die Taubenhaftigkeit verstehen will: kein Wort legt fest, was Augen und Tauben vergleichbar macht[35]; wir erfahren nicht einmal, ob die Augen mit den Tauben selbst oder nur mit deren Augen bzw. Blicken verglichen werden sollen. Das Fehlen eines tertium comparationis, d.h. einer genaueren Bezeichnung des sprachmagisch übertragenen Vergleichsmerkmals, führt zu einer logischen Ellipse, zum Verzicht auch auf syntaktische Stringenz im lyrischen Verschweben des Gedankens. Der Vergleich wird zur Identifikation. Oder soll zwischen Vergleichsempfänger und Vergleichsspender geradezu eine semantische Dissonanz eintreten, die dem Ausdruck den Reiz des esoterisch-Seltsamen, des altertümlich-Erlesenen gibt? Überhaupt scheint ja „die Sprache ... im Lyrischen auf vieles wieder zu verzichten, was sie in allmählicher Entwicklung von parataktischer zu hypotaktischer Fügung ... in Richtung auf logische Deutlichkeit gewonnen hat"[36]; daß die Parataxe das Fehlen der Vergleichspartikel im Nominalsatz zuläßt, mag an die Sprache und Vorstellungswelt von Kleinkindern erinnern. — Altertümlich ist auch die leicht theomorphe (gottesbildliche) Steigerung der Menschengestalt, die im Götterspiel gegenseitiger Huldigung sicherlich eher unbewußt als bewußt erfolgt. Daß die Taube als Vergleichsspender gewählt wird, ohne daß der Vergleich auf ein tertium comparationis festgelegt wird, mag auch damit zusammenhängen, daß Tauben - offenbar wegen ihres anmutigreizvollen Paarungsverhaltens - bereits die Umgebung altorientalischer Liebes- und Fruchtbarkeitsgöttinnen bilden[37].

Auf den Mann werden theomorphe (gottesbildliche) Reminiszenzen mit der 16 Anrede *dôd* „Geliebter" (s. zu 1,13), vor allem aber durch das Prädikat „lieblich" (*nā'îm*) übertragen: *nā'îm* ist der junge Fruchtbarkeitsgott vom Typ des Tammuz-Adonis und Baals; die Jerusalemer scheinen nach Jes. 17,10f. „Pflanzungen des Lieblichen" und „Ranken des Fremden" angelegt zu haben[38] - offenbar für einen Gott eben dieser Art[39]. — Eine semantische Dissonanz zwischen Subjekt und Prädikat, ein Oxymoron, liegt in V.16b vor, wenn von einem grünen Lager oder

---

[35] Anders 2,14; 4,7; 5,2; 6,9 (vgl. dort).

[36] Zitat aus: E.Staiger, Grundbegriffe der Poetik, [4]1968, 36f. (= dtv wr 4090, 1971, 28).

[37] Vgl. G.J.Botterweck - W. von Soden, Art. *jônâh*, ThWAT III, 1982, 586-594, bes. von Soden, II.2; U.Winter, Frau und Göttin, 1983, Abb. 289-293 u.ö.; Ders. in: O.Keel, Vögel als Boten, 1977, 37-78; Keel, Deine Blicke (Anm. 34), 59-62; Das Hohelied, 72-74.100-102 u.ö.

[38] Zu den im Mittelmeerbereich weit verbreiteten sog. Adonisgärten vgl. W.Baumgartner, Das Nachleben der Adonisgärten in Sardinien und im übrigen Mittelmeergebiet, in: Ders., Zum Alten Testament und seiner Umwelt, 1959, 247-273, zu Jes. 17,10 S. 248[1].

[39] *nā'îm* „lieblich" als ursprüngliches Prädikat eines Gottes lebt auch in fremden Personennamen wie *Na'amān* (2. Kön. 5 für einen Aramäer), *No'omî* (Ruth 1,2ff. für die Schwiegermutter der Ruth) und *Na'amā* (Gen. 4,22 für eine Tochter Lamechs und 1. Kön. 14,21.31; 2. Chr. 12,13 für die Mutter Rehabeams) weiter.

Bett gesprochen wird. Das mit „grün" übersetzte Adjektiv fem. $ra\,^a n\bar{a}n\bar{a}$ bedeutet zwar auch in einem allgemeinen Sinne „üppig"; doch liegt die Wiedergabe mit „grün" wegen der in V.17 genannten Bäume näher, deren exemplarische Fruchtbarkeit auf das Bett übertragen wird. Gegenständlich gerechtfertigt erschiene ein solcher Ausdruck, wenn man an die Errichtung einer Laubhütte für das Hochzeitslager denkt (vgl. zu 7,12f.14), also an einen verspielten Fruchtbarkeitsritus, der mittels pflanzlicher Üppigkeit, die er herbeischafft, den Zeugungs- und Gebärkräften des Menschen aufhilft[40]; doch haftet die dichterische Atmosphäre eher an unbewußt gewordenen Stimmungsresten, die den Gegenständen von ihrer älteren rituellen Bewandtnis her anhaften. In jedem Fall vermittelt das Prädikat „grün, üppig" dem Lager einen romantisch-geheimnisvollen Bedeutungszuwachs[41]; das Brautbett wird zu einem poetischen Gegenstand, der durch die 17 Erwähnung von „Zedern" und „Wacholder"[42] als kostbaren Baumaterialien zudem wieder in eine Wohlstands- und Luxusatmosphäre versetzt wird, worin ein Milieuhinweis, vielleicht auch nur der Hinweis auf ein Wunschmilieu, das Element einer Travestie-nach-oben, liegen mag (vgl. zu 1,10f.; 4,9).

2,1-3

1 „Ich bin die Narzisse von Saron,
  die Lilie der Täler."

2 „Wie eine Lilie unter den Dornen,
  so ist meine Freundin unter den Mädchen."

3 „Wie ein Apfelbaum unter den Bäumen des Dickichts,
  so ist mein Geliebter unter den Jungen.
  In seinem Schatten sitze ich gern,
  und seine Frucht ist süß meinem Gaumen."

---

[40] Zu dem letztlich auch hier im Hintergrund stehenden Motiv vom Beischlaf im Freien, insbesondere auf dem Acker vgl. Anm. 19; zur Liebe unter Bäumen vgl. zu 8,5b; weiteres Material bei Keel, Das Hohelied, 76-78.

[41] Ähnlich und doch anders, wenn es – surrealistisch – in einem Gedicht von Max Hölzer (*1915) heißt: „Unser Bett ist ein fliegender Fisch/Unser Bett ist das Sommerlaub auf den Händen der Luft..."; zitiert nach M.L.Kaschnitz, Zwischen Immer und Nie, 1977, 240. Offenbar ist auch hier ein Bedeutungszuwachs intendiert – aber angesichts einer Bedeutungsleere, die allenfalls durch eine dissonante Metapher, einen semantischen Gewaltakt ausgefüllt werden kann. Im Grunde zeigt die in der Wahl solcher Metaphern liegende Flucht nach vorn, daß die Dinge nicht nur ihre herkömmlichen poetischen Bedeutungen verloren haben, sondern daß sie schlicht nichts mehr bedeuten; die äußerste Kühnheit der poetischen Metapher sucht eine Bedeutung im Wissen um deren Unvollziehbarkeit zu erzwingen.

[42] $\,'\ddot{a}r\ddot{a}z$ und $b^e r\hat{o}t$ (= $b^e r\hat{o}\check{s}$) sind keine exakten botanischen Bezeichnungen, wie sie in der von C. von Linné entwickelten Systematik vorliegen. Welche Beobachtungen die botanischen (und zoologischen) Nomenklaturen steuerten, ist noch weithin unbekannt; in unserer Übersetzung entscheidet bei der Wahl der Begriffe deren dichterische Assoziationsfähigkeit.

Auch dieses Stück ist ein Rollengedicht: auf die Selbstdarstellung der Frau (V.1) folgt ein kurzes Beschreibungslied seitens des Mannes, das deren Selbstschilderung galant überbietet (2); abschließend hat wieder die Frau mit einem kurzen Beschreibungslied für den Mann das Wort (3).

Auch hier wollen die Vergleiche die Wirklichkeit nicht abbilden, wie sie ist, sondern so verwandeln, daß sie für den Liebeswillen des Menschen akzeptabel ist; dabei müssen, um den Aufwertungswunsch zu befriedigen, immer mehr und schönere Vergleichsspender aufgeboten werden. An die Stelle der Tiervergleiche der vorangehenden Gedichte (1,9–11.15) tritt eine Reihe wechselseitiger Pflanzenvergleiche; die Integration des Menschen in das naturhaft Gewachsene und Gewordene, die zumindest atmosphärische Übereinstimmung von Subjekt-Welt und Objekt-Welt, wird hier und dort mit verschiedenen Mitteln verwirklicht. Speziell die Pflanzenvergleiche häufen Üppigkeit und Anmut auf die Besungenen. Aber auch ein Erinnerungsrest an Theomorphie (Gottesbildlichkeit) des Menschen mag dabeisein: schlanke Figuren kanaanäischer Göttinnen werden auf Stelen und Plaketten mit großen Kelchblüten - offenbar des Lotos - in den Händen dargestellt[43]; so gehört der Lotos (s.u.) in eine göttliche Sphäre, was ihn wiederum als Vergleichsspender empfiehlt. — In V.1 sind anders als in V.2f. Vergleichsempfänger und Vergleichsspender asyndetisch-unverbunden; beide werden gleichsam miteinander identifiziert. V.1 und 2 nennen kein tertium comparationis; zu V.3a mögen wir den Vergleichspunkt in 3b finden.

$ḥ^ab̲ assẹälät$, das wir hier, um den Namen einer bekannten deutschen Frühlings-   1 blume zu benutzen, mit „Narzisse" übersetzen, ist nach Ansicht der meisten der Affodill (Asphodelos), den G. Dalman als ein Liliengewächs beschrieb, dessen „bis 1 m hohe schlanke Schäfte aus einem Kranz schmaler Blätter aufsteigen und lose Trauben feiner, weißer, rot angehauchter Blüten tragen"[44]; nach dem Winterregen, zwischen Februar und April, bildete es in der Saronebene noch bis vor kurzem üppige Wiesen. Dieselbe Pflanze repräsentiert Jes. 35,1 die wunderbare Fruchtbarkeit der eschatologischen Heilszeit; eine Asphodeloswiese in der Unterwelt kannte die griechische Mythologie (Odyssee XI 539). Da es sich offenbar mehr um ein Denkbild als um ein reales, sinnliches Anschauungsbild handelt, sind mythische Assoziationen vermutlich wichtiger als Identifikationen und entsprechend festlegbare Ähnlichkeiten[45]. — Darum auch können sehr verschiedene Blumen nebeneinander Vergleichsspender sein. Die in V.1b genannte $šôšannā$, hier wieder mit Rücksicht auf die am deutschen Wort haftenden Assoziations-

---

[43] Vgl. K. Galling, Art.: Gottesbild, weibliches, in: Ders. (Hg.), Biblisches Reallexikon, ²1977, 111–119, bes. 112b (Verweis auf ANEP 470–474).116b; Winter, Frau und Göttin (Anm. 37), 110–114, Abb. 36–41.49; Keel, Deine Blicke (Anm. 34), 71f.

[44] Arbeit und Sitte in Palästina I/2, 1928, 362f.

[45] Mit I. Löw (Die Flora der Juden II, 1924 = 1967, 156–160) aufgrund einer abenteuerlichen Etymologie ($ḥzj$ + $b̲ṣl$ „halbe Zwiebel") an die viel zu unscheinbare „(Herbst-)Zeitlose" zu denken, widerrät schon die akkadische Isoglosse $ḥab(a)ṣillatu$ „Rohrtrieb (?)", die aber semantisch nicht weiterhilft. Keel (Das Hohelied, 79) greift - gegen Dalman (vgl. Anm. 44) - mit Vorbehalt auf die Identifikation als Strandlilie zurück, die wiederum Löw (aaO. 170 u.ö.) hinter der $šôšannat hā^amāqîm$ von V.1b finden wollte.

möglichkeiten mit „Lilie" übersetzt, ist, wie jetzt O. Keel wahrscheinlich macht, eher die Seerose, der beziehungsreiche Lotos[46].

2 Der junge Mann überbietet die Selbstdarstellung der Frau, indem er den Lotos kontrastiv unter Dornen versetzt.

3 Daß der Mann in V.3 zum Apfelbaum wird, der sich dabei von den Bäumen des Dickichts abhebt, wie die vorher besungene „Lilie" von den Dornen, mag wieder auf einer fernen mythischen Erinnerung beruhen: nach dem Vergilkommentar 8,37 des römischen Grammatikers Servius (um 400 n. Chr.) war der Apfelbaum der zyprischen „Aphrodite" heilig[47], was auf weitere Verbreitung einer Verbindung von Apfelbaum und Liebesgöttin hindeuten mag; unter dem Apfelbaum wurden Götter empfangen oder geboren (s. zu 8,5b). Nach Hl. 2,3 sitzt die Liebende bei ihrem Freund wie unter einem Apfelbaum, der bergenden Schatten spendet. Die „Frucht" eines Baums, freilich nicht wie hier des Apfelbaums, ist in Gen. 3 - nach der ältesten, noch märchenhaften Bedeutung der Geschichte[48] - Metapher der sexuellen Freude; auch als deren Spender gleicht der junge Mann einem Baum.

2,4-5

4 ‚Bringt' mich in das Weinhaus,
   dessen Schild über mir sei Liebe!
5 Stärkt mich mit Rosinenbroten,
   erquickt mich mit Äpfeln!
   Denn krank bin ich vor Liebe.

Die Gattungsbestimmung des Gedichts hängt davon ab, wie man das erste Wort des hebräischen Textes vokalisiert: statt der masoretischen (frühmittelalterlich-jüdischen) Lesung $h^a\hat{b}\hat{i}'an\hat{i}$ „er hat mich gebracht", die zu den Sehnsuchtsäußerungen von V.5 schlecht paßt, führt Septuaginta, die griechische Übersetzung des Alten Testaments, auf $h^a\hat{b}\hat{i}'\hat{u}n\hat{i}$ „bringt mich"; das wäre auch den Imperativen Plural $samm^e\hat{k}\hat{u}n\hat{i}$ „stärkt mich" und $rapp^e\hat{d}\hat{u}n\hat{i}$ „erquickt mich" in 5a parallel[49] und entspräche dem Ausdruck unerfüllter Liebe in 5b. Dann ist das kurze Stück ein Sehnsuchtslied mit dessen beiden Elementen, näm-

---

[46] Deine Blicke (Anm. 34), 63ff.; Das Hohelied, 79-84. Vgl. Anm. 43. $\check{s}\hat{o}\check{s}ann\bar{a}$ ist ägyptisches Lehnwort.

[47] Vgl. W. Fauth, Aphrodite parakyptusa (Akademie der Wissenschaften und Literatur. Abhandlungen der geistes- und sozialwissenschaftlichen Klasse, Jg. 1966, Nr. 6), 1967, 41(369).

[48] Vgl. H.-P. Müller, Erkenntnis und Verfehlung. Prototypen und Antitypen zu Gen 2-3 in der altorientalischen Literatur, in: T. Rendtorff (Hg.), Glaube und Toleranz. Das theologische Erbe der Aufklärung, 1982, 191-210, bes. 192-197; Ders., Drei Deutungen des Todes: Genesis 3, der Mythos von Adapa und die Sage von Gilgamesch, JBTh 6, 1991, 117-134.

[49] Dagegen hat ein frühmittelalterliches hebräisches Fragment aus der Geniza von Alt-Kairo auch in V.5a Afformativkonjugationen („Perfekta") statt der Imperative; es sucht also die gegenüber unserer Übersetzung oppositive Lösung des Widerspruchs im masoretischen Text.

lich Imperativen (4.5a) und Begründung (5b). – Daß das Sehnsuchtslied einer Frau in den Mund gelegt wird, sieht für diese eine Initiativrolle vor, für die in der gesellschaftlichen Realität – abgesehen von der lyrischen bzw. gesellligen Phantasiewelt – wohl kaum Platz war. An wen sich die Imperative richten, braucht ein lyrisches Stück nicht zu klären.

Die Einzelheiten des Liedes erschließen sich aus der geläufigen Metaphorik. Danach ist das „Weinhaus", in das die Sängerin gebracht werden will, die Stätte der Liebe[50]: „ins Weinhaus bringen" heißt so viel wie Liebe schenken; nebenher mag für die Wahl der Wendung eine Rolle gespielt haben, daß Lieder, wie sie im Hohenlied gesammelt vorliegen, in Israel wie in Ägypten gern bei Gastmählern u.ä. gesungen wurden (vgl. zu 4,12–5,1)[51]. Das hier mit „Schild" übersetzte hebräische Wort *dägäl* bedeutet eigentlich das militärische „Feldzeichen"; zugleich wird es anscheinend – von fern unserem Wirtshaus-„Schild" entsprechend[52] – für das Zeichen eines gastlichen Hauses verwendet, in dem gerade ein Fest stattfindet[53]. Beinahe überflüssigerweise erläutert V.4b, daß das „Schild" über der Sängerin im Weinhaus die Liebe sei. — Rosinenbrote und Äpfel galten als Aphrodisiaka, Liebeserreger. Daß durch sie die in V.5b beklagte „Krankheit" unerfüllter Liebe[54] nur vermehrt wird, darf man bei einem lyrischen Gedicht nicht geltend machen; vielleicht rechnet die Sängerin fest damit, daß ihre Sehnsucht eine schnelle Befriedigung findet. Rosinenbrote, die wohl wie unser Quittenbrot zubereitet sind, wurden in vorexilischer Zeit als Gaben „anderer Götter", offenbar Spezifikationen Baals, „geliebt", was Hos. 3,1 verurteilend erwähnt; vgl. zu ihrem Verzehr durch Kultteilnehmer 2. Sam. 6,19; 1. Chr. 16,3. Daß auch Äpfel Aphrodisiaka waren, geht wohl u.a. aus ihrer Erwähnung im Zusammenhang mit Liebes- und Fruchtbarkeitsgöttinnen u.ä. hervor[55]; vgl. auch zu 2,3; 8,5.

---

50 Vgl. den Vergleich der Liebe mit Wein 1,2.4; 4,10; 5,1b, die metaphorische Verwendung des Wortes „Weinberg" 1,6; 2,15; 8,11f. und den Doppelsinn von „Gelage" 1,12.

51 Zu Liedern beim Gelage vgl. Jes. 24,9; Sir. 32 (LXX:35),4f., speziell beim Hochzeitsgelage Jer. 16,8f. (7,34; 25,10; 33,11); Tosephta Soṭa 14,6f. Als das Hohelied allegorisch gedeutet zu werden pflegte, durfte man es umgekehrt, wie eine Äußerung Rabbi Aqibas in Tosephta Sanhedrin 12,10 (vgl. babyl. Talmud Sanhedrin 101a) zeigt, nicht mehr im *bêt hammištâ* „Haus des Gelages" vortragen.

52 Daß *bêt hajjajin* „Weinhaus" ein kommerziell betriebenes Wirtshaus bezeichnet (vgl. Loretz, Das althebr. Liebeslied, 14 mit Anm. 4), ist nicht zu belegen: *bêt mištê hajjajin* „Haus des Weingelages" Est. 7,8 bzw. *bêt mišteₑjä'* „Haus des Gelages" (aram.) Dan. 5,10 meint einen Festsaal im Palast; das ist hier auf die kleineren Verhältnisse des Privathauses zu übertragen, woran auch bei *bêt mištâ* „Haus des Gelages" Jer. 16,8; Pred. 7,2 gedacht ist.

53 Vgl. Rudolph, Das Hohe Lied, 131, Gerleman, Keel u.a.

54 „Liebeskrankheit" (vgl. Hl. 5,8) ist auch ein Topos ägyptischer Lyrik; vgl. Hermann, Altäg. Liebesdichtung (Anm. 22), 98–100. Auf welche Weise ein Israelit die „Liebeskrankheit" in eine List ummünzt, die, wie das dort S. 98 an erster Stelle zitierte Gedicht zeigt, auch in Ägypten bekannt war, kann man 2.Sam. 13,2ff. nachlesen. Vgl. Anm. 173.

55 Vgl. etwa die Erwähnung von Honig, Wein und Äpfeln in der Einleitung des in Anm. 9 zitierten Liedes für *Bēlet-ilī*. Nach KAR 61,2.8 liebt Inanna (= Ištar) Äpfel und Granatäpfel, weshalb ein Liebeszauber über diesen Früchten rezitiert zu werden pflegt (vgl. E. Ebeling, Liebeszauber im Alten Orient, MAOG 1/I, 1925, 8ff. Neubearbeitung des Textes: R.D. Biggs, ŠÀ.ZI.GA. Ancient Mesopotamian Potency Incantations, 1967, 70ff.; Zitate auch bei Pope, Song of Songs, 381, und Keel, Das Hohelied, 86).

2,6-7

6 Seine Linke ist unter meinem Kopf,
   und seine Rechte liebkost mich. —
7 Ich beschwöre euch, ihr Töchter Jerusalems,
   bei den Gazellen oder den Hinden der Steppe:
   Weckt nicht, stört nicht die Liebe,
   bis es ihr (selber) gefällt!

Das fragmentarische Stück besteht nur aus einer Situationsschilderung, die eine verlorengegangene Bezeichnung des Geliebten voraussetzt (V.6), und einer warnenden Anrede an die „Töchter Jerusalems" (7). Der Zusammenhang beider Verse mag bereits sekundär sein, obwohl er in 8,3 f. wieder erscheint.

6   V.6 handelt von der Liebeserfüllung, die in V.4 f. noch gesucht wurde. Zwar bilden V.4 f. und 6 (f.) schwerlich ein zusammenhängendes Lied; immerhin versteht man, warum der Sammler sie zusammenstellte. Nur V.6 f. erscheint auch in 8,3 f. leicht verändert noch einmal[56]; das wiederholte Auftreten gleicher Wendungen in der gleichen Sammlung ist wieder ein Hinweis auf den volksliedhaften Ursprung der Gattung (vgl. zu 1,15-17 und 6,2 f.), natürlich nicht auf den volksliedhaften Charakter aller ihrer Einzeltexte.

7   Die in V.7 vielleicht nur redaktionell anschließende „Beschwörung" findet sich in 3,5 wörtlich, in 8,4 mit einer kleinen Veränderung wieder, jedesmal im Zusammenhang der Liebeserfüllung[57]. Die „Töchter Jerusalems" sind dabei wie in 1,5; 3,5.10/11; 5,8.16; 8,4 Statisten der lyrischen Szene; sie stellen, ähnlich wie in 1,5, potentielle Kontrastfiguren dar, Störenfriede der Liebe, sei es auch nur dadurch, daß sie zur Unzeit den Morgen ansagen; die äußere Unterbrechung mag zugleich Symbol für ein fremdes Eindringen in die Beziehung der Liebenden sein. Spielerisch ist der Schwur „bei den Gazellen oder den Hinden (Damhirschkühen) der Steppe", die wir uns, zumal man im Ernst bei der Gottheit schwört[58], wie die Taube (s. zu 1,15) als Trabanten und Symboltiere von Liebesgöttinnen zu denken haben[59]; so wird eine Anmutsatmosphäre gegenwärtig, die die Göttin und deren Tiere umgibt (vgl. zu 2,9).

---

[56] Zur Trennung von V.4 f. und V.6 f. vgl. Keel, Das Hohelied, 89.

[57] Das dreifache Vorkommen des poetischen Doppelverses mag darauf hinweisen, daß ein Hochzeitsbrauch im Hintergrund steht, ohne daß wir darüber Genaueres wüßten. Wem käme in einem solchen Ritual wohl die Sprecherrolle zu? Da aber die mit der Hochzeit verbundenen Sitten, auch deren religiöse Konventionen ohnehin ins Spielerische umgesetzt sind, läßt sich aus Floskeln wie 2,7, 3,5 und 8,4 nicht entnehmen, daß das Hohelied, gar mit allen Einzeltexten, bei der Hochzeitsfeier seinen Sitz im Leben habe und darum allein die eheliche Liebe besinge.

[58] Loretz (Das althebr. Liebeslied, 15[1]) meint wohl zu Recht, daß durch die Nennung ihrer Tiere die unmittelbare Anrufung der Liebesgöttin vermieden werden soll. Nach LXX und ihren Tochterübersetzungen geschieht die Beschwörung – in umdeutender Anlehnung an den hebräischen Text – „bei den Kräften und bei den Gewalten des Ackers", also offenbar bei den Felddämonen, die die Liebenden bedrohen könnten; vgl. den ebenfalls dämonischen „nächtlichen Schrecken" 3,8. Dagegen versucht LXX, die gleichen Tierbezeichnungen in 2,9.17; 4,5; 7,4; 8,14, wo sie Vergleichsspender bezeichnen, im Wortsinn wiederzugeben.

[59] Einschlägiges Material bei Keel, Das Hohelied, 92-94.

2,8–14

8 Horch, mein Geliebter, da[60]: er kommt,
  springend über die Berge,
  hüpfend über die Höhen!

9 Mein Geliebter gleicht der Gazelle
  oder dem jungen Hirsch.
  Da: er steht hinter unserer Mauer,
  schaut hinein durch die Fenster,
  späht durch die Gitter.

10 Mein Geliebter hebt an und spricht[61] zu mir:
  „Auf, komm[62], meine Freundin,
  meine Schöne, so komm doch!

11 Denn sieh: der Winter ist vergangen;
  der Regen zog fort, hat sich davongemacht.

12 Die Blumen erscheinen im Lande;
  die Zeit des Schneitelns ist da;
  die Stimme der Taube hört man in unserem Lande.

13 Die Feige färbt ihre Früchte,
  und die Rebenblüten[63] strömen Duft.
  Auf, komm, meine Freundin,
  meine Schöne, so komm doch!

14 Meine Taube in Felsenklüften,
  im Versteck der Felsenstiege,
  Laß deine Gestalt mich sehen,
  laß deine Stimme mich hören!
  Denn deine Stimme ist angenehm,
  und deine Gestalt ist reizend."

Diese Erlebnisschilderung der Frau bildet eine der längsten Einheiten der Sammlung. Den Text, wie es etwa bei G. Krinetzki und O. Keel geschieht, in kleinere Stücke aufzuteilen[64], widerrät der Zusammenhang der Handlungen, insbe-

---

[60] Der hebräische Aufmerksamkeitserreger $hinn\bar{e}$, der gewöhnlich mit „siehe" wiedergegeben wird (so auch unsere Übersetzung am Anfang von V.11), wird hier und in V.9, da nicht der Gesichtssinn gemeint ist, mit „da" übersetzt.

[61] Die hebräischen Afformativkonjugationen („Perfekta") bezeichnen hier die Zeitlosigkeit einer lyrischen Gegenwart, darin in etwa dem „gnomischen Perfekt" entsprechend (vgl. Anm. 6); deshalb unsere präsentische Übersetzung.

[62] Statt des aus V.10bβ vorweggenommenen ‚Dativus ethicus' $l\bar{a}k$ „für dich" ist mit dem $Q^er\hat{e}$ in dem Anm. 49 erwähnten Geniza-Fragment und nach dem offenbar identischen V.13bα $l^ek\hat{i}$, wörtlich „geh!" (fem.), zu lesen; wir übersetzen mit Rücksicht auf die deutsche Sprachgewohnheit mit „komm!".

[63] Im Hebräischen liegt entweder eine appositionelle Verbindung vor: „und die Reben, (nämlich deren) Blüte(nknospe)" oder das hier mit „Blüte(nknospe)" wiedergegebene Wort ist aus V.15 eingedrungen; vgl. BHK, BHS. Dann wäre zu übersetzen: „und die Reben strömen Duft". Vgl. Anm. 77 und 82.

[64] Krinetzki (Das Hohe Lied, 122–132; Kommentar zum Hohenlied, 98–106) und Keel (Das Hohelied, 94–102) teilen auf in V.8 f.10–13.14.

sondere im Verhältnis von V.8 f. zu 10-14. Die Sprecherin berichtet das Kommen ihres Freundes (8 f.) und zitiert dann ausführlich dessen Türklage, das Klagelied des ausgeschlossenen Liebhabers vor dem Haus der Geliebten[65] (10-14), nachdem unmittelbar davor deren Requisiten „Fenster" und „Gitter" (9b) genannt wurden.

Die besondere Schönheit der Verse 10-14 beruht auf der stimmungsmäßigen Übereinstimmung von Mensch und Natur: in der Natur vergegenständlicht sich, was in der Seele des Menschen geschieht; umgekehrt verliert sich das Ich an eine mit ihm übereinstimmende Umwelt. Das gegenseitige Verschwimmen von Innen und Außen leistet dabei noch deutlicher als die Identifikation der Frau mit Weinberg und Erde (1,6; 2,15; 8,11f.) oder die Tier- und Pflanzenvergleiche (1,9-11; 2,9a bzw. 2,1-3 u.ö.) eine gegenseitige Integration von Subjekt und Objekt; es widersteht einer Trennung von Mensch und Natur, die in dem uns geläufigen Maße für die hebräische Geisteskultur vielleicht nie bestand oder jedenfalls hier, entgegen einem geschichtlich orientierten Selbstbewußtsein, wieder aufgelöst wird. Frühlingshafter Rausch, vielleicht schon damals aus Leiden am reflektierenden Bewußtsein motiviert, schenkt wieder, was der Alltag, aber auch das Denken versagen. Wir kennen eine ähnliche Gestimmtheit – und die lyrische Vergeblichkeit einer Suche nach dem Verlorenen – aus der Vorromantik: „Eines zu seyn mit Allem, was lebt, in seeliger Selbstvergessenheit wiederzukehren in's All der Natur, das ist der Gipfel der Gedanken und Freuden, das ist die heilige Bergeshöhe, der Ort der ewigen Ruhe, wo der Mittag seine Schwüle und der Donner seine Stimme verliert und das kochende Meer der Wooge des Kornfelds gleicht. Eines zu seyn mit Allem, was lebt! Mit diesem Worte legt die Tugend den zürnenden Harnisch, der Geist des Menschen den Zepter weg, und alle Gedanken schwinden vor dem Bilde der ewigeinigen Welt ... Auf dieser Höhe steh' ich oft, mein Bellarmin! Aber ein Moment des Besinnens wirft mich herab."[66]

8 f. V.8 berichtet vom Kommen des Mannes. 9a fügt eine kurze vergleichende Beschreibung ein. V.9b bringt die Bewegung, von der V.8 sprach, zur Ruhe: der Erwartete ist da.

Eigenartig ist, daß das dynamische Geschehen von V.8 f. ausschließlich durch Nominalsätze, also ohne Verwendung finiter Verben, zur Darstellung kommt. Auf einen Aufmerkruf, der den Liebenden einführt (8aα), folgen drei partizipiale Wendungen, die die Bewegung des Besungenen schildern; deren wörtliche Übersetzungen wären: „kommend" — „springend" — „hüpfend" (8aβb). Auch der anschließende Tiervergleich von V.9a wird, anders als in 1,9; 2,17; 8,14, allein durch das Partizip von *dmh* „gleich sein" verwirklicht. Ebenso enthält 9b drei Partizipien fientischer Verben: „stehend" — „schauend" — „spähend". Historisch wurzelt dieser Nominalstil in den Gattungsmerkmalen des Beschreibungsliedes, das seinerseits auf die kultische Beschreibungshymne zurückgeht[67]: diese beschrieb ursprünglich ein Gottesbild in dessen Bewegungslosigkeit, seiner starren Faszina-

---

[65] Vgl. S. 7.32; zur Formulierung Gerleman, Das Hohelied, 62.

[66] Hyperion oder der Eremit in Griechenland: 1. Band, 1. Buch, 2. Brief; Text: F. Beissner [Hg.], Hölderlin. Sämtliche Werke 3, 1957, 9.

[67] W. Herrmann, Gedanken zur Geschichte des altorientalischen Beschreibungsliedes, ZAW 75, 1963, 176-197.

tionskraft; das auf Menschen bezogene erotische Beschreibungslied hat dann den Nominalstil sogar für die Schilderung bewegter Gestalten beibehalten (vgl. zu 4,1–17.12–15; 5,10–16 und vor allem zu 7,1–7). Der Stil gewinnt Aussagekraft: durch ihn wird der besungene Mensch eher in einem Sein als in einem Geschehen oder gar Werden dargestellt; auch darin wirkt Theomorphie (Gottesbildlichkeit) des Menschen nach (vgl. zu 1,13.16). Im Vergleich damit nimmt sich die Schilderung der frühlingshaften Natur in V.10–13a geradezu bewegt aus. Speziell die Verse 8f. mit ihren Aufmerkrufen ($q\hat{o}l$ „horch" 8aα; $hinn\bar{e}$ „da" 8aβ.9bα) verdanken sich einer Poesie des Zeigens und Benennens als der Verwirklichung einer lyrischen Grundhaltung, die auch das Vorganghafte in Gegenständlichkeit festlegt und damit als etwas Ruhendes fixiert. Sprachform und Inhalt können geradezu in einen Gegensatz zueinander geraten: „daß Schönheit in der Bewegung erfahren wird"[68], gilt von dem, was die Sprache bezeichnet, nicht von dem, wie es bezeichnet wird. Dem lyrischen Zeigen und Nennen entspricht „gewissermaßen eine epische Haltung…: das Ich steht … einem ‚Seienden' gegenüber, erfaßt und sagt es"[69].

Daß der Geliebte (für $d\hat{o}d$ s. zu 1,13) wie ein Gewittergott dargestellt wird, der über Berge schreitet[70], entspricht mit einer letztlich am Mythos orientierten Theomorphie (Gottesbildlichkeit) des lyrisch verklärten Menschen[71] noch einmal dem Ursprung des erotischen Beschreibungsliedes in der kultischen Beschreibungshymne: der Partner der Liebe ist Nachfolger eines Gottes; der Eros ersetzt nicht nur in der modernen säkularisierten Gesellschaft das Erlebnis des Heiligen[72].

„Gazelle" und „junger (Dam-)Hirsch" werden als Vergleichsspender für den Geliebten gewählt, weil sie Trabanten und Symboltiere von Liebesgöttinnen sind (s. zu 2,7); für beide Rollen empfiehlt sie die Anmut ihrer Bewegungen, die durch die Stichwörter „springen" und „hüpfen" soeben schon anklang, vielleicht auch wie bei den Tauben ihr reizvolles Paarungsverhalten. Die Bezeichnung $\d{s}^eb\hat{i}$

---

[68] So C. Westermann, Das Schöne im Alten Testament, in: H. Donner u.a.(Hgg.), Beiträge zur alttestamentlichen Theologie. FS W. Zimmerli, 1977, 479–497, bes. 483.

[69] Vom „Zeigecharakter" spricht, insbesondere im Bezug auf die Beschreibungslieder, Gerleman, Das Hohelied, 226. Er verweist dazu auf K. O. Conrady (Lateinische Dichtungstradition und deutsche Lyrik des 17. Jh.s, 1962, 66ff. 77), der „die Freude am Zeigen und Benennen" als Kennzeichen der klassisch-römischen Dichtung bestimmt. Ähnliches lasse sich auch von der Hohelieddichtung sagen. Zur lyrischen Grundhaltung des Nennens vgl. W. Kayser, Das sprachliche Kunstwerk. Eine Einführung in die Literaturwissenschaft, [19]1983, 339; hierher das Zitat.

[70] Ein altassyrisches Rollsiegel aus der Zeit um 1750 vor Chr., auf dem u.a. ein über Berge schreitender Wettergott zu sehen ist, findet sich bei Keel, Das Hohelied, 75, Abb. 26.

[71] Anders Gerleman, Das Hohelied, 63f.68; zu den Engführungen einer nuancenlosen natürlichen Deutung vgl. dagegen Müller, Die lyrische Reproduktion des Mythischen (Anm. 34), passim.

[72] Interessant scheint in diesem Zusammenhang eine Vermutung M. Eliades, „daß sogar das ungezügelte sexuelle Leben", wie es sich in der underground-press der späten sechziger Jahre bezeugte, „zur (unbewußten) Wiederentdeckung der Heiligkeit des Lebens gehörte". Danach „stellt die Sexualität für die desakralisierte Stadtbevölkerung die letzte Quelle des ‚Numinosen' dar: Sie ist Leben, Mysterium und Heiligkeit in einem" (Im Mittelpunkt. Bruchstücke eines Tagebuchs, 1973, 292/3).

„(männliche) Gazelle" ist zudem von gewollter Doppeldeutigkeit: das Wort kann auch „Schönheit, Zierde" bedeuten[73]. Daß Gazelle und Hirsch schon in V.7 genannt werden, ermöglicht die Stichwortassoziation, die den Sammler veranlaßte, die Gedichte 2,6f. und V.8-14 zusammenzustellen. Vielleicht endet die erste Versgruppe mit einem ironischen Zug: wie ein junger Gott springt der Liebhaber über Berge und Höhen, um dann am Fenster bzw. Fenstergitter der Geliebten ein unüberwindliches Hindernis zu finden[74].

10-14   Die Gattung „Türklage" (vgl. 5,2b) kann einerseits bereits aus dem Ägypten der Amarnazeit (14. Jh. v. Chr.)[75], andererseits als Paraklausithyron aus der Dichtung des hellenistischen Alexandria im 3. Jh. v. Chr. übernommen sein[76]; nach Syntax und Wortschatz paßt der Text besser in eine Spätzeit[77]. Dann mag auch die zivilisationsmüde Stimmung, die hinter der Integration des Menschen in Landschaft und Naturgeschehen vermutet werden darf, emotionales Importgut aus der ägyptischen Großstadt sein[78]; die Verhältnisse einer Jerusalemer Wohlstandsgesellschaft bildeten nicht eine gleich unmittelbare Nötigung für sie (vgl. zu 1,7f.).

11   Für die Anrede „meine Freundin" s. zu 1,9. Die Zeitangaben in V.11 weisen auf den März, wenn das Schneiteln der Reben, d.h. das Abschneiden ihrer unfruchtbaren Ranken, geschieht[79]. Die sonst gelegentlich vorgeschlagene Übersetzung „Zeit des Singens" ist zwar philologisch möglich, gäbe aber einen unspezi-

---

[73] „Gazelle Israels" dient 2. Sam. 1,19 in der Totenklage für Saul und Jonathan als Ehrenbezeichnung für einen Helden; vgl. H.-P. Müller, Gilgameschs Trauergesang um Enkidu und die Gattung der Totenklage, Zeitschrift für Assyriologie 68, 1978, 233-250, bes. 239 mit Anm. 28.

[74] Im frühchristlichen Schrifttum wird V.9 allegorisch auf den Eintritt des Logos aus der Unendlichkeit Gottes in die Begrenztheit der Welt des Menschen gedeutet; die „Tür" (LXX hat statt min-haḥªllônôt „durch die Fenster": διὰ τῶν θυρίδων „durch die Türen"; entsprechend Vulgata: per fenestras) wird dabei zum Symbol für die Schranke zwischen Unendlichkeit und Endlichkeit. Dazu und zur betr. Ikonographie vgl. H.-J. Horn, Respiciens per fenestras, prospiciens per cancellos. Zur Typologie des Fensters in der Antike, Jahrbuch für Antike und Christentum 10, 1967, 30-60.

[75] Vgl. Hermann, Altäg. Liebesdichtung (Anm. 22), 132-136; Gerleman, Das Hohelied, 123 (Lit.); Fox, Song of Songs, 282f.

[76] So hat auch Theokrit mit Eidyllion III 6ff. das städtische Motiv des Ausgeschlossen-Seins vor der Tür auf eine ländliche Kulisse, nämlich eine Grotte, übertragen; vgl. Körte - Händel, Hellenistische Dichtung [Anm. 23], 207, ferner zu dem sog. Grenfellschen Lied als einer Klage des Mädchens S. 303-305, schließlich zu Kallimachos' Epigramm 63 S. 322.

[77] Besonders auffällig ist die Voranstellung des Subjekts in den Verbalsätzen (V.11-13a); sie verrät offenbar aramäischen Einfluß. Lexikalische Aramaismen sind sᵉtäw „Winter" (althebräisch nur Hld. 2,11) und sᵉmädar „Blüte(nknospe)" (nur Hld. 2,[13.]15; 7,13 vgl. Anm. 63.82). Über das Aramäische aus dem Akkadischen aufgenommen ist offenbar *kötäl „Mauer" (althebräisch nur Hld. 2,9; aramäisch Dan. 5,5; Esra 5,8).

[78] Ein authentisches Zeugnis alexandrinischer Zivilisationsflucht sind die Hirtengedichte unter den Eidyllia Theokrits; vgl. Staiger, Theokrit (Anm. 23), 16-18.

[79] zämîr Hl. 2,12 und jizzämêr Jes. 5,6 meinen nicht wie zmr im Bauernkalender von Gezer (10. Jh. v.Chr.; Donner - Röllig, Kanaan. u. aram. Inschriften [Anm. 31], Nr. 182,6) und die betr. Wendung in Jes. 18,5bα das sommerliche Beschneiden der Reben, wobei Ranken und Blätter abgeschnitten werden, die sonst den Trauben das Licht nähmen; vgl. O. Kaiser, ATD 18, 1973, 78. Anders A. Lemaire (Zämîr dans la tablette de Gezer et le Cantique des Cantiques, VT 25, 1975, 15-26), der aber die Texteinheit, aus der er Material zur Identifikation von zämîr Hl. 2,12 heranzieht, zu weit faßt.

fischen Sinn: Singen kann man jederzeit. — V.14 wäre, für sich genommen, ein 14
Sehnsuchtslied des Mannes. - Für die Anrede „meine Taube" s. zu 1,15; doch
scheint das tertium comparationis hier durch den Hinweis auf die angenehme
Stimme und die liebliche Gestalt angegeben; wieder anders 4,7b; 5,2; 6,9. - Ob
die Lokalisierung der Taube „in Felsenklüften, im Versteck der Felsenstiege (Singular)" auf eine der Männlichkeit des Sprechers schmeichelnde Furchtsamkeit der
Partnerin anspielen will[80], bleibe dahingestellt. Wir wissen nicht, welche Stimmungsreste an den bezeichneten Landschaftsmerkmalen in der hebräischen
Antike hafteten: zwar dient die Lokalisierung des Vergleichsspenders, da sie jedenfalls unter dem logischen Niveau des Begrifflichen bleibt, einer emotionalen
Qualifizierung des Vergleichsempfängers; für welche Empfindungen „Felsenklüfte" und das „Versteck der Felsenklüfte" eintreten, läßt sich aber nicht sagen.

2,15

Fangt uns die Füchse,
  die kleinen Füchse,
Die Weinbergverwüster,
  da unsere Weinberge(?)[81] blühen(?)[82].

Das Stück ist so fragmentarisch, daß wir es weder in seiner Funktion ganz verstehen, noch gattungsmäßig einordnen können. Klar ist nur, daß „Weinberg(e)"
wie in 1,6 und 8,11f. Metapher für die Frau in ihrer Leiblichkeit ist; als Botschaft
der letzten Halbzeile ergibt sich, daß die Zeit der Liebe gekommen sei. Unklar
aber ist schon, wer redet: die jungen Mädchen - dann wäre 2,15 deren Werbelied
(vgl. zu 2,4f.) - oder junge Männer, die die Mädchen als die ihren reklamieren
und Konkurrenten drohen wollen? In beiden Fällen wären die „Füchse", die, wie
der Weinbauer weiß und die Fabel erzählt, Trauben fressen und so „die Weinberge
verwüsten", zweifelhafte Kavaliere, die mit der Unschuld ihrer Angebeteten nicht
eben ritterlich umgehen[83]. Sollen sie nun aber daran gehindert werden oder will

---

[80] Zahlreiche sumerische Beispiele für eine Lokalisierung der als Vergleichsspender genann-
ten Tauben und Sperlinge in Mauerlöchern u.ä., wo sie sich ängstlich verstecken, finden sich bei
W. Heimpel, Tierbilder in der sumerischen Literatur (Studia Pohl 2), 1968, 361-364; in den
S. 391.397/8 zitierten Beispielen Nr. 58.3 und 58.11 hat die Taube das Attribut „furchtsam".

[81] Einige hebräische Handschriften und einige antike Übersetzungen haben hier - anders
als im vorangehenden Halbvers - den Singular: „unser Weinberg". Leider läßt das mutmaßliche
Prädikat $s^e m\bar{a}dar$ - wörtlich: „ist (eine) Blüte(nknospe)" - keinen Schluß auf den Numerus
von $k\ddot{a}r\ddot{a}m$ „Weinberg" zu; vgl. Anm. 82.

[82] $s^e m\bar{a}dar$, das wir hier vor allem nach den lateinischen Versionen mit „blühen" übersetzen, ist, wie der Hinweis auf ihr Sich-Öffnen 7,13 unterstreicht, dort die „Blüten*knospe*", nicht
die Blüte. Die Verbindung „unser Weinberg / unsere Weinberge ist / sind (eine) Blüte(nknospe)"
setzt voraus, daß der Hörer die Metapher „Weinberg" bereits im dechiffrierten Sinne wahrnimmt; vgl. die Auslegung.

[83] Keel (Das Hohelied, 104) weist mit Belegen und Bildmaterial darauf hin, daß „(junger)
Fuchs" in der altägyptischen Liebeslyrik Metapher für den begierigen Liebhaber und Schür-
zenjäger ist.

die letzte Halbzeile andeuten, daß sie, soeben zärtlich als die „kleinen" apostrophiert, gar nicht so ungelegen kommen. Schließlich bleibt dunkel, an wen sich die Aufforderung richtet: an die potentiellen Verführer selbst, sei es abweisend oder verstohlen lockend? Warnen die Mädchen sich gegenseitig, spaßhaft oder im Ernst? Reden sie die „Töchter Jerusalems" an? Oder richten die Imperative sich gar an imaginäre Instanzen, die über die Liebe wachen[84]? – Natürlich kann sich jeder Hörer oder Leser auf einen neckischen Vers seinen eigenen semantischen Reim gemacht haben; Rätselsprüche sind, wie u.a. Ri. 14,12ff. zeigt, im Zusammenhang von Liebe und Hochzeit ohnehin beliebt.

2,16-17

16 Mein Geliebter ist mein, und ich bin sein,
    der unter den Lilien weidet,
17 Bis der Tag heranweht
    und die Schatten entfliehen. —
Komm[85], werde einer Gazelle gleich, mein Geliebter,
    oder dem jungen Hirsch
    auf den Beterbergen.

Das in seiner Schlichtheit schöne Gedicht ist gattungsmäßig ebensowenig einzuordnen wie der anonyme mittelhochdeutsche Vers, mit dem V.16a oft verglichen wird:

Dû bist mîn, ich bin dîn:
des solt dû gewis sîn.
dû bist beslozzen
in mînem herzen,
verlorn ist daz slüzzelîn:
dû muost immer drinne sîn.

Vers 17b enthält die Einladung zu einer Liebesnacht.

16   Die nicht mehr zu unterbietende Kürze und die naive Unmittelbarkeit der ersten Zeile kontrastieren wirkungsvoll mit der ein wenig anspruchsvolleren Lilienmetapher der folgenden Zeile; beide Elemente kehren in 6,2f. wieder. Zur „Lilie",

---

[84] Zu Helfern und Feinden der Liebenden im Motivschatz der ägyptischen Liebeslyrik vgl. Hermann, Altäg. Liebesdichtung (Anm. 22), 100–110.

[85] Das bedachtsam gewählte hebräische Wort *sôb* – genauer: „wende dich her" – könnte den Beiklang von „verwandle dich" gehabt haben. LXX übersetzte, als hätte *šûb* „komm wieder" dagestanden; Keel (Das Hohelied, 106.110) versteht *sôb* als adverbiell und übersetzt: „gleiche immer wieder".

genauer: dem Lotos vgl. 2,1 f., wo diese(r) unter die Dornen versetzt wird; hier soll der Pflanzenvergleich, den man nicht veristisch auflösen darf, ohne jede Lokalisierung für sich sprechen: „Du bist wie eine Blume, So hold und schön und rein" (H. Heine[86]).

Das Heranwehen des Tages erinnert hier wie in der Glosse 4,6a an den „Tages-   17 wind" von Gen. 3,8 nach der ältesten, sexuellen Bedeutung der Sündenfall-erzählung[87], wozu H. Gunkel bemerkte: „Die Übertretung war eine Tat der Nacht; mit dem neuen Tag kommt die Reue"[88]. Von Reue ist im Hohenlied freilich nicht die Rede. – Wie in 1,4 und 8,14 hat es die Liebe eilig. Für „Gazelle" und „junger (Dam-)Hirsch" s. zu 2,7 und 2,9. Vergleichsspender und Vergleichsempfänger sind wie in 8,14 durch einen sprachmagisch wirksamen Imperativ von *dmh* „gleich sein" miteinander verbunden[89]: die Anrede der Frau *macht* den jungen Mann zum Ebenbild bewunderter Tiere, deren schnellen Lauf er nachahmen soll; dieselbe Funktion hat der Jussiv in 7,9b. So ist uralt-Magisches in eine gewagte Aufforderung umgesetzt, deren Bedenklichkeit damit zugleich kaschiert wird. – Wo die judäischen Beterberge (*hārê bātär*) genauer liegen und was es mit ihnen auf sich hat, wissen wir nicht; der dem V.17b ganz ähnliche kurze Text 8,14 setzt „Balsamberge" an ihre Stelle. Geht eine der beiden Ortsbezeichnungen auf eine Texterleichterung zurück[90]? Lokalisierungen im Kontext von Vergleichen wollen im Hohenlied oft Stimmungsreste[91] wirksam machen, die an Landschaftsmerkmalen haften; sie blieben wohl schon für Zeitgenossen unter dem logischen Niveau des Begrifflichen. Das Geschehen, dessen Schilderung der lokalisierte Vergleich bereichert, bekommt so einen genrehaften Hintergrund, dessen emotionaler Gehalt für Zeitgenossen klar war. Umgekehrt freilich wird das beschworene Ambiente auch erst von den Vergleichsempfängern und ihren Handlungen beseelt. Wechselseitige Merkmalsmitteilung zwischen Vergleichsspender und Vergleichsempfänger hilft dabei dem Menschen, einerseits die natürliche Umwelt menschgemäß anzueignen, andererseits selbst ein Teil der Natur zu bleiben.

---

86 Buch der Lieder: Heimkehr 1823–1824, Nr. XLVII; M. Wildfuhr (Hg.), Heinrich Heine. Historisch-kritische Gesamtausgabe der Werke, Band I/1: Buch der Lieder. Text bearbeitet von P. Grappin, 1975, 260/1.

87 Vgl. dazu meinen in Anm. 48 zitierten Artikel.

88 Genesis, ^{5}1922 = 1977, 19.

89 Dagegen wird die sprachmagische Kraft des Vergleichs in 1,9 durch die Afformativkonjugation („Perfekt") von *dmh* realisiert. Für das Partizip von *dmh* s. zu 2,8 f.

90 Die „Beterberge" wären dann die lectio difficilior; ein ähnlich klingender judäischer Ortsname ist aus LXX-Handschriften zu Jos. 15,59; 1. Chr. 6,44, aus Euseb und der Mischna bekannt; vgl. HAL.

91 Zum Terminus vgl. R. Wellek – A. Warren, Theorie der Literatur, 1972, 199, die sich dazu auf I. A. Richards (Principles of Literary Criticism, 1924) berufen: danach hängt die Wirksamkeit eines Bildes weniger von dessen sinnlicher Anschaulichkeit, als von seinem Charakter als eines mit der Empfindung verbundenen psychischen Ereignisses ab; das Bild sei „ein ‚Überbleibsel' und eine ‚Stellvertretung' der Empfindung".

3,1-4(5)

1 Auf meiner Schlafstatt des Nachts
  suchte ich, den meine Seele liebt;
  ich suchte ihn, aber fand ihn nicht.

2 „Aufstehn will ich, die Stadt durchstreifen
  auf den Straßen und Plätzen!
  Suchen will ich, den meine Seele liebt!"
  Ich suchte ihn, aber fand ihn nicht.

3 Da fanden mich die Wächter, die die Stadt durchstreifen
  „Habt ihr gesehen, den meine Seele liebt?"

4 Kaum war ich an ihnen vorüber, da fand ich,
  den meine Seele liebt.
  Ich faßte ihn und ließ ihn nicht los,
  Bis ich ihn brachte ins Haus meiner Mutter,
  ins Gemach deren, die mich gebar.

5 [Ich beschwöre euch, ihr Töchter Jerusalems,
  bei den Gazellen oder den Hinden der Steppe:
  Weckt nicht, stört nicht die Liebe,
  bis es ihr (selber) gefällt!]

Das unregelmäßig gebaute[92], lebhafte Gedicht ist die Traumschilderung einer Frau (V.1-4) - mit einer angefügten „Beschwörung" (5), wie wir sie in 2,7 wörtlich, in 8,4 mit einer kleinen Veränderung wiederfinden. Die Anfügung mag geschehen sein, damit der Schluß des Gedichts dem der ähnlichen traumhaften Erlebnisschilderung 5,2-8 entspreche, wo in V.8a ebenfalls eine Beschwörung der „Töchter Jerusalems" steht, freilich anderen Inhalts; auch das folgende Stück 3,6-11, mit dem zusammen V.1-4(5) einmal eine Teilsammlung gebildet haben wird, endet in V.10/11 mit einer Anrede an „die Töchter Jerusalems".

Zu den stilistischen Eigenheiten des im Wortschatz anspruchslosen Stücks gehören die Wiederholung leitmotivischer Wendungen („den meine Seele liebt" — „ich suchte ihn, aber fand ihn nicht" — „die Stadt durchstreifen") und Begriffsverbindungen („suchen" — „finden"); so wird das Quälende nächtlicher Sehnsucht dargestellt, die sich am Ende des Liedes, wo die Wiederholungen verstummen, in Erfüllung auflöst. Die Stimmung nächtlicher Sehnsucht kommt in ähnlicher schlichter Eindringlichkeit in einem altgriechischen Volkslied zum Ausdruck, das unter die Gedichte der Sappho geraten ist:

Δέδυκε μὲν ἀ σελάννα
καὶ Πληίαδες, μέσαι δὲ
νύκτες, παρὰ δ' ἔρχετ' ὤρα,
ἔγω δὲ μόνα κατεύδω.

---

92 LXX hat nach V.16, in einem Teil ihrer Textüberlieferung auch nach 2b, einen Halbvers hinzugefügt, um einen Parallelismus membrorum zu gewinnen.

Versunken ist der Mond –
und die Plejaden. Mitte
der Nacht. Vorübergeht die Runde.
Ich aber liege einsam.[93]

Schon die ersten Zeilen stellen den Hörer bzw. Leser auf eine Traumschilde- 1f.
rung ein. Was nach V.1 – auf nächtlichem Lager – bereits geschieht, wird nach 2
erst beschlossen.

Die Suche auf dem Lager, führt nach dem beklemmenden Ritardando von V.3 3f.
schon in 4a zu einer Erfüllung, deren Endgültigkeit 4b andeutet. „Die Wächter,
die die Stadt durchstreifen,“ sind Stadtpolizisten, die auch auf Herumtreiberinnen
achten (s. zu 5,7)[94]; in der szenarischen Ökonomie der Liebesdichtung entsprechen sie den auch aus der ägyptischen Lyrik[95] bekannten Feinden der Liebenden. Statt daß die junge Frau ihren Geliebten findet, finden sie die Wächter
V.2b.3a. Ebenso wie jene durchstreifen auch diese die Stadt – Ähnlichkeit unter
Opponenten. Traumhaft-unwirklich ist wohl auch die Voraussetzung, die Wächter könnten den Freund gesehen haben. Schließlich ist das Liebeshindernis so
schnell, ja auf so unheimliche Weise überwunden, wie es nur eben im Traum
möglich ist. – Das Stichwort „finden“, auf das die Opposition „suchen“ – „finden“
in mehrfacher Weise vorbereitet hat, wird dabei durch „fassen“ und „nicht loslas-
sen“ bekräftigt. Die Endgültigkeit der Liebeserfüllung – hier in der Ehe – wird
durch das in V.4bβ bezeichnete gesellschaftliche Ritual angedeutet: die junge Frau
führt ihren Geliebten im Haus ihrer Mutter ein (vgl. zu 8,2)[96]. Die Traumhaftig-
keit einer Wunschsituation ist schließlich auch dadurch angedeutet, daß die tatsächliche gesellschaftliche Ordnung, wie das folgende Gedicht zeigt, das Umge-

---

[93] Sappho 94 D. — Der Zweifel an der Echtheit wurde zuerst von U. Willamowitz-
Moellendorf, Textgeschichte der griechischen Lyriker (Abh. d. Kgl. Ges. d. Wissenschaften zu
Göttingen, Phil.-hist. Kl. IV 3), 1900, 33[1] (vgl. Ders., Sappho und Simonides, 1913, 75[1]), be-
gründet. — Das hier nach W. Schadewaldt mit „Runde“ übersetzte ὥρα ist eine Zeitangabe:
„Nachtwache“ oder allgemeiner „Zeit des Wachseins und Wartens“.

[94] Ringgren (Das Hohe Lied, 268) will im Blick auf 5,7 auch zu unserer Stelle an die Wächter der Tore der sieben Sphären denken, die Inanna auf ihrer Unterweltsfahrt passieren muß.
Aber Inanna geht nach dem in mehreren akkadischen und sumerischen Varianten erhaltenen
Mythos nicht in die Unterwelt, um – wie man früher annahm – ihren Gemahl Dumuzi / Tammuz von dort wiederzubringen; vielmehr mußte Dumuzi umgekehrt als Ersatz für Inanna in
die Unterwelt gehen, nachdem diese vergeblich versucht hatte, die Unterwelt in ihren Herr-
schaftsbereich einzubeziehen. Anders scheint allerdings das Verhältnis der Aphrodite zu ihrem
Geliebten Adonis gewesen zu sein: sie begibt sich in die Unterwelt, um diesen von dort zu befreien, was ihr – nun ähnlich wie ihrer Vorgängerin Inanna in der sumerischen Fassung des
Mythos (vgl. A. Falkenstein, Der sumerische und akkadische Mythos von Inannas Gang zur
Unterwelt, FS W. Caskel, Leiden 1968, 96–110; Ders., Or. 34, 1965, 450f.) – für jeweils ein hal-
bes Jahr gelingt (vgl. W. Röllig, Art. „Adonis“, in: H. W. Haussig [Hg.], Wörterbuch der Mythologie I: Götter und Mythen des Vorderen Orients, 1965, 234f., und unsere Auslegung zu 4,8
mit Anm. 126–128).

[95] Vgl. Anm. 84.

[96] Ähnliche Verhältnisse spiegeln der freilich durch Flucht motivierte Aufenthalt Jakobs
bei Laban, vor allem der Simsons bei den Philistern Ri. 14, vielleicht auch Gen. 2,24 wider.

kehrte vorsieht: die Frau tritt bei der Eheschließung in den Familienverband des Mannes ein. Auch die Rolle, die nach V.4bβ – anders als in V.11b – die Mutter der Braut spielt, mag auf matriarchalische Nostalgie zurückgehen.

5 Die offenbar angefügte „Beschwörung" (V.5) will an die Hochzeitsnacht denken lassen, was der Stellung derselben Beschwörung in 2,6f. und 8,3f. in etwa entspricht; wahrscheinlich endete 3,1ff. wie V.6–11 ursprünglich mit der Erwähnung der Mutter.

3,6–11

6 Wer steigt da herauf aus der Wüste
   wie in Säulen[97] von Rauch,
   Umräuchert von Myrrhe und Weihrauch,
   von allen Würzen des Händlers? ' '[98]

7 Sechzig Helden sind um sie her
   von Israels Helden.

8 Sie alle tragen ein Schwert,
   Krieges kundig —
   Jeder sein Schwert an seiner Hüfte
   gegen nächtlichen Schrecken.

9 Einen Tragsessel[99] hat sich der König gemacht,
   Salomo, aus Hölzern des Libanon.

10 Seine Säulen macht' er aus Silber,
   seine Lehne(?) aus Gold,

---

[97] Die allgemein akzeptierte Übersetzung „Säulen" für *$t\hat{\imath}m\bar{a}r\hat{o}t$, das nur hier und Joel 3,3 begegnet, entspricht nicht nur dem Zusammenhang vor allem von Joel 3,3, sondern im Groben auch den meisten antiken Übersetzungen zu Hl. 3,6. Die Verbindung $t\hat{\imath}m\check{a}r\hat{o}t\ {}^\epsilon\bar{a}\check{s}\bar{a}n$ Hl. 3,6 scheint zudem an ${}^\epsilon amm\hat{u}d\ {}^\epsilon\bar{a}\check{s}\bar{a}n$ „Rauchsäule" Ri. 20,40 eine singularische Bedeutungsentsprechung zu haben.

[98] Der stark aramaisierende V.7aα, dem der Parallelvers fehlt, ist eine Glosse, die einerseits den erst in V.9 erwähnten „Tragsessel" – m. E. zu Unrecht – als Sänfte für die Braut deutet, dabei vielleicht auch das ungeläufige Fremdwort 'appirjôn „Tragsessel" (vgl. Anm. 99) durch das gängigere hebräische $mitt\bar{a}$ „Lager", hier: „Sänfte(?)", erläutern will, andererseits die erst zur Beschreibung des Mannes passende Königstravestie und Salomorolle von V.9–11 unschön vorwegnimmt. Die Glosse scheint sich zugleich als Antwort auf die rhetorische Frage in V.6 zu verstehen, wobei $m\hat{\imath}\ z\hat{o}'t$ „wer dort" (fem.) auf $mitt\bar{a}t\hat{o}$ „seine Sänfte" (fem.) bezogen wird, obwohl $m\hat{\imath}\ z\hat{o}'t$ „wer dort" nach einer Person fragt.

[99] Das griechische φορεῖον „Tragsessel, Sänfte", von dem hebräisches 'appirjôn „Tragsessel" hergeleitet ist, ist nach F. Rundgren (ZAW 74, 1962, 70–72, bes. 71) zuerst bei dem Rhetor Deinarchos (um 300 v.Chr.) belegbar; dann wird, obwohl natürlich das Wort älter sein kann als sein frühester Beleg, auch die Sammlung des Hohenliedes kaum früher erfolgt sein; vgl. G. Garbini, La datazione del „Cantico dei Cantici", Rivista degli Studi Orientali 56, 1982, 39–46, bes. 41.

Seinen Sitz(?) aus Purpurwolle[100],
seine Mitte ,mit Steinen'[101] eingelegt.
11 **Ihr Töchter Jerusalems, kommt heraus**
und seht ' '[102] den König Salomo
Im Kranze, den seine Mutter ihm flocht,
am Tag seiner Hochzeit,
am Tag seiner Herzensfreude.

Die Folge hochzeitlicher Szenen ist nach einigen Erklärern nur eine redaktionelle Einheit[103]; allerdings wäre sie eine gelungene. V. 6–8 schildern den feierlichen Hochzeitszug, der die theomorph (gottesbildlich) dargestellte Braut[104] in das Haus, den Familienverband ihres Mannes einführt – ein in der Antike häufig literarisiertes Motiv[105]; das dabei einfließende Bewunderungslied mit seinen

---

[100] Oder, mit einer kleinen Textänderung, *'algummîn* oder *'almuggîm* statt *'argāmān* „aus Purpurwolle": „aus Algumhölzern"; vgl. BHS. Diese würden zu den Libanonhölzern von V.9b gut passen: zur Herkunft der Algumhölzer aus dem Libanon sind die auf Salomos Beziehung zu Hiram von Tyros und auf seine Bautätigkeit bezogenen Angaben in 2.Chr. 2,7; 1.Kön. 10,11f. (*'almuggîm*) = 2.Chr. 9,10f. (*'algummîm*) zu vergleichen. Die *'algummîm* von 2.Chr. 2,7aα werden zusammen mit anderen Hölzern in V.7aβ unter den Oberbegriff *'aṣê lᵉbānôn* „Libanonhölzer" subsumiert.

[101] Statt des unanschaulichen *'ahᵃbā* „mit Liebe" ist gegen LXX mit ihren Tochterübersetzungen und Vulgata *'abānîm* „mit (Edel-)Steinen" zu lesen, wobei das Mem aus der folgenden Zeile hierher zu ziehen ist, da es vor der Anrede der „Töchter Jerusalems" ohnehin nicht paßt.

[102] Das syntaktisch nicht einzuordnende *bᵉnôt ṣijjôn* „ihr Töchter Zions" ist mit LXX und ihren Tochterübersetzungen zu streichen; die Wendung verdankt sich wohl allegorischer Auslegung, die an die Liebe Jahwes zu Israel als Tochter Zions denkt.

[103] Gerleman (Das Hohelied, 134–143) teilt auf in V.6–8 und 9–11; Krinetzki (Das Hohe Lied, 147–156; Kommentar zum Hohenlied, 118–132) und Keel (Das Hohelied, 118–129) trennen in 6–8, 9f. und 11.

[104] Die sächliche Übersetzung der rhetorischen Frage in V.6aα, also *„was steigt da herauf"*, oder die entsprechende Änderung dieses Textes in *mah-zô't 'ôlā* scheint es – unter Beibehaltung von 7aα (vgl. dagegen Anm. 98) – zu gestatten, schon bei V.6–8 an einen Aufzug Salomos zu denken. Doch bezieht sich das fem. Suffix in *sābîb lāh* „um *sie* her" als Prädikat der „Helden Israels" doch eher auf die Braut als Person als auf etwas Sächliches wie deren Sänfte. Eine eindeutig auf die junge Frau bezogene Fortsetzung hat die mit V.6aα wörtlich übereinstimmende Wendung von 8,5a: „... (die) an ihren Geliebten gelehnt (ist)" (s. dazu); vgl. auch *mî zô't* in 6,10: „wer schaut da herab ..." mit fem. Partizip.

[105] Die bekanntesten Beispiele sind Ilias XVIII 491–496 (s. zu V.11 mit Anm. 114), Odyssee VI 158f., Schild des Herakles 272ff. (fälschlich Hesiod zugeschrieben), Sappho 55 D. Der Text der Sappho, der von der Tür des Hochzeitsgemachs in ähnlicher, aber spielerisch-übertreibender Weise spricht wie Ps. 24,7.10 von dem Tempeltor, durch das Jahwe einzieht, enthält einen eindrucksvollen Ausdruck für die theomorphe (gottesbildliche) Steigerung des Bräutigams, der Ares gleich wird (Text und Übersetzung M.Treu, Sappho, ⁷1984, 88/9, vgl. 151 mit Anm. 53).

> Hoch die Tür des Gemaches!
> — Hyménaios! —
> Hebt den Türsturz, ihr Bauleute, höher!
> — Hyménaios! —
> Ganz wie Gott Ares, so naht nun der Bräutigam,
> viel größer als sonst große Männer!

Nominalsätzen gilt der Frau und ihrer Umgebung beim Hochzeitszug. Reziprok dazu wird in V.9-11 der ihr auf einem Tragsessel entgegengetragene Bräutigam verherrlicht, mit Nominalwendungen in 10aβb; die Travestie-nach-oben läßt den jungen Mann dabei zu „König Salomo" werden (s. zu 1,4). - Die zahlreichen Rätsel des umstrittenen Textes werden wir nicht endgültig lösen. Der Sammler hat mit 3,1-4(5) und V.6-11 die beiden einzigen unmittelbar auf eine Hochzeit und die Rolle der Mütter bezogenen Stücke mit Bedacht zusammengestellt; vielleicht hat er sie als Teilsammlung vorgefunden.

6   Daß die Braut „aus der Wüste heraufsteigt" (vgl. 8,5aα), dazu „in Säulen von Rauch", ist ohne Anhalt an der Realität. Die erste Wendung kehrt in 8,5a, eine ähnliche in 6,10a wieder - in beiden Zusammenhängen mit mythisch-theomorphen Fortsetzungen: nicht nur die Liebe, vor allem die Hochzeit ist ein Götterspiel. Die gottesbildliche Überhöhung der Braut scheint die Königstravestie des Bräutigams noch in den Schatten zu stellen; es ist, als wollte die Frau die Begrenztheit des Menschen überhaupt hinter sich lassen, während der Mann sich lediglich einer dürftigen gesellschaftlichen Position entzieht, um sich als König Salomo darzustellen. - „Wüste" assoziiert den Stimmungsrest einer verklärten Nomadenzeit; darüber hinaus ist sie der Ort von Geistern und Dämonen[106]. In der Spätzeit mag sie zur Wunschwelt des Zivilisationsflüchters geworden sein. - Die „Säulen von Rauch" machen die Braut zum Ebenbild einer erscheinenden Göttin[107]; die gleiche Wendung wird in Joel 3,3 im Blick auf den zum Endgericht heranziehenden Jahwe gebraucht. Freilich werden die Rauchsäulen in den wortreichen folgenden Zeilen gleich wieder entzaubert: „Myrrhe", „Weihrauch" und „Würze des Händlers" schaffen, realistischer als das Begleitphänomen der Gotteserscheinung, lediglich eine Wohlstandsatmosphäre, wozu in ihrer eher idyllischen Funktion außer Hl. 4,(6) 14 auch „Gold, Weihrauch und Myrrhe" von Mt. 2,11 zu vergleichen sind.

7 f.   Die Beschreibung der Braut wird auch in V.7 f. weithin durch die ihres Ambiente ersetzt. Zur Wüste als dem Ort vor allem niederer Numina paßt schon ganz allgemein der „nächtliche Schrecken", gegen den sich 60 Begleiter des Hochzeitszuges, die vergangenheitsbewußt „Helden Israels" (vgl. 4,4) und „Krieges kundig"

---

[106] Eine anschauliche Darstellung der arabischen Dämonologie, insbesondere der Spukgestalten in der Wüste, hat J. Wellhausen (Reste arabischen Heidentums, ^{2}1897 = 1927/61, 148-159) gegeben.

[107] Ein eindrucksvolles Beispiel für die theomorphe (gottesbildliche) Steigerung in der Darstellung einer jungen Frau findet sich Odyssee VI 102-109, wo die Phaiakerin Nausikaa mit der einherschreitenden Artemis verglichen wird (Übersetzung J. H. Voss - H. Rupé - M. Bertheau, B. Snell [Hg.], Homer Odyssee, 1960, 83/4):

So wie Artemis herrlich einhergeht, froh des Geschosses,
Über Taÿgetos' Höhn und das Waldgebirg Erymanthos,
Und sich ergötzt, Waldeber und flüchtige Hirsche zu jagen:
Um sie spielen die Nymphen, Bewohnerinnen der Felder,
Töchter des furchtbaren Zeus, und es freut in der Seele sich Leto:
Denn vor allen erhebt sie ihr Haupt und herrliches Antlitz
Und ist leicht zu erkennen im ganzen schönen Gefolge:
Also ragte vor allen die hohe blühende Jungfrau.

genannt werden, feierlich-pompös mit dem Schwert wappnen; vielleicht läßt die Königstravestie zugleich an ein altes Heldenkönigtum denken, wie Saul es verkörperte. Die Bezeichnung der Hochzeitsbegleiter als „Helden Israels" ist die einzige Stelle des Hohenliedes, an der die Glaubensgemeinschaft „Israel" erwähnt wird; aber der rituelle Krieg Israels ist zur Folklore geworden – mit einem Gespenst als Gegner. Dieser geheimnis- und gefahrvolle „Schrecken", der mit nur wenig abweichender Benennung noch einmal in Ps. 91,5 (vgl. Hiob 24,17) erscheint, ist wohl ein eifersüchtiger Dämon, der die Hochzeiter in der Brautnacht bedroht; an „Unholde und Schattengeister, die in den Nächten umgehen," dachte auch das Targum in einer allerdings durchweg zur allegorischen Paraphrase aufgeblähten Wiedergabe[108]. Wir kennen den Dämon[109], derber vorgestellt, aus Tob. 3,17; 6,14 ff. als Asmodai, der, weil er offenbar in die Braut verliebt ist, jeden ihrer Freier tötet[110]; dagegen hilft nach Tob. 6,17; 8,3 ein wunderlich versetztes Räucherwerk, wodurch den Rauchsäulen von Hl. 3,6 vielleicht noch ein okkulter Zweck verschafft ist. Letztlich sind solche Gespenster abgesunkene Götter; hier mag man an den „Schrecken Israels" Gen. 31,42.53 denken, einst ein schützender Familialgott, der nun, ebenfalls im familialreligiösen Bereich, unter monotheistischem Druck negative Wertigkeit annehmen mußte.

Daß der Tragsessel, den der König Salomo „für sich gemacht hat", für die Braut 9 f. bestimmt wäre[111], ist unwahrscheinlich. Zunächst hätte man erwartet, daß der Tragsessel schon in V.6 erwähnt würde, falls 6–8 und 9–11 in irgendeiner Weise zusammengehören. Vor allem fordert V.11 dazu auf, den Bräutigam doch offen-

---

[108] Die hier mit „Unholde und Schattengeister" wiedergegebenen Dämonenbezeichnungen begegnen, ohne das Attribut „die in den Nächten umgehen", dafür zusammen mit zwei anderen tageszeitspezifischen Gespenstergruppen, „Morgen- und Mittagsgeister(n)", auch im Targum zu Hl. 4,6; dagegen erscheint im Targum zu Hl. 8,3 nur der „Unhold" (Sing.), der für keine Tageszeit spezifisch ist. „Unholde und Schattengeister" passen im Targum zu Hl. 3,8 gut, weil letztere abends auftauchen und danach zusammen mit den „Unholden" in den Nächten umgehen; der Zusammenhang mit der Hochzeit fehlt aber.

[109] Eine weibliche Entsprechung ist die Hiob 18,14 cj. – hier zusammen mit einem ebenfalls dämonischen „König der Schrecken(smächte)" V.15 – und die Jes. 34,14 genannte Lilith.

[110] In Ex. 4,24–26 J scheint die gleiche Rolle ein dämonischer Jahwe zu spielen, und zwar (hochzeits)nächtlich gegenüber Mose und dessen Braut Zippora. Jahwe will Mose töten. Zippora aber kommt dem durch die Beschneidung des Mose zuvor; sie befriedigt den Gott parte pro toto, sofern er es auf die Mannheit des Bräutigams abgesehen hat. Der vorliegende Text hat die unheimliche, ursprünglich selbständige Szene nur leicht entstellt: Zippora ist nach 2,21 f. J schon vorher Moses Frau; das nach der Erwähnung des „Blutbräutigams" in 4,26 mutmaßliche Hochzeitslager ist zu dem umstrittenen *mālôn* „Nachtlager (?)" V.24 geworden.

[111] So ist die Stelle schon von den Rabbinen verstanden worden, wenn sie im Kriege gegen Kaiser Hadrian die Verordnung erließen, daß die Braut nicht in einer Sänfte (*'appirjôn*, vgl. Anm. 99) ausziehen dürfe; nach dem Kriege wurde wieder erlaubt, daß die Braut in einer Sänfte durch die Stadt getragen wird (babyl. Talmud Soṭa 49a; weitere Stellen zum Zusammenhang von *'appirjôn* und Braut in WTM I 150 und bei H. L. Strack – P. Billerbeck, Das Evangelium nach Matthäus erläutert aus Talmud und Midrasch, 9 1986, 507 bei *e*, 509 f. bei *g*). Offenbar wurde das Brauchtum damaligem Verständnis von Hl. 3,9 angepaßt. Den Rabbinen sind darin die modernen Kommentatoren gefolgt; Gerleman (Das HoheLied, 139–143) dagegen denkt mit zweifelhafter Ableitung von *'appirjôn* aus ägyptisch *pr* „Haus" an die Beschreibung der Thronhalle des Salomo einer Travestie.

bar in der durch 9f. geschilderten Pracht, d.h. auf seinem Tragsessel, zu bewundern; wäre der Sessel für die Braut bestimmt, müßte man in erster Linie zu dieser aufschauen. Wenn wir dagegen annehmen, daß der junge Mann als fiktiver König selbst auf dem Tragsessel thront, erscheint es als sinnvoll, daß dessen Beschreibung in 9f. an die Stelle einer Schilderung des Bräutigams tritt, so wie die Beschreibung der Braut in 7f. durch die ihres Ambiente ersetzt wird. Wenn die Verse 6–8 und 9–11, sei es auch nur redaktionell, zusammengehören und intakt sind[112], sollen wir denken, daß Bräutigam und Braut einander entgegenkommen – sie als theomorphe (gottesbildliche) Erscheinung, er als König Salomo auf dem Tragsessel, der in einer Prozession herbeigeschleppt wird. Daß der Bräutigam mit großem Troß, mit Freunden und Brüdern, nicht zuletzt mit vielen Waffen seiner Braut entgegenzieht, wenn diese in sein Haus heimgeholt wird, setzt auch 1.Makk. 9,39 voraus[113].

Die weitschweifige Aufzählung des für den Thronsessel investierten Luxus dient einer forcierten Travestie-nach-oben. Die Rolle des Hochzeiters als König ist auf Salomo spezifiziert: Salomo ist wie in der israelitischen Weisheitsliteratur der Prototyp israelitischer Könige; sein exemplarischer Reichtum, wie er besonders durch die Libanonhölzer angedeutet wird (V.9b), kennzeichnet auch die Königstravestie Kohelets in Koh. 2,1–11. Daß der Mensch gleichsam hinter einem fiktiv-aristokratischen Wohlstandscliché verschwindet, mag man bedauern. Auch wenn das dabei verwendete Wohlstandsvokabular, der Wortprunk, lediglich eine Wunschwelt beschwören soll, dürften beide seitens des Hörers bzw. Lesers nur dann ein Echo gefunden haben, wenn das Bezeichnete nicht völlig außer deren Reichweite war; in ländlichem Armutsmilieu werden wir uns die Verse schon darum nicht denken können, eher in einer „bürgerlichen" Urbanität, deren Wunschwelt die nächsthöhere Gesellschaftsschicht darstellt. So dienen die Requisiten einer vornehmen Phantasiehochzeit – ebenso wie die vorher angedeuteten Motive eines nur noch folkloristischen Aberglaubens – offenbar solchen ästhetischen Fiktionen, durch die die wurzellos gewordene Oberschicht künstlich eine Geborgenheit an sich raffen will, wie sie gültig nur in hierarchisch gegliederten, autonomen Gesellschaften, dazu durch kollektive Beheimatung in religiösen Überlieferungen zu gewinnen war, die beide für das 3.Jh. v.Chr. nicht mehr vorauszusetzen sind.

11   Die „Töchter Jerusalems", Statisten der Hochzeitsszene, die wohl fiktiv als Hofdamen zu denken sind, sollen bewundernd am Straßenrand stehen, wenn der „König" seine Prinzessin vorbeiführt: so können sie bestätigen, wie prächtig der Bräutigam ist[114]. Daß dieser am Hochzeitstage von seiner Mutter bekränzt oder

---

[112] Anders Rudolph (Das Hohe Lied, 144f.); er vermutete Ausfall einer Strophe hinter V.10.

[113] Daß der Königssohn als Bräutigam in einer Sänfte sitzt, setzt auch ein Gleichnis des jerus. Talmuds Sota 1,17c.20 voraus; Strack – Billerbeck, Das Evangelium (Anm. 111), 510.

[114] Vgl. den Schluß der in Anm. 105 zitierten Stelle Ilias XVIII 491ff. zur Heimholung der Bräute, nämlich Z. 495/6:

                    ... die Weiber
Standen alle bewundernd indes vor den Türen der Häuser.
Die elementaren Sitten unterschieden sich in den antiken Kulturen wenig.

gekrönt wird, widerspricht der archaischen Rolle der Brautmutter, auf die in 3,4 zurückgegriffen wurde; daß hier dagegen die Mutter des Bräutigams tätig ist, zeigt, daß in Wirklichkeit die Braut in die Familie ihres Mannes aufgenommen werden soll. Das *Bekränzen* des Bräutigams – nicht nur, wie auch bei uns, der Braut – ist auch später jüdische Sitte[115]. Seine *Bekrönung* könnte wieder der Königstravestie entsprechen; diese würde auch die Rolle der Mutter dabei erklärlich machen, da die Mutter des Königs, wie etwa die Stellung der Isebel lange nach Ahabs Ende zeigt, bis zu ihrem Tode eine hervorragende Position einnimmt.

4,1-7

1 Ja, du bist schön, meine Freundin;
    ja, du bist schön, deine Augen sind Tauben.' '[116]
Dein Haar ist wie die Ziegenherde,
    die vom Gebirge Gileads herabspringt.

2 Deine Zähne sind wie die Herde Geschorener[117],
    die von der Schwemme heraufsteigen,
Die alle Zwillinge haben –
    beraubt ist keines von ihnen.

3 Wie ein hochrotes Band sind deine Lippen,
    und dein Mund ist reizend.
Wie eine Granatapfelscheibe ist deine Schläfe
    hinter deinem Schleier.

4 Wie der Davidsturm ist dein Hals,
    mit Zinnen(?)[118] erbaut –

---

115 Material bei Strack - Billerbeck, Das Evangelium (Anm. 111), 507-509.

116 Die Worte „hinter deinem Schleier", die in dem mit 4,1aα sonst wörtlich übereinstimmenden Vers 1,15 keine Entsprechung haben und für die das Parallelglied fehlt, sind aus V.3bβ aufgenommen; sie stellen hier eine Glosse dar, die die vorangehende Erwähnung der Augen oder Blicke im Dienst größerer Sittenstrenge einschränkt.

117 Die üblichen Übersetzungen *„eine* Ziegenherde" (V.1), *„eine* Herde Geschorener" (2) u.ö. sind mit Rücksicht auf deutsches Sprachgefühl gerechtfertigt; so auch unsere Übersetzungen zu 1,11b.13 f.; 2,1-3.9.17 u.ö. Die besonders im Hl. häufige individualisierende Determination des Nomen rectum in Vergleichen, die dessen konkrete Genauigkeit geradezu prosaisch festlegt („die Ziegenherde" u.ä.), läßt sich ins Deutsche am ehesten vor Relativsätzen übernehmen; anders in V.3aα.bα, wo *„das* hochrote Band" bzw. *„die* Granatapfelscheibe" im Deutschen befremdend wirkt.

118 Was *leṭalpijjôt* bedeutet, kann man nur raten; wir übernehmen die Übersetzung der sklavisch am hebräischen Text orientierten LXX-Revision des Aquila (εἰς ἐπάλξεις), der die Vulgata (*cum propugnaculis*) zu folgen scheint. Die immer wieder vorgeschlagene Übersetzung „in Schichten" verdankt sich wohl dem Wunsch nach einem plausiblen tertium comparationis, der aber für V.4b in jedem Fall unerfüllt bleibt; vgl. die Auslegung.

> Tausend Schilde sind an ihm aufgehängt,
> alles Rundschilde von Helden.
> 5a Deine zwei Brüste sind wie zwei Kitze,
> Zwillinge der Gazelle.' '[119]
> 7 Ganz und gar schön bist du, meine Freundin;
> kein Fehl ist an dir.

Der in seinem Vokabular, soweit wir urteilen können, teilweise recht anspruchsvolle Text ist wie Hl. 7,1-7 ein Beschreibungslied *(waṣf)* oder Bewunderungslied für die Frau; im Aufbau und wohl auch nach seinem Schönheitsideal erinnert es an das Beschreibungslied für Sara im Genesis-Apokryphon aus Höhle 1 von Qumran (20,2-8)[120]. – Die schlichten, volksliedhaften Rahmenverse 1aα und 7 charakterisieren die Gesamterscheinung mit teilweise gleichen Worten. Das demgegenüber ein wenig gekünstelt wirkende Corpus, nämlich die Verse 1b-5a, besingt die Gestalt in ihren einzelnen Teilen – von oben nach unten schreitend[121], wohingegen das Bewunderungslied für die Tänzerin 7,1-7 umgekehrt angeordnet wird. In V.1b.2.5a finden sich Tiervergleiche (s. zu 1,9-11.15), in 3b ein Pflanzenvergleich: wieder werden Kräfte, die in Tieren und Pflanzen wirken, sprachmagisch auf den Menschen übertragen; insoweit wird der Einheit

---

[119] Die Verse 5b und 6, nämlich

> ... die unter Lilien weiden.
> Bis der Tag heranweht
> und die Schatten fliehen,
> Will ich zum Myrrhenberg gehen
> und zum Weihrauchhügel!

sind offenbar als Ersatz für einen Teil des Beschreibungsliedes eingetreten, der später das Schamgefühl verletzte und der allegorischen Deutung widerstand. V. 5b, der nur auf den Mann paßt, ist aus 2,16b, V.6a aus 2,17a herübergenommen. V.6b lenkt notdürftig zur Motivik des Beschreibungsliedes zurück. — Dagegen war in Hl. 7,1-7 eine entsprechende Eliminierung von V.2f. nicht möglich, ohne daß das Ganze zerstört würde.

[120] Text, Übersetzung und Literatur jetzt bei K. Beyer, Die aramäischen Texte vom Toten Meer, 1984, 165-186, bes. 173/4. — Das Beschreibungslied für die Frau wirkt nach in „Joseph und Aseneth" 18,9f. (s. zu 6,10); Übersetzung, Literatur u.a. bei Chr. Burchard, Joseph und Aseneth (JSHRZ II 4), 1983, bes. 688f. Für „Joseph und Aseneth" 22,7 als Beschreibungslied des Mannes vgl. zu 5,10-16.

[121] So außer in 1QGenAp oft auch in altägyptischen Beschreibungsliedern, etwa in dem Lied auf eine Königstochter, wobei insbesondere die ähnliche Funktion der Vergleiche zu beachten ist (Übersetzung S. Schott, Altägyptische Liebeslieder, ²1950, 100):

> Schwärzer ist ihr Haar als die Schwärze der Nacht,
> als Weintrauben und Feigen.
> Ihre Zähne sind schöner gereiht als ... kerne,
> als (die Kerben eines Feuerstein)messers.
> Ihre Brüste stehen fest auf ihrem Leib.

Vgl. Hermann, Altäg. Liebesdichtung (Anm. 22), 127; eine andere Anordnung hat das dort S. 125 zitierte Beschreibungslied, das im übrigen ebenfalls Vergleiche einsetzt.

alles Lebendigen entsprochen[122]. Theomorphe (gottesbildliche) Züge fehlen, ebenso die für das Beschreibungslied des Mannes in 5,10-16 so charakteristische statuarische Darstellungsweise. Die letzte Erinnerung an die Königstravestie kann man allenfalls in dem Vergleich mit dem Davidsturm (4) finden. — Das ganze Gedicht ist vom Nominalstil beherrscht (vgl. zu 2,8f.); finite Verbformen finden sich nur in Relativsätzen (V.1bβ.2aβ) und in dem nicht ursprünglich zugehörigen V.6. Sein rein additives Darstellungsverfahren läßt eine innere Folgerichtung der Empfindung trotz des Rahmenverses, der das Ganze eher äußerlich zusammenhält, vermissen; der ästhetische Reiz des Stückes muß bei der Ungewöhnlichkeit seiner Einzelformulierungen gelegen haben.

Der einleitende Rahmenvers 1aα ist mit 1,15 identisch; es handelt sich um eine 1f. volksliedhafte Wendung, die in der Sammlung mehr als einmal verwendet wird (vgl. auch zu 2,6f.). — Die einander parallelen Vergleiche für Haar und Zähne (V.1b.2a) sind zunächst durch Lokalisierungen der Vergleichsspender erweitert: „... wie die Ziegenherde, die vom Gebirge Gileads herabspringt, ... wie die Herde Geschorener, die von der Schwemme heraufsteigen". Wie in 2,14.17 (s. dazu) u.ö. haften an den so benannten Lokalitäten Stimmungsreste, die den Vergleich bereichern, ja ein neues tertium comparationis einführen: eine Kleinviehherde aus dem Gebirge Gileads, d.h. dem Ostjordanland, soll bis zur Unerschöpflichkeit zahlreich gedacht werden; geschorene Tiere, die dazu aus der Schwemme heraufsteigen, sind darüber hinaus von idealer Reinheit; auf das Motiv Makellosigkeit kommt V.7b zurück. - An den zweiten Vergleich heften sich dazu zwei Elemente aufwertender Beschreibung, deren zweites syntaktisch unverbunden ist: „die alle Zwillinge haben - beraubt ist keines von ihnen". Beschreibende Elemente, z.T. ohne syntaktische Verbindung, schließen in V.4 auch an die Benen- 4 nung des Davidsturms als Vergleichsspender an: „... (der) mit Zinnen(?) erbaut (ist) - Tausend Schilde sind an ihm aufgehängt, alles Rundschilde von Helden". Hier löst sich der Vergleich aus seiner metaphorischen Funktion: die Beschreibung des Vergleichsspenders gewinnt ein Eigenleben[123], so daß in bezug auf die einzelnen Beschreibungsmotive nach einem tertium comparationis zu fragen sinnlos ist; die Suche nach einem plausiblen Vergleichsmerkmal darf darum für die Übersetzung strittiger Vokabeln nicht leitend sein. Daß wir nicht wissen, was es mit dem offensichtlich stolzen, eindrucksvollen Davidsturm, seinen Zinnen(?) und Gehängen auf sich hat, muß nicht stören: die Erinnerungsspuren für den antiken Hörer bzw. Leser mögen ähnlicher Art gewesen sein wie bei der vergangenheitsbewußten Erwähnung kriegskundiger „Helden Israels" im Zusammenhang mit der Beschreibung der Braut in 3,7f.; eine Identifikation der als stark und selbstbewußt gedachten Freundin mit Figuren der sagenhaften Frühzeit schafft

---

[122] Hermann (Altäg. Liebesdichtung [Anm. 22], 128) gibt ein Beispiel für die Umkehrung des Vergleichsvorgangs aus einem der ‚Baumgartenlieder': hier werden Körperteile als Vergleichsspender für Pflanzenteile eingesetzt.

[123] Zu einer ähnlichen Vergleichserweiterung in einem Gedicht der Sappho, nämlich 98 D., vgl. Anm. 207.

allemal einen aufwertenden Nimbus, den die beschreibenden Elemente des Vergleichs durch Andeutungen ihres Beziehungsreichtums ausschöpfen möchten. Auch hier gewinnt der Vergleichsempfänger Eigenschaften, die er ohne den Vergleich nicht hätte; die Sprache der Poesie bereichert eine sonst prosaische Wirklichkeit um Merkmale, die ihr aus sprachlich kristallisierten Erinnerungen und Stimmungen zuwachsen.

3   Das in V.3 mit „hochrot" übersetzte Attribut *haššānî* bezeichnet einen Farbstoff aus den Eiernestern einer Schildlaus, die von den Blättern einer Eichenart gesammelt werden; wir sprechen, prosaisch, von Karmesinrot. Die hebräische Vokabel für „Mund", *midbār*, weckt die Assoziation „Ausspruch": zu schönen Lippen gehören reizende Worte (3aα); körperlicher Charme ohne Geist ist für den Altorientalen nicht vorstellbar. In dem o.g. Beschreibungslied für Sara wird abschließend, also betont erwähnt, daß sie neben all ihrer Schönheit auch viel Weisheit besaß (1QGenAp 20,7)[124]. Was die Schläfe mit einer Granatapfelscheibe vergleichbar macht (vgl. Hl. 6,7), sollte man so streng nicht fragen: auch hier handelt es sich eher um Denkbilder als um sinnliche Anschauungsbilder; der Vergleich mit Granatäpfeln empfiehlt sich deshalb, weil diese Früchte ebenso wie

5a   Äpfel Aphrodisiaka, Liebeserreger, sind (siehe zu 2,5 mit Anm. 55). Anders als in 2,9.17; 8,14, aber mit ähnlicher Wortparallele werden (Hirsch-?)Kitze und Gazellen in V.5a und dem fast wörtlich übereinstimmenden Satz 7,4 zum Vergleichsspender für die Brüste der Frau[125], wofür sie ihre Rolle als Trabanten und Symboltiere der Liebesgöttin empfiehlt; vgl. noch Spr. 5,19.

7   Der abschließende Rahmenvers wiederholt den einleitenden, nämlich 1aα, zum Teil wörtlich, dem literarischen Schönheitsideal einer ringförmigen Komposition entsprechend. An die Stelle der Formulierung von V.1aβ, die die Augen der Besungenen mit (denen der ?) Tauben vergleicht, tritt: „kein Fehl ist an dir". Sollen wir daraus erschließen, daß das, was die Geliebte mit der Taube vergleichbar macht, wie in 5,2; 6,9 deren makellose Reinheit ist, auf die hier der Vergleich in 4,2 vorbereitet hat?

---

[124] Ähnlich und doch für die Verschiedenheit der Wertungen charakteristisch ist es, wenn das von Hermann (Altäg. Liebesdichtung [Anm. 22], 126) zitierte Beschreibungslied für eine Frau nach Sätzen über Augen und Lippen betont: „Sie hat kein Wort zu viel", d.h. sie sagt das Richtige zur rechten Zeit und weiß zu schweigen.

[125] Das Beschreibungslied für Sara erwähnt 1QGenAp 20,5f. nach Haar, Augen, Nase, Brust, Armen und Händen noch die Füße und die Beine. Das in Anm. 124 genannte ägyptische Beschreibungslied fährt, nachdem zuletzt Arme und Finger mit Vergleichen beschrieben wurden, fort:

> Mit schweren Lenden und schmalen Hüften,
> sie, deren Schenkel um ihre Schönheit streiten,
> edlen Ganges, wenn sie auf den Boden tritt,
> raubt sie mein Herz mit ihrem Gruß.

Dagegen endet auch „Joseph und Aseneth" 18,9 mit einem Wort über die Brüste.

4,8

Zu mir vom Libanon, o Braut,
  zu mir vom Libanon mögest du kommen,
Mögest herabsteigen vom Gipfel des Amana,
  vom Gipfel des Senir und Hermon,
Von den Stätten der Löwen,
  von den Bergen der Panther.

Das fragmentarische Stück, dessen Kontext möglicherweise wegen seiner noch weiter reichenden mythischen Anspielungen nicht in die Sammlung aufgenommen wurde, ist gattungsmäßig nicht einzuordnen.

Die Braut wird aufgefordert, vom Libanon bzw. den ihm benachbarten Bergen, fernen und unwegsamen Gegenden, ins Heimatlich-Vertraute hinabzusteigen. Reminiszenzen an einen versunkenen Mythos dienen dazu, eine Wunschsituation zu schaffen: die Herkunft vom Libanon ist ebenso unwirklich, wie wenn der Liebende einem Gott vergleichbar über Berge und Höhen springt (2,8) oder die Braut „wie in Säulen von Rauch" aus der Wüste heraufsteigt (3,6). Rein zivilisationsflüchtig ist die Wunschsituation aber insofern nicht, als die zivilisationsfeindlichen Gebiete, eine Wildnis mit Löwen und Panthern, gerade verlassen werden sollen. Der Libanon scheint vielmehr gewählt, weil hier, beim Bergheiligtum von Aphaka (arabisch *Afqa*), ein wilder Eber den jungen Fruchtbarkeitsgott Adonis getötet haben soll, worauf der Mythos die jährliche Rotfärbung des bei Aphaka entspringenden Adonisflusses (*Nahr Ibrahīm*) zurückführt; freilich wissen wir Genaueres über diesen Mythos erst aus dem 2. Jh. n. Chr. von Lukian (De Dea Syra 6ff.) und aus noch späteren Quellen; Lukian berichtet, daß man nach den Klagen um den toten Adonis in Byblos seine Auferstehung begangen habe[126]. Zweifellos aber sind die Hauptmotive des Adonismythos viel älter. Der mit der Sammlung des Hohenliedes gleichzeitige hellenistische Dichter Theokrit beschreibt in Eidyllion XV die hochsommerlichen Klagefeiern für Adonis, den Gatten der Aphrodite, in Alexandria[127]. Der Mythos des Tammuz, eines Vorgängers des Adonis, reicht bekanntlich bis in sumerische Zeit zurück. Auf die Totenklage der Frauen für ihn[128] wird in Ez. 8,14 und Dan. 11,37 angespielt; auf eine weibliche Gestalt, möglicherweise eine Göttin, die „im Libanon wohnt" und „auf (dessen) Zedern sich eingenistet hat", greift Jer. 22,23 zurück. – Keineswegs aber wollen wir annehmen, daß der Sprecher von Hld. 4,8 sich mit Tammuz-Adonis identifiziere, der etwa *mit* einer Göttin als Partnerin im Triumph seiner Auf-

---

[126] Vgl. zu Adonis Anm. 94 und H. Gese in: H. Gese – M. Höfner – K. Rudolph, Die Religionen Altsyriens, Altarabiens und der Mandäer, 1970, 185–188, zu den griechischen Quellen daselbst 186[41], H. Ringgren, Die Religionen des Alten Orients, 1979, 208f. (Lukianzitat). 233, sowie Pope, Song of Songs, 491/2 (Zitat des Melito von Sardes).

[127] Staiger, Theokrit (Anm. 23), 100–110. Auf einen etwas jüngeren Papyrus als Zeugnis des Adoniskults in Alexandria machte Baumgartner, Das Nachleben der Adonisgärten (Anm. 38), 269[3], aufmerksam.

[128] Zur Tammuzklage vgl. Ringgren, Religionen (Anm. 126), 127.

erstehung vom Libanon herabkäme[129]. Der Libanon erscheint vielmehr deshalb als romantischer Ort der Liebe, weil an ihm ein mythischer Erinnerungsrest haftet, wobei es im Grunde gleichgültig ist, worin im einzelnen dessen Inhalt besteht. Der religiöse Stimmungsrest stellt das Liebesgeschehen in eine ästhetische Atmosphäre, ohne die der Dichtung die für das Lyrische nötige Tiefe, der Hintergrund fehlte; in dieser Atmosphäre vermögen die Liebenden sich symbolisch zu verhalten, wofür sie dem versunkenen Mythos ihr Empfinden unterlegen.

Die Bezeichnung der Geliebten als „Braut", möglicherweise ein Stück zärtlicher Camouflage, findet sich nur in den Gedichten 4,8; 4,9–11 und 4,12–5,1 – ein Grund, warum der Sammler sie zusammenstellte oder als eine bereits vorgegebene Teilsammlung übernahm.

Der Amana ist der Antilibanon oder ein Teil davon[130]; mit Senir und Hermon sind hier und in 1.Chr. 5,23 Einzelerhebungen des Antilibanon gemeint; der Hermon ($Ğebel\ eš-Šēḫ$), der sich nördlich der Golanhöhen weithin sichtbar und oft schneebedeckt erhebt, ist deren südlichste. Löwen und Panther repräsentieren die gegenmenschliche Welt des Hochgebirges, die sonst gemieden wird; der Löwe hat auch in Hi. 38,39f. diese Funktion[131], der Panther offenbar ebenso in der Bileam-Inschrift von Tell Deir ‘Allā I 15(17)[132].

4,9–11

9 **Du hast mich bezaubert(?)[133], meine Schwester (und) Braut,**
   du hast mich bezaubert mit einem (Blick) deiner Augen(?)[134],
   mit einem Glied deiner Halsketten[135]. —

---

[129] Versuche, einen mythischen Hintergrund genauer auszumachen, sind auf verschiedene Weise von W. Wittekindt, A. Bertholet (Zur Stelle Hoheslied 4,8, FS W. W. Graf Baudissin, 1918, 47–53), Haller (Das Hohe Lied, 35), H. Schmökel (Heilige Hochzeit und Hohes Lied, 1956, 72–75) u.a. unternommen worden; vgl. Pope, Song of Songs, 475ff., und Ringgren, Das Hohe Lied, 273/4. Sie scheitern schon daran, daß *’ittî* in V.8 nicht „mit mir", sondern „zu mir" bedeutet, wie jetzt auch O. Loretz (Cant 4,8 auf dem Hintergrund ugaritischer und assyrischer Beschreibungen des Libanons und Antilibanons, in: D.R. Daniels u.a. [Hgg.], Ernten, was man sät. FS K. Koch, 1991, 130–137, hier 136) voraussetzt.

[130] Dagegen liegt das noch heute sog. Amanusgebirge bei der Nordostecke des Mittelmeers von den anderen genannten Landschaften und von Israel zu weit entfernt, um für das Gedicht in Frage zu kommen.

[131] Vgl. O. Keel, Jahwes Entgegnung an Ijob, 1978, 65f.

[132] Vgl. Vf., Die aramäische Inschrift von Deir ‘Allā und die älteren Bileamsprüche, ZAW 94, 1982, 214–244, bes. 218.225; Ders., Die Funktion divinatorischen Redens und die Tierbezeichnungen der Inschrift von Tell Deir ‘Allā, in: J. Hoftijzer – G. van der Kooij, The Balaam Text from Deir ‘Alla Re-Evaluated, 1991, 185–205.

[133] Das hier mit „du hast mich bezaubert" nur versuchsweise wiedergegebene hebräische Wort *libbabtīkā* ist von *lᵉbab* „Herz" abgeleitet: es kann einerseits „du hast mein Herz (d.h. auch: meinen Verstand) geraubt", andererseits aber auch „du hast mein Herz belebt, ermuntert" (so die LXX-Revision des Symmachus: ἐϑαρσυνάς με) bedeuten; eine Entscheidung zwischen beiden Bedeutungen ist nicht möglich.

[134] Nach *bᵉ’aḥad* „mit einem" scheint ein mask. Substantiv wie *mā’ōr* Blick" ausgefallen zu sein – bei betonender Voranstellung des adjektivischen Zahlworts wie im Parallelvers 9bβ

10 **Wie gut ist deine Liebe, meine Schwester (und) Braut,**
   wie ist doch deine Liebe besser als Wein
   und der Duft deiner Salben als jeder Balsam!
11 **Honigseim triefen deine Lippen, o Braut,**
   Honig und Milch[136] sind unter deiner Zunge,
   und der Duft deiner Gewänder ist wie der Duft des Libanon.

Das mehrfach mit Wiederholungen arbeitende Bewunderungslied eines Mannes für seine Braut, vom Beschreibungslied durch seine Anreden unterschieden, scheint mit V.9 und 10f. aus zwei Fragmenten zusammengesetzt[137]. Die Augen(?) und die Halsketten von V.9b passen nicht recht zu den in V.11 gepriesenen Vorzügen. V.10aα wirkt zudem wie ein Gedichtsanfang. Nur die Verse 10f. erinnern an 1,2-4, während V.9 nirgends eine Entsprechung hat. Für eine ursprüngliche Zusammengehörigkeit von V.9 und 10f. mag freilich sprechen, daß beide Teile aus dreigliedrigen Versen bestehen (vgl. zu 11).

Die Anrede der Braut (s. zu 4,8) als „Schwester", die noch in 4,12; 5,1 (ebenfalls 9 in der Kombination „meine Schwester [und] Braut") und 5,2 begegnet, setzt einerseits eine traditionell enge Familienbindung, andererseits Tabuisierungen im Bereich der erotisch-sexuellen Sprache voraus. Wo die Familienbande eng sind, gilt die Geschwisterliebe – wie u.a. im alten Ägypten[138] – als Paradigma für Liebesbeziehungen überhaupt. So verbirgt die Sprache den Eros hinter einer anderweitig sanktionierten Terminologie. Sie verhüllt, was sie aussagen und zugleich vor Verständnislosen verschweigen will; sie sucht geradezu, mißverstanden zu werden. Eine Sondersprache von Einzelnen, die sich so aus der alltäglichen Gesellschaft mit ihren selbstverständlich gewordenen Normen zurückziehen, wird alsdann zum literarischen Topos, der von einer Kultur zur anderen überwechselt; ihre Motive können nun auch da gebraucht werden, wo ein unmittelbarer Bedarf für sie

---

(vgl. Anm. 135). Oder handelt es sich um eine umgangssprachliche Wendung, die ein entsprechendes Substantiv übergeht? – Loretz (Das althebr. Liebeslied, 30) versteht das hier mit „Auge" übersetzte Wort ^{c}ajin metonymisch als „Edelstein", was mit V.9bβ einen besseren Parallelismus ergäbe.

135 Die mit „Glied" und „Halskette" wiedergegebenen Wörter ^{c}anāq bzw. ṣawwārôn scheinen beide „Halskette" zu bedeuten; nach GesB17 u.a. wäre ^{c}anāq hier ein Teil des Halsschmucks. Vielleicht ist ^{c}anāq der Parallelbegriff für das in V.9bα ausgefallene mā'ôr (Anm. 134).

136 Wie sich das hier nach HAL mit „Honigseim" übersetzte hebräische Wort nōpät zu dem herkömmlich mit „Honig" wiedergegebenen $d^{e}baš$ verhält, ist umstritten; als drittes Element dieses Wortfeldes kommt ja'ar Hl. 5,1 ebenfalls für etwas Eßbares, Süßes hinzu (vgl. A. Caquot, Art. $d^{e}baš$, ThWAT II, 1977,135-139). Wir behalten in 4,11 die Kombination $d^{e}baš$ $w^{e}ḥālāb$ = „Honig und Milch" wegen der im Deutschen an diesen Worten haftenden Konnotationen bei.

137 Krinetzki (Das Hohe Lied, 164ff.; Kommentar zum Hohenlied, 138ff.) stellt V.9 zu 8 und sieht in 10f. ein selbständiges Stück.

138 Vgl. Hermann, Altäg. Liebesdichtung (Anm. 22), 75-78; das Entsprechende gilt von der Artikulation von Liebe zu Kleintier und Jungtier (S. 28-33). Auch die sumerische Mythologie kennt die Bruder-Anrede seitens einer Göttin an ihren Geliebten oder Gemahl, ohne daß an eine genealogische Verbindung zu denken wäre; vgl. A. Falkenstein, Zeitschrift für Assyriologie 55, 1963, 16^{27}.

gar nicht mehr besteht – wie zwischen ägyptischen Ehegatten[139] oder in Hl. 4,9–5,1 für das Verhältnis von Bräutigam und Braut, wenn nicht auch die Anrede „Braut" als eine zärtliche Camouflage gemeint ist[140]. Daß für den Wunsch, der Geliebte möge der „Bruder" sein, Entsprechendes gilt, zeigt 8,1. – Zumindest teilweise geht der Reiz der Besungenen in 9b wie nach 1,9–11 von ihrem Schmuck aus: daß Luxus das Lebensgefühl belebt, entspricht der Empfindungswelt des Hohenliedes mit seinen Travestien-nach-oben – ein Motiv, das in der ägyptischen Liebeslyrik Parallelen hat[141].

10f.   Für den volksliedhaften Charakter eines Teils der Sammlung ist charakteristisch, daß sich der überbietende Vergleich der Liebe mit Wein aus 1,2.4 (s. dort) in 4,10 wiederholt. – Zum Nebeneinander von „Wein" und „Honig" vgl. Hl. 5,1, zum Gebrauch beider als überbotener Vergleichsspender die in Anm. 9 zitierte Einführung eines akkadischen Liedes auf die Muttergöttin $B\bar{e}let$-$il\bar{\imath}$. – Daß die Besungene, in einer Metapher auf ihren Mund, als Spenderin von „Honig" und „Milch" gilt, erinnert an dieselben Attribute für das Land Kanaan als Heimat Israels Ex. 3,8 u.ö. Handelt es sich um eine kapriziöse Variante der weitverbreiteten Identifikation der Frau mit Erde und Acker (s. zu 1,6)? Soll die Braut gar als ein Paradiesgarten erscheinen? Oder haben wir, wie es uns als wahrscheinlicher erscheint, bei Honigseim auf den Lippen bzw. Honig und Milch unter der Zunge nicht nur an den Kuß, sondern auch an liebreiche Worte zu denken[142], wie auch die ähnliche Formulierung Spr. 5,3a Worte als Honigseim bezeichnet (vgl. 16,24, ferner 25,27)? In diesem Falle wäre der Geltungsbereich des Vergleichs beschränkter: die Vergleichsspender „Honig" etc. stehen allein für die Liebe, von der auch V.10 spricht[143]; Vergleichsempfänger ist nur der Mund.

Zum guten Duft der Salben vgl. 1,3, dazu 1,12. Daß der Geruchssinn[144] gleich zweimal bemüht wird, in V.10bβ und 11bβ, ist auffällig: sollte 11bβ mit seiner Erwähnung des Libanon vom Redaktor stammen, der in Erinnerung an Hos. 14,7 eine weitere Verbindung des „Braut"-Gedichts mit 4,8 herstellen wollte? Aber auch dagegen mag sprechen, daß V.11, wie er jetzt vorliegt, dreigliedrig wie V.9f. ist.

---

139 Nicht nur in das gattungsgleiche Hohelied ist die Bruder-Schwester-Anrede aus der ägyptischen Liebeslyrik eingedrungen. Sie scheint, im Sinne der Erzähler von Gen. 12,10–20; 20; 26,1–13, Abraham bzw. Isaak so etwas wie ein gutes Gewissen zu verschaffen, wenn sie ihre Ehefrauen als ihre Schwestern ausgeben; die fremden Potentaten, die die Frauen begehren – darunter Gen. 12 pikanterweise Pharao – mißverstehen ihn mithin.

140 So Gerlemann, Das Hohelied, 155. Vgl. zu 4,8.

141 Zum Luxus in Theben, insbesondere zur Amarnazeit, vgl. Hermann, Altäg. Liebesdichtung (Anm. 22), 54–64. Man denke aber auch an die detaillierten Anweisungen über den wirkungsvollsten Schmuck, die Sappho in einem längeren Gedicht, 98a.b D., ihrer Tochter Kleïs gibt; Treu, Sappho (Anm. 105), 78–81.

142 Vgl. die Assoziation zu 4,3; s.o. mit Anm. 124.

143 Zum Vergleich der Liebe mit Honig vgl. Ri.14,18a, wo ursprünglich ein eigenständiges Rätsel vorliegt, dessen Lösung sich aus der in V.10b–20 vorausgesetzten Situation, ohne Bezug auf die überlieferungsgeschichtlich sekundäre Episode V.8–10a, ergibt. Die Lösung des Rätsels ist: „die Liebe"; Simson schickt sich an, das Hochzeitsgemach zu betreten. Vgl. H.-P. Müller, Der Begriff „Rätsel" im AT, VT 20, 1970, 465–489, bes. 469f. Vgl. Anm. 158.

144 Vgl. zur ägyptischen Liebeslyrik Hermann, Altäg. Liebesdichtung (Anm. 22), 129.

Wie auch immer: wenn der Duft des Menschen mit dem des Balsams, eines Kulturprodukts, und zugleich dem des Libanon, einem überwältigenden Stück Natur, verglichen wird (vgl. 4,15; 7,6), so ist eine sinnenhaft erfahrene Einheit menschlichen, kulturhaft überformten Lebens mit Außermenschlichem zum Bewußtsein gebracht; kulturell gesteigertes Mensch-Sein versteht sich, rückschauend gleichsam, noch einmal als ein Stück Natur.

4,12-5,1

4,12 „Ein verschlossener Garten ist meine Schwester (und) Braut,
    ein verschlossener ‚Garten'[145], ein versiegelter Quell.

13 Deine Ranken(?)[146] sind ein Granatapfelhain
    mit ‚allerlei'[147] köstlicher Frucht - ‚ '[148]

14 Safran, Süßrohr und Zimt
    mit allerlei Weihrauchhölzern,
Narde, Myrrhe und Aloë
    mit allerlei besten Duftstoffen.

15 Der Gartenquell ist ein Brunnen lebendigen Wassers,
    ja, Bäche vom Libanon." —

16 „Erwache, Nordwind! O komm, Südwind!
    Wehe durch meinen Garten, daß seine Düfte strömen!
Es komme mein Liebster in seinen Garten
    und esse seine köstliche Frucht!" —

5,1 „Ich komme in meinen Garten, meine Schwester (und) Braut,
    rieche meine Myrrhe mit meinem Duftstoff;
Ich esse meine Süßspeise(?) mit meinem Honig[149],
    trinke meinen Wein mit meiner Milch." —
Eßt, Freunde, trinkt und berauscht euch an Liebe!

---

[145] Statt *gal* „Welle" ist wie in V.12a mit den meisten antiken Übersetzungen und vielen hebräischen Handschriften *gan* „Garten" zu lesen; Wortwiederholungen im Parallelismus membrorum sind nicht ungewöhnlich.

[146] Oder, um eine Tautologie zwischen Subjekt und Prädikat zu vermeiden: „deine Kanäle", was freilich nicht nur vermutlich obszön, sondern auch sprachlich nicht ohne Schwierigkeiten wäre; vgl. zur Problematik beider Übersetzungen H.-P. Müller, Hld 4,12-5,1: ein althebräisches Paradigma poetischer Sprache, Zeitschrift für Althebraistik 1, 1988, 191–201, bes. 194 mit Anm. 17 und 18. Fox (Song of Songs, 137) übersetzt mit Hinweis auf Talmudstellen: „Your watered fields", was zwar zu „Gärten" in V.12 gut paßt, aber als Subjekt zu „Granatapfelhain" ebenfalls eine Tautologie ergäbe; diese Bedeutung ist von den Rabbinen erst aus dem Zusammenhang von Hl. 4,13 mit V.12 erschlossen, da im babyl. Talmud Baba batra 68a eine alternative Übersetzung „umliegende Wiesen" nach Hiob 5,10 geboten wird (Belege in WTM IV 559/60).

[147] Zur Einfügung von *kol-* wie in V.14aβ.bβ vgl. Rudolph, Das Hohelied, 151.

[148] V.13b, dem das parallele Versglied fehlt und der die Erwähnung der Narde aus V.14 vorwegnimmt, ist als Glosse nach 1,14; 7,12 zu streichen. Soll er den etwas abrupten Übergang von V.13a zu 14 besser vermitteln? - Auch die hebräischen Elemente *nērd w^e* ... „Narde und ... " gehören nicht an den Anfang von V.14a, sondern an den von 14b (vgl. BHK). So entsteht eine genaue Entsprechung zwischen den Versteilen 14a und 14b, wie die Übersetzung zeigt.

[149] Zum Verhältnis von *ja'ar* „Süßspeise(?)" zu *d^ebaš* (herkömmlich:) „Honig" vgl. Anm. 136.

Der große Liebesdialog gegenseitiger Werbung in 4,12–5,1a wird durch 5,1b als Rollengedicht kenntlich: während der Sänger zunächst mimetisch zwischen den Rollen des „Bräutigams" (4,12–15 + 5,1a) und der „Braut" (4,16) hin- und herwechselt[150], gibt er abschließend in 5,1b die Rollen auf, um sich an sein Auditorium zu wenden. Daß er dabei „Freunde" zum Essen und Trinken auffordert, zeigt eindeutig, daß der Sitz im Leben für Vortrag und Tradition nicht nur des hier vorliegenden Stücks, sondern offenbar der Gattung das Gastmahl ist (vgl. zu 2,4); daraus ergibt sich Gelegenheit, die Stichwörter „Essen" und „Trinken" – für den, der es nicht ohnehin schon gemerkt haben sollte – in den allerletzten Worten des Gedichts als Chiffren für die Liebe, speziell den Geschlechtsverkehr zu entschlüsseln.

Die Verse 4,12–15 sind, für sich genommen, das Beschreibungslied für eine Frau mit dessen typischem Nominalstil (vgl. zu 2,8f.). Weithin handelt es sich nicht einmal um vollständige Sätze, vielmehr um Wendungen, die sich mit der Aneinanderreihung von Substantiven und substantivischen Verbindungen begnügen; nur lose knüpft die Aufzählung von V.14 dazu an die Wendung „allerlei köstliche Frucht" in 13 an, wobei die Bedeutung „Ertrag" mitschwingen mag (vgl. 8,12). Inhaltlich ist das Beschreibungslied durch Vergleiche (wie etwa in 1,9) und Identifikationen (wie in 1,15; 2,1 u.ö.) bestimmt, die es in 4,12 und V.15 rahmen. Eine eher statische Zuständlichkeit des Menschen wird mittels Metaphorik in die Zuständlichkeit einer kulturell überhöhten Natur verwoben; die Seinsart des Geschehens und Werdens ist mit den Stilmitteln des Beschreibungsliedes nicht darstellbar. – 4,16 mag Motive des Sehnsuchtsliedes enthalten.

Für den Stil des ganzen Gedichts sind einerseits seine etwas monotonen Aufzählungen, andererseits die große Zahl der dabei verwendeten Fremdwörter charakteristisch. Der Aufzählungsstil, der auch in der frühgriechischen Lyrik Parallelen hat[151], schafft wieder eine Überflußatmosphäre und die mit ihr verbundene Steigerung der Emotionen. So werden an konkreten Wirklichkeitsdetails haftende Empfindungen von Düften und anderen sensorischen Eindrücken erweckt – mit großer Genauigkeit der Wahrnehmung und ihrer Darstellung, wie sie eben die substantivische Aufzählung einer lyrischen Haltung des Zeigens und Nennens[152] gewährleistet. Die Vielzahl der dazu aufgewendeten exotischen Wörter mit ihrem seltsamen Klang steht für eine Ausnahmesituation gegenüber dem Alltag, wie Poesie und Geselligkeit sie schaffen. Daß die Aufzählung in Fremdwörtern schwelgt, dabei auch Redundanz nicht scheut, sondern den märchenhaft-fernen Klang der verschiedenartigsten Spezereibezeichnungen geradezu auskostet, vermittelt dem Gedicht den Reiz des Späten und Erlesenen, ja des esoterisch-Seltsamen, was das ins 3.Jh.v.Chr. zu datierende Stück wieder mit der zeitgenössischen hellenistischen Poesie des alexandrinischen Dichter-

---

[150] Ein ähnlicher gegenseitig werbender Dialog, aber mit mehrfachem Rollenwechsel ist ein altbabylonisches Zwiegespräch zwischen einem jungen Mann – nach W. von Soden der bekannte König Hammurabi – und einer jungen Frau (W. von Soden, Zeitschrift für Assyriologie 49, 1950, 151-194; M. Held, Journal of Cuneiform Studies 15, 1961, 1-26). Im Sumerischen gibt es mehrere Rollengedichte, die sich um die Gestalt der Liebes-, Fruchtbarkeits- und Kriegsgöttin Inanna ranken; vgl. C. Wilcke, FS Th. Jacobsen, 1974, 247/8.

[151] So erscheint in einem der „Kampflieder" des Alkaios, 54 D., ein ganzes Arsenal von Waffen an den Wänden; M. Treu, Alkaios, ³1980, 36/7. Zu der ähnlichen Behandlung des Schmucks in Sapphos Gedicht 98a.b D. vgl. Anm. 141.

[152] Vgl. zu 2,8 mit Lit. in Anm. 69.

kreises um Theokrit und Kallimachos verbindet. Eine solche Fülle weit hergeholter wandernder Kulturwörter - qinnämôn „Zimt" ist letztlich malaiischer Herkunft![153] - bleibt vor der ptolemäischen Herrschaft in Palästina, vor den in nachalexandrinischer Zeit aufkommenden weitläufigen Handelsbeziehungen undenkbar.

Die Identifikation der Frau mit einem Garten - wieder fehlt die Vergleichspartikel „wie" o.ä. (vgl. zu 1,15) - ist neben ihrer Identifikation als Weinberg eine Variante der verbreiteten Gleichsetzung mit Erde und Acker (s. zu 1,6). Die Gemeinsamkeit zwischen dem Vergleichsspender und dem Vergleichsempfänger wird auch hier durch die Identifikation nicht entdeckt, sondern allererst geschaffen; wenn die Metaphorik auf uns einen kühnen Eindruck macht, so spüren wir etwas von der Mühsal, mit der eine sonst befremdende Wirklichkeit durch sie noch einmal ins Vertraute verwandelt wurde. - Daß der „Garten" idealerweise „verschlossen" ist, bezeugt ein Keuschheitstabu, dem sich andere Texte des Hohenliedes offenbar nur in einer poetisch-geselligen Maskerade entziehen. Wie ernst mag es um dieses Tabu gewesen sein? Gerade in einem Rollengedicht wird die Bezeichnung „Schwester (und) Braut" wieder nur eine Camouflage sein (vgl. zu 4,8.9). Wenn dem Tabu die folgenden Zeilen widersprechen, so äußert sich darin eine lässige Doppelmoral, die für sich in Anspruch nimmt, was sie allgemein nicht zugesteht, insbesondere dann nicht, wenn eigene Interessen berührt werden; man vergesse aber nicht, daß es sich um die Verantwortungslosigkeit poetischen Spiels, eine Haltung müßigen, konfliktarmen Genießens handelt, allenfalls mit dem Lebensexperiment Kohelets Koh. 2,1-11, seinem Versuch mit der „Torheit", vergleichbar[154]. - Zum „Garten" gehört die „Quelle", damit man von einer Oase, einem paradiesischen Bezirk verschonter Wirklichkeit, sprechen kann. Wieviel davon noch Vergleich ist, wieviel einfach Atmosphäreanzeiger, bleibe dahingestellt: die Geliebte ist ein Paradiesgarten (s. zu 4,10f.), und die Liebe sucht einen paradiesischen Garten für sich auf. Das Attribut „versiegelt" holt das Motiv Quelle freilich in seine metaphorische Funktion zurück: noch einmal wird ein Keuschheitsideal angedeutet, das den Partner aufwertet.

Vollends die Verse 13f. lösen sich aus ihrer metaphorischen Funktion zugunsten eines beschwörenden Stammelns, das nur noch Emotionen erregen, eine Luxusphantasie beflügeln will; Einzelmotive gewinnen ein Eigenleben, das deren Rückbezug auf die Braut kaum noch gestattet. Dabei fällt die Syntax der Aufzählung in eine Primitivität, in so etwas wie sprachliche Archaismen zurück, die allenfalls in der Dichtung, dem Lallen der Liebespoesie zumal, nicht unangenehm auffallen; wieder liegt logische Ellipse vor, Verzicht auf Stringenz, die einen Gedanken, geordnetes Kalkül mit Begriffen nicht aufkommen lassen wollen. In wunderlichem Gegensatz zur Anspruchslosigkeit der Syntax steht die Gewählt-

4,12

13f.

---

[153] Vgl. F. Kluge - W. Mitzka, Etymologisches Wörterbuch der deutschen Sprache, ²¹1975, s.v. „Zimt". Das Wort ist über Zwischenstationen, die wir weithin nicht mehr kennen, nicht nur ins Hebräische und in jüngere semitische Sprachen, sondern auch in die meisten europäischen Sprachen gelangt.

[154] Auch hier gehören Weinberge, Parks (Koh. 2,4-6) und Frauen (V.8) zum Inbegriff irdischen Glücks.

heit, ja Manieriertheit des Vokabulars, dessen divergente Herkunft wir hier nicht im einzelnen aufweisen können[155]. - Die in V.14 bezeichneten Köstlichkeiten betören vor allem den Geruchssinn. Nicht alle der aufgezählten aromatischen Pflanzen sind dabei identifizierbar - auch deshalb nicht, weil die Beobachtungen, auf denen die orientalische Nomenklatur für Flora (und Fauna) beruht, anderer Art sind als die unseren. Zur Verbindung von Weihrauchhölzern mit Myrrhe und anderen Aromata vgl. 3,6 (4,6). - V.15 lenkt nach dem Modell einer ringförmigen Komposition zu den Motiven „Quelle" und „Garten" von V.12 zurück, die enger kombiniert werden. Die „Gartenquelle" erfährt durch zwei Prädikate einander überbietende Aufwertungen, die funktionell der Aufwertung durch die Adjektive „verschlossen", „versiegelt" in 12 entsprechen; daß die Erwähnung des Libanon Staat macht, erinnert an 4,8 mit dessen mythischen Reminiszenzen.

15

Die Fortführung des Dialogs mit schnellerem Sprecherwechsel (4,16; 5,1a) und die abschließende Aufforderung des Sängers an seine Hörer (5,1b) bedienen sich zunehmend alltagssprachlicher Ausdrucksmuster.

16

Der Ausdruck der Liebesbereitschaft in 4,16 scheint sich mit „Nordwind" und „Südwind" einer spontan gebildeten Metapher für den jungen Mann und sein Tun zu bedienen; ein verbindlicher Kanon von Bildern besteht nicht (mehr?). Hat hebräisch ʿûr „wach sein" die sexuelle Konnotation des Erregt-Seins[156] (vgl. zu 5,2; 8,5b)? - V.16b lenkt zum Gewohnten, ja zu bereits in V.12.13a gebrauchten Wendungen zurück und wirkt dadurch eindeutiger. - Das Stichwort „essen" als Chiffre für Liebe und Geschlechtsverkehr, für die es in vielen Sprachen und Kulturen Parallelen gibt[157], liegt auch dem Hochzeitsrätsel Ri. 14,14a[158] und Formulierungen in Spr. 9,17 und 30,20 zugrunde. Die Wendung „er esse seine köstliche Frucht" erinnert wieder an Gen. 3 in der ältesten, sexuellen Bedeutung dieser Geschichte (vgl. zu 2,3b); Spenderin der „Frucht" ist in Hl. 4,16b wie in Gen. 3 die Frau, anders als in 2,3b. - Die nicht eben wortkarge, enthusiastische Antwort des „Bräutigams" in 5,1, „ich komme ... rieche ... esse ... trinke", verbindet zugleich die auf den Geruchssinn ausgerichteten Aromatabegriffe von 4,14, die in „meine Myrrhe mit meinen Duftstoffen" (5,1aα) gerade noch einmal anklingen, mit einer Reihe neuer Vergleichsspender und Atmosphäreanzeiger: „Süßspeise(?) ... Honig(?) ... Wein ... Milch". Die mit „Süßspeise" und „Honig" übersetzten hebräischen Wörter sind die uns schon aus 4,11 bekannten Liebesmetaphern; sie hier einzuführen, gibt die Chiffre des Essens Gelegenheit. Die geläufige Verbindung „Honig und Milch" ist um andere Begriffe erweitert. Daß auch „Wein" zum Vergleich mit der Liebe taugt, wissen wir aus 1,2.4 u.ö.: dem „Essen" als erotisch-

5,1

---

[155] Zu den Etymologien vgl. Müller, Hld 4,12-5,1 (Anm. 146), 197f.

[156] So B. Glazier-McDonald, Malachi 2:12: ʿer wĕʿōneh — Another Look, JBL 105, 1986, 295-298, bes. 297, mit Hinweis auf sumerische und akkadische Parallelwendungen. Vielleicht ist einzuwenden, daß in „weckt nicht, stört nicht" Hld. 2,7 u.ö. das Hiphʿil und Polel von ʿûr doch wohl nicht die Bedeutung des sexuellen Erregens hat.

[157] Vgl. C. Levi-Strauss, Das wilde Denken, 1968, 126 (= stw 14, ⁴1981, 125f.).

[158] Offenbar zielt das Rätsel nach seinem ursprünglichen Sinn, d.h. ohne Bezug mit V.8-10a, auf den Bräutigam selbst, der einerseits als „Esser" erscheint und doch „Speise" bzw. „Süßes" spendet; vgl. Anm. 143 und den dort genannten Aufsatz des Vf.s, bes. S. 467.

sexuellem Tarnwort entspricht nun das „Trinken"; daß Liebe und Wein in Rausch versetzen, wird in 5,1b aufgenommen. - Der Abschlußvers 1b, in dem der Sänger das Rollenspiel aufgibt, wirkt zugleich sententiös und spielerisch. Während die fiktive Koinzidenz von Wort und Handlung in V.1a mit den wiederholten Morphemen der 1. Person Singular („ich" - „mein") den Sprecher selbst auf die vergegenwärtigte Situation festlegt, engagiert 1b die Hörer. Das letzte Wort des Gedichts, „Liebe", löst die Metaphern endgültig auf; die Auflösung mag einen verschmitzt-humoristischen Beiklang gehabt haben.

5,2-8

2 Ich schlief, aber mein Herz war wach;
   horch, mein Geliebter klopft[159]:
   Öffne mir, meine Schwester, meine Freundin,
   meine makellose Taube!
   Denn mein Haupt ist voll Tau,
   meine Locken voll nächtlicher Tropfen.

3 „Ausgezogen hab' ich mein Hängekleid[160] -
   wie könnt' ich es wieder anziehn?
   Gewaschen hab' ich meine Füße -
   wie könnt' ich sie wieder beschmutzen?"

4 Mein Geliebter streckt' seine Hand durch's Türloch -
   mein Leib war in Aufruhr für ihn.

5 Da stand ich auf, meinem Geliebten zu öffnen -
   meine Hände troffen von Myrrhe,
   Meine Finger von überfließender Myrrhe
   an den Griffen des Riegels.

6 Ich öffnete meinem Geliebten -
   da war mein Geliebter auf und davon.
   Mein Herz zerrann, da er fort war[161].

   . . .
   Ich suchte ihn, aber fand ihn nicht;
   ich rief ihn, er erwiderte nicht.

---

[159] Das sonst nur noch in Gen. 33,13 und Ri. 19,22 belegte Verb *dpq* „antreiben, drängen" wird in Ri. 19,22 im Hitpaʿel und mit dem Adverbial „gegen die Tür" für eine vergleichbare Situation gebraucht. Auch wenn LXX - bzw. ihre hebräische Vorlage (?) - mit ihren Tochterübersetzungen das von ihnen auch in κρούει ἐπὶ τὴν θύραν „klopft an die Tür" Hl. 5,2 verwendete Adverbial nicht geradezu aus Ri. 19,22 übernommen haben sollte, wurde das seltene Wort im Sinne des heftigen Anklopfens verstanden; Keels Übersetzung „mein Geliebter drängt" (Das Hohelied, 173.177) vermittelt eine Nuancierung des Ausdrucks, der man etwa mit dem Zusatz „heftig" entsprechen könnte.

[160] Zur Übersetzung „Hängekleid" für hebräisch *kuttōnät* vgl. H. Weippert, Art. Kleidung, in: Biblisches Reallexikon (Anm. 43), 185-188, bes. 186a, und Abb. 44,6.

[161] Danach scheint eine Halbzeile ausgefallen zu sein, ebenso in V.7 nach „sie verletzten mich", wo die Übersetzung die Unregelmäßigkeit der Versfolge im Original aber auszugleichen vermag.

7 Da fanden mich die Wächter, die die Stadt durchstreifen;
   sie schlugen mich, sie verletzten mich,
   Sie nahmen mir meinen Umhang(?) fort[162],
   die Wächter der Mauern.

8 Ich beschwöre euch, ihr Töchter Jerusalems:
   wenn ihr meinen Geliebten findet,
   Was könnt ihr ihm sagen?
   Daß ich krank bin vor Liebe!

Die in vielem an 3,1–4(5) erinnernde Erlebnisschilderung der Frau mit szenischen Motiven und einer abschließenden „Beschwörung" der Töchter Jerusalems (5,8), die besser als in 3,5 auf den Geschehenszusammenhang paßt, ist ganz und gar traumhaft: Zeit und Raum verlieren ihre Kontinuität, können sprunghaft wechseln; die Gefühlsintensität ist ungewöhnlich, eine mythische Reminiszenz in 5,7 deutlicher als sonst. Der Traum gestattet wie die spielerische Poesie, die ihn darstellt, sich von selbstverständlich gewordenen Normen zu befreien[163]. Die leicht obszönen Elemente dessen, was lediglich Traum ist, werden zusätzlich dadurch verdeckt, daß man allem auch einen harmlosen Sinn geben kann[164]; wahrscheinlich haben sie aber auch darum das Anstandsgefühl ihrer Zeit nicht verletzt, weil das Ergriffensein von der Liebe irgendwie doch noch als göttlichen Ursprungs angesehen wurde. Ganz im Gegensatz zu 3,1–4(5) wird die Liebeserfüllung aber auch im Traum gleichsam nur vorgetäuscht: abrupt tritt in 5,7 die Enttäuschung ein; der Ausklang bringt mit der Schlichtheit, die der Darstellung echter und großer Emotionen im Hohenlied eigen ist, den Schmerz der Zurückgelassenen zum Ausdruck. – Falls der Redaktor die auf V.8 folgende Frage in 9 von den hier genannten „Töchtern Jerusalems" gestellt wissen will, ist 5,2–8 der Anfang einer Teilsammlung, die mit 6,3 endet (vgl.zu 5,9).

2   Die kurze Exposition in 5,2a macht die Traumsituation noch eindeutiger als in 3,1–4(5); ebenso wie dort beginnt die Ereignisfolge auf nächtlichem Lager. Zu der Wendung „ich schlief" ist wieder, vielleicht noch unmittelbarer die Stimmung vergleichbar, die in dem zu 3,1–4(5) zitierten altgriechischen Volkslied zum Ausdruck kommt. „Aber mein Herz war wach" ermöglicht eine erste Stichwortverbindung mit dem vorangehenden Gedicht (4,16: „Erwache, Nordwind!"). Ob

---

[162] Wörtlich: „sie nahmen meinen Umhang von über mir (fort)". Die Verbindung m^e'al „von über" läßt zu $r^e d\hat{\imath}d\hat{\imath}$, das hier mit „mein Umhang" übersetzt ist, an ein – eher luxuriöses (Jes. 3,23) – Gewandstück denken, das auch den Kopf bedeckt, zumal LXX die hier und in Jes. 3,23 gebrauchte Übersetzung θέριστρον in Gen. 24,65; 38,14.19 auch für $s\bar{a}$'$\hat{\imath}p$ verwendet, d.h. für ein Gewandstück, das nach Gen. 38,15 das Gesicht (hier der Dirne) verhüllt.

[163] Vgl. zu 1,9 mit Anm. 27.

[164] Wenn die dem hebräischen Text sehr genau folgende LXX hier wie auch sonst im Hohenlied $d\hat{o}d$ „Geliebter" immer mit dem in Hl. 8,1 auch für '$\bar{a}h$ „Bruder" gebrauchten ἀδελφιδός „brüderlicher Verwandter, Neffe" wiedergibt, so mag dies durchweg die Funktion haben, den erotisch-sexuellen Sinn des Wortes zu verschleiern, wofür bei Texten wie 5,2–7 am ehesten ein Bedürfnis besteht; ἀδελφοί „Brüder" erscheint Hl. 5,1 für das als Vokativ aufgefaßte $d\hat{o}d\hat{\imath}m$. Umgekehrt hat LXX dwdjm „Liebe" Hl. 1,2.4; 4.10; 7,13 als $daddajim$ „Brüste" (μαστοί) verstanden und so den erotischen Sinn vergröbert. Jes. 5,1 wird $d\hat{o}d$ dagegen zutreffend mit ἀγαπητός „Geliebter" übersetzt.

hebräisch '$\hat{u}r$ „wach sein" die sexuelle Konnotation des Erregt-Seins hatte, kann man auch hier fragen (vgl. zu 4,16; 8,5b). – Das Anklopfen des Geliebten (5,2bα) gehört bereits zum Traumgeschehen. Seine Worte (V.2bβ) entsprechen der Situation der Türklage des ausgeschlossenen Liebhabers vor dem Haus der Geliebten (s. zu 2,10-14). Die Aufforderung „öffne mir" (5,2bβ) richtet sich zunächst auf das Lösen des in V.5b erwähnten Riegels; immerhin scheint jetzt eine sexuelle Konnotation wahrscheinlich: $pt\d{h}$ „öffnen" könnte hier und in 5f., wo beidemal die Perspektive der Frau vorliegt, an die Penetration denken lassen[165]. Den Anreden „meine Schwester (und) Braut" von 4,9f.12; 5,1 (vgl. 4,8) steht in 5,2 „meine Schwester, meine Freundin" gegenüber – vielleicht, weil die folgenden schlüpfrigen Verse zur freien Liebe besser als zu einem bräutlichen Verhältnis passen, selbst wenn letzteres nur Camouflage wäre. – „Meine makellose Taube" (wörtlich: meine Taube, meine makellose) deutet für den häufigen Vergleich der Geliebten mit einer Taube (vgl. zu 1,15 und 2,14) ein tertium comparationis an; es ist ein anderes als das von 2,14: das Begleit- und Symboltier der Liebes- und Fruchtbarkeitsgöttin ist „ohne Fehl" (4,7) und entsprechend „makellos" (5,2; 6,9), was beidemal im Sinne eines Schönheitsideals, nicht der körperlichen Unberührtheit zu verstehen ist. – Die folgende Selbstdarstellung des jungen Mannes (5,2bγ) weicht aufs Mitleid-Erregen aus und enthält darin etwas Narzißtisches, wie es sich allenthalben mit Eros und Sexus verbindet.

Die Abweisung in V.3 gehört zum koketten Liebesspiel: sie will Begierde 3 wecken, indem sie eigenes Verlangen schlecht und nur scheinbar verbirgt. $raglaj$ „meine Füße" mag wie das folgende jad „Hand" (4) ein Euphemismus für die Genitalien sein[166], den man natürlich auch im unbefangenen Sinne verstehen kann. Die Doppeldeutigkeit von V.4f. entspricht der von Rätseln, die den Raten- 4f. den erst auf lüsterne Bahnen lenken, um ihn danach durch eine salonfähige Lösung zu beschämen[167]. Auch hier kann man einerseits alles ganz harmlos verstehen. Der Freund greift durch das Türloch, um den Türriegel zu lösen; schon das ist freilich aufregend genug. Da will es ihm die junge Frau nicht schwer machen; sie schiebt den Riegel zurück und kommt dabei mit dem ätherischen Öl in Berührung, das der Freund an den Händen hatte. Andererseits aber steht „Hand" für penis virilis[168], „Türloch" für vagina[169]. Das gibt V.4b eine stärkere Motivation, läßt sich

---

165 Vgl. R. Bartelmus, Art. $pt\d{h}$, ThWAT VI 6/7, 1988, 831–852, bes. 833. Zum Zusammenhang von $pt\d{h}$ „öffnen" und jad „Hand, Penis" (zu dieser Übersetzung Anm. 168) aus der Perspektive des Mannes vgl. 11QPsᵃSir XXI 17 (= Sir. 51,19): $jdj\ pt\d{h}[tj...] / [w]m'rmjh\ 'tbwnn$ „I opened my hand(s) ... and perceive her unseen parts"; J.A.Sanders, The Psalms Scroll of Qumrân Cave 11 (Discoveries in the Judaean Desert of Jordan IV), 1965, 80–82, vgl. G.Sauer, Jesus Sirach (JSHRZ III 5), 1981, 637.

166 Vgl. Ex. 4,25; Jes. 6,2; 7,20; 36,12.

167 Vgl. R.Petsch, Das deutsche Volksrätsel, 1917, 76, und A.Jolles, Einfache Formen, ⁶1986, 146, der darin mit Recht ein Beispiel für die Sondersprache des Geschlechtlichen sieht.

168 Vgl. HAL s.v. jad 1e (Lit.); außer der reichlich derben ugaritischen Parallele aus dem Mythos von der Geburt der Götter Šaḥar und Šalim (KTU 1.4 IV:38; 1.23:8,33 ff.; deutsch J.Aistleitner, Die mythologischen und kultischen Texte aus Ras Schamra, 1964, 40.58–62) ist der Anm. 165 genannte Qumrantext zu Sir. zu vergleichen.

169 Vgl. HAL s.v. $\d{h}\hat{o}r$ II; Keel, Das Hohelied, 180f.

jedoch mit „da stand ich auf" 5aα nicht gleich gut vereinbaren. Aber das Wechsel-spiel von Andeuten und Wieder-Verbergen ist raffiniert angelegt. Die Wendung „meinem Geliebten zu öffnen", die ähnlich in V.6 wiederkehrt, und das Versteck-spiel mit den Stichwörtern „Myrrhe", „triefen" und „überfließen" gestatten ganz eindeutige sexuelle Assoziationen. Die Erwähnung der „Griffe des Riegels" will dagegen ins Unverfängliche zurücklenken[170], wie ja auch „meine Hände" (5bα), von der Frau gesagt, keinen Doppelsinn hat.

6f. Noch einmal läßt „ich öffnete meinem Geliebten" in V.6 an die sexuelle Erfül-lung denken, da schlägt mit der folgenden Zeile die Stimmung um. Das plötzliche Verschwinden einer Gestalt ist ein typisches Traummotiv. Die Erregung der Spre-cherin hat nun die gegenteilige Ursache; treulose Bosheit des jungen Mannes zu argwöhnen, würde dennoch dem traumhaften Charakter der Szene widerspre-chen. - V.6bβ nimmt fast wörtlich 3,2b auf; ebenso ist uns die Opposition „ich fand ihn nicht" gegenüber „da fanden mich die Wächter" (5,6bβ :: 7aα) aus 3,2b.3a bekannt. - Während die Wächterrolle in 3,3f. aus der Institution einer nächtlichen Stadtpolizei, die auf Herumtreiber achtet, immerhin verständlich ist, wirkt das in 5,7 bezeichnete Verfahren mit der jungen Frau in seiner Grausamkeit unmotiviert; das Gedicht läßt nicht an das strafwürdige Verhalten einer Hure denken[171]. Zwar repräsentieren die Wächter wie in 3,3f. die auch aus der ägypti-schen Lyrik bekannten Feinde der Liebenden (s.dort), denen man vielerlei böse Machenschaften zutraut. Die Wächter mögen darüber hinaus das schlechte Ge-wissen symbolisieren, das die Träumerin wegen ihrer geheimen Wünsche erfüllte. Dennoch ist das kleine Detail, wonach ihr ein Umhang entrissen wird (5,7b), von dem vorher nicht die Rede war und dessen Erwähnung der Angabe von V.3a viel-leicht sogar widerspricht, am ehesten von der mythischen Unterweltsfahrt der Göttin Inanna zu erklären: wenn diese auch nicht auf die mythische Reise geht, um ihren Geliebten bzw. Gemahl zu suchen, so werden ihr doch an jedem der sieben Unterweltstore von deren Wächtern gemäß den „alten Regeln" eines ihrer Ornatstücke, Insignien ihrer Macht, abgenommen; zumindest darin ist der Mythos mit unserer Szene vergleichbar. Auch das Motiv der Verletzung hat in dessen sumerischer Fassung eine Parallele: als Inanna vor der Hadesfürstin Ereški-gal anlangt, läßt diese „sechzig Krankheiten" auf Inanna los[172]. Daß Mythen-motive, Rudimente einst vollständiger Erzählungen zumal in Träumen reproduziert werden, ist spätestens seit C. G. Jung bekannt. - Wenn die Wächter mit den Mauern verbunden werden, wo sie von alters her auf andringende Feinde achten, so lenkt dies wiederum zur gegenständlichen Wirklichkeit zurück.

8 Waren die Wächter Feinde der Liebe, so sind „die Töchter Jerusalems", auch sonst Statisten der lyrischen Szene, jetzt deren Helfer. Ihnen vertraut die Spreche-rin ihren Schmerz an. Werden die Adjuvanten der Liebe, denen man Wunderbares

---

[170] Beachtet man die Doppeldeutigkeit des Gedichts, so erübrigt es sich, die Wendung mit Keel (Das Hohelied, 174.181) als eine Glosse anzusehen.

[171] Zu Keel, Das Hohelied, 183f.

[172] Vgl. zum einzelnen Falkenstein, Mythos von Inannas Gang zur Unterwelt (Anm. 94), bes. 97f.; Ringgren, Das Hohe Lied, 278 mit Anm. 6.

zutrauen darf, dem verschwundenen Freund wohl mitteilen, daß die Sprecherin liebeskrank ist? Von der Liebeskrankheit handelte ja das ganze Gedicht[173], das nun gleichsam auf einen Begriff gebracht wird; vgl. zum Ausdruck 2,5b. Wenn die Liebeshelfer nicht enttäuschen, so besteht Hoffnung, daß die plötzliche Trennung keine endgültige ist; der Text selbst endet ohne Lösung.

5,9

**Was ist dein Geliebter vor andern[174],
du schönste unter den Fraun?
Was ist dein Geliebter vor andern,
daß du uns so beschwörst?**

5,9 und V.16b, dazu 6,1 bilden einen Rahmen[175], durch den der Sammler (Redaktor) das Beschreibungslied 5,10-16a aus seinem Kontext hervorhebt. 5,9 ist eine Frage, die er den in V.8 zum Schwur aufgeforderten Jerusalemerinnen in den Mund zu legen scheint und damit wohl auch mit 2-7 eine Verbindung herstellt: was ist an deinem Geliebten denn Besonderes, daß er eine solche Beschwörung motiviert? So wird das Beschreibungslied 10-16a zur Antwort, die 16b mit einer Anrede an die Jerusalemerinnen resümiert, ehe mit 6,1 eine weitere Frage anschließt, die dann wieder in 6,2f. mit dem Hinweis auf Liebeserfüllung beantwortet wird. - Mithin fügen die redaktionellen Rahmenverse 5,9.16b; 6,1 den Abschnitt 5,(2-)9-6,3 zu einer die ursprünglich kleineren Einheiten umgreifenden Teilsammlung. Zur Zeit der Redaktion hat das Bewußtsein für die Eigenständigkeit und Gattungsverschiedenheit der Einzeltexte nicht mehr bestanden. Was 5,2-8 und V.10-16a tatsächlich zusammenhält, sind allenfalls Stichwortassoziationen: so die „Locken" in V.2 und 11, dazu das Triefen überfließender Myrrhe in 5 und 13. Motive, die sich offenbar nur redaktionellem Geschick verdanken - wie die Wiederkehr der Balsambeete aus 5,13 in 6,2. - 5,9 läßt beide Partner als herausragend vor anderen erscheinen: jeder ist in seiner Weise ein Spitzenexemplar! In bezug

---

[173] Eine eindrucksvolle Schilderung der Liebeskrankheit, ohne Umsetzung ins Traumhafte, enthält Sapphos Gedicht 2 D. (Text und Übersetzung Treu, Sappho [Anm. 105], 24/5):

> Denn bewegungslos liegt die Zunge, feines
> Feuer hat im Nu meine Haut durchrieselt,
> mit den Augen sehe ich nichts, ein Dröhnen
>   braust in den Ohren,
> und der Schweiß bricht aus, mich befällt ein Zittern
> aller Glieder, bleicher als dürre Gräser
> bin ich, bald schon bin einer Toten gleich ich
>   anzusehn ...
> Aber alles muß man ertragen, da doch ...

Vgl. zum Topos Liebeskrankheit Anm. 54.

[174] Wörtlich: „vor einem Geliebten", d.h. im Vergleich mit irgendeinem Geliebten.

[175] Vgl. Rudolph, Das Hohe Lied, 153f.160; Keel, Das Hohelied, 185.

auf den Mann macht das folgende Beschreibungslied dies durch den Einleitungsvers und die Schlußsätze (10.15b.16aβ) sowie im Detail klar; der Abschlußvers 16b läßt die junge Frau wegen ihres Liebhabers geradezu auftrumpfen. Aber auch sie selbst soll nicht zurückstehen: so wird sie in 5,9 als „schönste unter den Fraun" angesprochen, eine Anrede, die in dem abschließenden Rahmenvers 6,1 wieder erscheint.

5,10–16

10 Mein Geliebter ist weißglänzend und rot,
   herausragend[176] unter Zehntausend.

11 Sein Haupt ist aus reinem Gold[177]
   . . .
   Seine Locken sind Palmwedel(?)[178],
   schwarz wie der Rabe.

12 Seine Augen sind wie Tauben
   an Wasserbächen.
   ‚Seine Zähne'[179] baden in Milch,
   sitzen im Überfluß(?)[180].

13 Seine Wangen sind Balsambeete[181],
   die Würzkräuter tragen[182].
   Seine Lippen sind Lilien,
   triefend von überfließender Myrrhe.

---

[176] Wörtlich: „sichtbar"; vgl. zu 6,10 Anm. 209.

[177] Die hier mit „reines Gold" wiedergegebene hebräische Kombination *kätäm päz* (wörtlich etwa: „Gold, Feingold") hat an *kätäm 'ûpäz* Dan. 10,5 (vgl. Jer. 10,9, ferner 1. Kön. 10,18) eine Parallele. Die Zusammenstellung zweier einander überbietender Wörter für Gold ersetzt einen Superlativ; entsprechend übersetzt Vulgata: *aurum optimum*. – Hinter V. 11a scheint eine Halbzeile ausgefallen zu sein, da das Gedicht sonst keine Dreizeiler enthält.

[178] Zur Übersetzung des strittigen *taltallîm* vgl. wieder Vulgata: *elatae palmorum*; „Palmwedel" eignet sich als Vergleichsspender für „Locken" besser als das sonst erwogene „Dattelrispen".

[179] Da das Baden in Milch weder zu „Tauben", noch gar zu „Wasserbächen", allenfalls zu „Augen" paßt, wenn man an den Augapfel denkt, der in Sach. 2,12 aber *bäbat 'ajin* heißt (vgl. Klgl. 2,18), folgen wir Rudolph (Das Hohe Lied, 158), der hier „ein durch Haplographie verschwundenes *šinnâw*" vermutet (vorher Bea, Canticum Canticorum, 48); vgl. die Erwähnung der Zähne in ähnlichen Zusammenhängen 4,2; 6,6.

[180] Der Übersetzungsversuch folgt LXX, die ὑδάτων „an Wasser" hinzufügt, das in einem Teil der griechischen Textüberlieferung und in Vetus Latina, der älteren lateinischen Bibelübersetzung vor Hieronymus, fehlt.

[181] Wie in 6,2 ist Plural zu lesen; vgl. BHK, BHS u.v.a.

[182] Nach den meisten antiken Übersetzungen ist *mᵉgaddᵉlôt* zu punktieren; vgl. BHK, BHS und die meisten Kommentare. Die masoretische (frühmittelalterlich-jüdische) Punktation führt auf eine Übersetzung „Salbtürme" (Gerleman, Das Hohe Lied, 171f.175) - m.E. eine unmögliche Vorstellung.

14 Seine Arme sind goldene Walzen(?)[183],
 mit Tarsis(stein) besetzt.
 Sein Leib ist eine Elfenbeinplatte,
 mit Saphiren bedeckt.
15 Seine Beine[184] sind Marmorsäulen,
 gegründet auf Fundamenten von Gold.
 Sein Aussehen ist wie der Libanon,
 erlesen wie Zedern.
16 Sein Gaumen ist Süße –
 alles an ihm sind Kostbarkeiten. —
 [So ist mein Geliebter, so ist mein Freund,
 ihr Töchter Jerusalems.]

Das Beschreibungslied *(waṣf)* für den Mann verrät die Herkunft der Gattung aus der kultischen Beschreibungshymne durch seine statuarische Darstellungsweise: der Jüngling erscheint wie eine Götterstatue[185], wobei, vom Kopf zu den Füßen hinabschreitend, eine Fülle von Details aufgezählt wird. Insbesondere das Gliederschema mag seinen Ursprung im kultisch-rituellen Bereich ägyptischer und akkadischer Gliedervergottungstexte haben[186]. Gattungsmerkmale und Einzelheiten kehren vor allem in der Beschreibung Jakobs aus „Joseph und Aseneth" 22,7f.[187] wieder, die stärker theomorphe (gottesbildliche) Züge trägt: Jakob wird u.a. Engeln und Riesen gleichgestellt. Wie in 4,1-7 charakterisieren die eher schlichten Rahmenverse 5,10.15b.16aβ die Gesamterscheinung, jedesmal mit deutlich aufwertenden Attributen. Neben einzelne Tier- und Pflanzenvergleiche (V.12a bzw. 13) treten, dem statuarischen Charakter der beschriebenen Gestalt entsprechend, vielfache und anspruchsvolle Preziosenvergleiche (14f.), die noch einmal aufwertende Funktion haben; überboten werden diese nur noch durch die Aufzählung von Edelsteinen im Zusammenhang der Beschreibung des urzeitlichen Königs von Tyros Ez. 28,12-19, bes. V.13. Der Wortprunk eines Wohlstandsvokabulars nimmt im Corpus des Gedichts, wenn unser Sprachgefühl uns nicht täuscht, etwas geradezu Manieriertes an; die vielen seltenen, sorgsam gewählten Wörter erschweren die Übersetzung erheblich. Die Darstellung

---

[183] Vgl. HAL; zu $g^elîlê$ ließe sich aber auch an „Reifen" denken (so Keel, Das Hohelied, 184.190).

[184] Genauer scheint an die Unterschenkel gedacht zu sein.

[185] Vgl. W. Herrmann, Beschreibungslied (Anm. 67); zum einzelnen Keel, Das Hohelied, 185-194. Gerleman (Das Hohelied, 65.68f.), der die profane Deutung z.T. bis zur Nuancenlosigkeit vorantreibt, findet – mit Hinweis auf A. Hermann – das Modell der Schilderungen bei der (ägyptischen) Kleinplastik, schließt aber die Prägung der Gattung durch alte kultische Beschreibungshymnen „in letzter Hand" nicht aus (65).

[186] Vgl. Keel, Das Hohelied, 31ff.

[187] Vgl. Burchard, Joseph und Asenath (Anm. 120), 702.

beschränkt sich dennoch fast ganz auf eine in der bezeichneten Weise gesteigerte Körperlichkeit. – Der für das Beschreibungslied charakteristische Nominalstil (vgl. zu 2,8f.), mit der Bezeichnung des hervorgehobenen Körperteils als Subjekt jeweils am Anfang des Satzes, gibt den Einzelmotiven des Gedichts etwas Stereotypes; finite Verben fehlen, anders als in 4,1–7, völlig. Im übrigen scheint der ästhetische Reiz des Gedichts wieder bei der Ungewöhnlichkeit seiner Einzelformulierungen gelegen zu haben.

10   Der einleitende Rahmenvers bezeichnet – wie am Ende noch einmal (5,15b) – die Gesamterscheinung des Jünglings, wobei V.10b – wie 15bβ – eine Aufwertung enthält; erwähnt wird, was am meisten auffällt: Glanz und Farbe (10a), dazu die Größe, die den jungen Mann unzählige (Krieger-?)Scharen überragen läßt

11 (10b.15b). – Große Nähe zur Schilderung eines Gottesbildes, der auffälligste Zug menschlicher Theomorphie mithin (vgl. zu 1,13 u.ö.), ist schon dadurch gegeben, daß das Haupt des Besungenen aus reinem Golde gedacht ist (vgl. das goldene Haupt in der Weltzeitaltervision Dan. 2,32). Gottähnlich macht das Gold des Hauptes sowie danach der Hände (und Füße?) insofern, als Gold nach Meinung vieler antiker Völker das Fleisch der Götter ist, was unvoreingenommene Schlichtheit an deren goldenen Bildern sieht. – Auf die Schilderung des Kopfes folgt die seiner Locken. Verfährt das Gedicht, gattungsgebunden, in der Beschreibung der einzelnen Körperteile rein additiv, so scheinen auch deren Prädizierungen untereinander unvermittelt, ja geradezu wahllos aufgehäuft: entsprechend passen der Vergleichsspender „Palmwedel" (falls die Übersetzung richtig ist) und das Prädikat „schwarz wie der Rabe" zwar je für sich auf das Haar; miteinander

12 aber sind beide Kategorien unvereinbar. – Der Vergleich der Augen mit Tauben begegnete – ohne die Vergleichspartikel „wie" – schon in 1,15 in bezug auf die Frau. Was Augen mit Tauben, gar die Augen des Jünglings mit Taubenaugen vergleichbar macht, wird wieder nicht festgelegt; der interpretierenden Phantasie des Hörers oder Lesers wird freier Lauf gelassen. Das Adverbial „an Wasserbächen" deutet nämlich nicht auf ein tertium comparationis, sondern stellt zum Vergleichsspender „Taube" vielmehr wieder ein atmosphärehaltiges Requisit; den Stimmungsrest, der in Hitze und Trockenheit Palästinas an der Vorstellung von „Wasserbächen" haftete, können wir dem Orientalen nachempfinden. – V.12b fügt zum Stichwort „Zähne", wo es für unser Gefühl freilich nicht sonderlich paßt, schon im ersten Halbsatz die Assoziation des Überflusses – hier nicht des Luxus, sondern einer eher rustikalen Verschwendung, wie sie gerade in einfacheren Verhältnissen der Inbegriff irdischen Glückes ist. – Pflanzenvergleich

13 und Wohlgerüche bestimmen die beiden Sätze von V.13. Beschreibende Vergleichserweiterungen wie die Ausdrücke „die Gewürzkräuter tragen" und „triefend von überfließender Myrrhe" steigern die gegenständliche und zugleich emotionale Intensität der Schilderung – einmal des Vergleichsspenders (Balsambeete), das andere Mal des Vergleichsempfängers (Lippen). Auch das Bild von der „Lilie", eigentlich des Lotos (s. zu 2,1), wird sonst nur auf die Frau angewendet (2,1f.16; 6,3; 7,3, ferner 4,5).

In 5,14.15a tritt das Wohlstands- und Luxusvokabular ganz in den Vorder- 14f. grund. Das Statuarische der Gestalt mit einem geradezu götzenhaften Prunk[188] gehört zu den theomorphen (gottesbildlichen) Steigerungen, durch die uns die Menschendarstellungen des Hohenliedes auch sonst befremden. In vielen anderen Formen kennen auch wir den Versuch, am Menschen etwas Göttliches zu finden. Biblisch-theologisch bedient er sich der Auslegung der menschlichen Gottebenbildlichkeit nach Gen. 1,26f. Wo der biblische Glaube erlischt, mag der säkulare Mensch gegenüber einer unendlichen, dazu beinahe leeren Welt, die sich für Leben und Mensch-Sein nicht interessiert, die Steigerung seiner Eigenart erst recht in einer Darstellungsweise suchen, welche den Menschen einem umgebenden Beinahe-Nichts besser gewachsen erscheinen läßt. – Golden wie das Haupt des gottgleichen Geliebten sind auch seine Arme – und seine Füße, wenn wir diese hinter den offenbar mehrschichtig gedachten „Fundamenten" von V.15a dennoch vermuten dürfen[189]; die nochmalige Verwendung von Goldbezeichnungen sichert zugleich die Ringförmigkeit der Komposition. – Und natürlich ist der junge Mann wie schon nach V.10b groß zu denken, und zwar nun riesengroß wie der Libanon, dazu von erlesenem Wert wie dessen Zedern. Kompositorische Ringförmigkeit bewirken dabei noch einmal die die Gesamterscheinung abschließend charakterisierenden Rahmensätze 15b.16aβ in ihrem Verhältnis zu 10.

Lediglich V.16a verläßt die äußerlich-dinghaft rein auf die sichtbare Körperlich- 16 keit bezogene Darstellungsweise: bei der Süße des Gaumens mag man – wie zunächst zu 4,11 – zumindest konnotativ an den Kuß denken. – Für den redaktionellen Vers 5,16b vgl. zu 5,9; zu „mein Freund" vgl. das im Blick auf die Anrede in 1,9 Gesagte.

6,1

Wohin ist dein Geliebter gegangen,
   du schönste unter den Fraun?
Wohin hat sich dein Geliebter gewandt?
   Wir wollen ihn mit dir suchen!

Der Vers dient wie 5,9 und V.16b als (ad hoc gebildete?) Überleitung: eine an das Beschreibungslied 5,10–16 anknüpfende Frage, die im Munde der in dem

---

[188] Auch im Detail mit V.14 ähnlich ist das von Hermann (Altäg. Liebesdichtung [Anm. 22], 126) zitierte Beschreibungslied für eine Frau im ersten Lied der ägyptischen „Sprüche der großen Herzensfreude":

   Echtes Lapislazuli ist ihr Haar.
   Ihre Arme übertreffen Gold.
   Ihre Finger sind wie Lotoskelche.

Vgl. Schott, Altäg. Liebeslieder (Anm. 121), 39.

[189] Soll man ferner daran denken, daß Haupt, Hände und Füße diejenigen Körperteile sind, an denen die Individualität einer Person am ehesten kenntlich ist?

redaktionellen Vers 5,16b angeredeten „Töchter Jerusalems" gedacht werden soll, wird danach in 6,2f. ihre Antwort finden[190]; wie in 5,8 spielen dabei die Jerusalemerinnen die Rolle von Liebeshelfern, die einer Verlassenen suchen helfen. Die Anrede „du schönste unter den Fraun" begegnete schon in 5,9, dem einleitenden Rahmenvers des Abschnitts, der dadurch redaktionelle Geschlossenheit gewinnt. – In allegorischer Deutung auf die Gefangennahme Christi ist M. Luthers Übersetzung des Verses aus J. S. Bachs Matthäus-Passion bekannt[191].

6,2-3

2 **Mein Geliebter stieg in seinen Garten herab**
zu den Balsambeeten,
Um in Gärten[192] zu weiden
und um Lilien zu pflücken.
3 **Ich bin meines Geliebten, und mein Geliebter ist mein,**
der unter den Lilien weidet.

Die kleine Erlebnisschilderung einer Frau, die ein Motiv von 6,11f. vorwegnimmt, mit ihrem ganz schlichten Liebesbekenntnis V.3, das 2,16 variiert, antwortet nicht nur informativ auf die in der Sammlung vorangehende Frage, sondern läßt auf die Suggestion der Verlassenheit hinter den Worten, die 6,1 den Jerusalemerinnen in den Mund legt, den Ausdruck der Liebeserfüllung folgen. Gleichwohl sind genauere Fragen nach dem kontextuellen Zusammenhang unbeantwortbar. Eigenartig ist, daß die Sprecherin - wie mit einer Verfremdungsabsicht - in V.2 von sich als von einem „Garten" mit „Balsambeeten" in der 3. Person spricht, während in V.3 Ich-Stil herrscht. Gehören die Verse 2 und 3 dennoch als eine ursprüngliche kleine Einheit zusammen oder handelt es sich vielmehr um zwei eigenständige Stücke, die erst redaktionell miteinander verbunden wurden[193]? - Wie ist das redaktionelle Geschick zu verstehen, das 6,2 auf die „Balsambeete" und „Lilien" von 5,13 zurückkommen läßt? Hat der Sammler zwei Gedichte vorgefunden, die aus einer traditionellen Topik ein gemeinsames Motiv enthielten, das sie zusammenzustellen empfahl? Oder sind, wie wir es schon zu 6,1 vermuteten, auch die Verse 2 und 3 redaktionelle Neubildungen - und zwar aus Vorstellungen und Wendungen, die in anderen Einzeltexten des Hohenliedes,

---

[190] Vgl. Gerleman, Das Hohelied, 179.
[191] Nr. 36: Aria (Alt und Chor), womit der 2. Teil des Werkes eröffnet wird.
[192] Ein regelrechter, dazu determinierter Plural, nämlich *baggannîm* „in den Gärten", erscheint nach dem Singular „in seinen Garten" von V.2aα unmotiviert. Ist - wie in *ma'jan gannîm* „Gartenquell" 4,15 u.ö. - an einen poetischen ‚Plural' der indeterminierten Verallgemeinerung zu denken? Vgl. P. Joüon, Grammaire de l'Hébreu biblique, 1923 = 1965, § 136j mit Anm. 4. Entsprechend dieser Vermutung übersetzen wir „in Gärten", was der generalisierenden Funktion dieses Plurals in etwa entspricht.
[193] So stellen Krinetzki (Das Hohe Lied, 196-199; Kommentar zum Hohenlied, 174-178) und BHS V.2 zu 1 und behandeln 3 als gesonderte Einheit.

vor allem in 4,12–5,1, vorkommen. Da 6,3b mit 2,16b wörtlich übereinstimmt und darüber hinaus durch das Lilienmotiv von V.2bβ vorbereitet wird, erscheint das letztere als relativ wahrscheinlicher; da umgekehrt Wiederholungen in Liedersammlungen, die auch Volksliedhaftes enthalten, gang und gäbe sind, bleibt Unsicherheit bestehen.

Die Stichwörter „Garten", „Balsambeete", „Lilien" variieren wie die Metapher „Weinberg" die archaische Identifikation der Frau mit Acker und Erde (vgl. zu 1,6). „Garten" war ein Leitstichwort des großen Rollengedichts 4,12–5,1, worin der junge Mann aufgefordert wird, in seinen – bislang verschlossenen – Garten zu kommen, ein Wunsch, dem er enthusiastisch entspricht; dieselbe Situation wird jetzt aus der Erfüllung beschworen, die die seit 5,8 redaktionell aufgebaute Spannung zur Ruhe bringt (vgl. 6,11, ferner 8,13). „Hinabsteigen", im Zusammenhang mit „Garten" o.ä. gebraucht, ist hier wie 6,11 Metapher für den erotisch-sexuellen Umgang (vgl. „kommen" 4,16; 5,1); Gärten pflegen im palästinischen Bergland talwärts zu liegen. Das hier etymologisch mit „Balsam" übersetzte hebräische Wort *bóśäm*, eigentlich eine allgemeine Bezeichnung für „Duftstoff, Aroma" (4,10.14.16; 5,1), gibt dem Gartenvergleich wieder etwas Kapriziöses (vgl. zu 4,10). Anders als in 5,13 sind „Balsam" und „Lilien", Sproßmetaphern zum Stichwort „Garten", in 6,2f. auf die Frau bezogen; insoweit ist die Metaphorik flexibel. „Weiden" in V.2b und 3b erinnert an „Essen" und „Trinken" als Sexualmetaphern (vgl. zu 4,16; 5,1); „Pflücken" spezifiziert die Bildsprache so, daß sie auf „Lilien" als Objekt paßt. – Etwas Gekünstelt-Konstruiertes ist 6,2 schwer abzusprechen; darin steht der Vers im Gegensatz zu V.3 mit dessen Kürze und naiver Unmittelbarkeit (vgl. zu 2,16f.).

6,4–7

4a **Schön bist du, meine Freundin, wie Thirza,**
  lieblich wie Jerusalem[194].
5b **Dein Haar ist wie die Ziegenherde,**
  die von Gilead herabhüpft.

---

[194] Die im hebräischen Text folgende Wendung „schrecklich wie die Himmelsbilder" (V. 4b; zur Übersetzung s.u.), der der parallele Halbvers fehlt, ist aus V.10 übernommen, wo sie sich inhaltlich und in den Parallelismus membrorum gut einfügt. V.4b hat sodann zur Bildung von V.5a geführt:

  Wende deine Augen von mir,
    weil sie mich bestürzen!

V.5a mit seinen finiten Verben, die inhaltlich auf 4b reagieren, stört die Nominalsatzfolge des Kontextes. Vor allem: nach Streichung der Verse 4b und 5a werden die Verse 4a.5b-7 als kürzere Variante von 4,1-3 verständlich (vgl. die Auslegung); die Abfolge von 6,4a + 5b entspricht dabei der von 4,1a + 1b. Dazu kommt, daß die Bitte um Abwendung des Blicks (5aα) schlecht zu der Erwähnung des Schleiers in 7b stimmt. – Dagegen hat die Redaktion durch Einfügung der V.10 vorwegnehmenden Versteile 4b und 5a eine Klammer um 6,4-10 gewonnen.

6 Deine Zähne sind wie die Herde Mutterschafe,
　　die aus der Schwemme heraufsteigen –
　Alle haben sie Zwillinge;
　　beraubt ist keines von ihnen.
7 Wie eine Granatapfelscheibe ist deine Schläfe
　　hinter deinem Schleier.

Das anredende Bewunderungslied für eine Frau stellt eine kürzere Variante zu 4,1–7 in dessen erstem Teil, den Versen 1–3, dar. Es beschränkt sich faktisch auf das Gesicht der Besungenen, wobei die Beschreibung von Lippen und Mund in 4,3a hier keine Entsprechung hat. Ob man es als Fragment ansprechen will, ist eine Frage der Terminologie: sein defizitärer Charakter läßt 6,4–7 wie einen nachahmenden Auszug von 4,1 ff. erscheinen.

4a Die Einzelauslegung kann sich auf diejenigen Elemente beschränken, in denen das Gedicht von 4,1–3 abweicht. – Der uns ohnehin befremdende Vergleich der besungenen Freundin mit den Residenzstädten der vorexilischen Königtümer Israel und Juda, Thirza[195] und Jerusalem, ließe an eine entsprechend frühe Entstehung dieses Gedichts denken, wenn nicht 6,4–7 wie ein nachahmender Auszug von 4,1 ff. wirkte, dem Züge vorexilischer Entstehung nicht anzumerken sind. Verdankt sich die Modellfunktion der beiden Residenzstädte aus besseren Zeiten also eher einem nostalgischen Bedürfnis der Nachgeborenen, für die politische Unabhängigkeit in eigenen Königtümern poetisches Ideal geworden ist[196]? Vielleicht muß man dazu nicht einmal fragen, was Mädchen und Königsstädte vergleichbar macht: die Inbegriffe des „Schönen" und „Lieblichen" lassen sich ziemlich wahllos auf die Besungene häufen. Daß die Freundin stolz und unüberwindlich wäre, könnte zwar die Erwähnung des Davidsturms in 4,4 suggerieren; aber gerade sie hat in unserem Gedicht keine Entsprechung. Daß das auch als Mädchenname gebrauchte „Thirza" (Num. 26,22; 27,1), zumal es von den antiken Übersetzern nicht als Eigenname wiedergegeben worden ist, als „Lieblichkeit" verstanden werden kann[197], trägt für das Auffinden eines Vergleichspunkts darum nicht viel ein, weil eine ähnliche (Volks-?)Etymologie auf „Jerusalem" nicht anwendbar ist. So muß es bei der allgemeinen Feststellung sein Bewenden haben, daß neben den häufigen Tier- und Pflanzenvergleichen des Bewunderungsliedes – wie im Fall des Davidsturms von 4,4 – auch einmal ein Kulturgegenstand, ein Bauwerk, als Vergleichsspender in Frage kommt. – Für den antiken Menschen findet die Natur in der menschlichen Kultur ihre Vollendung, so wie umgekehrt die Kultur immer ein Teil der Natur bleibt, da sich die Gesellschaft durch ihre Kulturleistungen besser, als es ohne sie möglich wäre, in die Natur integriert. Beide, Natur und Kultur, dienen – hier als Vergleichsspender – der Steigerung, ja der Sublimation individuellen Mensch-Seins; zugleich steht einer solchen Steigerung des Einzelnen ein Rückzug des Ich, ein Verschmelzen des Selbst mit vertrauten oder ersehnten Din-

---

[195] Zu Thirza als Residenz des Nordreichs Israel vgl. 1. Kön. 15,21.33; 16,6.8 f.17.23; 2. Kön. 15,14. Dagegen ist in 1. Kön. 14,17 die Lesung „Thirza" textkritisch umstritten.
[196] Vgl. Keel, Das Hohelied, 200.
[197] Ähnlich Keel, a.a.O.

gen gegenüber. – Der Wendung „wie die Herde Geschorener" von 4,2 steht in 6,6   6
bei sonst gleichem Wortlaut „wie die Herde Mutterschafe" gegenüber: mag man
zu den „Geschorenen" auch an das tertium comparationis der ästhetischen Reinheit denken, so gestattet der Vergleichsspender „Mutterschafe" es um so mehr, die
Vorstellung unerschöpflicher Fülle im Auge zu haben.

6,8-10

8 Sechzig sind's der Königinnen,
   achtzig der Haremsdamen
   und junge Frauen ohne Zahl[198];
9 Einzig ist sie, meine makellose Taube,
   einzig ist sie ihrer Mutter,
   lauter der, die sie gebar. —
   Sähen sie die Mädchen, würden sie sie preisen,
   Königinnen und Haremsdamen rühmten sie[199]:
10 „Wer schaut da herab wie die Morgenröte,
    schön wie der weiße Mond,
   Lauter wie die Sonnenglut,
    schrecklich wie die Himmelsbilder?"

Eine große Schwierigkeit für das Verständnis dieses Stücks liegt schon bei den Ab-
grenzungen. Das spritzige Prahllied der Verse 8 und 9a könnte ursprünglich für sich
gestanden haben: es enthält eine kecke Antithese, die durch eine Fortsetzung nur
an Wirkung verlöre. V.9b knüpft – möglicherweise redaktionell[200] – mit seinen
drei Objektsuffixen („sie") an 9a an; zugleich läse sich der Satz wie eine Exposition, die zu dem Bewunderungslied von V.10 mit seinen theomorphen (gottesbildlichen) Zügen die Sprecherinnen angibt[201]. Notwendig ist die Annahme

---

[198] Die Folge $m^e l\bar{a}k\hat{o}t$ – $p\hat{i}lag\check{s}\hat{i}m$ – $^{\prime}al\bar{a}m\hat{o}t$, hier z.T. mit Rücksicht auf die Imagination
deutscher Leser durch „Königinnen" – „Haremsdamen" – „junge Frauen" wiedergegeben, steigt
von Personen höherer sozialer Stellung zu solchen niederer Stellung hinab. Doch heben sich
sechzig „Königinnen", die ja schwerlich alle Hauptfrauen sein können, von den achtzig $p\hat{i}lag\check{s}\hat{i}m$
(eigentlich allgemein „Nebenfrauen") kaum ab; vgl. zu den hohen Zahlen die noch höheren
in 1. Kön. 11,3a, hier ausdrücklich im Blick auf Salomo.

[199] Die hier gebotene, freilich nicht über Zweifel erhabene irreale Übersetzung setzt in
leichter Abänderung des masoretischen (frühmittelalterlich-jüdischen) Textes, der narrative Bil-
dungen bietet, die Vokalisationen $w\hat{i}'a\check{s}\check{s}^e r\hat{u}h\bar{a}$ ... $w\hat{i}hall^e l\hat{u}h\bar{a}$ voraus: es läge Waw-apodoseos
vor; mask. und fem. werden in jedem Fall morphologisch nicht unterschieden. Waw consecuti-
vum kommt im Hohenlied sonst nicht vor.

[200] Die Rangordnung der Frauen ist in V.8 einerseits und 9b andererseits leicht verschie-
den: den $m^e l\bar{a}k\hat{o}t$ „Königinnen" und $p\hat{i}lag\check{s}\hat{i}m$ „Haremsdamen" (Nebenfrauen) stehen in 9b
nicht wie in 8 $^{\prime}al\bar{a}m\hat{o}t$ „junge Frauen", sondern $b\bar{a}n\hat{o}t$ „Mädchen" (eigentlich „Töchter") gegenüber; letztere sind in 9b den ersteren, anders als in 8, vorangestellt. Verraten diese Differenzen
die Hand des Redaktors?

[201] Die Nennung der $b\bar{a}n\hat{o}t$ am Anfang von V.9b läßt insofern bereits die „Töchter Jerusalems" assoziieren, als diesen auch in 5,8 etwas zu sagen aufgegeben ist; vgl. die Einzelexegese.

einer nur redaktionellen Verbindung von V.8.9a mit 9b.10 aber keineswegs. V.9b kann ein versprengtes Fragment sein, dem der Sammler schlecht und recht eine Funktion zugewiesen hätte. Umgekehrt wären die Verse 8.9a und 9b auch zusammen als Einleitung zu V.10 verständlich: die in 10 so hochgreifend Besungene überträfe darum die in 9b genannten unzähligen Beischläferinnen selbst eines Königs, weil sie geradezu mit kosmischen Größen, die der Orient einst als Götter verehrte, verglichen werden kann. Der Gegensatz von V.8f. und 10 wäre dazu noch durch das zweimalige Vorkommen des Adjektivs „lauter" in 9a und 10bβ betont: „lauter" wäre die Besungene für ihre Mutter, weil sie „lauter" wie die „Glut" ist. Oder liegt wieder Stichwortassoziation als Anordnungsprinzip vor? Schließlich kann V.10 auch ganz aus sich heraus - ohne V.8f. oder 9b als Einleitung - interpretiert werden. - Die Exegese sollte ihre Aufgabe nicht darin sehen, zwischen Alternativen, die je für sich gute Gründe für sich haben, auf jeden Fall zu entscheiden, nur um so die Eindeutigkeit von Aussagen zu gewinnen, deren die Poesie gar nicht bedarf. Vielleicht besteht die Kunst der Redaktion in einem Fall wie dem unseren gerade darin, durch vielfache Kombinationsmöglichkeiten ein mehrsinniges Gewebe von kurzen Einzelelementen zu gewinnen.

8   Die Verse 8 und 9a stehen der geläufigen Königstravestie (s. zu 1,4) fremd, ja ablehnend gegenüber: der hier redet, will nicht König sein; vielmehr stellt er wie der Sprecher von 8,11f. das eigene Werten den gängigen Hofmeinungen, wie er diese eben einschätzt, selbstbewußt gegenüber. Es ist wie gelegentlich in der frühgriechischen Lyrik das Erlebnis der Liebe, das den Dichter zu einem ersten elementaren Gefühl der eigenen Individualität erweckt[202]. Ähnliches verlautet in 8,7b, wo das Unvergleichliche, keinem konventionellen Maßstab Zugängliche freilich nicht die Geliebte, sondern, nur wenig abstrakter, die Liebe ist. - Die Steigerung „sechzig" - „achtzig" - „unzählig", mit der die Antiklimax „tausend" - „zweihundert" in 8,12 zu vergleichen ist, bleibt rhetorisch, erinnert von fern aber auch an die Zahlensprüche der Weisheit (etwa Spr. 30,15ff.); so bedient sich auch Eigenstes, wenn es nach Ausdruck sucht, konventioneller Floskeln. - Zu fragen wäre, ob das Pathos von Texten wie 6,8.9a und 8,11f. „einen sozialen Anstrich hat"[203]: soll die Werteskala des Hofs - etwa seitens einer inzwischen aufgestiegenen „Bürgerschicht" - als obsolet oder gar als ethisch verwerflich denunziert werden? Vermutlich gibt es die vorexilischen Höfe, an die 6,4 denken ließ, längst nicht mehr: sollen wir also konkret an den glanzvollen Hof der Ptolemäer in Alexandria denken - aus der Perspektive des politisch abhängigen Judäertums des 3. Jh.s v. Chr.? Eindeutig läßt sich auch diese Frage nicht beantworten; der Ausleger hüte sich, die Wünsche seiner Zeit in den Text einzutragen.

---

[202] Beispiele dafür, „daß der Mensch sein eigenes Meinen dem der übrigen Menschen gegenüberstellt", aus Sappho (27a.152 D.), Anakreon (8 D.), Archilochos (6.22.54.60 D.) u.a. bietet B. Snell, Die Entdeckung des Geistes. Studien zur Entstehung des europäischen Denkens bei den Griechen, ⁴1975, 59ff.; Sappho 27a.152 haben es mit der Liebe zu tun. - Ein von fern vergleichbares ägyptisches Stück wird sogleich zu V.9a zitiert werden.
[203] So Gerleman, Das Hohelied, 185.

Auch die Betonung der Einzigartigkeit der Besungenen scheint schon ein herkömmliches Motiv gewesen zu sein; so beginnt das erste Lied der ägyptischen „Sprüche der großen Herzensfreude" mit den Worten: 9a

„Die Eine, Geliebte, ohne ihresgleichen,
schöner als alle Welt.
Schau, sie ist wie der glänzende Neujahrsstern
vor einem schönen Jahr . . .".[204]

Die Attribute „makellos" und „lauter" legen das tertium comparationis für den Taubenvergleich in derselben Weise fest wie in 4,7 und 5,2. Makellosigkeit und Lauterheit sind natürlich auch in 6,9a im Sinne eines Schönheitsideals, nicht der körperlichen Unberührtheit zu verstehen; die helle Lauterheit macht die junge Frau in V.10 mit der Sonne vergleichbar. - Daß Einzigkeit und Lauterheit auf die Mutter bezogen werden, stellt noch einmal familiale Autorität gegen aristokratische: die Mutter der Braut ist auch in 3,4 eine in Liebesangelegenheiten letztinstanzliche - matriarchalische(?) - Institution; ihr Urteil macht der junge Mann sich zueigen.

Daß die „Mädchen" (eigentlich „Töchter") von V.9b gleichsam zu Richterinnen 9b über weibliche Schönheit werden, erinnert an die Rolle der „Töchter Jerusalems" in 1,5, aber auch an ihre Funktion in 3,11, wo sie herankommen sollen, um „den König Salomo" zu bewundern. Auch nach ihrer Herkunft würden die „Töchter Jerusalems" zu den „Königinnen" und „Haremsdamen" der folgenden Halbzeile passen. Dagegen sind die „Mädchen" in 2,2 diejenigen, von denen die Besungene sich positiv unterscheidet wie eine „Lilie" von den Dornen, von welcher Rolle sich unser Halbvers allenfalls auch verstehen ließe. - Das hier mit „(glücklich) preisen" übersetzte hebräische Verb, 'šr (Pi''el), ist auf Menschen, das Verb des parallelen Halbverses, hll (Pi''el) „rühmen", auf Menschen und Götter anwendbar.

Vers 10, der die besungene Frau denn auch wie kein anderer Text des Hohenliedes 10 an die Gottheit heranrückt[205], erinnert formal an 3,6 und 8,5; funktionell hat die theomorphe (gottesbildliche) Steigerung der Besungenen (vgl. zu 1,15) an beiden Stellen zumindest dann eine Entsprechung, wenn die Verse 8,5a und 5b eine Einheit bilden. Die Wendung „wer schaut da herab" (mî-zô't hannišqāpā 6,10a) stimmt mit „wer steigt da herauf" (mî-zô't 'ōlā 3,6a; 8,5) phraseologisch überein. Etwas Göttinnenhaftes wächst der jungen Frau in 3,6 vorübergehend durch das Attribut der Rauchsäulen zu (s. dort), während in 6,10 schon das majestätische Herabblicken, vor allem aber der Vergleich mit vier uranisch-astralen Größen ins Übermenschliche weist. In 8,5b ist an die mit 3,6α wörtlich übereinstimmende Wendung 8,5α, wenn auch nicht ganz unmittelbar, die Andeutung der Empfängnis oder Geburt unter einem offenbar bekannten, für ähnliche Phantasien konventionellen Apfelbaum angeschlossen. Je in ihrer Weise verwirklichen 3,6; 6,10;

---

204 Vgl. Anm. 188, wo aus dem gleichen Gedicht zitiert wird.
205 Vgl. zum Folgenden, vor allem was philologische, ikonographische und religionsgeschichtliche Einzelbefunde betrifft, H.-P. Müller, Begriffe menschlicher Theomorphie. Zu einigen cruces interpretum in Hld. 6,10, Zeitschrift für Althebraistik 1, 1988, 112-122.

8,5 also – 8,5 zumindest redaktionell – ein Ausschweifen der Phantasie zu numinoser Verklärung der Bewunderten, zu deren Travestie ins Göttliche.

Mit der im Hebräischen partizipialen Verbform „schaut herab" ist die Anschauung ‚von hoch oben' zu assoziieren; das zeigt der Gebrauch von $\check{s}qp$ (Niph'al und Hiph'il) mit Bezug auf Jahwe Ex. 14,24; Dtn. 26,15; Ps. 14,2 (53,3) 102,20; Klgl. 3,50, mit Bezug auf die „Männer", die nach Gen. 18,16 Sodom und Gomorrha zu zerstören gekommen sind, aber auch auf die Königinmutter Ri. 5,28; 2.Kön. 9,30 oder die Gemahlin des Königs 2.Sam. 6,16 = 1.Chr. 15,29 bzw. den König selbst Gen. 28,8. Da das Herabschauen königlicher Personen dabei jedesmal „aus dem Fenster" geschieht (vgl. noch Spr. 7,6), mag man auch an unserer Stelle, obwohl die Vorstellung des Fensters nicht recht in den uranisch-astralen Zusammenhang paßt, eine ferne Erinnerung an die göttliche Frau im Fenster, vor allem eine Analogie der Aphrodite parakyptusa bzw. Venus prospiciens („herabschauende Aphrodite/Venus") im Hintergrund finden[206], und zwar als halb unbewußte, aus ihrem Zusammenhang gelöste Reminiszenz, die jetzt im ästhetischen Spiel lyrischer Verklärung Verwendung findet.

Doch nun zu den uranisch-astralen Vergleichsspendern! $\check{S}ahar$, die „Morgenröte", war in Ugarit eine Göttin und als solche zumindest auch im vordavidischen Jerusalem bekannt. Mond und Sonne, das „schöne" Gestirn zuerst, werden um der umbra poetica willen nur umschreibend bezeichnet: „die Weiße" und „die Glut"; in der Übersetzung helfen wir uns mit Doppelausdrücken. Den Vergleich einer jungen Frau mit dem Mond hat Sappho eindrucksvoll ausgeführt[207]; zum Vergleich der Frau u.a. mit Sonne und Morgenstern vgl. „Joseph und Aseneth" 18,9[208]. – Am schwierigsten ist das letzte Kolon. Die hier gewählte Übersetzung „die Himmelsbilder" für das hebräische $(han)nidgālôt$[209] läßt unmittelbar an Sterne denken, speziell an den Sternenkranz, der auch die assyrische Ištar als göttliche Himmelskönigin umgibt[210]; wir kennen die Vorstellung von Marienbildern. Sterne reihen sich an Morgenröte, Mond und Sonne mühelos. Andere denken nach den griechischen und lateinischen Übersetzungen zu $nidgālôt$, bei Ableitung des nur hier verwendeten Ausdrucks von einer gleichlautenden Wurzel[211], an „Bannerscharen", d.h. nach Feldzeichen geordnete Trupps, die

---

[206] Vgl. zu dieser Vorstellung die in Anm. 47 genannte Arbeit. — Bekanntschaft mit dieser Vorstellung scheinen auch die Übersetzungen von LXX ἐκκύπτουσα und Vetus Latina *prospiciens* zu verraten.

[207] 98 D., Z. 5-11 (Übersetzung Treu, Sappho [Anm. 105], 76/77):

Fein und schön lebt sie jetzt unter Lydiens
Fraun, wie nach Sonnenuntergang
    Rosenfingrig der Mond mit seinem Scheine
Aller Sterne Glanz hell überstrahlt, sein Licht
Breitet er übers salz'ge Meer
    Gleicherweise wie über Blumenauen …

Vgl. Anm. 123.

[208] Vgl. Burchard, Joseph und Aseneth (Anm. 120), 688f.

[209] Wörtlich bei dieser Deutung: „die (weithin) Sichtbaren"; vgl. $dāgûl$ „sichtbar" im Sinne von „herausragend" Hl. 5,10 (Anm. 176); die Wurzel ist dgl „sehen".

[210] Vgl. Keel, Deine Blicke (Anm. 34), 51-53.140; Ders., Das Hohelied, 295f.

[211] $nidgālôt$ stände dann im Zusammenhang mit $*dāgāl$ „Feldzeichen"; vgl. Hl. 2,4 und die Erläuterung dazu.

zwar auch „schrecklich" sind, als Vergleichsspender für die herabschauende Frau
- trotz kriegerischer Züge an orientalischen Liebesgöttinnen - nach Morgenröte,
Mond und Sonne aber doch nicht passen, es sei denn, man denke auch hierbei
an *himmlische* Heerscharen, nämlich an Sterne. Jedenfalls: Sterne sind in dem
Maße „schrecklich", wie sie, einst selbst für Götter gehalten, als Majestätsmerk-
male göttlicher Gestalten fungieren. Daß die lyrisch verklärte, theomorph erhöhte junge Frau nicht nur „schön" und „lauter", sondern auch „schrecklich"
ist[212], entspricht den zwei Erlebnisaspekten des Heiligen, dem mysterium fasci-
nosum et tremendum, zu dessen Träger nun, da die Gefahr eigentlicher
Fremdgötterverehrung nicht mehr besteht, der Mensch wird. Daß durch Jammer
und Schauder eine befreiende Auslösung der . . . Affekte herbeigeführt werde, ist
nach der Poetik des Aristoteles (1449b,26) die Funktion der Tragödie; offenbar
aber ist das Schreckliche wohl überhaupt der tiefere Grund für das - zumindest
künstlerisch gestaltete oder nachgebildete - Schöne[213].

Das sonst für das Beschreibungs- bzw. Bewunderungslied charakteristische
Gliederschema fehlt in 6,10; beschrieben wird lediglich der Gesamteindruck der
Erscheinung. Dagegen findet sich der für die Gattung charakteristische Nominalstil (vgl. zu 2,8 f.), der sich hier von den beschreibenden Adjektiven her aufbaut,
zu denen die partizipiale Verbform im ersten Kolon des Verses gehört. Die eigentlich mythischen Reminiszenzen aber, die die theomorphe (gottesbildliche) Steigerung des lyrisch verklärten Menschen vermitteln, haften an konnotativen
Vergangenheitsgehalten von Substantiven[214], die die Morgenröte, den Mond, die
Sonne und Sternbilder benennen - als Bezeichnungen der Vergleichsspender, deren gottheitlicher Rang normalerweise nur noch unterbewußt ist, im Augenblick
lyrischer Exaltation aber wieder wirksam wird; damit ist vielleicht einem sonst
nicht befriedigten Bedürfnis nach Verehrung des weiblichen Numinosums entsprochen.

6,11-12

11 **In den Nußgarten bin ich hinabgestiegen,**
   nach den Sprossen der Palme(?)[215] zu sehn,

---

[212] Vgl. den Zusatz Hl. 6,4b.5a, dazu Anm. 194.

[213] Vgl. zu dem Satz des Aristoteles, der uns aus G.E.Lessings sehr mißverständlicher
Übersetzung bekannt ist, W.Schadewaldt, Furcht und Mitleid? Hermes 83, 1955, 129-171;
Ders., Furcht und Mitleid? Zu Lessings Deutung des aristotelischen Tragödiensatzes, Deutsche
Vierteljahrsschrift 30, 1956, 137-140.

[214] Daß Nomina, insbesondere Substantive als Träger konnotativer Vergangenheitsgehalte
überhaupt operativer sind als Verben, hat - im Blick auf das Deutsche - G.Benn formuliert:
„Worte, Worte - Substantive! Sie brauchen nur die Schwinge zu öffnen und Jahrtausende entfallen ihrem Flug"; zitiert nach O.Knörrich, Die deutsche Lyrik der Gegenwart 1945-1970, 1971,
165.

[215] So Rudolph, Das Hohe Lied, 166, danach Gerleman und HAL; oder: „nach den Spros-
sen/Knospen des Tals", so zuletzt wieder Keel (Das Hohelied, 207 f.), wofür sich auch die antiken Übersetzungen geltend machen lassen; vgl. die Auslegung.

**Zu sehn, ob die Rebe treibt
und die Granatäpfel blühen.
12 Ich wußte nicht, daß mich mein Verlangen versetzte
zu Amminadibs(?) Kriegswagen.**

11   Vers 11 ist eine kurze Erlebnisschilderung des Mannes, die sowohl auf der metaphorischen wie auf der gegenständlichen Ebene einen – gewollt doppeldeutigen – Sinn ergibt. Einerseits steht der Nußgarten mit seinen in ihrer Verschiedenartigkeit nicht ganz passenden Früchten metaphorisch für die junge Frau – als eine weitere Variante ihrer archaischen Identifikation mit Erde und Acker (s.zu 1,6); „hinabsteigen" deutet dabei wie in 6,2 (vgl. „kommen" 4,16; 5,1) den erotisch-sexuellen Umgang an. Andererseits läßt sich auch gegenständlich an einen Garten denken, in dem der junge Mann sich mit seiner Geliebten trifft, weil sie dort, wie es auch in 8,13 vorausgesetzt wird, bevorzugt verweilt. Das Sehen nach den Trieben der Weinrebe hat in 7,13 eine zum Teil wörtlich übereinstimmende Parallele, wo für das Liebesspiel ein ähnliches Aufsuchen der freien Natur vorausgesetzt wird. Ist vollends die Fruchtbarkeit der Natur – einst magisch, jetzt eher scherzhaft – als eine zauberhafte Folge der archaischen Hierogamie auf der Erde[216] anzusehen, die die Liebenden danach belustigt nachprüfen? Wieder kann es sich freilich nur um eine ferne Erinnerung, allenfalls um ein aus seinem rituellen Zusammenhang desintegriertes Folkloremotiv handeln; konventionelle Metaphern werden auf diese Weise in Handlung umgesetzt (vgl. zu 7,9.12). Aber gerade solche schattenhaften Reminiszenzen, die sich wissenschaftlichem Erweis entziehen und allenfalls dem Ahnungsvermögen des Interpreten zugänglich sind, geben dem Text Hintergrund und Tiefe, die allererst seine lyrische Atmosphäre schaffen.

Warum der Garten gerade Nüsse tragen soll, muß offenbleiben. – Wenn *naḥal* „Palme" und nicht doch „(Bach-)Tal" bedeutet, mag man daran denken, daß *tāmār* „(Dattel-)Palme" als Mädchenname gebraucht wird; mit dem der Dattelpalme wird der Wuchs der jungen Frau auch in 7,8f. verglichen, wo die „Palme" (*tāmār*) erstiegen und deren Rispen ergriffen werden sollen. – Daß das Treiben der Weinrebe zur Metaphorik des weiblichen Körpers gehört, ergibt sich aus der Verwendung des Weinbergbildes für die Frau (vgl. 1,6; 2,15; 8,12f.), wobei in 8,13aα eine 6,11bα ähnliche Wendung gebraucht ist. – Die blühenden Granatapfelbäume werden hier und in 7,13 genannt, weil deren spätere Früchte Liebeserreger sind (vgl. 4,3.13; 6,7; 8,2).

12   Da die Kriegswagen Amminadibs oder Amminadabs jeder Erklärung spotten und darum die Übersetzung des Verses 12 überhaupt zweifelhaft bleibt, müssen wir uns mit der Vermutung begnügen, daß der Kriegswagen – wenn gar noch an dessen alte martialische Funktion gedacht ist – in die Königstravestie des jungen Mannes gehört (s. zu 1,4); dabei läßt das Element *-nādîb* in dem rätselhaften Namen (wenn es sich denn um einen Namen handelt[217]) wie bei *bat-nādîb*

---

[216] Vgl. Anm. 19.
[217] Die griechischen Konkurrenzübersetzungen der LXX und Peschiṭta, die syrische Bibelübersetzung, übersetzen appellativisch (als Nennwort).

„Fürstentochter" in 7,2 an die Bedeutung „edel, aristokratisch" denken. Der ganze Satz scheint eine Überraschung ausdrücken zu wollen – aber welche? Möglicherweise galt schon damals die Devise: Dichter, sei dunkel! Oder handelt es sich um „eine vorgeprägte und wohlbekannte Größe aus der erotischen Vorstellungswelt", wie sie etwa der ägyptischen Liebeslyrik in der Gestalt des Prinzen Mehi zur Verfügung stand[218]? – Die Zusammenordnung von V.11 und 12 entnehmen wir lediglich einer von vielen Exegeten befolgten Konvention; unklar ist auch, wer der Sprecher ist.

7,1-7

1 „Dreh dich, dreh dich[219], Sulammit,
     dreh dich, dreh dich, daß wir nach dir schaun!"
   „Was wollt ihr schaun nach Sulammit –
     wie beim Reigen[220] von Maḥanajim / der (beiden) Lager[221]?"

2 Wie schön sind deine Schritte in den Sandalen,
     du Fürstentochter!
   Die Rundungen deiner Hüften sind wie Geschmeide,
     Werk von Künstlerhänden.

3 Dein Schoß(?)[222] ist eine runde(?) Schale[223] –
     nicht mangle der Mischwein!
   Dein Leib ist ein Weizenhaufen,
     von Lilien umsäumt.

---

[218] Vgl. Würthwein und vor allem Gerleman, Das Hohelied, 191f. (Lit.), dem sich Keel (Das Hohelied, 209f.) anschließt.

[219] Die etwas gewagte Übersetzung von šûbî (eigentlich: „wende dich um") ergibt sich aus dem Zusammenhang, der an einen Tanz der in V.2-7 beschriebenen jungen Frau denken läßt; anders etwa Keel, Das Hohelied, 208 („Kehr um, Schulammit"), weil Keel 6,12 und 7,1 zu einem Gedicht zusammenstellt.

[220] Vor den hier mit „wie beim Reigen" übersetzten Worten hat LXX mit ihren Tochterübersetzungen noch eine Verbform: ἡ ἐρχομένη „die (daher-)kommende"; ähnlich Peschiṭta, die syrische Bibelübersetzung; vgl. die Auslegung.

[221] maḥᵃnajim ist als Ortsname und als Appellativum (Nennwort im Gegensatz zum Namen) im Dual deutbar. „Reigen der (beiden) Lager" (so LXX und Vulgata) ließe an einen Kriegs- oder Schwerttanz denken, was in etwa dem kriegerischen Ambiente des „königlichen" Brautzuges von Hl. 3,6-11 entspricht; wieder anders Rudolph (Das Hohe Lied, 167f.): „Doppelreihentanz" – mit Doppelreihen der Zuschauer beim Hochzeitstanz; vgl. die Auslegung.

[222] Gegen die philologisch ebenfalls mögliche Übersetzung „Nabel" (vgl. Ez. 16,4) hat Rudolph (Das Hohe Lied, 168f.) mit Recht eingewendet, daß sie den in V.3aβ folgenden Wunschsatz unverständlich macht. Die von ihm im Anschluß an GesB[17] vorgeschlagene Übersetzung „Schoß" beruht auf Analogie des Arabischen; danach Würthwein, Loretz, Pope u.a. Zwischen beiden Positionen vermittelnd tritt Keel (Das Hohelied, 214f.) mit ikonographischen Hinweisen wieder für die Bedeutung „Nabel" ein, der nun aber als Euphemismus für die Scham stehe.

[223] hassahar als Genitivattribut zu ’aggan „Schale" ist nur versuchsweise als „rund" deutbar; alternativ hat Rudolph (Das Hohe Lied, 169) zu der ganzen Wendung ’aggan hassahar die Übersetzung „verschlossener Becher" vorgeschlagen.

4 Deine zwei Brüste sind wie zwei Kitze,
   Zwillinge der Gazelle.
5 Dein Hals ist wie ein Elfenbeinturm[224]
   . . .
   Deine Augen sind wie Teiche in Hesbon
   beim volkreichen(?) Tor[225].
   Deine Nase ist wie der Libanonturm,
   der gen Damaskus späht.
6 Dein Haupt über dir ist wie der Karmel,
   das Haar deines Hauptes wie Purpurwolle –
   ein König ist gefangen in den Flechten(?)[226].
7 Wie schön bist du (doch) und wie lieblich,
   du liebe, ‚lustvolle‘[227]!

Das Bewunderungslied für eine Tänzerin, das eine seltene, wohl auch für orientalischen Geschmack etwas freie Diktion gebraucht, unterscheidet sich von den
nächsten Gattungsverwandten, den Beschreibungsliedern 4,1-7 und 5,10-16, dadurch, daß die Einzelschilderung bei den Füßen anhebt: so wird der tanzenden
Bewegung entsprochen, die im übrigen, wenn man von den einleitenden Imperativen in 7,1 und von einer Parenthese in V.3aβ absieht, sich stativischer Adjektiv-
konjugationen („Perfekta") (2a.7)[228] und der starren Nominalsätze bedient
(2b-6), welche letztere so fest mit der Herkunft der Gattung aus der kultischen
Beschreibungshymne verbunden sind, daß die Stilkonvention bei der Beschreibung selbst einer heftig bewegten Gestalt nicht gebrochen wird (vgl. zu 2,8 f.). Die
Aufforderung an die danach Besungene zu tanzen (7,1a) und deren Antwort (1b
oder 1bα; s.u.) wirken volksliedhaft: das Vokabular scheint hier dem alltäglichen

---

[224] Danach scheint der parallele Halbvers ausgefallen zu sein.

[225] Ob sich das Attribut „volkreich" (wörtlich: Tochter von vielen) auf das Tor oder auf
die Stadt (vgl. Klgl. 1,1) bezieht – ersteres im Sinne von „verkehrsreich", weil ša'ar „Tor" auch
fem. gebraucht werden kann – bleibt freilich offen. Andere übersetzen „beim Tor (bêt) von
Beth-Rabbim" und vermuten zu letzterem den Namen eines uns unbekannten Ortes, zu dem
der Weg durch das betr. Tor geführt habe.

[226] Diese auch von anderen Exegesen wie Ringgren (Das Hohe Lied, 281) angenommene
Übersetzung – oder das ähnliche: „Locken" – ist lediglich aus dem Zusammenhang mit V.6a
erschlossen, da die hebräische Entsprechung raḥaṭ in Gen. 30,38.41; Ex. 2,16 nur mit der Bedeutung „Wasserrinne" belegt ist. Keel (Das Hohelied, 220 f.) begründet die Übersetzung durch
zwei ägyptische Sachparallelen. – Problematisch scheint freilich das Fehlen eines Pronominalsuffixes (Possessivpronomens), das in dem Satz den grammatischen Bezug auf die junge Frau
vermissen läßt.

[227] 'aḥăbâ, sonst Bezeichnung des Abstraktums „Liebe", steht hier, ohne daß die Vokalisation verändert werden müßte, für das Konkretum; danach ist bat ta'ănûgîm zu lesen.

[228] Die hebräischen Afformativkonjugationen („Perfekta") jāpû „sie sind schön" in V.2a
sowie jāpît „du (fem.) bist schön" und nā'amt „du (fem.) bist lieblich" in 7a bezeichnen nicht
– wie üblicherweise bei Handlungsverben – die vollendete Handlung, sondern – wie stets bei
Zustandsverben („schön sein", „lieblich sein") – als Stative das zeitunabhängige Bestehen des
betr. Zustands; sie entsprechen darin den Nominalsätzen, denen das fientische Verb überhaupt
fehlt. So wird mit stilistischen Mitteln eine Nuancierung erreicht, die in der deutschen Übersetzung nicht wiedergegeben werden kann.

nahe. Die Rahmenverse 2a und 7 spielen wie 4,1 und 7 mit dem Adjektiv „schön"; die rahmende Wiederholung in diesen beiden Fällen – in 5,9.16b scheint die Rahmung redaktionell – widerrät es, 7,7, wie allgemein üblich, zum folgenden Gedicht 7,8f. zu stellen[229]. Das eigentliche Corpus V.2b-6 folgt einem Gliederschema, wobei die zurückhaltenden Andeutungen von Nacktheit die dichterische Darstellung von entsprechenden Göttinnenbildern oder magischen(?) Amuletten, wie wir sie aus der palästinischen Archäologie reichlich kennen, mit deren so viel gröberer Anschauungsweise unterscheiden[230]. Die Bezeichnungen des jeweils beschriebenen Körperteils an den Satzanfängen lassen das Corpus auch dieses Bewunderungsliedes als etwas stereotyp erscheinen. Neben Pflanzen (3b), Tieren (4) und Landschaftsgebilden (5bα.6aα) dienen wieder artifizielle Preziosen (2b) und architektonische Errungenschaften (5a.bβ) als Vergleichsspender. Mutmaßliche Elemente der Königstravestie sind, wenn wir die betreffenden Stellen richtig erklären, die Bezeichnung „Sulammit" (1) und die Anrede „Fürstentochter" (2), dazu die Selbstbezeichnung des Sprechers als „König" in dem freilich ganz rätselhaften Vers 6b. – Eigentlich theomorphe (gottesbildliche) Züge fehlen.

In dem problembeladenen Vers 1 ist schon die Rollenverteilung unklar. Die Aufforde-   1
rung zu tanzen in 1a mag von den Teilnehmern eines Gastmahls bzw. deren Sprecher ausgehen, da bei Gastmählern Texte wie die des Hohenliedes gesungen (vgl. zu 2,4 und 4,12-5,1) und Einzeltänze junger Frauen dargeboten wurden. In 1b steht als Antwort darauf eine etwas schalkhafte Frage der jungen Frau. Aber wie weit reicht diese? Gehört V.1bβ noch zur Frage, oder ist die schwer verständliche Wendung die Antwort auf diese? Letzteres ist nur dann zu erwägen, wenn sich aus dem 4. Kolon von V.1 ein Inhalt gewinnen ließe, der als Antwort auf die Frage des 3. Kolons zureicht. Das aber kann man von einer Wendung, die mit einer Vergleichspartikel („wie") beginnt, kaum annehmen. Sollte davor, wie es die meisten antiken Versionen nahelegen, ein Verb der Bewegung ausgefallen sein („die wie beim Reigen von Maḥanajim(?) / der [beiden] Lager(?) daherkommt"[231]), so böte V.1bβ immer noch keine zureichende Antwort auf 1bα. Darum erscheint es uns als wahrscheinlicher, wenn auch keineswegs als voll befriedigend, in 1bβ – mit oder ohne vorangehendes Verb – ein vergleichendes Adverbial zu sehen, mit dem sich die Tänzerin vor ihrem Publikum aufzuwerten sucht: schalkhaft ist ihre Gegenfrage insofern, als 1bα zuerst einmal abwiegelt (was ist schon zu sehen?), während 1bβ in Anspruch nimmt, daß immerhin der offenbar berühmte Reigen der gaditischen Stadt Maḥanajim im Ostjordanland[232] oder – nach einer anderen möglichen Übersetzung, die die antiken Versionen für sich hat – ein Kriegstanz dargeboten wird[233], ein Motiv, das gegebenenfalls die phantastische Königstravestie um eine archaisch-kriegerische Realisierung bereicherte.

---

[229] Würthwein (Das Hohelied, 62) vermutet, eine „4,7 und 5,16 entsprechende Abschlußzeile" sei nach 7,6 ausgefallen, ohne den m.E. ganz naheliegenden Gedanken zu vollziehen, daß sie in 7,7 vorfindlich sei.

[230] Vgl. die umfassende Darstellung von Winter, Frau und Göttin (Anm. 37), 96ff. mit Abb. 11ff.

[231] Vgl. Anm. 220.

[232] Vgl. die alljährlichen Reigentänze von Silo Ri. 21,19.21, ferner den Ortsnamen 'ābēl $m^ehôlā$ „A. des Reigens"; Delitzsch, Hoheslied, 108.

[233] Vgl. Anm. 221.

Das Hauptproblem des Gedichts liegt in der Bezeichnung „die Sulammit". Wie es zuletzt W. Rudolph[234] relativ ausführlich begründet hat, wird man zu den Konsonanten $hš(w)lmjt$ doch wohl am ehesten an ein dem Namen Salomo nachgebildetes feminines Appellativum (Nennwort im Gegensatz zum Namen) zu denken haben: „Salomonin", d.h. die zu Salomo Gehörige. Das entspräche nicht nur den anderen mutmaßlichen Elementen einer Königstravestie im vorliegenden Gedicht, sondern auch der Salomorolle des Mannes in 3,(7aα)9–11 – und der Gegenrolle 6,8.9a; 8,11f. Freilich scheint die Vokalisation verderbt: ursprünglich muß die Bezeichnung – entsprechend dem Frauennamen in Lev. 24,11; 1.Chr. 3,19 – $hašš^el\bar{o}m\hat{i}t$ gelautet haben; $hašš\hat{u}lamm\hat{i}t$ verdankt seine Vokale dem Gedanken an die „Sunammitin" Abisag von 1. Kön. 1,15, der u.a. schon die Lesart des Codex Vaticanus der Septuaginta, der griechischen Übersetzung des Alten Testaments, beeinflußte[235]. Natürlich geht die Königstravestie nicht allzu realistisch vor; ihr widersprechen vor allem die Andeutungen von Nacktheit, vielleicht auch die Tanzpose; die Travestie gehört nun einmal in eine Wunschwelt, die die Realität verklärt, aber natürlich nicht völlig in sich aufnehmen kann oder auch nur will. Dennoch bleibt die Erklärung eines wohl wieder bewußt vieldeutigen Ausdrucks innerhalb des von vielen Dunkelheiten gekennzeichneten Gedichts mit Zweifeln behaftet.

Die meisten der unbefangen bezeichneten Einzelheiten dürften ohne Erklä-
2 rung verständlich sein. — Der Geschmeidevergleich in V.2b läßt sich aus der Anschauung schwer motivieren; er hat wie viele der folgenden Vergleichsspender aufwertende Funktion. - Die Anrede „Fürstentochter", die sich vor allem auf zwei jüngere griechische Übersetzungen und Vulgata, die auf Hieronymus zurückgehende lateinische Bibelübersetzung, stützen kann[236], läßt die Phantasie des „Königs" (vgl. 6) an eine aristokratische, auch finanziell nicht eben ungünstige
3 Heirat denken. - Die Parenthese von 3bα dient dichterischer Selbstkommentierung: das tertium comparationis wird wie in 9b als Wunsch artikuliert; „Mischwein" steht für sperma virilis. - Zum Parallelismus „(Hirsch-?)Kitze" und
4 „Gazelle" in 4, beides Trabanten und Symboltiere von Liebesgöttinnen, vgl. das zu 2,9 Gesagte; anders als in 2,9.17; 8,14, ebenso aber wie in dem fast wörtlich übereinstimmenden Satz 4,5a sind die Tiere hier - im Blick auf die Vorgeschichte des Bildes passender - ein auf die Frau bezogener Vergleichsspender. - Hals und
5 Nase werden ‚hoch getragen'. Der „Elfenbeinturm" - heute berüchtigt als Symbol selbstgefälligen und realitätsfremden Gelehrtentums - ist, ähnlich dem „Davids-

[234] Das Hohe Lied, 168; einen informativen Überblick über die Deutungsgeschichte gibt Pope, Song of Songs, 596–600. — Der Vokalbuchstabe w in $hš(w)lmjt$ fehlt nach Rudolph in etwa 50 Handschriften; wir sehen darin – im Gegensatz zu dem zögernden Urteil Rudolphs – den Hinweis auf eine von der masoretischen (frühmittelalterlich-jüdischen) verschiedene Aussprache.

[235] Cod. Vat. hat - mit Tausch der Konsonanten ν und μ - ἡ Σουμανεῖτις; vgl. den gleichen Konsonantentausch in Σωμανῖτις für Sunamitin 1. Kön. 1,15; 2. Kön. 4,12.

[236] Das gilt von Aquila bei Theodoret (ἄρχοντος) und Symmachus (ἡγεμόνος); Vulgata hat *filia principis*.

turm" von 4,4, ein uns unbekanntes, offenbar eindrucksvolles Bauwerk in Jerusalem - wie auch „der Libanonturm, der gen Damaskus späht". Welche Assoziationen hier den aufwertenden Nimbus für eine selbstbewußte, stolze Frau schaffen, kann man nur ahnen: „Elfenbein" gehört jedenfalls zum Wohlstandsvokabular; Damaskus mag als einstiges Machtzentrum eines Aramäerstaats, später als Wirtschaftsmetropole und als Vorort der Seleukidenherrschaft gefürchtet und bewundert worden sein. – Die Teiche der alten „Amoriter"-Königsstadt Hesbon (vgl. Num. 21,[25-]27-30), die später wieder moabitisch wurde (Jes. 15,4; 16,8f.; Jer. 48,2.34.45; 49,3), glänzen offenbar wie die - von Tränen der Freude erfüllten(?) - Augen der Besungenen; daß die Teiche bei dem uns ebenfalls unbekannten „volkreichen(?) Tor" lokalisiert werden, dient wieder der anschauungsreichen Konkretion, die das kühne Bild vor Konturverlust bewahren soll; daneben mag eine Rolle spielen, daß die relativ ferne Örtlichkeit erklärender Identifikation bedurfte. – Der Mann wird in 5,15 mit dem Libanon und seinen Zedern (vgl. für die Frau 4,11.15), die Frau in 7,6 mit dem Karmel, dem bekannten Bergrücken südöstlich des heutigen Haifa, verglichen: „Wie die früheren landschaftlichen Vergleiche ist auch dieser von einer ins Kolossal-Heroische gehenden Hyperbolik geprägt, die von allem Realismus weit entfernt steht"[237]. – Der Beschreibung der jungen Frau in V.2-6a folgt in 6b ein kurzer Satz über die Wirkung ihrer Erscheinung auf den „König", ehe das Gedicht mit 7 den Anfang der Beschreibung (2a) wieder aufnimmt - nach dem Stilideal einer ringförmigen Komposition. Nicht nur „schön" ist die Besungene; sie wird nun auch „lieblich" genannt, was an den auf den jungen Mann bezogenen Satz 1,16a (s. dort) erinnert.

7,8-10

8 **Das ist dein Wuchs: er gleicht der Palme**
    und deine Brüste Trauben.

9 **Ich denke: ich will auf die Palme steigen,**
    will ihre Rispen fassen –
  So seien deine Brüste
    wie Trauben der Rebe
    und der Hauch deiner Nase wie Äpfel.

10 **Dein Gaumen ist wie der beste Wein,**
    der ‚mir'[238] sanft hinunterrinnt
    und über schlafende Lippen[239] gleitet(?)[240].

---

[237] Gerleman, Das Hohelied, 199.

[238] Der hebräische Text hat statt des von einigen Exegeten und BHS vorgeschlagenen „mir" (*lî*) die Worte „meinem Geliebten" (*ledôdî*); dem entsprechen die antiken Übersetzungen. Aber der „Geliebte" ist nach Ausweis der fem. Pronominalsuffixe (des Possessivpronomens) in der Anrede selbst der Sprechende; so muß man wohl annehmen, daß *ledôdî* „meinem Geliebten" früh aus V.11 eingedrungen ist.

[239] Oder, mit LXX und einem Teil der anderen antiken Übersetzungen: „meine Lippen und Zähne"; doch schient diese wohl schon hebräisch vorauszusetzende Fassung eher eine

Die Verse sind das Bewunderungslied für eine Frau: auf eine kurze Beschreibung (V.8) folgt ein kleines Selbstgespräch des Mannes, das deren Wirkung auf den Sprechenden artikuliert (9f.). Die Verse 8-10 wurden an 1-7 angeschlossen, weil dieses Stück, vor allem sein Abschlußvers, einen Anknüpfungspunkt für V.8 bot.

8f. Ein Satz wie V.8 ersetzt die detailliertere Beschreibung nach dem Gliederschema (vgl. zu 5,10-16): der Dichter beschränkt sich auf die Charakterisierung der Gesamterscheinung der Besungenen; der Gesamteindruck ist es, der die in V.9f. verlautende Wirkung auf den jungen Mann auslöst. – Das mit „Palme" übersetzte Wort *tāmār* in 8a und 9a bezeichnet genauer die Dattelpalme, die – offenbar als Verkörperung des Lebensbaums – bei der Tempeldekoration eine Rolle spielt (vgl. 1. Kön. 6,29.32.35; Ez. 40,16-41,26). Steht sie als Lebensbaum in Verbindung mit Göttinnen[241]? Wird letztlich auch deshalb *tāmār* als Mädchenname gebraucht (Gen. 38,6 u.ö.)? – Daß der Vergleich von Brüsten mit Trauben in 8b und 9bα wieder eher ein Denkbild als ein Anschauungsbild evoziert (vgl. zu 2,1-3), liegt offenbar daran, daß er aus der Identifikation der Frau mit einem Weinberg (s. zu 1,6; vgl. 2,15; 8,12f.) abgeleitet ist, worauf V.10 zurückkommen wird. – Die Bewegungsmetaphern „steigen" und „fassen" (9a) empfangen ihren Sinn von der Gegenstandsmetapher „Palme". So wird vorgestelltes *Handeln* zur Metapher (vgl. zu 6,11 und 7,12), die einer bedeutungsarmen Realität einen unverhofften Sinngehalt, geradezu einen mythischen Nachglanz mitteilt: die Liebe wird zu dem auch in der Ikonographie oft dargestellten Aufstieg auf eine Palme[242]; ein alltäglicher Vorgang wie dieser vermag für das seltene Glück der Liebe zu sprechen und es in seinem einzigartigen Wert darzustellen. – Während V.9aα.bα lediglich die Stichwörter „Palme", „Brüste" aus 8 aufnimmt, macht sich mit dem Stichwort „Rispen" (9aβ) der Vergleichsspender gegenüber dem Vergleichsempfänger selbständig: an den Rispen befinden sich die Datteln; so läßt das Denkbild Fruchtbarkeit assoziieren, was die Besungene noch einmal aufwertet. Schließlich wird die Traube als die der Weinrebe identifiziert, was als Information überflüssig ist, gleichwohl aber den Bedeutungsgehalt des Wortfelds „Weinberg" - „Weinrebe" - „Wein" mobilisiert und V.10 weiter vorbereitet. – Rein assoziativ ist in 9bβ der Apfelvergleich angeschlossen, bei dem wieder der Geruchssinn des Hörers bzw. Lesers bemüht wird (vgl. zu 1,12; 4,10; 7,14): weil die Einzelbilder ihre beschwörende Kraft weithin schon eingebüßt haben, werden sie gehäuft; Vergleichsspender und Vergleichsempfänger verschmelzen dabei zu einem semantischen Ganzen, dessen Einheit im Atmosphärischen liegt. – Der unvermittelte Übergang zu Jussiven in V.9b („so seien...") erinnert – wie die Imperative in 2,17; 8,14 –

---

unbeholfene Rationalisierung zu sein, die das dem Text anhaftende traumhaft-unwirkliche Element neutralisieren will.

240 Die Übersetzung „gleiten" für das im AT nur hier belegte Verb *dbb* ist entsprechend dem Kontext aus dem Mittelhebräischen und Aramäischen erschlossen, wo das Wort „langsam fließen, tropfen" bedeutet.

241 Vorwiegend ikonographisches Material zur Verbindung von Palme und Göttin findet sich bei Keel, Das Hohelied, 224-227, Abb. 128.129.

242 Vgl. Keel, Das Hohelied, 227-229, Abb. 130.134.134a.

daran, daß das Vergleichen ursprünglich ein magisches Geschäft war: der Vergleich verzaubert; er teilt der Wirklichkeit etwas mit, was sie ohne ihn nicht aufweist. – Natürlich soll die Erwähnung des Gaumens wieder an den Kuß denken 10 lassen (vgl. zu 5,16). Was den Gaumen mit „dem besten Wein" vergleichbar macht, wird man nicht so genau fragen, wenn man sich klar macht, daß die Metapher „Wein" allenthalben erotisch-sexuelle Assoziationen weckt (vgl. zu 1,2-4). Die „schlafenden Lippen" versetzen die Szenerie abschließend ins Traumhafte.

7,11

**Ich bin meines Geliebten,
und nach mir steht sein Verlangen.**

Eine Fragmentzeile: schlichtester Ausdruck glücklichen Erfüllt-Seins seitens der Frau, dem im Hebräischen vier Wörter genügen. Man vergleiche 2,16a und 6,3, wo jeweils ein Relativsatz folgt, der hier „die Pracht des Schlichten" (M. Heidegger) nur zerstören würde. Die beiden Halbzeilen entsprechen einander reziprok, obwohl verschiedene Ausdrücke gewählt werden. Von der Ambivalenz des „Verlangens", wie sie in Gen. 3,16 und 4,7 empfunden wird, sind wir weit entfernt; das Paradies scheint noch nicht verschlossen.

7,12-13

12 **Komm, mein Geliebter,
hinaus in's Gefilde,
übernachten wir bei den Hennasträuchern!**
13 **Früh wolln wir zu den Weinbergen gehn,
sehn, ob die Rebe treibt,
Ob sich die Knospe²⁴³ geöffnet hat,
ob die Granatäpfel blühen.
Dort will ich dir meine Liebe schenken!**

Das in einem lockeren Metrum dahinfließende Gedicht ist an seinen Imperativen und Kohortativen als Sehnsuchtslied kenntlich; Sprecherin ist eine Frau. Der lyrische Reiz des Stücks liegt in der szenischen Einbettung des erotischen Geschehens in ein als analog erfahrenes Naturgeschehen, wie sie in größerer Ausführlichkeit auch in 2,10-14 gestaltet ist (s. dazu).
Im Mittelpunkt steht die schwärmerische Aufforderung der jungen Frau an ih- 12 ren Geliebten, gemeinsam mit ihm bei den Hennasträuchern zu übernachten

---

243 Zu dem hier mit „Knospe" wiedergegebenen $s^e m \bar{a} d a r$ vgl. Anm. 63, 77 und vor allem 82.

(7,12b). Vorher war als Ziel des stimmungsvollen Ausflugs das „Gefilde"[244] benannt worden; ganz am Ende des kurzen Gedichts wird die Zielangabe wieder aufgenommen. Zum „Hennastrauch" vgl. bei 1,14. Auch in dieser Aufforderung bricht sich das uralte, weit verbreitete Folkloremotiv des heiligen Beischlafs auf der Erde (vgl. zu 1,6), eines Ritus, durch den die Fruchtbarkeit des Menschen und

13 die der Erde einander gegenseitig bestärken. Frühmorgens will man in den Weinbergen belustigt nachschauen, ob als „Erfolg" der längst nicht mehr ernstgenommenen magischen Handlung die Rebe treibt. Zugleich ergibt sich eine launige Variante der Gärtnertravestie (s. zu 1,5f.). Auch das Sich-Öffnen der Knospe – ohne daß deutlich würde, von welcher Pflanze die Rede ist – und das Blühen der Granatapfelbäume muß man sich selbstverständlich in freier Natur vorstellen, vielleicht aber als Schmuck eines draußen errichteten Brautzelts oder einer Hochzeitshütte (vgl. zu 1,16 und 7,14). In jedem Fall ist ein halb vergessener sympathetischer Ritus zu einer in Handlung umgesetzten Metapher geworden, wobei die metaphorische Handlung einerseits spielerisch-unterhaltsam, andererseits doch nicht ganz ohne symbolische Bedeutung ist; eine drohende Loslösung des Reichs metaphorischer Sprache von der Realität wird für ein paar Stunden außer Kraft gesetzt, indem das Spiel, immerhin in der Wirklichkeit angesiedelt, die bloße Sprache ersetzt. Eine ähnliche Projektion metaphorischer Sprache in entsprechende Handlungen liegt dem doppeldeutigen Hinabsteigen in den Nußgarten in 6,11 und dem Ersteigen der Palme in 7,9 zugrunde; 6,11 enthält eine Reihe wörtlicher Entsprechungen mit unserem Gedicht. Was an wirklicher Erfahrung übrigbleibt, ist die gelebte Einheit von Natur und Mensch. Waren es einst Naturgötter in menschlicher Gestalt, die diese Einheit gewährleisteten, so muß nun der Mensch mit einem individuellen und augenblicksbezogenen Aufgebot bedeutsamer Handlungen – und sei es im säkularen Spiel der Liebe, dem ein humoristischer Zug nicht gefehlt haben mag – eine allgemein verbindliche Integration von Natur und Gesellschaft ersetzen. – Umgekehrt mag man der beschworenen Natur selbst gewisse Anspielungen auf Eros und Sexus des Menschen unterstellt haben: steht das Sich-Öffnen der Knospe für das des Schoßes[245]? In diesem Falle handelte es sich um eine leichtsinnige Doppeldeutigkeit, wie sie in 5,2.5f. am Öffnen der Tür haftet. Ist das Aufblühen der Natur Metapher für das Erblühen der Menschen[246]? – Die blühenden Granatapfelbäume werden hier wie in 6,11 genannt, weil deren spätere Früchte Liebeserreger sind (vgl. 4,3.13; 6,7; 8,2).

Damit es am Ende auch wirklich klar ist: „dort", d.h. im Gefilde, bei den Hennasträuchern, will die Sprecherin sexuellen Umgang gewähren, wie die gewichtige Abschlußzeile 13b sagt; daß dieser das Parallelglied fehlt, erhöht ihre

---

[244] $\acute{s}\bar{a}d\hat{e}$ bezeichnet, wie Keel (Das Hohelied, 234) bemerkt, „das freie Land außerhalb der Siedlungen"; daß hier nicht an „Steppe" gedacht sein kann wie im Fall der „Gazellen der Steppe" (2,7 u.ö.), ergibt sich aus der Erwähnung von Weinbergen, Reben und Granatapfelbäumen.

[245] Vgl. speziell zu 7,13 den schon in Anm. 165 genannten Artikel von R. Bartelmus zu $pt\d{h}$, Sp. 833.

[246] Auch Keel (Das Hohelied, 235) denkt an eine „übertragene Bedeutung von ‚Knospen' und ‚Blüten' ".

Wirkung. Naturschilderungen um ihrer selbst willen kennt die altorientalische Poesie ebensowenig wie die frühgriechische Lyrik[247], um von so etwas wie einer Trösterrolle der Natur zu schweigen. Das Naturgeschehen gewinnt seine Bedeutung vielmehr als Rahmen der im Lied angesprochenen menschlichen Handlungen, die durch den naturhaften Handlungsraum im dichterischen Medium nicht nur selbst einen Sinngehalt finden, sondern der Gesamtwirklichkeit, die Natur und Mensch umgreift, eine sonst fehlende, überraschende Bedeutung allererst verschaffen. Daß die Natur nach dem Menschen nicht fragte, ja daß der Mensch der Natur, obwohl er ihr Teil ist, gleichgültig wäre, ist wiederum ein dem Alten Orient und Hellas fremder, der Neuzeit vorbehaltener Gedanke; der altorientalische Mensch bleibt in seinem Handeln vielmehr naturhaft geborgen.

7,14

Die Liebesäpfel verströmen Duft.
   An unseren Türen sind allerlei Köstlichkeiten;
Neue, aber auch alte
   habe ich, mein Geliebter, für dich aufgespart.

Das Fragment ist vom Sammler hierher gestellt, weil es zwar wie 7,12f. eine Sprecherin voraussetzt, zugleich aber deren Sehnsucht eine Erfüllung gegenüberstellt. Dazu kommt, daß die Liebesäpfel von V.14 zu den blühenden Granatapfelbäumen von 13 – beides Liebeserreger – gut passen; das Stichwort „Türen" 14, hebräisch nicht von dem üblichen Substantiv *dälät*, sondern von *pätaḥ* gebildet, gestattet schließlich einen Anschluß an *pittaḥ* „hat geöffnet" in 13.

Die betörend duftenden „Liebesäpfel", die in Gen. 30,14–16 offenbar als Fruchtbarkeitsspender zu einem Zwist unter konkurrierenden Frauen führen, sind die Beeren der aus Volksmedizin und Hexentum allenthalben bekannten Alraune, die „Köstlichkeiten" dagegen andere im Zusammenhang mit der Liebe belangreiche Früchte, die insbesondere zu den „Türen" einer im Freien errichteten Hochzeitshütte gut passen würden (vgl. zu 1,16 und 7,12f.), falls nicht auch das Motiv „Türen" um seiner sexuellen Zweideutigkeit willen gewählt ist[248]. Oder ist an so etwas wie das Zedern- und Wacholderhaus von 1,17 gedacht – ein Wohlstandsmotiv, das die sexuelle Nebenbedeutung freilich nicht ausschlösse (vgl. zu 8,9)? Daß es um die „Köstlichkeiten", für die 4,14 Beispiele bietet, wieder etwas Mehrdeutiges ist, zeigt der zweite Versteil (14aβb), der alles in reizvolle Schwebe bringt. In jedem Fall läßt 7,14 an das Beisammen-Sein der Liebenden denken, an Liebeserfüllung.

---

[247] Vgl., auch zum Folgenden, Treu, Sappho (Anm. 105), 140ff.
[248] Vgl. 8,9. — Dagegen spräche die Verwendung des Plurals – wenn diese ernst zu nehmen ist und nicht zum poetischen Spiel mit Wörtern gehört.

8,1-2(-4)

1 Ach, wärst du mir wie[249] ein Bruder,
    gesäugt[250] an der Brust meiner Mutter!
 Fänd ich dich draußen, würd' ich dich küssen
    und niemand dürft' mich verachten.
2 Ich führte dich, ich brächte dich
    in's Haus meiner Mutter, die (es) mich lehrte[251].
 Trinken ließ ich dich Würzwein
    von meinem Granatapfelmost.
3 [Seine Linke ist unter meinem Kopf,
    und seine Rechte liebkost mich. —
4 Ich beschwöre euch, ihr Töchter Jerusalems:
    Weckt nicht, stört nicht die Liebe
    bis es ihr (selber) gefällt!]

Das Sehnsuchtslied der Frau 8,1-2 hat der Sammler mit einer beinahe wört-lichen Wiederholung von 2,6f. verbunden, die nun die Verse 8,3f. bilden - offen-bar in der Absicht, die Sehnsucht dadurch als erfüllt erscheinen zu lassen, so wie 2,4f. und V.6f. einen redaktionellen Zusammenhang von Sehnsuchts- und Erfül-lungsausdruck erkennen läßt; vgl. auch 7,12f. im Verhältnis zu V.14. - Mit 7,14 besteht kaum ein ursprünglicher Zusammenhang[252]: 7,14 spricht schon von einem Beisammen-Sein der Liebenden, das in 8,1f., dazu unter einer unerfüll-baren Bedingung, noch sehnlichst erwartet wird.

1   Wie 3,1-5 und 5,2-8, so läßt auch 8,1f. ahnen, wie stark die Einschränkungen waren, mit denen eine restriktive Moral in spät-nachexilischer Zeit jede Äußerung von Liebe unter den Geschlechtern bedachte: nur Geschwister durften frei mitein-ander verkehren; das Gefühl gegenüber der Geliebten muß sich einem Sprachtabu beugen. Was sich im Hohenlied als freie Liebe darstellt, ist Produkt einer dichte-rischen Imagination, die der Phantasie anheimgibt, was die gesellschaftliche Rea-lität versagt: ein Ausruf wie der von 8,1, der das Unerfüllbare herbeisehnt, zeigt

---

[249] Das hebräische k^e- „wie" könnte sich einer Doppelschreibung des im hebräischen Text vorangehenden Konsonanten, nämlich des -k in 'ittänkä, verdanken; es hat in LXX keine Ent-sprechung, wird aber von Aquila, einem ihrer Revisoren, vorausgesetzt, weshalb wir die Parti-kel dennoch übernehmen.

[250] Wörtlich „saugend" im zeitlosen Gebrauch; das Passiv wird mit Rücksicht auf das Deutsche gewählt.

[251] Wie öfter in der Poesie dient die Präformativkonjugation („Imperfekt") auch dem Aus-druck der Vergangenheit; so verstehen wir $t^e lamm^e d\hat{e}n\hat{i}$ als asyndetischen Relativsatz zu 'immî: „meine Mutter, die mich lehrte". Grammatisch möglich wäre auch: „du wirst mich leh-ren" als Anrede an den Freund, woran nach Vulgata die meisten Exegeten denken (anders Kri-netzki, Das Hohe Lied, 232.312; vgl. aber Ders., Kommentar zum Hohenlied, 210.212); doch paßt das nicht ans Ende von V.2a, der vom Motiv der Mutter beherrscht wird, und nach 2b läßt sich das Wort nicht hinüberziehen, weil dadurch 2a zu kurz würde. - LXX und ihre Toch-terübersetzungen haben „und ins Gemach deren, die mich gebar" aus 3,4 nach hier über-nommen.

[252] Gerleman (Das Hohelied, 208-213) dagegen will 7,14-8,4, Keel (Das Hohelied, 235-242) 7,14-8,2 als Einheit fassen.

das mit wünschenswerter Deutlichkeit. Natürlich ist - bei traditionell enger Familienbindung - die Geschwisterliebe seit je Paradigma für Liebe überhaupt; die Liebeslyrik hüllt sich auch bei den Ägyptern u.a. in dieses harmlose Gewand[253]. Die Wendung „gesäugt an der Brust meiner Mutter" fügt dem an sich schon Gefühlvollen ein weiteres emotionales Moment hinzu. - V.1b ersehnt für sich etwas, was strenge weisheitliche Moral in Spr. 7,12ff. zur Dirnensache erklärt. Das Küssen auf der Straße ist noch heute im Orient verpönt, es sei denn eben unter Geschwistern. - Wie wir schon aus 3,4 wissen, führte einst die junge 2 Frau den Geliebten im Haus ihrer Mutter ein (8,2a), wenn die Ehe beschlossen ist. Ganz logisch verfährt der Dichter freilich nicht: die Einführung bei der Mutter wäre bei Geschwistern sinnlos; von der Realität fern durfte freilich zumeist schon die Liebesehe sein, die 8,2 wie 3,4 voraussetzt. - Wie allermeist sind es die Mütter, die die Töchter „aufklären", was der Relativsatz in 8,2a andeutet. - V.2b läßt wieder an den geschlechtlichen Umgang denken, der als ein Weintrinken - „Würzwein" gar in unserem Falle - chiffriert wird (s. zuletzt zu 7,10). Hier ist er in einer Ehe ersehnt; wenigstens wird es dichterisch so suggeriert. - „Granatapfelmost", mit dem Suffix für "mein" versehen, um den Schleier der Chiffre ein wenig zu lüften, mag ein Obstwein sein; Wasser tut's freilich nicht. - Für 8,3f. 3f. vgl. zu 2,6f.

8,5a

Wer steigt da herauf aus der Wüste[254] an ihren Geliebten gelehnt? ...

8,5a ist eine Fragmentzeile, die an die Phraseologie von 3,6 und 6,10 erinnert und offenbar einmal Einleitung eines verlorenen Bewunderungsliedes war; mit 3,6aα stimmt 8,5aα sogar wörtlich überein, so daß man vermuten möchte, das Verlorene könnte eine Variante zu 3,6-8 gewesen sein. Mit 8,5b besteht wohl kein ursprünglicher Zusammenhang: die Anreden von V.5b lassen sich an der Frage von 5a schwer anschließen; auch wird man kaum „aus der Wüste" heraufkommen, wenn man einander „unter dem Apfelbaum" gefunden hat. Doch scheint der Sammler V.5b als Antwort auf 5a angeordnet zu haben, vielleicht weil er beim Apfelbaum in der Wüste ein wunderhaftes Geheimnis sah. - Die Wendung „an ihren Geliebten gelehnt" läßt eine Situation wie zu 4,8 vermuten, was zusammen mit dem Heraufkommen aus der Wüste (s. zu 3,6) ebenso wie 8,5b an Theomorphes (Gottesbildliches) denken ließe, wenn das Fragment für eine sichere Aussage nicht zu kurz wäre.

---

[253] Vgl. Anm. 138.

[254] Statt „aus der Wüste" hat LXX λελευκανθισμένη „weiß strahlend". Da aber die hebraisierenden LXX-Revisionen, Aquila u.a., ebenso wie Vulgata die Worte „aus der Wüste" wiedergeben, werden diese hier wie in 3,6 ursprünglich sein. Wollte LXX gegenüber 3,6 eine Variation schaffen?

8,5b

**Unter dem Apfelbaum weckte ich dich;
dort empfing[255] deine Mutter dich,
dort kam in Wehen, die dich gebar.**

Sprecherin dieses Fragments ist, wie die im Hebräischen maskulinen Suffixe der Anrede zeigen („dich", „deine"), eine Frau. Die kurze Erlebnisschilderung bringt einen Vorgang der unmittelbaren Vergangenheit mit einem letztlich wohl mythischen Geschehen in eine Übereinstimmung des Handlungsraums: beides geschah „unter dem Apfelbaum"; die unmittelbare Vergangenheit folgt einem weiter zurückliegenden Prototyp. Offenbar nämlich steht die räumliche Übereinstimmung für die Vergegenwärtigung eines stiftend-normativen „Urgeschehens" durch ein Geschehen „in der Zeit", das nunmehr nach dessen Analogie geschieht. Die Entscheidung hängt allerdings davon ab, wie man die in den drei Kola des Textes bezeichneten Vorgänge jetzt (1. Kolon) und einst (2. und 3. Kolon) im einzelnen versteht.

Zunächst fällt auf, daß der Apfelbaum mit Artikel eingeführt wird: es ist ein bestimmter, bewußter Baum - nur für die Sprecherin und ihren Vertrauten oder auch für Hörer bzw. Leser des Gedichts? Warum aber könnte der Apfelbaum für Begegnungen von Liebenden konventionell geworden sein? Warum lenkt der Dichter die Phantasie in solchermaßen bekannte Bahnen? Weil der Platz unter dem Apfelbaum mit seinen aphrodisischen Früchten für die Liebe wie geschaffen ist[256] oder weil vielmehr eine mythische Reminiszenz an ihm haftete? Schließt das eine das andere aus? - Die Sprecherin hat jetzt oder in jüngster Vergangenheit die Liebe des Angeredeten „unter dem Apfelbaum geweckt" - eine Initiativrolle, die einer Israelitin nicht ansteht, wohl aber einer halb vergessenen Göttin, die von der Israelitin wie von ihrer kanaanäischen Vorgängerin oder gar Nachbarin nachgeahmt wird. Das hebräische 'ôrartîkā „weckte ich dich" hat wie vermutlich die Bildungen von 'ûr „wach sein" in 4,16 und 5,2 die Konnotation der sexuellen Erregung. - Das zweite und dritte auf eine lang zurückliegende Vergangenheit bezogene Kolon scheint bewußt die Ereignisfolge Empfängnis - Wehen - Geburt abzuschreiten: alles das erfuhr die Mutter des jungen Mannes „unter dem Apfelbaum", was denn doch etwas merkwürdig ist. Warum soll der „Hochzeit" im Freien (vgl. zu 1,6) eine nachfolgende Geburt am genau gleichen Platze entsprechen? Etwa weil „unter dem Apfelbaum" einst ein Gott empfangen oder geboren wurde, dessen theomorphes (gottesbildliches) Abbild nun der Geliebte sein soll?

---

[255] Oder: „gebar". Für die von uns gewählte Wiedergabe sprechen Aquila und Vulgata, dazu der Kontext (vgl. die Auslegung) und die Bedeutung des Verbs in Ps. 7,15; vgl. Müller, Begriffe menschlicher Theomorphie (Anm. 205), 113[8].

[256] Wie sich in der ägyptischen Lyrik „die Bäume des Gartens in den Dienst der Liebe" stellen, zeigt Hermann (Altäg. Liebesdichtung [Anm. 22], 121 f.) an einem anschaulichen Beispiel.

Daß der Apfelbaum[257] ganz allgemein der zyprischen „Aphrodite" heilig gewesen sei, teilt der römische Grammatiker Servius (um 400 n. Chr.) in seinem Vergilkommentar 8,37 mit (vgl. zu 2,3); nach assyrischen Beschwörungstexten liebt die mesopotamische Eros- und Kriegsgöttin Inanna Äpfel und Granatäpfel, weshalb die betreffenden Texte über diesen Früchten rezitiert werden[258]. Aber auch speziell von Göttergeburten unter verschiedenartigen Bäumen weiß der altorientalische und der griechische Mythos mannigfaltig zu reden: Tammuz kam bei der heiligen Zeder, Artemis beim Ölbaum auf Delos zur Welt; nach dem Qur'ān Sure 19,23 kam Maria mit Jesus „am Stamm einer Palme" in die Wehen[259]. Ähnliches gilt von Adonis, Apollon und einer Reihe anderer Gottheiten[260], einem Gottestyp, in dessen Spur sich der besungene Jüngling bewegte, wenn es mit der merkwürdigen Überstimmung von jetzt und einst, dem prototypischen Charakter des einst Geschehenen für Gegenwärtiges eine verschüttete mythische Bewandtnis hat.

Natürlich läßt sich nicht beweisen, daß derlei Assoziationen stattfanden; dem Dichter und Hörer bzw. Leser von 8,5b waren sie gegebenenfalls selbst kaum noch bewußt. Was lediglich zur Atmosphäre beiträgt, die ein dichterisches Wort erweckt, läßt sich ohnehin nicht exakt verwissenschaftlichen. Dennoch liegt gerade in der assoziativ erweckten Atmosphäre das, was ein Wort dichterisch macht; an bloßer Information, gar an Diskursivität ist der Lyrik speziell nicht gelegen. Allerdings geht es um mehr als um ästhetische Probleme. Liegt die dichterische Reproduktion eines Mythenmotivs vor, so enthält die Analogie von Jetzt und Einst im individuellen Leben, durch die der Kreis des Lebens sich schließt, eine weitere Sinnstiftung. Es ist dann kein Zufall, daß das Erwecken der Liebe wie die Ereignisse um die Geburt des Geliebten in gleicher Weise „unter dem Apfelbaum" geschahen. Eine ästhetisch wiederbelebte „Göttergeschichte" stände im Hintergrund; es ist der Dichter, der davon etwas ahnt und es für den Empfänglichen wiederbeleben kann.

8,6–7

**6 Lege mich wie ein Siegel an dein Herz,
  wie ein Siegel an deinen Arm!**

---

[257] Die von den antiken Übersetzern vertretene Identität des hier und in 2,3 erwähnten *tappûaḥ* als „Apfel(baum)" ist freilich nicht über jeden Zweifel erhaben; es könnte auch die Aprikose oder der Pfirsich gemeint sein (vgl. O. Borowski, Agriculture in Iron Age Israel, Winona Lake/Indiana 1987, 129f.).

[258] Vgl. Anm. 55.

[259] Vgl. zu den soeben genannten drei Beispielen Krinetzki, Das Hohe Lied, 238; Kommentar zum Hohenlied, 217. Zitiert werden dort außer der Qur'ānstelle A. Falkenstein - W. von Soden, Sumerische und akkadische Hymnen und Gebete, 1953, S. 185 Nr. A 34:5 (vgl. Th. Jacobsen, Treasures of the Darkness, 1976, 68, wo die betr. Übersetzung Bestätigung findet) und Catull 34,5-8.

[260] Vgl. die Aufzählung bei Pope, Song of Songs, 663.

> Denn stark wie der Tod ist die Liebe,
>   Leidenschaft wie die Unterwelt fest.
> Ihre Gluten sind Feuergluten,
>   eine Jah(we)flamme[261].
> 7 Große Wasser können
>   die Liebe nicht löschen,
>   noch Ströme sie fortschwemmen.
> Gäbe ein Mensch alles Gut seines Hauses für die Liebe,
>   dürfte man ihn verachten?

Das unregelmäßig gebaute, in seinen Einzelheiten nicht leicht verständliche Gedicht beginnt in V.6α wie das Sehnsuchtslied einer Frau, um mit 6αβ–7 in ein Lob der Liebe überzugehen, das den Ausdruck der Sehnsucht rechtfertigen soll.

6 Ein „Siegel", das wegen seiner kunstvollen und kostspieligen Gestaltung wertvolle Kleinod, möchte die Frau für ihren Geliebten sein; der soll das Siegel an einer Schnur um den Hals (vgl. Gen. 38,18), an seinem Herzen mithin, zugleich aber an seinem Armring tragen. Wohlstandsvorstellungen und Luxusvokabular dienen der Aufwertung der Menschen, die sich seiner bedienen, zumindest in dichterischer Imagination (vgl. zu 1,9–11.17; 4,9; 4,12–5,1).

„Liebe" und „Leidenschaft" werden personifiziert; so können sie „Tod" (*māwät*) und „Unterwelt" (*še'ôl*) gegenübertreten, die einmal Götter waren; zugleich werden Liebe und Tod auf diese Weise vergleichbar. O. Loretz[262] findet an den Versen 6a und *7a einen Nachklang des aus dem ugaritischen AB-Mythos bekannten Kampfs zwischen Ba'l und Môt, dem ausdrücklich als „stark" bezeichneten Todesgott der Sommerdürre[263]. Die Adjektive „stark" und „fest" sind faktisch als Komparative gemeint: natürlich sind Liebe und Leidenschaft stärker, fester als Tod und Unterwelt. Zur Personifikation der Unterwelt ist Hiob 28,22 zu vergleichen: längst überwundene mythische Einzelvorstellungen können immer wieder einmal auftauchen, um einem poetischen Gedanken Anschaulichkeit und Leben einzugeben. – Der Name einer anderen altorientalischen Gottheit,

---

[261] Ist vor oder hinter *šlhbtjh* ein Prädikat ausgefallen, das zu „ihre Gluten" bzw. „sind Feuergluten" eine Parallelwendung wäre? In letzterem Falle wäre, parallel zu *rešāpâhā* „ihre Gluten", *šalhᵃbôtâhā* „ihre Flammen" zu punktieren; so setzt es LXX voraus, während die Masoretenschule Ben-Naphtali durch ihre Schreibweise (*šlhbt-jh*) umgekehrt den Bezug auf „Jah(we)" betont. Das Prädikat könnte in ersterem Falle aus der Wiederholung der gleichen Konsonanten in der Bedeutung „sind Jah(we)flammen" bestehen (vgl. BHS). Doch gibt V.6b auch in der vorliegenden Form einen Sinn; allenfalls kann man auf 6b sogar ganz verzichten, da 7 gut an 6a anschließt; vgl. die Auslegung.

[262] Nachklänge des ugaritischen Baal-Mythos in HLD 8,6–7, Studi storico-religiosi 5, 1981, 197–207; Loretz knüpft an Pope (Song of Songs, 666f.) an.

[263] So in KTU 1.6 VI 17.18.20, wobei die Wendung *Mt 'z* „Môt war stark" sich mit *'azzā kammāwät* „stark wie der Tod" Hl. 8,6 wörtlich berührt; vgl. den hebräischen Personennamen *'azmāwät* (oder nach LXX: *'azmôt*) „stark ist Môt / der Tod" 2. Sam. 23,31 u.ö. sowie den Ortsnamen *bêt 'azmāwät* „Haus des (Gottes ?) *'Azmäwät/'Azmôt*" Neh. 7,28 u.ö. Loretz, aaO. (Anm. 262), 204–206, verweist noch auf KTU 1.6 II 4–37; danach ist die Liebe der Göttin 'Anat zu Ba'l so stark, daß sie sogar Môt überwindet.

Rašap, verbirgt sich hinter dem für „Gluten" zweimal verwendeten hebräischen *räšäp*: Rašap, der schon in den 1974/75 entdeckten Texten aus Ebla (Nordsyrien; 3. Jt. v. Chr.), aber auch in Ugarit und bei den Phöniziern vorkommt, war gegenüber den Menschen feindselig; er brachte Krieg und Krankheit. Im Alten Testament sind manche der alten Rašap-Aktivitäten auf Jahwe übertragen worden: auch Jahwe bringt *räšäp* „Krankheit" Dtn. 32,23 f.; Ps. 78,48; als Kriegsgott zerbricht er *rišpê qäšät* „die Pfeile des Bogen" Ps. 76,4; „Krankheit" und „Pfeile" werden also mit dem alten Gottesnamen bezeichnet, worin man eine Entmythisierung, aber auch deren Gegenteil sehen kann. Wird mit der Verbindung von Liebe und „Gluten" eine ambivalente Bewertung der Leidenschaft angedeutet? – Daß hinter den Begriffen „Tod", „Unterwelt" und „Gluten" Götternamen transparent werden, wird noch dadurch bestätigt, daß sich „Jah(we)" in *šalhäbätjä(h)* „Jah(we)flamme" ebenso zweideutig verbirgt – wenn die Zeile ursprünglich ist. Zwar könnte das Element *-jä(h)* dabei wenig mehr als eine superlativischsteigernde Funktion haben: die Liebe ist eine „gewaltige Flamme"[264]. Andernfalls aber vermittelt diese einzige, dazu verhaltene Bezugnahme auf den Namen des Gottes Israels, wenn es sich denn um sie handelt, das Gefühl eines numinosen Hintergrundes der Liebe, das im Hohenlied auch sonst nicht ganz erloschen ist. Soll man bei der Jahweflamme am Ende konkret an den Blitz denken[265]? Unterliegt die Liebe dabei wieder einer ambivalenten Wertung? – „Große Wasser" und „Ströme" wecken schließlich die Erinnerung an einen anderen Gegner Ba'ls aus dem ugaritischen AB-Mythos, nämlich Jamm, die göttliche Personifikation des Meeres, dem auch im Alten Testament etwas Chaotisches anhaftet. Geht das Gedicht damit zu einer eindeutig positiven Wertung der Liebe über? Speziell an die „Ströme" (*nᵉhärôt*) von V.7aβ erinnert es uns, wenn der ugaritische Jamm „Herrscher Strom" genannt wird.   7

Der das Metrum sprengende Vers 7b kann als eine Frage verstanden werden, die die Liebe gegenüber allem Reichtum als gleichwertig einschätzt. Als Aussage übersetzt, was philologisch ebensogut möglich wäre, besagte der Satz, daß jemand auch mit all seinem Gut die Liebe nicht aufwiegen könnte; der Versuch allein würde ihm Verachtung eintragen (vgl. V.11 f.). Jedenfalls ist von einer Ambivalenz in der Bewertung der Liebe endgültig nicht mehr die Rede. Ist 7b also eine Glosse, die die Aussage des Gedichts nachträglich vereindeutigen will? Ein Schwanken des Urteils ist in der Poesie allerdings auch nicht ungewöhnlich; es entspricht dem

---

[264] Zur steigernden Funktion einer attributiv gebrauchten Gottesbezeichnung vgl. *rûᵃḥ ᵉlôhîm* „ein Sturm Gottes", d.i. „ein gewaltiger Sturm" Gen. 1,2, ähnlich *nᵉśî' ᵉlôhîm* „ein gewaltiger Fürst" 23,6, *'îr gᵉdôlä lêlôhîm* „eine große, gewaltige Stadt", d.i. Ninive, die ja keine „Gottesstadt" ist, Jona 3,3. Zur superlativischen Funktion von *JHWH* vgl. *gibbôr ṣajid lipnê JHWH* „ein gewaltiger Jagdheld", nämlich Nimrod (Gen. 10,9), der nichts mit Jahwe zu tun hat; ferner P.A.H. de Boer, *JHWH as Epithet Expressing the Superlative*, VT 24, 1974, 233–235. Natürlich sind in allen genannten Fällen die semantischen Grenzen fließend. — Gerleman (Das Hoheleid, 217) sieht in *-jä* ein „Intensivsuffix", ohne eine Verbindung mit dem Jahwenamen vorauszusetzen.
[265] Zu *'ēš* „Feuer" im Zusammenhang mit Jahwes Blitz vgl. Num. 11,1; 1. Kön. 18,38; 2. Kön. 1,12, vielleicht auch Hiob 1,16.

psychischen Leben. Ob zugleich ein Protest gegen die Sitte des Brautkauf in V.7b mit anklingt, was das Gedicht freilich ein wenig banalisierte, mag offenbleiben.

Über Gegensatz und Zusammenhang von Liebe und Tod, wie er in 8,6f. zur Sprache kommt, ist viel nachgedacht worden. Daß im biologischen Haushalt Sexus und Fortpflanzung Maßnahmen der Gattung gegen den Tod ihrer Individuen sind, ist ebenso evident wie banal. Gen. 3 verbindet – in seiner ältesten, noch märchenhaften Bedeutung – das Erwachen der Liebe mit dem Verlust der Unsterblichkeit[266]. Als nach dem Gilgamesch-Epos Enkidu stirbt, verflucht er die Dirne, die ihn den sexuellen Umgang gelehrt hat; offenbar hat das ihm den Tod gebracht[267]. Der Tod kann aber auch in den Augenblick der Liebe vorweggenommen werden: als Selbstaufgabe der Individualität an die des anderen, die dabei zum Beispiel einer Selbstaufgabe des Ich an das Nicht-Ich überhaupt werden kann; eine unio mystica zwischen Liebenden wird so auf das Verhältnis von Subjekt und Objekt überhaupt ausgedehnt.

8,8-10

8 „Wir haben eine kleine Schwester,
   die hat (noch) keine Brüste.
   Was machen wir mit unserer Schwester,
   wenn man um sie werben wird?"

9 „Wenn sie eine Mauer ist,
   so bauen wir auf ihr eine Silberzinne;
   Wenn sie eine Tür ist,
   so verrammeln wir sie durch ein Zedernbrett."

10 „Ich bin eine Mauer,
   und meine Brüste sind wie Türme;
   Nun bin ich in seinen(?) Augen[268]
   wie eine, die Glück gefunden(?)[269]."

Der kleine Dialog widersteht jedem Erklärungsversuch. Unklar ist schon die Rollenverteilung. Ergeht das Gespräch zwischen den Brüdern, die herkömmlicherweise die Ehe ihrer jüngeren Schwester zu arrangieren haben (V.8f.), und dieser selbst (10)? Oder ergreifen in V.9 die in 8bβ apostrophierten Werber als eine dritte Partei das Wort, wobei 10b mit vorausgesetztem Plural – „ihre Augen" – sich

---

[266] Vgl. Müller, Erkenntnis und Verfehlung (Anm. 48), bes. 195; Ders., Drei Deutungen (Anm. 48), 121.

[267] Gilg 7 II 34 - III 26; Übersetzung W. von Soden, Das Gilgamesch-Epos, ⁴1989, 65f.

[268] Oder soll man, nach der LXX-Fassung im Codex Vaticanus, „in ihren Augen" lesen, was sich aber nur schlecht auf die Brüder beziehen ließe? Unter Annahme einer Haplographie (falscher Einfachschreibung) zweier Buchstaben, nämlich -km, kann man auch „in euren Augen" übersetzen, was eindeutig auf die Brüder ginge; vgl. die Auslegung.

[269] môṣeʾēt - oder einfacher: môṣeʾt - wird dabei als Partizip Aktiv Qal von mṣʾ „finden" verstanden, was den antiken Übersetzungen entspricht. Zu der alternativen Wiedergabe, mit môṣeʾēt als Partizip Hiphʿil von jṣʾ „hinausgehen": „doch in seinen (?) Augen bin ich wie eine, die kapituliert hat (< die einen Friedensschluß hinausgehen ließ)," vgl. Keel, Das Hohelied, 251; ähnlich vorher Gerleman u.a., dazu die Auslegung.

auf sie bezöge[270]? - Das Haupthindernis für ein Verständnis liegt darin, daß wir die Metaphern „Mauer" im Gegenüber zu „Tür" (9.10a) nicht verstehen, entsprechend auch mit den Folgemetaphern „Silberzinne" und „Zedernbrett" (9) nichts anfangen und die Metaphernfolge „Mauer" - „Türme" (10a) nicht einordnen können. Was schließlich bedeutet das „Heil-Finden" von V.10b - vorausgesetzt, daß die Wendung richtig übersetzt ist?

Die Rolle der Brüder bei den Verhandlungen, die der Eheschließung der Schwester vorausgehen, erhellt aus Gen. 24,50.55; 34,11[271], aus Texten also, die die betreffende Sitte alten, nomadischen Zeiten zurechnen. Auch 2.Sam. 13,22ff. setzt voraus, daß ein Bruder für die Ehre seiner Schwester verantwortlich ist. Ist aber unser Gedicht den Normvorstellungen einer älteren Zeit wirklich noch nahe, oder versetzt es nostalgisch - scherzhaft vielleicht auch - in längst vergangene Zeiten? - Was vor allem hat 8,8(f.) im Blick auf die Schwester konkret im Auge? Ein gutes Brautgeld, auf das die Verse mit der unwahrscheinlichen Metapher „Silberzinne" anspielen? Oder sind die Brüder wie in 1,6 auf die Unschuld der jungen Frau bedacht? Üben die Sprecher von 8,8 also eine etwas rabiate Vormundschaft über sie aus, die sie mit der Metapher „Zedernbrett" andeuten? Aber dann, in V.10, ist die junge Dame plötzlich selbst eine Mauer - offenbar jedoch nicht eben eine Keuschheitsfestung, zumal die Selbstempfehlung von 10aβ - „Brüste wie Türme"! - im Stolz des Erwachsen-Seins dem Verniedlichungsversuch von V.8aβ entgegentritt. - Oder stehen die „Mauer" und die „Tür" von V.9 vielmehr in einem Gegensatz zueinander[272], weil man durch eine Tür die höchste Mauer überwindet? Dessen könnten entweder - geschäftstüchtig[273] - die Brüder oder - wahrscheinlicher - die Werber sich rühmen, wobei im letzteren Fall das „Zedernbrett" nicht die Keuschheit, sondern den Liebreiz der jungen Frau bezeichnen müßte[274]. Oder prahlen die Werber damit, daß sie mit Widerstand ebenso gut fertig werden wie mit allzu offenkundiger Bereitschaft? Brüsten sich gar die Geschwister in inzestuöser Eifersucht, daß sie auch ein etwas lasziviges Schwesterlein in den Schranken der Vätersitte zu halten vermögen? - Tatsächlich bleibt fast

---

[270] Einen Wechsel der Sprecher zwischen V.8 und V.9 erwog Rudolph (Das Hohe Lied, 182f.; vgl. schon F. Hitzig). Mir scheint wegen des Umschlags von besorgt-fragender Betulichkeit (V.8) zu Entschlossenheit (9; vgl. 1,11) der Gedanke an Sprecher, die verschiedene Interessen haben, wahrscheinlicher als die Voraussetzung, daß sich die Brüder selbst eine Antwort gäben; die Möglichkeit von Bewerbern als Sprechern von V. 9 hat Ringgren (Das Hohe Lied, 288) erwogen.

[271] Keel (Das Hohelied, 251-253) dagegen erwägt eine Art Vormundrolle der älteren Schwestern; vgl. Delitzsch, Haller.

[272] In einem sexuell zweideutigen Sinn könnte der Plural von pätaḥ „Tür" in 7,14 gebraucht sein (s. dort).

[273] Geht es den Brüdern um einen hohen Brautpreis, womit Rudolph (Das Hohe Lied, 182-184; ähnlich Krinetzki) rechnete, so muß die keusche Unberührtheit freilich am Ende überwindbar sein. Ein regelrechter Protest gegen die Sitte des Brautkaufs würde wohl, wie Keel (Das Hohelied, 253) bemerkt, dem Stil des Hohenliedes widersprechen; vgl. zu V.7b.

[274] Vgl. Loretz (Das althebr. Liebeslied, 51), der dabei an den Duft des Zedernholzes denkt.

alles unklar: die Szene verhüllt sich eher, als daß sie sich mitteilt[275]. Will der Dichter durch Täuschung die „Wahrheit" oder, was im Liebeslied zuweilen dasselbe ist, durch „Wahrheit" Täuschendes sagen?

Was vor allem bedeutet die kleine Selbstschilderung in V.10b? Wir wählten von mehreren Möglichkeiten eine möglichst positive Übersetzung des vieldeutigen Begriffs šālôm: endlich gefundenes „Glück", das die junge Frau mit den Augen dessen zu sehen scheint, von dem sie sich beglückt glaubt, spricht sich auf diese Weise verhalten, geradezu distanziert-gebrochen aus; doch könnten wir bei šālôm auch an „Friedensschluß, Kapitulation" einer mauer- und turmbewehrten Stadt zu denken haben, was dem Satz dann etwas Resigniertes, wenn nicht Gedemütigtes verliehe, sofern nämlich die Sprecherin ihre Ergebenheit bedauert.

8,11–12

11 Einen Weinberg hatte Salomo
    in Baal-Hamon.
  Er gab den Weinberg den Wächtern.
  Als seinen Ertrag würde jedermann[276]
    tausend Silber(-schekel) gewinnen.
12 Mein eigener Weinberg steht vor mir.
  Die tausend dir, Salomo!
  Zweihundert dazu den Wächtern
    als seinen Ertrag!

Das launige, locker gefügte Prahllied eines Mannes beruht auf zwei uns aus anderen Stücken des Hohenliedes bekannten Motiven: der Doppelbedeutung des Wortes „Weinberg" (s. zu 1,6) und einer Umkehrung der geläufigen Königstravestie (s. zu 6,8.9a). – Der gegenständliche Gebrauch des Begriffs „Weinberg" (8,11) wird dem metaphorischen Gebrauch, der an die Geliebte denken läßt (V.12), ironisch gegenübergestellt: der berühmteste Weinberg Salomos ist mir lange nicht so viel wert wie meine Geliebte; die ironische Wirkung wird also durch das Ausspielen einer semantischen Dissonanz zwischen den beiden Bedeutungen von „Weinberg" erzielt. Was 8,7b, nur wenig abstrakter, von der Liebe sagt, wird hier konkret bezogen; allerdings ist die Selbstverständlichkeit, die dabei herauskommt, nur in einem Scherzgedicht erträglich. – Zugleich aber hebt sich der Sprecher von einem Jedermannsurteil ab, das er „Salomo" unterstellt; das Gedicht verrät jedoch

---

[275] Vgl. F. Landy, Beauty and the Enigma, JSOT 17, 1980, 55–106, bes. 78–85 zu 8,11 f.; Landy zeigt an Beispielen, „that the difficulty, far from being an insuperable obstacle, is in fact part of the meaning, and contributes greatly to the mysterious and indefinable beauty of the Song" (55).

[276] An jeden einzelnen „Wächter", der dann – in der Rolle eines Pächters – für den Ertrag an den Eigentümer Zahlungen zu leisten hätte, kann bei 'îš „jeder" schon deshalb nicht gedacht sein, weil die „Wächter" nach V.12bβ Geld empfangen sollen.

- wie auch 1,5f. - schon durch seine Sprache die spät-nachexilische Entstehung oder doch wenigstens Bearbeitung[277]. Der Sprecher will nicht wie ein „König" urteilen, als der er sich sonst, in der Königstravestie (s. zu 1,4), gern darstellt. Vielleicht liegt im 3. Jh. v. Chr. Polemik gegen Wertungen vor, die ein assimilationswilliges Frühjudentum von einem in jeder Hinsicht übermächtigen Ptolemäerhof in Alexandria übernommen haben mag. - So hätte das im übrigen harmlose Gedicht so etwas wie einen „sozialen Anstrich": es verriete „Bürgerbewußtsein" gegenüber der Neigung, die Wertungen einer höheren Gesellschaftsschicht, zu der man aufsteigen will, sich schon immer erfolgversprechend anzueignen. Das Spiel mit dem gegenständlich-metaphorischen Doppelsinn eines Begriffs und das übermütige Beharren auf der eigenen Identität, die die aufwertende Travestie verschmäht, gestatten es - wie in 6,8.9a - dem Sprecher, das eigene Werten selbstbewußt den gewinnorientierten Clichés einer Aufsteigerklasse gegenüberzustellen. - Doch ist es auch hier etwas so allgemein Menschliches wie die Liebe, das das individuelle Urteil, die Abneigung gegen Gemeinplätze auslöst. So hüte man sich vor unbegründbaren exegetischen Gewißheiten, die ihren wirklichen Grund, einen historischen Scheingrund, in sozialkritischen Bedürfnissen einer ihre Aporien zelebrierenden Gegenwart haben; der Gedanke, daß für jedermann das, was er liebt, auch schön ist, hat Allgemeingültigkeit[278].

Zu den Einzelheiten ist nicht viel zu sagen. - Die Ortsbezeichnung *ba'al hāmôn* 11 bedeutet „Besitzer einer Menge". Da ein Ort dieses Namens allenfalls aus Judith 8,3 (Βαλαμων), einem textkritisch umstrittenen Beleg[279], bekannt ist und ein Teil der antiken Übersetzer, darunter Vulgata, die auf Hieronymus zurückgehende lateinische Version[280], den Ausdruck appellativisch (als Nennwort im Gegensatz zum Namen) übersetzen, mag man in *ba'al hāmôn* einen andeutungsträchtigen Phantasienamen finden (vgl. zu 8,14). - Zum Stichwort „Wächter" mit dem Objekt „Weinberg" soll man, auf der Ebene der Metapher, die freilich erst in V.12 eigentlich betreten wird, im Blick auf die in 6,8 genannten vielen Frauen 12 des Königs (vgl. Koh. 2,8) an so etwas wie Haremswächter denken, obwohl das Stichwort in 8,12b, im Zusammenhang des metaphorischen Begriffsgebrauchs, umgekehrt eher in seiner gegenständlichen Bedeutung wiederkehrt. Die Antiklimax „tausend" — „zweihundert" (V.12b), hat zudem an der Klimax „sechzig" — „achtzig" — „unzählig" von 6,8, dort bezogen auf die Frauen Salomos, ihr Gegenstück.

---

[277] Aramaismen, die für eine späte Entstehungszeit sprechen, sind nicht so sehr die beiden Partizipien *nôṭ^erîm* „Hüter" (8,11a.12b) - statt des im Hebräischen eher, wenn auch nicht ausschließend zu erwartende *nôṣ^erîm*. Aramaisierend ist vielmehr die eigentümliche Hervorhebung des Pronominalsuffixes (Possessivpronomens) durch eine nachfolgende Verbindung mit *šä-* in *karmî šällî* „mein eigener Weinberg" (V.16a). Zu den fast identischen Erscheinungen in 1,5f. vgl. Anm. 15.

[278] Zu Sachparallelen in der frühgriechischen Lyrik, die einen ganz anderen gesellschaftlichen Hintergrund haben, vgl. Anm. 202.

[279] Alternativ ist Αβελμαειν überliefert, wobei an Belmain Judith 4,4 zu denken sein mag.

[280] Vulgata hat: *in ea quae habet populos* „in der, die Völker hat"; Rudolph (Das Hohe Lied, 185) vermutet „eine verhüllende Bezeichnung Jerusalems".

8,13-14

13 **Die du in den Gärten wohnst,**
    wo Gefährten auf deine Stimme lauschen,
    laß mich (dich) hören:
14 **„Komm schnell, mein Geliebter, werde einer Gazelle gleich**
    oder dem jungen Hirsch
    auf den Balsambergen!"

Der stimmungsvolle, assoziationsreiche Text ist das Sehnsuchtslied eines Mannes, der um die Einladung zu einer Liebesnacht bittet (V.13). In 14 zitiert er selbst
die Worte, die er aus dem Mund seiner Freundin hören will; sie stimmen weithin
mit 2,17b überein.

13   Während die junge Frau in 4,12-5,1 und 6,2 selbst ein Garten ist, wohnt sie
jetzt darin (vgl. zu 6,11); auch auf diese Weise wird eine Metapher ins Gegenständliche überführt. Zugleich kommt es, wie etwa in 2,10-14 oder 7,12-13.14, zu
einem schönen Einklang von Mensch und Natur. – Eigenartig ist die Erwähnung
von „Gefährten" in der zweiten Zeile, die in 1,7 – von seiten der Frau – Eifersucht
wecken will. Für unser Gefühl hätte der junge Mann an ihnen ähnliche Konkurrenten wie die Sprecherin von *1,2-4 an den Stimmen von V.4bβγ („Wir wollen
frohlocken...") und an den dort in V.3b und 4bδ gemeinten Frauen. Gehört es zur
Idealität der Szene, daß eine reizende junge Frau von Verehrern umgeben ist? Steigert es also den Wert der Angesprochenen, wenn solcherlei „Gefährten", die Statisten bleiben, gleichfalls auf ihre Stimme lauschen? Verspricht sich der Kavalier
dadurch ein größeres Recht auf Gehör? Natürlich hofft er, allein, ohne die „Gefährten", die einladende Stimme zu hören, was umgekehrt seinen Wert steigert.
Oder gehört es wieder zum poetischen Stil, wenn die Szenerie verschwimmt, so
daß man mehr auf den Stimmungsbelang der Einzelwendungen als auf deren szenischen Zusammenhang achten muß?

14   „Komm schnell!" Wieder, wie in 1,4 und 2,17 (s. dazu), hat es die Liebe eilig.
Wie in 2,17b hat der Imperativ „werde einer Gazelle gleich..." eine sprachmagische Funktion, die das Bedenkliche der Aufforderung ein wenig kaschiert. – An
die Stelle der rätselhaften „Beterberge" des masoretischen (frühmittelalterlich-
jüdischen) Textes von 2,17b treten am Ende des Verses „Balsamberge", während
umgekehrt die „Beterberge" von wichtigen Handschriften der Septuaginta, des
griechischen Alten Testaments, für 2,17b und 8,14 vorausgesetzt zu werden
scheinen[281]. Sind die „Balsamberge" ursprünglich, so stellen sie – wie wohl auch
Baal-Hamon in 8,11 – einen Phantasienamen dar[282]: der Dichter hat ihn gebildet,
um die an dem Begriff „Balsam" haftende erotisch-luxuriöse Stimmung zu akti-
vieren; da diese Stimmung große Teile des Hohenliedes beherrscht, ist eine solche
Lokalisierung der ersehnten Liebesnacht – ob ursprünglich oder nicht – ein wir-
kungsvoller Abschluß der Sammlung.

---

[281] Die Übersetzung ἐπὶ ὄρη κοιλωμάτων „auf durchhöhlten Bergen" in 2,17b LXX und
in Codices Sinaiticus und Alexandrinus zu 8,14 LXX geht offenbar auf den Versuch einer ap-
pellativischen Übersetzung von *bätär nach btr „zerschneiden" zurück (vgl. zum einzelnen
Gerleman, Das Hohelied, 126.128.223).
[282] Vgl. „Myrrhenberg" und „Weihrauchhügel" in dem sekundären Stück 2,6; dazu Anm. 119.

Klagelieder

Übersetzt und erklärt von
Otto Kaiser

Discipulis amicisque
memoria patrum

Vorwort

Die vorliegende Auslegung stellt eine gründliche Neubearbeitung der im Winter 1978/79 verfaßten ersten Auflage dar. Ich hoffe, daß ihr die gereifte Erfahrung im Umgang mit den Texten der Bibel, die Auseinandersetzung mit den inzwischen erschienenen Arbeiten zu den Klageliedern und die größere Gelassenheit und Umsicht des Alters zugute gekommen sind. Es ist mir eine selbstverständliche Pflicht, auch an dieser Stelle meines Lehrers und väterlichen Freundes Artur Weiser zu gedenken, der mich vor über dreißig Jahren als seinen Assistenten die Klagelieder zu lesen und lieben lehrte. Nicht minder dankbar denke ich an die engagierte Beteiligung zurück, mit der Christian Wildberg die Entstehung der ersten Auflage und die Teilnehmer des Seminars im Winter-Semester 1988/89 die Vorbereitungen für die Neubearbeitung begleitet haben. Die freundschaftliche Fürsorge durch Herrn Uwe Herrmann und seine Frau vom Hotel Fernsicht in St.Peter-Ording und ihren Helfern hat mir zusammen mit der Weite der Landschaft ebenso bei der Ausarbeitung geholfen wie die Möglichkeit, die hier vertretene neue Lösung der Probleme des 3. Liedes mit Jürgen van Oorschot auf langen Gängen über die dortige Sandbank und in Nachtgesprächen über dem Text zu entwickeln. Marcos Calovi hat mich freundlichst bei den bibliographischen Nachforschungen unterstützt. Bei der abschließenden Niederschrift hat mich die Einspielung von Werken Johann Pachelbels auf den Orgeln von St. Jakob in Rothenburg ob der Tauber durch Gerd Wakowski begleitet und zur einheitlichen Gestimmtheit der Darstellung beigetragen. Lothar Perlitt hat durch seine Kritik des Manuskripts eine leserfreundlichere Fassung provoziert, Uwe Becker sorgfältige Korrekturen gelesen. Den Genannten und Ungenannten, die zum Gelingen des Buches beigetragen haben, sei auch an dieser Stelle herzlich gedankt.

Marburg/Lahn, im Spätsommer 1991

Der Verfasser

Textzeugen und Literatur

Textzeugen

M	=	Textus Masoreticus (hebräisch)	V	=	Vulgata (lateinisch)
G	=	Septuaginta (griechisch)	A	=	Aquila (griechisch)
T	=	Targum (aramäisch)	Σ	=	Symmachus (griechisch)
S	=	Peschitta (syrisch)	Θ	=	Theodot (griechisch)

Literatur zu den Klageliedern

1. *Textausgaben:* Threni, praep. Th. H. Robinson, in: Biblia Hebraica, ed. R. Kittel, Stuttgart 1937^3 (1950^6); Librum Threnorum, praep. Th. H. Robinson, in: Biblia Hebraica Stuttgartensia ed. K. Elliger et W. Rudolph, Stuttgart 1975; Threnoi seu Lamentationes, ed. J. Ziegler, in: Septuaginta, Vetus Testamentum Graecum. Auctoritate Academiae Scientiarum Gottingensis editum, XV, Göttingen 1976^2; E. Levine, The Aramaic Version of Lamentations, New York 1976; Biblia Sacra iuxta vulgatam versionem rec. R. Weber II, Stuttgart 1975^2; vgl. auch Albrektson unter 3.

2. *Kommentare:* Thenius, KEH 16, 1855; Ewald, Die Dichter des Alten Bundes I,2, 1866^3; Oettli, KK.A 7, 1869; Keil, BC III,2, 1872; Löhr, HK III/2, 1893; 1906; HSAT(K) II, 1923^4; Budde, KHC XVII, 1898; Staerk, SAT III,1, 1911; 1920^2 (nur 3 und 5); Paffrath, HSAT VII,3, 1932; Rudolph, KAT^1 XVII,3 1939; KAT^2 XVII,3 1962; Haller, HAT I,18, 1940; Nötscher, EB 1947; Wiesmann, 1954; Kraus, BK XX, 1956; 1983^4; Meek und Merril, IntB VI, 1956; Weiser, ATD 16,2, 1958; 1967^2; Plöger, HAT I,18^2 1969; Hillers, AncB 7A 1972; Gordis, 1974^3; Kaiser, ATD 16,2^3 1981; Re'emi, IThC 1984; Boecker, ZBK.AT 21 1985; NEB Gross 1986; Brandscheidt, GS 10 1988; Provan, NCeB 1990.

3. *Monographien:* E. Klamroth, Die jüdischen Exulanten in Babylonien, BWAT 10, Leipzig 1912; A. B. Ehrlich, Randglossen zur hebräischen Bibel VII, Leipzig 1914 (ND 1968); Hedwig Jahnow, Das hebräische Leichenlied im Rahmen der Völkerdichtung, BZAW 36, Gießen 1923; H. Gunkel und J. Begrich, Einleitung in die Psalmen, HK.E, Göttingen 1933; 1985^4; N. K. Gottwald, Studies in the Book of Lamentations, SBT, London 1954; A. Deissler, Psalm 119 (118) und seine Theologie. Ein Beitrag zur Erforschung der anthologischen Stilgattung im Alten Testament, MThS I,11, München 1955; E. Janssen, Juda in der Exilszeit, FRLANT 69, Göttingen 1956; B. Albrektson, Studies in the Text and Theology of the Book of Lamentations with a Critical Edition of the Peshitta Text, StThL 21, Lund 1963; M. Wagner, Die lexikalischen und grammatikalischen Aramaismen im alttestamentlichen Hebräisch, BZAW 96, Berlin 1966; G. Brunet, Les lamentations contre Jérémie. Réinterpretation des quatre premières Lamentations, BEHE.R 75, Paris 1968; P. R. Ackroyd, Exile and Restoration, OTL, London 1968; 1972^2; R. Albertz, Persönliche Frömmigkeit und offizielle Religion, CThM.A 9, Stuttgart 1978; H. Gottlieb, A Study on the Text of Lamentations, AJut XLVIII, Th. S. 12, Aarhus 1978; C. Westermann, Das Loben Gottes in den Psalmen, Göttingen 1954; ders., Struktur und Geschichte der Klage im Alten Testament, ZAW 66, 1954, S. 44 ff. = TB 24, 1964, S. 266 ff.; beides jetzt in: ders., Lob und Klage in den Psalmen, Göttingen 1983^6; ders., Die Klagelieder. Forschungsgeschichte und Auslegung, Neukirchen-Vluyn 1990 (zitiert als Westermann); Renate Brandscheidt, Gotteszorn

und Menschenleid. Die Gerichtsklage des leidenden Gerechten in Klgl 3, TThSt 41, Trier 1983; F. Lindström, God and the Origin of Evil. A Contextual Analysis of Alleged Monistic Evidence in the Old Testament, CB.OT 21, Lund 1983; J. Renkema, ‚Misschien is er hoop...'. De theologische vooronderstellingen van het boek Klaagliederen, Franeker 1983; F. Stolz, Psalmen im nachkultischen Raum, ThS(B) 129, Zürich 1983; K.-F. Pohlmann, Die Ferne Gottes. Studien zum Jeremiabuch. Beiträge zu den „Konfessionen" im Jeremiabuch und ein Versuch zur Frage nach den Anfängen der Jeremiatradition, BZAW 179, Berlin/New York 1989; D. H. Bak, Klagender Gott- Klagende Menschen. Studien zur Klage im Jeremiabuch, BZAW 193, Berlin/New York 1990.

4. *Aufsätze:* K. Budde, Das hebr. Klagelied, ZAW 2, 1882, S. 1 ff.; 3, 1883, S. 294 ff.; S. A. Fries, Parallelen zwischen den Klgl Cap. IV, V und der Makkabäerzeit, ZAW 13, 1893, S. 110 ff.; M. Löhr, Der Sprachgebrauch des Buches der Klagelieder, ZAW 14, 1894, S. 51 ff.; ders., Threni III und die jeremianische Autorschaft des Buches der Klagelieder, ZAW 24, 1904, S. 1 ff.; ders., Alphabetische und alphabetisierende Lieder im AT, ZAW 25, 1905, S. 173 ff.; F. Praetorius, Threni III, 5.16, ZAW 15, 1895, S. 325; Th. H. Robinson, Notes on the Text of Lamentations, ZAW 51, 1933, S. 255 ff.; H. Wiesmann, Der geschichtliche Hintergrund der Klagelieder, BZ 23, 1935, S. 20 ff.; ders., Der Verfasser des Büchleins der Klagelieder – ein Augenzeuge der behandelten Ereignisse?, Bib. 17, 1936, S. 71 ff.; P. A. Munch, Die alphabetische Akrostichie in der jüdischen Psalmendichtung, ZDMG 90, 1936, S. 703 ff.; W. Rudolph, Der Text der Klagelieder, ZAW 56, 1938, S. 101 ff.; R. Marcus, Alphabetic Acrostics in the Hellenistic and Roman Periods, JNES 6, 1947, S. 109 ff.; G. R. Driver, Hebrew Notes on Song of Songs and Lamentations, in: FS A. Bertholet, Tübingen 1950, S. 136 ff.; M. Treves, Conjectures sur les dates et les sujets des Lamentations, Bulletin Renan 95, 1963, S. 1 ff.; ders. und G. Brunet, La date des Lamentations, Cahiers Renan 13,51, 1966, S. 8 ff.; G. Brunet, Jérémie et les *qînôt* de son adversaire, BEThL 54,1981, S. 74 ff.; ders., La cinquième Lamentation, VT 33, 1983, S. 149 ff.; R. Gordis, A Commentary on the Text of Lamentations I, JQR. Seventyfifth Anniversary Vol., 1966, S. 267 ff.; II, JQR 58, 1967/68, S. 141 ff.; ders., The Conclusion of the Book of Lamentations, JBL 93, 1974, S. 289 ff.; S. T. Lachs, The Date of Lamentations V, JQR 57, 1966/67, S. 46 ff.; J. A. Emerton, The Meaning of *'abnê-qôdæš* in Lamentations 4,1, ZAW 79, 1967, S. 233 ff.; Th. F. Mc Daniel, Philological Studies in Lamentations I-II, Bib. 49, 1968, S. 27 ff und S. 199 ff.; ders., The Alleged Sumerian Influence upon Lamentations, VT 18, 1968, S. 198 ff.; W. F. Lanahans, The Speaking Voice in the Book of Lamentations, JBL 93, 1974, S. 42 ff.; S. Bergler, Threni 5 – nur ein alphabetisierendes Lied?, VT 27, 1977, S. 304 ff.; M. Dahood, New Readings in Lamentations, Bib. 59, 1978, S. 174 ff.; W. H. Shea, The *qinah* Structure of the Book of Lamentations, Bib. 60, 1979, S. 103 ff.; D. R. Hillers, History and Poetry in Lamentations, Currents in Theology and Mission 10, 1983, S. 155 ff.; W. C. Gwaltney, The Biblical Book of Lamentations in the Context of Near Eastern Lament Literature, Scripture in Context II, ed. W. W. Hallo, 1983, S. 191 ff.; B. Johnson, Form and Meaning in Lamentations, ZAW 97, 1985, S. 58 ff.; R. B. Salters, Lamentations 1.3: Light from the History of Exegesis, in: J. D. Martin und Ph. R. Davies, eds., A Word in Season. FS W. McKane, JSOT.S 42, Sheffield 1986, S. 73 ff.; H. Gottlieb, Das kultische Leiden des Königs. Zu den Klageliedern 3,1, SJOT 2, 1987, S. 121 ff.; J. Renkema, The Literary Structure of Lamentations, in: W. van der Meer und J. C. de Moor, eds., The Structural Analysis of Biblical and Canaanite Poetry, JSOT.S 74, 1988, S. 294-396; J. L. Helberg, Land in the Book of Lamentation, ZAW 102, 1990, S. 372 ff.; I. W. Provan, Past, Present and Future in Lamentations III 52-66, VT 41, 1991, S. 164 ff.

Vgl. auch die ausführlichen Bibliographien bei H. Wiesmann, Die Klagelieder, (masch.), Phil.-theol. Hochschule Sankt Georgen, Frankfurt/Main, 1954, S. VII-XIV; W. Rudolph, KAT^2 XVII, 1-3, Gütersloh 1962, S. 199 ff; O. Plöger, HAT I,18, Tübingen 1969^2, S. 131 f.; D. R. Hillers, AncB 7A, Garden City, New York 1972, S. XLIII ff. und Renate Brandscheidt, Gotteszorn und Menschenleid, TThSt 41, Trier 1983, S. 357 ff.

Einleitung

Name des Buches und Tradition über den Verfasser. Das kleine Büchlein der „Klagelieder" oder Threni besteht aus fünf Kapiteln, die sich mit seinen fünf Liedern decken. In der hebräischen Bibel heißt es entweder nach dem Anfang des ersten (wie des zweiten und vierten) Liedes אֵיכָה, (*'êkâ*), „Ach wie" oder aber קִינוֹת (*qînôt*), Totenklagen oder eben Klagelieder. In der griechischen Bibel, der sogenannten Septuaginta[1], und in der lateinischen, der sogenannten Vulgata[2], ist es mit Θρῆνοι (*thränoi*) bzw. lamentationes, und d.h. in beiden Fällen wiederum Klagelieder, überschrieben, wozu wichtige Handschriften ein ergänzendes „Jeremias" bieten. Demgemäß findet sich in der Septuaginta vor dem Text von 1,1 noch eine Situationsangabe, wie sie häufiger in den Psalmen begegnet[3]. Nach ihr hätte der Prophet Jeremia die Klage nach der Gefangennahme Israels und der Zerstörung Jerusalems angestimmt. Diese Tradition findet denn auch in den modernen Bibelübersetzungen ihren Niederschlag, indem sie das Büchlein wie die Septuaginta und die Vulgata hinter dem Jeremiabuch einordnen und als „Klagelieder Jeremias" betiteln.

Den jüdischen Ursprung dieser Überlieferung weist eindeutig der babylonische Talmudtraktat[4] Baba Bathra („Letzte Pforte") nach, in dem es fol.15a heißt, daß Jeremia sein Buch, Könige und Klagelieder geschrieben habe. Möglicherweise[5] war diese Meinung schon dem Verfasser von 2.Chr 35,25 bekannt. Dort heißt es, Jeremia habe über König Josia von Juda (†609 v.Chr.) die Totenklage angestimmt. Alle Sänger und Sängerinnen sängen „bis auf diesen Tag" in ihren Klageliedern von Josia, diese seien zu einem festen Brauch geworden und in den Klageliedern

---

[1] D.h. unter Anspielung auf die jüdische Legende von der Entstehung der griechischen Übersetzung der fünf Bücher Mose, dann des ganzen Alten Testaments: der 70, genauer der 72 Übersetzer; vgl. dazu E.Würthwein, Der Text des Alten Testaments, Stuttgart 1988[5], S.59f.

[2] D.h. nach einer im 16. Jahrhundert aufgekommenen Bezeichnung: die „allgemein verbreitete". Sie geht auf den Kirchenvater Hieronymus zurück; vgl. dazu Würthwein, a.a.O.,S.105ff.

[3] Vgl. z.B. Ps 51,1f.; 52,1f.; 54,1f. und 59,1.

[4] Vgl. zu ihm G.Stemberger in: H.L.Strack/G.Stemberger, Einleitung in Talmud und Midrasch, Beccksche Elementarbücher, München 1982[7], S.184ff.

[5] Vgl. dagegen z.B. Thenius, S.115f. und zuletzt H.G.M.Williamson, 1 and 2 Chronicles, NCeB, Grand Rapids und London 1982, S.411, der auf die Möglichkeit hinweist, daß es sich um eine andere, inzwischen verlorene Liedsammlung handelt, und dafür Rudolph, S.198, der sofern nicht anders angegeben nach KAT[2] zitiert wird.

(*haqqinôt*) aufgezeichnet[6]. Da das Targum 4,20 in der Tat auf König Josia bezieht, liegt die Annahme nahe, daß es sich bei den angeblich von Jeremia gedichteten Klagen um unsere Sammlung handelt. Ob die Annahme der jeremianischen Verfasserschaft der Threni aus der Nachricht von der Berufung des Propheten zur Zeit des Königs Josia in Jer 1,2 bei gleichzeitiger Überzeugung von der prophetischen Inspiration aller biblischen Bücher abgeleitet ist[7] oder dafür die Meinung entscheidend war, daß Jeremia im dritten Lied von seinen eigenen Leiden berichte, läßt sich schwerlich mit Sicherheit entscheiden. Die Ansicht, daß die fünf Lieder unseres Büchleins vom Propheten Jeremia stammten, galt fast unbestritten bis in das frühe 19. Jh.[8] Seither hat sie unter dem Einfluß der historisch-kritischen Forschung zunehmend an Boden verloren. Das noch von einem Gelehrten wie Johann David Michaelis (1717-1791) auf den Tod Josias bezogene vierte Lied[9] läßt sich keineswegs auf dem Hintergrund des Zusammenstoßes zwischen Pharao Necho II. mit dem judäischen König Josia und der Situation des Jahres 609 v. Chr. verstehen[10]. Das im Jeremiabuch von der Verkündigung des Propheten gezeichnete Bild und Worte wie Klgl 1,10, vgl. Jer 7,11ff. oder Klgl 4,20, vgl. Jer 22,10ff. und 38,14ff., oder Klgl 5,7 schließen sich wechselseitig aus. Andere wie Klgl 5,7 lassen sich aus zeitlichen Gründen nicht auf Jeremia zurückführen. Die Tatsache, daß die Lieder nicht mehr in das Jeremiabuch eingearbeitet worden sind, dürfte dafür sprechen, daß die Hypothese der jeremianischen Verfasserschaft der Lieder erst einer Zeit entstammt, in der das Jeremiabuch bereits seine Endredaktion erfahren hatte.

Der bereits erwähnte Talmudtraktat Baba Bathra bezeugt fol. 14b für die Ketubim oder Schriften, den dritten Teil des Kanons, eine Anordnung gemäß ihrem vermeintlichen Alter. Dabei wird unser Büchlein zwischen dem auf Salomo zurückgeführten Hohen Lied und dem Danielbuch eingeordnet. Die Zusammenstellung der fünf Bücher Rut, Hohes Lied, Prediger, Klagelieder und Ester als Megillot oder Festrollen findet sich erst in den masoretischen Handschriften des Mittelalters[11]. Dabei sind die Bücher nach der in der Biblica Hebraica[3] ed. R. Kittel und P. Kahle und in der Biblia Hebraica Stuttgartensia ed. K. Elliger und W. Rudolph befolgten Tradition wiederum dem vermeintlichen Alter der Bücher nach angeordnet. Andere Handschriften und Drucke ordnen sie statt dessen gemäß ihrer kultischen Verwendung in der Reihenfolge Hohes Lied, Rut, Klagelieder, Prediger und Ester an, um so ihrer Verlesung am Passa, Wochenfest, 9.Ab als

---

[6] Vgl. auch Josephus, Antiquitates Judaicae X, 78 f.

[7] Vgl. auch die midraschartige Erweiterung des Targums zu 1,1 f.

[8] Vgl. dazu Wiesmann, S. 56.

[9] Dagegen polemisiert mit Nachweis J. G. Eichhorn, Einleitung in das Alte Testament III, Leipzig 1783, S. 700 ff.

[10] Vgl. dazu unten, S. 105 und zur historischen Situation z.B. H. Donner, Geschichte des Volkes Israel und seiner Nachbarn in Grundzügen, ATD.E 4/2, Göttingen 1986, S. 357 oder A. H. J. Gunneweg, Geschichte Israels. Von den Anfängen bis Bar Kochba und von Theodor Herzl bis zur Gegenwart, ThW 2, Stuttgart u.a. 1989[6], S. 121 f.

[11] Zur Tätigkeit der Masoreten vgl. Würthwein, Text[5], S. 13 ff.

Gedenktag der Zerstörung Jerusalems durch den römischen Feldherrn und nachmaligen Kaiser Titus 70 n. Chr, Laubhütten- und Purimfest zu entsprechen. Die synagogale Verlesung der Klagelieder am 9. Ab ist in der jüdischen Traditon erst seit dem 6. Jh. n. Chr. gesichert[12].

Formen und Gattungen. Wer sich die Klagelieder in ihrem hebräischen Urtext ansieht, entdeckt schnell ihre besondere äußere Form als alphabetische Dichtungen. Bei den ersten vier Liedern handelt es sich um alphabetisch–akrostichische Dichtungen. Als solche beginnen sie jede ihrer 22 Strophen mit dem entsprechenden Konsonanten des Alphabets. Das dritte Lied steigert dieses Kunstmittel unter gewissen Verzichten auf die Sinneinheit der Stanzen und die Klarheit der Aussagen, indem es jeweils drei Reihen mit demselben Buchstaben beginnen läßt. Besonders auffällig ist, daß das zweite, dritte und vierte Lied die alphabetische Reihenfolge p-', das erste dagegen die geläufige und auch vom griechischen wie unsrem Alphabet[13] bezeugte '-p befolgt. Die Annahme, daß die Herstellung der klassischen Ordnung im ersten Lied das Ergebnis einer sekundären Umstellung der V. 16 und 17 sei, ist wiederholt vertreten worden[14], aber keineswegs überzeugend. Schon die älteste Bezeugung des phönizischen Alphabets durch das keilschriftliche Langalphabet der Texte aus Ras Schamra / Ugarit weist die uns geläufige Abfolge '-p auf[15]. Dagegen könnte eine wohl als Schülerübung zu klassifizierende alphabetische Kritzelei auf einem Ostrakon, einer beschrifteten Tonscherbe, aus *'Izbet Ṣarṭah* aus dem 12. Jh. v. Chr. ein protokanaanäisches Alphabet mit der umgekehrten Reihenfolge dokumentieren. Diese begegnet noch einmal in einem leider fragmentarischen Alphabet aus Kuntillet 'Adschrud, das in die Zeit um 800 v. Chr. gehört[16]. Da keine sachliche Erklärung für die Abweichung von der geläufigen Ordnung in Klgl 2–4 zur Verfügung steht, liegt die Annahme nahe, daß zumindest der Dichter des zweiten Liedes, das wir für das älteste der Sammlung halten, sich bei der Abweichung an ein ihm geläufiges Alphabet gehalten hat. Darin sind ihm dann die Dichter des vierten und dritten Liedes gefolgt, nicht aber

---

12 Vgl. dazu I. Elbogen, Geschichte des jüdischen Gottesdienstes, Frankfurt / Main 1931[3] (ND 1967), S. 184 ff.

13 In den indogermanischen Alphabeten entspricht dem ' das *o*.

14 Auch die von Renate Brandscheidt, Gotteszorn und Menschenleid. Die Gerichtsklage des leidenden Gerechten in Klgl 3, TThSt 41, Trier 1983, S. 138 f., vgl. S. 221 und S. 225, vertretene Ansicht, im 2. Lied seien die V. 16 und 17 nachträglich durch den von ihr mit dem Redaktor des Buches identifizierten Verfasser des 3. und des 4. Liedes umgestellt worden, unterliegt m. E. vom Aufbau des Liedes her Bedenken.

15 Vgl. dazu Ch. Virolleaud, Le Palais Royal d'Ugarit II, Paris 1957, Nr. 184; 185 und 188 fac. B bzw. M. Dietrich und O. Loretz, Die Keilalphabete. Die phönizisch-kanaanäischen und altarabischen Alphabete in Ugarit, Abhandlungen zur Literatur Alt-Syrien-Palästinas 1, Münster 1988, S. 128 oder J. Naveh, Early History of the Alphabet, Jerusalem und Leiden 1982, S. 30.

16 Vgl. dazu A. Demsky, Tel Aviv 4, 1977, S. 14 ff., aber auch J. Naveh, IEJ 28, 1978, S. 31 ff.; ders., History, S. 36 f. und Z. Meshel, Kuntillet ᶜAjrud- A Religious Centre from the Time of the Judean Monarchy on the Border of Sinai, Israel Museum Catalog Nr. 175, Jerusalem 1978, fig. 11. Für die Hinweise auf die Erstveröffentlichungen danke ich Herrn Kollegen D. Conrad, Marburg, verbindlich.

der des ersten, der die geläufige Konsonantenfolge einhielt. Bei dem fünften Lied handelt es sich um eine alphabetisierende Dichtung, in der lediglich die Zahl der Bikolen oder Doppelreihen der der Konsonanten entspricht[17]. Über den Sinn dieser Kunstform ist viel gerätselt worden. Man hat u.a. an eine magische, eine pädagogisch-mnemotechnische und eine ästhetische Funktion gedacht[18]. Der erstgenannte Deutungsversuch dürfte gegen Löhr mit der jüdischen Theologie unvereinbar sein[19]. Der zweite, häufig vertretene, leuchtet angesichts der mit der Form verbundenen Künsteleien und exzessiver alphabetischer Gedichte wie Klgl 3 und Ps 119 nicht ein[20]; denn die Kunstform der alphabetischen und der alphabetisierenden Dichtung wird eher vom Auge als vom Ohr wahrgenommen[21]. Dagegen verdient die Ansicht Beachtung, daß die Kunstform das Gedicht als vollkommen und vollständig kennzeichnen sollte[22]. Man darf das spielerische Element bei einer Dichtung, zumal einer nachkultisch-lehrhaften, wie sie unsre Klagelieder darstellen, nicht unterschätzen. Mithin wird man auch die Möglichkeit nicht ausschließen können, daß es den Dichtern lediglich um den besonderen ästhetischen Reiz dieser Kunstformen ging[23].

Metrisch halten sich die ersten vier Lieder an den durch die Qina oder das Leichenlied gesteckten Rahmen. Karl Budde hat seinen hinkenden Rhythmus (3 + 2) seinerzeit an ihnen entdeckt[24]. In der Totenklage können aber auch gelegentlich andere metrische Figuren wie zumal der Doppelzweier (2 + 2) auftreten. Das fünfte Lied bevorzugt den Doppeldreier (3 + 3). Diese Schemata stehen auf dem Boden einer akzentuierenden Metrik. Daß neben ihr in der Forschung gelegentlich auch ein alternierendes Modell vertreten wird, das mit dem Wechsel von betonten und unbetonten Silben rechnet, sei angemerkt[25]. Angesichts der mit den Rekonstruktionsversuchen der hebräischen Metrik verbundenen Unsicherheiten empfiehlt es sich, den Parallelismum membrorum zum Ausgangspunkt der poetischen Kontrolle zu machen und durch die Kolometrie zu ergänzen, die mittels

---

[17] Als weitere Beispiele alphabetisierender Dichtung seien die Ps 33; 38 und 103 genannt.

[18] Vgl. dazu M. Löhr, Alphabetische und alphabetisierende Lieder im AT, ZAW 25, 1905, S. 173 ff.; P. A. Munch, Die alphabetische Akrostichie in der jüdischen Psalmendichtung, ZDMG 90, 1936, S. 703 ff.; R. Marcus, Alphabetic Acrostics in the Hellenistic and Roman Period, JNES 6, 1947, S. 109 ff., S. Bergler, Threni 5 — nur ein alphabetisierendes Lied?, VT 27, 1977, S. 304 ff. und die ausführliche Behandlung bei Wiesmann, S. 28 ff.

[19] Vgl. Löhr, ZAW 25, S. 196; HK², S. VII und dagegen Rudolph, S. 191 und Boecker, S. 10 f.

[20] Für sie sprechen sich z.B. N. K. Gottwald, Studies, S. 112, Kraus, S. 6 und Rudolph, S. 191 aus. Vgl. dagegen mit Recht Boecker, S. 11.

[21] Vgl. Hedwig Jahnow, Das hebräische Leichenlied im Rahmen der Völkerdichtung, BZAW 36, Gießen 1923, S. 169 (zu ihrem eigenen Leben und Sterben vgl. Charlotte Bergengruen geb. Hensel, Gedenken für Hedwig Jahnow, geboren am 21. März 1897, gestorben in Theresienstadt, in : 1897-1979 Elisabethschule Marburg, hg. H.-J. Schmelz und K. Prätorius, Marburg 1979, S. 96 ff.) und Westermann, Klagelieder, S. 91.

[22] Vgl. dazu auch Plöger, S. 128 und Boecker, S. 11.

[23] In diesem Sinn haben sich z.B. Wiesmann, S. 30, Weiser, S. 41 und Hillers, S. XXVI geäußert. Provan, S. 4 f. beläßt es bei der Auskunft, daß uns die mit der Form verbundene Absicht undurchsichtig sei.

[24] K. Budde, Das hebr. Klagelied, ZAW 2, 1881, S. 1 ff.; 3, 1883, S. 299 ff.

[25] Vgl. dazu auch O. Kaiser, Einleitung in das Alte Testament, Gütersloh 1984⁵, S. 328 ff.

der Konsonantenzählung sekundäre Störungen des Schemas erkennbar macht[26]. Die grundsätzliche Mahnung, nur dann aus metrischen Gründen in einen Text einzugreifen, wenn das metrische Argument durch ein Sachargument gestützt wird, verdient auch bei der Bearbeitung der Klagelieder ihre Beachtung.

Versucht man die Lieder in eine der klassischen Gattungen der israelitischen Psalmendichtung einzuordnen, kommt man entweder zu einem gezwungen anmutenden oder gar keinem Ergebnis. Nur das fünfte Lied läßt sich ungekünstelt als ein Volksklagelied ansprechen. Doch auch es besitzt in seinem Aufbau derartige Abweichungen von der Gattungsvorlage, daß man es als eine literarische, nachkultische Dichtung anzusprechen hat[27]. Die übrigen Lieder sprengen mit ihrem Rückgriff auf Elemente unterschiedlicher Gattungen den Rahmen des Herkömmlichen überhaupt; denn sie ordnen die aus jenen übernommenen Bausteine ihrer lehrhaften Absicht unter, um ihre Adressaten der Ursachen der Katastrophe des davidischen Reiches und zumal Jerusalems zu vergewissern und ihre Hoffnung auf die Neuzuwendung Gottes zu seinem Volk zu beleben. Dabei haben sie in erster Linie den Leser bzw. Hörer und erst in zweiter Gott zum Adressaten. So gehören auch sie zur nachkultischen Psalmendichtung[28]. Dagegen träfe die Bezeichnung des ersten, zweiten und vierten Liedes als politischer Leichenlieder lediglich gewisse Stilelemente, ohne damit wesentlich zu ihrem Verständnis beizutragen[29]. Ebenso interessant wie im Ergebnis unbefriedigend ist auch der Versuch, die Lieder der Gattung der aus der sumerischen Lieddichtung bekannten „Klage um das zerstörte Heiligtum" zuzuweisen[30]; denn einerseits wird der Tempel weder im dritten noch im vierten Lied erwähnt und andererseits steht seine Zerstörung in den drei anderen Liedern keinesfalls im Zentrum. Darüber hinaus erscheint es als schwierig, eine traditionsgeschichtliche Brücke zwischen den sumerischen Dichtungen und unseren Liedern zu rekonstruieren. Beiden gemeinsame Motive lassen sich unschwer auf analoge Ereignisse bei der Belagerung und Eroberung vom Feinde eroberter und zerstörter Städte zurückführen[31]. Auch die Versuche, unsere Lieder von mesopotamischen Stadt-Klagen her zu verstehen, haben bislang nicht zu überzeugen vermocht[32].

[26] Vgl. dazu O. Loretz und I. Kottsieper, Colometry in Ugaritic and Biblical Poetry. Introduction, Illustrations and Topical Bibliography, transl. F. Renfroe, Ugaritisch-Biblische Literatur 5, Altenberge 1987.

[27] Vgl. dazu unten, S. 189.

[28] Vgl. dazu F. Stolz, Psalmen im nachkultischen Raum, ThSt(B) 129, Zürich 1983, S. 27 ff.

[29] Vgl. H. Gunkel und J. Begrich, Einleitung in die Psalmen, HK. E, Göttingen 1933 (1985⁴), S. 136.

[30] Vgl. H.-J. Kraus, S. 8 ff., dazu die Klage über die Zerstörung von Ur in der Übersetzung von A. Falkenstein, in: A. Falkenstein und W. von Soden, Sumerische und akkadische Hymnen und Gebete, Zürich und Stuttgart 1953, S. 192 ff. bzw. von W. H. Ph. Römer, TUAT II/2, Gütersloh 1989, S. 700 ff.

[31] Vgl. in diesem Sinne Weiser, S. 41 f.; Th. F. McDaniel, The Alleged Sumerian Influence upon Lamentations, VT 18, 1968, S. 198 ff.; Hillers, S. XXVIII ff. und Westermann, Klagelieder, S. 28 ff.

[32] Auch der Versuch von W. C. Gwaltney, The Biblical Book of Lamentations in the Context of Near Eastern Lament Literature, in: W. W. Hallo, ed., Scripture in Context II, 1983,

Statt dessen bleibt die Frage zu beantworten, ob unsere Lieder von vornherein für die kultische Rezitation in einer Klagefeier, etwa anläßlich des Jahrestages der Eroberung Jerusalems oder der Zerstörung des Tempels, gedichtet worden sind, vgl. Sach 7,1 ff. Aus der Exilszeit stammende Psalmen wie z.B. der 44.; 60. und 79. zeigen, daß dafür die Gattung des Volksklageliedes ausreichte[33]. Man wird die Frage nach dem ursprünglichen Sitz im Leben der Threni unter Berücksichtigung ihrer Absicht und ihrer Form zu beantworten haben. Sie stellen weithin Elemente unterschiedlicher Herkunft wie z.B. den Leidbericht als Feind- oder Gottklage, das Schuldbekenntnis, die Gerichtsdoxologie, den aus der Totenklage stammenden Vergleich zwischen glänzendem Einst und jammervollem Jetzt und die außerliterarische Beileidsbezeugung und im Fall des dritten Liedes selbst weisheitliche Redeformen in den Dienst ihrer Intention, ihre Adressaten trotz des sich länger und länger erstreckenden Exilsgeschicks dazu anzuhalten, ihren Gott in angemessener Haltung an das übergroße Leid zu erinnern, das er Jerusalem und Juda in seinem Zorn ob ihrer Sünden angetan hat, und dabei an der Hoffnung auf die Erlösung von ihrem Exilsgeschick festzuhalten. In diesem Sinne unterstreicht das erste Lied, daß die Zerstörung Jerusalems Folge der Sünde des Volkes gewesen ist, und verweist die von jedem menschlichen Tröster und Helfer verlassene Tochter Zion auf Jahwe als den, der ihr zu helfen vermag. Es schließt entsprechend mit ihrer an ihn gewandten Bitte um seine Vergeltung an ihren Feinden. Das zweite Lied stellt dagegen den Gedanken in den Vordergrund, daß die Katastrophe Folge des gewaltigen Gotteszorns gewesen ist, den das durch seine Propheten fehlgeleitete und den Sünden verfallene Volk selbst provoziert hat. Gleichzeitig läßt es die Tochter Zion Jahwe selbst an das Übermaß der Leiden erinnern, das er ihr angetan hat. Durch beide Gedichte ist das vierte Lied vorbereitet, das in hyperbolischen Wendungen die Leiden in der belagerten Stadt und die enttäuschten Hoffnungen ihrer Bewohner beklagt, um abschließend Edom schuldig und die Tochter Zion angesichts seiner beglichenen Schuld frei zu sprechen. Das fünfte Lied erinnert Jahwe in seiner Klage an die den Überlebenden der Katastrophe von den Eroberern zugefügten Leiden, die es als Strafe für die Schuld der Väter wie die eigenen Sünden anerkennt, um ihn dann dringend um die Bekehrung und Wiederherstellung der einstigen Herrlichkeit zu bitten. Läßt sich an ihm ablesen, daß die auf die Schicksalswende gesetzten Hoffnungen in eine Krise geraten sind, so gibt uns das dritte Lied Einblick in eine Situation, in der nur noch eine Minderheit des Volkes mit der Möglichkeit der Erlösung rechnete und damit bei der skeptisch gewordenen Mehrheit nur noch Spott erntete. Daher verfolgte sein Dichter die Absicht, den Willen der Minderheit zur Buße und Fortsetzung des Betens um die Erlösung zu festigen. Der den beiden ersten Liedern eigentümliche Redewechsel zwischen der Tochter Zion und dem von ihrem Leid berichtenden,

---

S. 191 ff., der die Lieder auf dem Hintergrund der mesopotamischen Stadt-Klagen zu verstehen und demgemäß mit dem Wiederaufbau des Tempels zu verbinden sucht, wird ihrer Intention und weithin auch ihrer Zeitstellung nicht gerecht.

[33] Vgl. dazu auch T. Veijola, Verheißung in der Krise. Studien zur Literatur und Theologie der Exilszeit anhand des 89. Psalms, AASF.B 220, Helsinki 1982, S. 176 ff.

ihr Beileid bezeugenden und sie ermahnenden Sprecher ist angesichts ihrer vor allem auf das Auge des Lesers berechneten Kunstform[34] und ihrer lehrhaften Tendenz nicht als Hinweis auf eine liturgische Rollenverteilung zu verstehen, sondern deutet mit Claus Westermann an, „daß die Klagenden sowohl Einheit (Zion) wie Mehrheit sind...“[35] Es geht um das leidvolle Schicksal Jerusalems und zugleich um das seiner Bewohner. Oder anders ausgedrückt: Es handelt sich bei der Rollenverteilung um ein der Absicht der Dichtungen untergeordnetes Stilmittel.

So dürften die Lieder als einzelne wie als Sammlung von vornherein als literarische Bildungen zu betrachten sein, die sich primär an eine Leserschaft wandten, ihrer Absicht nach jedoch auch die Verlesung nicht ausschlossen. Leser und Hörer wird man primär in solchen Kreisen zu suchen haben, welche die Kunstform der Lieder zu würdigen wußten und der den Liedern inhaerenten Aufforderung zur unablässigen Bittklage um die Erlösung des Zion entsprechen konnten. Deuten wir Botschaft und Sitz im Leben des dritten Liedes richtig, so gehörte sein Verfasser zu einer Gruppierung eschatologisch gesinnter Frommer. In ihrem Kreise ist demnach die durch das dritte Lied abgeschlossene Sammlung vorerst aufbewahrt, gelesen und vermutlich auch verlesen worden. Unter welchen Umständen das geschah, entzieht sich unserer Kenntnis; denn über die Rezitation der Lieder besitzen wir keinerlei Nachrichten, die auch nur der Endphase der Geschichte des Zweiten Tempels angehören[36]. Statt dessen läßt sich im Blick auf die Dichter aller Lieder feststellen, daß sie im Schatten der deuteronomistischen Schultheologie stehen und sich deren Wandlungen in ihren Gedichten spiegeln. Darüber hinaus ist die Annahme vertretbar, daß die Dichter in levitischen Kreisen zu suchen sind, die nicht nur die Kenntnis der Psalmendichtung besaßen, sondern schließlich auch das Erbe der deuteronomistischen Schule antraten[37].

Die Entstehungszeit der Klagelieder. Haben wir oben zu Recht vermutet, daß 2. Chr 35,25 auf unsere Liedsammlung anspielt[38], ist damit angesichts des Alters der Chronik[39] bereits den Minoritätsvoten zugunsten einer Entstehung aller[40] oder einzelner Lieder, sei es des dritten[41], sei es des vierten und fünften[42] oder

---

[34] Vgl. oben, S. 100.

[35] Klagelieder, S. 122; vgl. auch Plöger, S. 135; Hillers, S. XL und Kaiser[1/3], S. 300.

[36] Vgl. dazu M. Treves, Conjectures sur les dates et les sujets des Lamentations, Bulletin Renan 95, 1963, S. 1 ff.

[37] Vgl. dazu auch Kaiser, Einleitung[5], S. 189.

[38] Vgl. oben, S. 97 f.

[39] Vgl. dazu Kaiser, Einleitung[5], S. 189.

[40] So Treves, a.a.O.

[41] So Budde.

[42] So S. A. Fries, Parallele zwischen Klageliedern Cap. IV,V und der Makkabäerzeit, ZAW 13, 1893, S. 110 ff. und dagegen M. Löhr, Sind Thr. IV und V makkabäisch?, ZAW 14, 1894, S. 51 f. Zur Auslegungsgeschichte vgl. die Referate von Wiesmann, Der geschichtliche Hintergrund des Büchleins der Klagelieder, BZ 23, 1935, S. 20 ff., seine Übersicht im Kommentar, S. 85 f.; J. Renkema, ‚Misschien is er Hoop...‘. De theologische vooronderstellingen van het boek Klageliederen, Franeker 1983, S. 43 ff. und C. Westermann, Klagelieder, S. 32 ff. Sein Referat ist jedoch hinsichtlich der Position von Renate Brandscheidt, vgl. Gotteszorn, S. 204 ff., zu korrigieren.

nur des fünften[43], in der Nähe oder während der Makkabäerzeit die Grundlage entzogen. Allerdings ist auch nach der Ausschaltung dieser Datierungen die Vielfalt der Meinungen noch immer verwirrend; denn werden die Lieder einerseits sämtlich auf denselben Verfasser zurückführt und in die Zeit bald nach der Zerstörung Jerusalems 587 datiert[44], werden sie andererseits unterschiedlich zeitlich geortet und daher auch verschiedenen Verfassern zugeschrieben. Sehen wir uns großzügig in der neueren und neuesten Forschung um, läßt sich bei den Vertretern der zweiten Ansicht wenigstens insofern eine gewisse Übereinstimmung feststellen, als sie das zweite und vierte Lied in relativer Nähe zu den Ereignissen des Jahres 587 datieren. Andererseits ist neuerdings das dritte und vierte Lied demselben Verfasser zugeschrieben worden[45]. Die Sonderstellung des ersten gegenüber dem zweiten und vierten Lied ist immer wieder empfunden worden. Daher hat man das erste Lied entweder auf die Ereignisse des Jahres 597 bezogen und deswegen als das älteste angesprochen[46] oder aber nach dem zweiten und vierten eingeordnet; dabei schwanken die Datierungen zwischen der Exilszeit[47] und dem 5. Jh. v. Chr.[48] Seine Verbindung mit den Ereignissen des Jahres 597 scheidet jedoch seit der Veröffentlichung der inzwischen aufgefundenen einschlägigen Teile der neubabylonischen Königschronik aus, weil sie zeigen, daß es damals wegen der rechtzeitigen Kapitulation König Jojachins weder zu einer längeren Belagerung noch zu einer Eroberung Jerusalems gekommen ist[49]. Im Blick auf die Datierung des dritten Liedes ist die Meinungsvielfalt am größten: Es wird teils ganz in die Nähe des Jahres 587 gerückt[50], teils nach der Mitte des 6. Jh.s[51] und teils erst in das späte 4.[52] oder gar in das 3. Jh. v. Chr.[53] plaziert. Umsichtig und vorsichtig hat es jüngst Claus Westermann „in einer Zeit lange nach der Katastrophe von 587" geortet. Bei dem fünften Lied schwanken die Datierungen um rund hundert Jahre: es wird zwischen den ersten Jahren nach der Eroberung Jerusalems und der spätexilischen oder frühnachexilischen Zeit angesetzt[54].

---

[43] So S. T. Lachs, The Date of Lamentations V, JQR 57, 1966/67, S. 46 ff.

[44] Vgl. in diesem Sinne zuletzt J. Renkema, Hoop, S. 59 und Gross, S. 6 f.

[45] Vgl. Brandscheidt, Gotteszorn, S. 224 f.

[46] So Rudolph, Haller und Weiser.

[47] So z. B. Budde, S. 73 und S. 75; E. Sellin, Einleitung in das Alte Testament, Heidelberg 1925[4], S. 148 f.; Kraus, S. 20; L. Rost, in: E. Sellin und L. Rost, Einleitung in das Alte Testament, Heidelberg 1959[9], S. 155; O. Eißfeldt, Einleitung in das Alte Testament, Tübingen 1964[3], S. 682 und Boecker, S. 14.

[48] So z. B. Löhr, HSAT(K)[4], S. 413; J. Meinhold, Einführung in das Alte Testament, Gießen 1926[2], S. 272 ff. und R. H. Pfeiffer, Introduction to the Old Testament, New York 1941 (1948), S. 723.

[49] Vgl. dazu unten, S. 107.

[50] So Weiser, Wiesmann, der den Verfasser mit Jeremia identifiziert, und Boecker.

[51] So z. B. Rudolph, Haller, Eißfeldt, Kraus und Plöger und wohl auch Brandscheidt, Gotteszorn, S. 222.

[52] So Löhr, HSAT(K)[4], S. 413.

[53] So Budde, S. 77 und letztlich Pfeiffer, S. 723.

[54] So von Weiser auf der einen und Pfeiffer auf der anderen Seite der Zeitskala.

Für die Lösung des Problems der Entstehungszeit und der Verfasserschaft der Lieder sind drei Gesichtspunkte entscheidend: 1. die von ihnen vorausgesetzten Traditionen; 2. die in ihnen vorausgesetzten Situationen und 3. ihr Verhältnis zueinander. Denkt man an einen einzigen Verfasser, erklären sich die zwischen den Liedern bestehenden Querverbindungen scheinbar auf natürliche Weise. Berücksichtigt man ihre Beziehungen zur deuteronomisch-deuteronomistischen Schultheologie[55] und die sich verschiebenden Akzentsetzungen und ihnen entsprechenden Situationen, fällt die Antwort notwendig differenzierter aus. Skizzieren wir die in der folgenden Auslegung erzielten Ergebnisse, so ergibt sich, daß das zweite Lied in der Tat als das älteste anzusehen ist. Allerdings erweist es sich bereits als von spätdeuteronomistischer Propheten- und Gesetzestheologie abhängig, so daß man für seine Entstehung bei aller dem Stand der Deuteronomismusforschung entsprechenden Vorsicht als terminus a quo bestenfalls die Mitte, wahrscheinlicher aber erst das letzte Drittel des 6.Jh.s anzusetzen hat[56]. Die Datierung der anderen Lieder ergibt sich aus ihrer Art der Abhängigkeit von dem zweiten, aus weiteren Beobachtungen zu ihrem Verhältnis zur deuteronomisch-deuteronomistischen Schultheologie wie zueinander und schließlich solchen zu der in ihnen vorausgesetzten innerjüdischen Situation. Dabei kommt das erste wegen seiner literarischen Abhängigkeit vom zweiten und der Selbstverständlichkeit, mit der es die Schuldfrage in seinem Schatten und dem der deuteronomisch-deuteronomistischen Gesetzestheologie behandelt, jedenfalls hinter das zweite zu stehen[57]. Das vierte erweist sich ebenfalls als literarisch vom zweiten abhängig. Indem es die Leiden während der Belagerung und die Ereignisse unmittelbar vor und nach dem Fall Jerusalems in den Mittelpunkt seiner Klage stellt, ergänzt es die Leidberichte der beiden ersten Lieder. Gleichzeitig beanwortet es die indirekte Schlußbitte des zweiten und die direkte Bitte des ersten um Vergeltung an den Feinden mit einem auf Edom spezialisierten Schuldspruch und einem Losspruch für die Tochter Zion, die ihre Schuld durch ihre Leiden gebüßt hat. Mithin setzt es nicht nur das zweite, sondern auch das erste Lied voraus. Zeitlich gehört es jedenfalls bereits dem 5.Jh. an[58]. Das fünfte Lied ergänzt mit seiner Klage über die Zustände im Lande unter der Fremdherrschaft noch einmal das Bild der Leiden des Volkes, erweist sich aber in seiner überlieferten Gestalt als bereits von der jüngsten Ausgestaltung spätdeuteronomistischer Umkehrtheologie abhängig und spiegelt, wie Renate Brandscheidt grundsätzlich richtig erkannt hat, deren sich anbahnende Krise[59]. Hinter seiner drängenden Bitte, Jahwe selbst möge das Volk bekehren und seine einstige Herrlichkeit wiederherstellen, steht bereits die Erfahrung, daß der Losspruch der Tochter Zion aus 4,21f. keine

---

[55] Renate Brandscheidt, Gotteszorn, hat diese Beziehungen besonders nachdrücklich untersucht, doch stellt sich die Geschichte der deuteronomisch-deuteronomistischen Schultheologie inzwischen differenzierter dar.

[56] Vgl. dazu unten, S.136.

[57] Vgl. dazu unten, S.118.

[58] Vgl. dazu unten, S.177f.

[59] Gotteszorn, S.227.

geschichtliche Bestätigung gefunden hat. Mithin ist die Annahme begründet, daß es auch erst nach dem vierten entstanden ist. Im Blick auf das dritte Lied hat Claus Westermann zu Recht darauf hingewiesen, daß es mit seiner Aufforderung zum demütigen Ausharren im Leid, zum Erkennen der eigenen Sünde und zur Umkehr zu Jahwe in den Umkreis später Psalmenfrömmigkeit gehört. Unsre Auslegung ist zu dem Ergebnis gekommen, daß es nicht zu Unrecht immer wieder mit dem in den sog. Konfessionen gezeichneten Bild vom Leiden Jeremias verglichen worden ist. Wir halten jene jedoch in Übereinstimmung mit einem Teil der jüngsten einschlägigen Untersuchungen für Rollendichtungen zur Selbstvergewisserung eschatologisch gesinnter Kreise angesichts einer der Hoffnung auf eine Wende im Schicksal des Volkes verächtlich gegenüberstehenden Mehrheit. Aus einer analogen Situation deuten wir auch das dritte Lied: Die Feinde des paradigmatischen Beters sind jene unbußfertigen und der Heilsbotschaft skeptisch gegenüberstehenden Realisten. Nach der Überzeugung des Dichters verhindern sie durch ihr Verhalten die Erlösung Israels. Daher werden sie von ihm dem göttlichen Fluch übergeben. Zeitlich wird man das Lied kaum vor dem Ende des 5. und wahrscheinlicher erst im vorgerückten 4. Jh. v. Chr. anzusetzen haben. Sein Verfasser hat die Sammlung der Klagelieder ebenso abgeschlossen[60] wie durch seine Mahnung zur Fortsetzung der Bittklage über die nun schon lang zurückliegende Katastrophe so nachhaltig legitimiert, daß wir letztlich ihm ihre weitere Überlieferung verdanken dürften[61]. Als Entstehungsort für die ganze Sammlung kommt am ehesten Jerusalem in Frage.

Historische Voraussetzungen. Da in der Auslegung immer wieder auf die geschichtlichen Hintergründe der Lieder Bezug genommen werden muß, empfiehlt es sich, ihr zur besseren Orientierung des Lesers einen zusammenhängenden historischen Abriß voranzustellen. – Die Geschichte Südsyriens wird zu allen Zeiten durch seine Lage als Landbrücke zwischen Kleinasien, Vorderasien und Nordafrika bestimmt. Als solche stellt es ein Spannungsfeld dar, auf dem sich die Interessen der genannten[62] Erdteile überschneiden. Nur in Zeiten, in denen die politischen Mächte Kleinasiens, am Euphrat oder Tigris wie am Nil so geschwächt sind, daß sie auf eine aktive Außenpolitik verzichten müssen, gibt es für die Staaten Syriens und Palästinas die Chance einer ungestörten Eigenentwicklung. Das war im Altertum grundsätzlich nicht anders als heute. Die Bildung des davidischen Großreiches im 10. Jh. v. Chr. war nur möglich, weil das hethitische Großreich von der weltgeschichtlichen Bühne abgetreten, das neuassyrische Reich kollabiert und die Pharaonen der 20. und 21. Dynastie durch ihre Rivalität hinreichend beschäftigt waren. Die Atempause war für die Erben des Reiches Davids und Salomos, die Bruderreiche Israel und Juda, endgültig vorüber, als das neuassyrische Reich kurz nach der Mitte des 8. Jh.s erstarkte und seinen Einfluß-

---

60 Vgl. dazu auch Brandscheidt, Gotteszorn, S. 229, welche die Redaktion der Sammlung dem von ihr identifizierten Dichter des 3. und 4. Liedes zuspricht.

61 Vgl. unten, S. 159 ff.

62 Spätestens seit dem Alexanderzug sind auch wechselnde europäische Mächte an der Einflußnahme auf diesen Landstrich interessiert.

bereich bis zum Wadi el-'Arisch, dem „Bach Ägyptens", ausdehnte. Die Hoffnung, sich mit ägyptischer Hilfe der assyrischen Oberherrschaft zu entziehen, führte alsbald zur Vernichtung des Nordreiches Israel (722 v. Chr.). Das judäische Nachbarreich war durch seinen Versuch, sich mit assyrischer Hilfe der Überwältigung durch die Könige von Damaskus und Israel im sog. Syrisch-Ephraïmitischen Krieg zu entziehen, ebenfalls zum assyrischen Vasallenstaat geworden[63]. Durch eine günstige politische Konstellation war es dem abtrünnigen judäischen König Hiskia 701 gelungen, sein Reich mittels seiner Kapitulation im letzten Augenblick noch einmal vor dem Untergang zu retten, so daß es weitere anderthalb Jahrhunderte überdauerte. Als der Niedergang des assyrischen Reiches im letzten Drittel des 7. Jh.s König Josia ermutigte, die assyrische Oberherrschaft abzuwerfen, blieb die neugewonnene Freiheit nur eine Episode, da sich vom Nil her der Pharao Necho II. und vom Euphrat her die neubabylonischen Könige des assyrischen Erbes zu bemächtigen suchten. Im Laufe des Jahres 605 geriet das judäische Reich schließlich unter die Oberherrschaft des babylonischen Königs Nabopolassar, dem im folgenden Jahr sein Sohn Nebukadnezar II. (604–562) folgte. Die vermutlich durch die Hoffnung auf ägyptische Hilfe verursachte Einstellung der Tributzahlungen König Jojakims führte zu einem Blitzfeldzug Nebukadnezars gegen Juda, so daß Jerusalem unter seinem Sohn Jojachin am 16. März 597 kapitulierte. Der König wurde mit einem Teil der judäischen Oberschicht nach Babylonien exiliert, wo er als Staatsgefangener eine bescheidene Hofhaltung führte[64] und schließlich durch den Nachfolger Nebukadnezars Awil-Marduk (Ewil-Merodach) (562–560) an seine Tafel gezogen und dadurch gleichsam amnestiert wurde, vgl. 2. Kön 25,27 ff.[65], ohne daß sich daraus realpolitische Konsequenzen ergaben. Seine Nachkommen stellten jedoch bis in das Mittelalter hinein die politischen Repräsentanten der mesopotamischen Juden[66]. Der von Nebukadnezar zum König eingesetzte Onkel Jojachins, Zedekia (597–587), hatte sich einer antibabylonischen Koalition im Jahre 594 offenbar noch rechtzeitig entzogen. Aber nur fünf Jahre später (589) schätzte er die Lage so ein, daß er seinen Nebukadnezar geleisteten Vasalleneid im Vertrauen auf ägyptische Hilfe brach. Noch im selben Jahr schloß ein babylonisches Heer Jerusalem ein. Es wurde zwar in der Tat durch einen Entlastungsangriff des Pharao Apries (Hophra) vorübergehend zum Abbruch der Belagerung gezwungen, kehrte aber alsbald zurück und setzte die Abschnürung der judäischen Hauptstadt bis zu ihrer völligen Aushungerung fort. Als am 29. Juli 587[67] die Angreifer durch eine Bresche in die Stadt eindrangen,

---

[63] Zur assyrischen Praxis vgl. H. Donner, Geschichte des Volkes Israel und seiner Nachbarn in Grundzügen, S. 297 ff.

[64] Vgl. TGI[3], Nr. 46 S. 78 f.

[65] Vgl. Donner, a.a.O., S. 374.

[66] Vgl. J. Maier, Zwischen den Testamenten. Geschichte und Religion in der Zeit des Zweiten Tempels, NEB.E 3, Würzburg 1990, S. 41.

[67] Zu den Problemen der Chronologie vgl. E. Kutsch, Das Jahr der Katastrophe: 587 v. Chr. Kritische Erwägungen zu neueren chronologischen Versuchen, Bib. 55, 1974, S. 520 ff. = ders., Kleine Schriften zum Alten Testament, hg. L. Schmidt und K. Eberlein, BZAW 168, Berlin / New York 1986, S. 3 ff.

versuchte Zedekia vergeblich, in Begleitung seiner Leibtruppen das Jordanufer zu gewinnen. Er wurde gefangen und Nebukadnezar in seinem Hauptquartier zu Ribla am Orontes vorgeführt. Der ließ es sich nicht entgehen, die Söhne vor den Augen des unglücklichen Vaters abzuschlachten, um ihn dann blenden und als Staatsgefangenen nach Babylonien deportieren zu lassen, womit er aus dem Licht der Geschichte verschwindet, vgl. 2. Kön 25,3ff. Nach kurzer Überlegung ließ der *cunctator* Nebukadnezar den Jerusalemer Tempel, den Königspalast und die Adelshäuser niederbrennen und die Mauern soweit zerstören, daß die Stadt bis in die Tage Nehemias verteidigungsunfähig war, vgl. 2. Kön 25,8ff. Die Spitzen der Hofbeamten des Königs wurden hingerichtet, weitere Teile der Oberschicht des Landes deportiert, vgl. 2. Kön 25,18ff.

Der Versuch Nebukadnezars, die Verhältnisse im Lande durch Gedalja, Sohn des Ahikam, den Angehörigen einer zum judäischen Hofadel zählenden Familie, zu konsolideren, mißlang gründlich; denn Gedalja fiel bereits im Spätherbst des Jahres 587 dem Attentat Ismaels, Sohn Nathanjas, eines mit den Davididen versippten Hofbeamten, zum Opfer, vgl. Jer 40,5ff. und 41,1ff. Da Nebukadnezar nach Jer 52,29 im Jahr 582/1 eine weitere Deportation angeordnet hat, ist es wohl auch in den auf das Attentat folgenden Jahren zu erneuten Unruhen in Juda gekommen. Da uns für die Exilszeit keine weiteren direkten Nachrichten vorliegen, versinkt Juda für den Historiker in einem Dunkel, aus dem es erst wieder nach seinem Übergang in persische Hände infolge der Eroberung Babylons durch Kyros II., im Jahre 539 auftaucht. Selbst die Frage, ob Juda von den Babyloniern auch nach der Ermordung Gedaljas als selbständige Provinz behandelt oder an die samarische angeschlossen worden war, läßt sich nicht beantworten[68]. Die von den Babyloniern vorgenommenen Deportationen hielten sich gemäß den Jer 52,28-30 genannten Zahlen in Grenzen. Bei der Darstellung von 2.Kön 25,11f.26[69], nach der das Land damals fast vollständig entvölkert worden sei, handelt es sich vermutlich um eine tendenzielle Verfremdung der geschichtlichen Wirklichkeit im Interesse des Führungsanspruchs der nach Babylonien verbannten, später aber teilweise in die Heimat zurückgekehrten judäischen Oberschicht[70].

Im Blick auf die tatsächliche Lage im Lande zwischen 587 und 539 haben die Ausgrabungen der letzten Jahrzehnte ergeben, daß die Orte nördlich Jerusalems von den Babyloniern nicht zerstört worden sind[71]. Dagegen scheinen die Edomiter den Zusammenbruch des davidischen Reiches dazu benutzt zu haben, sich in den Besitz des nördlichen Negev und des südjudäischen Berglandes zu setzen[72].

---

[68] Vgl. Helga Weippert, Palästina in vorhellenistischer Zeit, Handbuch der Archäologie. Vorderasien II/1, München 1988, S.692.

[69] Vgl. auch Jer 39,10; 41,11f.; 42,1ff. und 43,4ff.

[70] Vgl. dazu K.-F. Pohlmann, Studien zum Jeremiabuch, FRLANT 118, Göttingen 1978, S.183ff. und ähnlich Chr. Seitz, Theology in Conflict. Reactions to the Exile in the Book of Jeremiah, BZAW 176, Berlin/New York 1989, S.287ff. und S.295ff.

[71] Weippert, a.a.O., S.698.

[72] Vgl. dazu unten, S.185f. Anm. 96.

Die wirtschaftlichen Verhältnisse in Restjuda haben sich spätestens in der Perserzeit wieder positiv entwickelt[73]. Darüber hinaus ermöglichte die tolerante Religionspolitik der Perserkönige den Juden den Wiederaufbau ihres Tempels in Jerusalem (520–515). Die mindestens teilweise Besetzung des Statthalterpostens über die zur Satrapie Transeuphratene gehörende Provinz Juda mit Juden, darunter den Davididen Scheschbazzar, Serubbabel (um 520) und dem vermutlich ebenfalls dem Königshaus entstammenden Nehemia (445/4-433/2)[74], entsprach ebenso der persischen Praxis, sich örtlicher Granden bei der Verwaltung der Provinzen zu bedienen, wie sie den Gefühlen der Juden entgegenkam. Daß sie zu unerfüllten messianischen Hoffnungen führen konnte, geht aus den Nachrichten über Serubbabel und Nehemia hinlänglich hervor[75]. Äußerlich sicherte Nehemia Jerusalem durch den Wiederaufbau der Stadtmauer. Innerlich konsolidierten sich die Verhältnisse im Judentum erst langsam, bis es im 4. Jh. als priesterliche Theokratie gefestigt war. Zu dieser Stabilisierung trug die deuteronomisch-deuteronomistische Geschichts- und Gesetzestheologie mit ihrer Deutung des Exilsgeschicks als Folge des göttlichen Zorns über die Sünden der Väter, ihrer vehementen Forderung, Jahwe allein zu dienen und seiner zumal im Dekalog und im Deuteronomium aufgezeichneten Weisung zu gehorchen, und ihrer Umkehrpredigt bei. Es war vor allem die Deuteronomistische Schule, welche die geschichtliche und prophetische Überlieferung ihres Volkes bewahrte und dem exilischen und nachexilischen Judentum seine religiöse und zugleich nationale Identität rettete. Lag der Tempel für viele Juden in der Gola und Diaspora in unerreichbarer Ferne, so besaßen sie doch schließlich alle die Tora, durch die ihr Gott fordernd, verheißend und drohend zu ihnen sprach. So haben die Deuteronomisten entscheidend den Übergang des Judentums von der Kult- zur Buchreligion vorbereitet. Nicht weniger hat sich die priesterliche Schultheologie um das nachexilische Judentum verdient gemacht, indem es die Weltgeschichte in der Stiftung des sühneschaffenden Kultes in dem das himmlische Heiligtum wiederspiegelnden Zeltheiligtum am Sinai gipfeln ließ, die Opfer- und Reinheitsvorschriften kanonisierte und die Kennzeichen des jüdischen Lebens inmitten seiner heidnischen Umwelt in Gestalt der Erlaubnis zur profanen Schlachtung, der Beschneidung, der Einhaltung des Sabbats und Feier des Passa in der Heilsgeschichte verankerte. Durch die Entsendung Esras zur Regelung der jüdischen Eigengerichtsbarkeit in Jerusalem und Juda auf der Grundlage der vermutlich bereits mit dem Pentateuch identischen Tora hat der Perserkönig Artaxerxes II. Mnemon sich nicht nur um das Judentum, sondern weiterhin um die Weltgeschichte verdient gemacht[76]. In diese Geschichte des exilischen und nachexili-

---

[73] Weippert, a.a.O., S.692.

[74] Vgl. dazu P.R. Ackroyd, The Jewish Community in Palestine in the Persian Period, in: The Cambridge History of Judaism. I Introduction; The Persian Period, ed. W.D. Davies und L. Finkelstein, Cambridge 1984, S.155 ff. und U. Kellermann, Nehemia. Quellen, Überlieferung und Geschichte, BZAW 102, Berlin 1967, S.154 ff.

[75] Vgl. dazu K.-M. Beyse, Serubbabel und die Königserwartungen der Propheten Haggai und Sacharja, ATh I/48, Stuttgart 1972, S.50 ff. und S.67 ff. bzw. Kellermann, a.a.O., S.179 ff.

[76] Vgl. dazu auch R. Rendtorff, Esra und das Gesetz, ZAW 96, 1984, S.165 ff.

schen Judentums sind die Klagelieder nicht anders als die deutero- und tritojesaja-
nischen Prophetien als ein Zeugnis der Hoffnung auf die Befreiung Israels von
der Fremdherrschaft und die Verherrlichung des Zion durch Jahwe eingebettet.

Die Botschaft der Klagelieder und der Glaube der Gegenwart. In der jüdischen
Liturgie haben die Klagelieder, wie wir oben gesehen haben, ihren festen Platz an
dem der Zerstörung Jerusalems gewidmeten Gedenktag, dem in den Juli oder
August fallenden 9. Ab, erhalten. In der römisch-katholischen Kirche sind sie in
der Liturgie der Karwoche beheimatet und entsprechend im Laufe der letzten
fünfhundert Jahre auch oft vertont worden. Daß Leonard Bernstein in seiner 1942
komponierten Jeremia-Symphonie auf Verse der Klagelieder zurückgriff[77] und
Igor Strawinsky 1958 seine „Threni" komponierte, vermag exemplarisch zu zeigen, wie das Büchlein in von großen Leiden erfüllten Zeiten unverhoffte Aktualität zu erlangen vermag. Noch scheinen die Epochen, in denen Städte in Schutt
und Asche sinken, die Überlebenden in den Trümmern nach Wasser und Brot
suchen, mit ihrem Gott hadern und nach ihrem Gott fragen, nicht der Vergangenheit anzugehören. Aber da kein Leben von Leid und Schuld verschont bleibt, erheben wir den Gehalt der Lieder ins Allgemeine, weil sich damit das nur
Zeitgebundene als solches enthüllt, das Wesentliche deutlicher hervortritt und die
existenzielle Aneignung erleichtert wird.

Es ist der literarischen Eigenart der Lieder durchaus angemessen, wenn wir ihre
Verdichtungen als ihre Lehren bezeichnen. Sie lauten in der biblischen Reihenfolge: 1. Wird ein Volk von einer schweren nationalen Katastrophe heimgesucht,
erkenne es darin die Hand des es strafenden Gottes, bekenne es vor ihm seine
Schuld und bete zu ihm um seine Befreiung. 2. Hätte es rechtzeitig auf Gottes
Warnungen und Weisungen gehört und rechte geistliche Führer besessen, hätte es
der Katastrophe entgehen können. 3. Dem, der an Gottes Macht und Bereitschaft
zu helfen zweifelt und daher vom Gebet weder für sich noch für sein Volk etwas
erwartet, steht das Zeugnis derer entgegen, die um die eigene Schuld wie um die
Schuld der Väter wußten und an der Buße und am Gebet festhielten, weil sie auf
Gottes Erbarmen hofften. 4. Eine Aufrechnung zwischen erlittenem Unglück
und eigener Schuld kann ergeben, daß die Schuld bezahlt ist und die Sieger bei
der Anwendung gleicher Vergeltungsgrundsätze längst an die Reihe hätten kommen müssen. 5. und letztens: Wenn eine Generation unter den Folgen der Schuld
der Väter leidet, sollte sie sich angesichts der eigenen Fehlbarkeit nicht über die
Väter erheben, sondern Gott bitten, ihr Umkehr zu ihm und eine neue Lebens-
möglichkeit zu schenken.

Am einfachsten fällt die Stellungnahme zum vierten Lied: Was auf dem Gebiet
des Rechts und der Politik möglich und als Mittel der Selbstverteidigung erlaubt
ist, Schuld und Strafe gegeneinander aufzurechnen, versagt vor Gott und seinem
Zugriff im dunklen Schicksal. Weder der Grundsatz der Verhältnismäßigkeit
noch eine andere Rechtsregel läßt sich im Leben der Völker und der einzelnen
Menschen eindeutig als Schicksal gestaltendes Prinzip nachweisen. Gottes Füh-

---

[77] 1,3-3,8; 4,14-15 und 5,20f.

rungen und Fügungen sind dem Menschen in der Regel undurchschaubar[78]. Auch wenn wir uns schuldig vor Gott und dem Nächsten wissen, gibt es uns oder andere treffende Katastrophen, die wir nicht nach dem Schema von Schuld und Strafe zu erklären vermögen. Dazu gehören nicht nur plötzlich auftretende und möglicherweise unheilbare Krankheiten und Naturkatastrophen, sondern auch die Verfolgung und Ausrottung ganzer Völker, von denen unser nachchristliches Jahrhundert in einem solchen Maße erfüllt ist, daß wir sie längst nicht mehr alle wahrnehmen. Ideologisch geschürter Haß, ideologisch verbrämter Neid und nicht zuletzt die Entfesselung aller dunklen Triebe im Menschen haben in unserem Jahrhundert Millionen das Leben gekostet, ohne daß wir den Opfern eine besondere Schuld an ihrem Schicksal zuweisen könnten oder dürften. – Dennoch gibt es Situationen im Leben eines Volkes, in denen es erkennt, daß es von seinen Führern in die Katastrophe geführt ist, und es sich fragen muß, ob seine Gefolgschaft wirklich nur politischer Irrtum und nicht auch Abfall von Gott, Verletzung des ersten Gebotes und des kategorischen Imperativs gewesen ist. Angesichts der Heiligkeit des kategorischen Imperativs, keinem Menschen Ehre und Leben zu nehmen, ihn als bloßes Mittel zu mißbrauchen oder als zu beseitigenden Widerstand zu behandeln und noch im Geringsten Gottes Ebenbild zu ehren[79], erweist diese Forderung freilich am Ende jeden Menschen, er gehöre nun zu den Siegern oder den Verlierern im Tagebuch der Geschichte, als vor Gott und den Menschen schuldig. Daher gilt die Aufforderung zur Buße jederzeit und allen Menschen. So bedacht verliert die traditionelle christliche Lehre von der Erb- oder Kettenschuld des Menschen ihre Absonderlichkeit. Sie besagt, daß wir in unserem unbedingten Selbstbehauptungswillen von schicksalhafter Gottlosigkeit sind und die Schuld aller Menschen wie die Fäden eines Teppichs miteinander verwoben ist, so daß wir der Erlösung bedürfen. Daraus ergibt sich freilich auch, daß wir uns als Christen die Schuld vor Gott nicht im eigenen, sondern nur im Namen Jesu Christi zusprechen dürfen und uns von ihr auch nur in seinem Namen lossprechen lassen können[80]. Wo das geschieht, verliert das Unglück seinen Charakter als blindes Verhängnis, sondern wird es zum Boten, das uns zu dem Gott ruft, in dessen Hand auch die Toten geborgen sind. Und so erweist sich am Ende das, was dem modernen Leser in den Klageliedern als das Befremdlichste erscheinen mag, als das Wesentlichste, der Hinweis auf den trotz allem im Verborgenen waltenden Zusammenhang zwischen Schuld und Schicksal. Wir lesen ihn jetzt freilich als einen Hinweis auf die kommende Welt, in der Gottes sich in seinem Erschaffen äußernde Liebe sein Vernichten und Töten überwunden hat[81].

---

[78] Vgl. dazu O. Kaiser, Ideologie und Glaube. Eine Gefährdung christlichen Glaubens am alttestamentlichen Beispiel aufgezeigt, Stuttgart 1984.

[79] Vgl. dazu auch O. Kaiser, Der Mensch, Gottes Ebenbild und Statthalter auf Erden, NZSTh 33, 1991, S. 99 ff.

[80] Vgl. dazu K. E. Løgstrup, Die ethische Forderung, übers. Rosemarie Løgstrup, Tübingen 1989³, S. 231 ff.

[81] Vgl. dazu K. E. Løgstrup, Schöpfung und Vernichtung. Religionsphilosophische Betrachtungen. Metaphysik IV, übers. Rosemarie Løgstrup, Tübingen 1990, S. 267 ff.

Auslegung

Kapitel 1: Die Verlassenheit der Tochter Zion

1 Ach, wie sitzt verlassen
   die Stadt, die volkreich war[1].
   Es ward gleich einer Witwe,
   die Völkern gebot[2].
   Die über Gaue herrschte[2],
   verfiel der Fron.

2 Sie weint und weint des Nachts,
   hat Tränen auf der Wange.
   Sie hat keinen Tröster
   bei all ihren Freunden.
   All ihre Nachbarn wurden
   treulos zu ihren Feinden.

3 Verschleppt wurde Juda aus Not
   und hartem Dienst.
   Sie sitzt unter den Völkern,
   sie findet keine Ruhe.
   All ihre Häscher holten sie ein
   zwischen den Engen[3].

4 Es trauern die Wege zum Zion,
   kommt keiner zu den Festen.
   Verödet sind all ihre Tore[4],
   ihre Priester seufzen.
   Ihre Jungfrauen sind traurig,
   und ihr ist bitter weh[5].

---

[1] Zum *jôd-compaginis* vgl. GK[28] § 90k-l und BL 526k; zur Bedeutung der Wendung vgl. auch 1. Sam 2,5 und Dav. § 24d.

[2] Zur Form vgl. auch BL 526 l; wörtlich; „die groß war unter den Völkern" bzw. „die Herrin in den Gauen".

[3] Zur Wortbedeutung vgl. R. D. Salters, Lamentations 1.3: Light from the History of Exegesis, in: J. D. Martin und Ph. R. Davies, ed., A Word in Season. FS W. McKane, JSOT.S 42, Sheffield 1986, S. 83f.

[4] Zum aramäischen Plural vgl. Wagner, Aramaismen, S. 135.

[5] Zur unpersönlichen Verbalkonstruktion vgl. Dav. § 109.

5 Ihre Bedränger kamen obenauf,
 ihre Feinde hatten es leicht[6];
denn Jahwe schuf ihr Leid
 ob ihrer vielen Sünden.
Ihre Kleinen zogen der Gefangenschaft zu[7]
 her vor dem Bedränger.

6 So wich von[8] der Tochter Zion
 ihre ganze Pracht.
Ihre Fürsten glichen Hirschen,
 die keine Weide fanden
und ohne Kraft hinzogen
 vor dem Verfolger.

7 Es gedenkt Jerusalem
 der Tage ihrer Not und Ängste,
all ihrer Kostbarkeiten,
 die sie seit alters hatte,
[da fiel ihr Volk durch Feindeshand
 und ihr niemand half][9].
Die Feinde sahen sie, sie lachten
 über ihr Ende.

8 Schwer[10] hat Jerusalem gefehlt,
 drum ward sie zum Gespött[11].
All ihre Verehrer verachten sie,
 weil sie ihre Blöße gesehen.
Sie aber stöhnte auf
 und wandte sich ab.

9 Obwohl ihr Saum besudelt,
 bedachte sie nicht ihr Ende.
So fiel sie unbegreiflich.
 Sie hat keinen Tröster.
„Ach, Jahwe, sieh auf meine Not;
 denn der Feind tut groß!"

10 Der Bedränger[12] streckte seine Hand
 nach all ihren Schätzen.
Ja, sie sah Heiden
 ihr Heiligtum betreten,
denen du den Eintritt
 in deine Gemeinde verboten[13].

---

6 Wörtlich: „sie hatten Ruhe."
7 Zur Konstruktion vgl. Dav. §71 R.2.
8 Zum Ketib *min-bat* vgl. GK[28] §102b.
9 Zum Problem der Übersetzung und literarkritischen Entscheidung vgl. die Auslegung.
10 Wörtlich: „Eine Verfehlung verfehlte Jerusalem." Vgl. auch T.
11 Zur Wortbedeutung vgl. Rudolph, S.206f. und HAL 657b s.v.
12 Ehrlich liest statt *sar*, „Bedränger", ein *sijjôn*.
13 Wörtlich: „über die du befohlen hast, sie sollten nicht eintreten dir in die Gemeinde."
Zur Konstruktion vgl. GK[28] §120c; zur Orthographie von *siwwitâ* vgl. GK[28] §44g.

11 Ihr ganzes Volk stöhnte,
   es suchte nach Brot.
Sie gaben ihre Schätze für Speisen,
   ihr Leben zu retten.
„Ach, Jahwe, sieh und schaue doch,
   wie ich verachtet bin!"

12 „„Auf'[14] alle, die ihr des Weges zieht,
   blicket her und seht,
ob ein Schmerz dem meinen gleicht,
   der mir angetan,
mit dem mir Jahwe Leiden schuf
   am Tag seiner Zornesglut.

13 Aus der Höhe sandte er Feuer,
   ,ließ es dringen'[15] in mein Gebein.
Er spannte ein Netz meinen Füßen,
   er riß mich zurück.
Er machte mich schreckensstarr,
   für immer krank.

14 ,Man wachte über meinen Schritten'[16],
   sie wurden durch seine Hand gebunden.
,Sein Joch'[16] auf meinem Hals
   ließ straucheln meine Kraft.
Der Herr[17] lieferte mich Händen aus[18],
   gegen die ich nichts vermochte.

15 Es verwarf all meine Burschen
   der Herr[17] in meiner Mitte.
Er berief wider mich ein Treffen,
   meine Mannen zu zerschlagen.
Es trat der Herr[17] die Kelter
   der Jungfrau, Tochter Juda[19].

---

[14] Lies gemäß dem weithin angenommenen Vorschlag von F. Praetorius, ZAW 15, 1895, S. 143 ein $l^e k \hat{u}$. Meinen in der vorausgehenden Auflage unterbreiteten Vorschlag ziehe ich aus kolometrischen Gründen zurück. — Nach Rudolph ist das $l \hat{o}$' '$^a l \hat{e} k \alpha m$ „nicht über euch!" von M eine vom Rand eingedrungene apotropäische Glosse. Albrektson, S. 66 f. weist nach, daß M schon den alten Versionen vorlag. Sein eigener Versuch, M einen befriedigenden Sinn abzugewinnen, überzeugt mich jedoch nicht. Vgl. auch Gottlieb, S. 15 f.

[15] Lies $h \hat{o} r i d \bar{a} h$, siehe BHS.

[16] V. 14a ist eine alte crux. Das Verb $\acute{s} q d$ wird in HAL 1258b nicht mehr geführt, sondern auf die Lesart $ni \acute{s} q a d$ verwiesen, die zuletzt in Hillers ihren Anwalt gefunden hat, der weiterhin aus 'ol, Joch, ein 'al und aus den $p \acute{s}' j m$, den Sünden, ein $p^e \acute{s} \ddot{a}' \hat{i} m$, Schritte, macht, um dann das '$\ddot{a} l \hat{u}$, sie stiegen empor, in ein '$o l \hat{o}$, sein Joch, zu verwandeln. Auf diese Weise fügen sich v. 14ab optimal in den Kontext ein, so daß ich mich dem Vorschlag anschließe.

[17] Inwieweit das überlieferte „Herr" in den Liedern ein ursprüngliches „Jahwe" ersetzt, ist schwer auszumachen. Für poetologische Bedingtheit des Wechsels hat sich J. Renkema, JSOT.S 74, 1988, S. 319 f. ausgesprochen.

[18] Zur Konstruktion vgl. GK[28] § 130d.

[19] Zum Genitivus explicativus vgl. GK[28] § 128k.

16 Darüber muß ich weinen,
     mein Auge "[20] fließt von Tränen[21];
   denn mir fehlt ein Tröster,
     der mich erquicken könnte.
   Meine Kinder sind erstarrt;
     denn übermächtig ward der Feind.

17 Zion breitete ihre Hände aus.
     Sie hat keinen Tröster.
   Jahwe entbot gegen Jakob
     ringsum auf seine Feinde.
   Da wurde Jerusalem
     zum Abscheu[22] ,in ihren Augen'[23].

18 „Jahwe ist[24] gerecht;
     denn ich trotzte seinem Munde.
   Hört doch, alle Völker,
     und seht auf meinen Schmerz:
   Meine Jungfrauen und Burschen
     zogen gefangen fort!

19 Ich rief denen, die mich liebten[25],
     sie ließen mich im Stich!
   Meine Priester und meine Ältesten
     erstarben in der Stadt,
   als sie nach Nahrung suchten,
     ihr Leben zu retten[26].

20 Ach, Jahwe, sieh, denn mir ist bang,
     es glüht mein Leib vor Schmerz[27].
   Mein Herz dreht sich im Leibe um,
     weil ich so trotzig war.
   Draußen[28] raubte die Kinder das Schwert,
     im Hause ,der Hunger'[29].

---

[20] Siehe BHS.

[21] Wörtlich: „. . . läuft Wasser."

[22] Man fragt sich, ob nicht defektiv geschriebenes *nîdâ*, Spott, statt *niddâ* zu lesen ist.

[23] Lies mit Delitzsch, Lese- und Schreibfehler, S. 23 Nr. 16 und Rudolph $b^e\hat{e}n\hat{e}k\ae m$ statt „zwischen ihnen."

[24] Das Personalpronomen dient hier wie im Aramäischen als Kopula, vgl. St. Segert, Altaramäische Grammatik, Leipzig 1983², S. 320 unter 6.2.1.5.

[25] Zum suffigierten Partizip mit Artikel vgl. GK²⁸ § 127 f und i.

[26] Zum Jussiv in dieser consecutio temporum vgl. Joüon § 116e.

[27] Zur Form von *ḥmr* vgl. BL 285g.

[28] Vgl. mit Löhr Jer 21,4.

[29] Lies mit F. Perles, OLZ 1920, Sp. 157 ff. $k^e m\hat{u}t$ vgl. akkad. *kamûtu*, AHW 434 a-b; vgl. auch Rudolph, S. 208 z. St.

21 Sie hörten[30], daß ich stöhne,
   ich habe keinen Tröster.
   All meine Feinde vernahmen mein Unglück[31],
   freuten sich, daß du es getan.
   Du brachtest[32] den Tag, den du verkündet.
   Doch es gehe ihnen wie mir!

22 All ihre Bosheit komme vor dich!
   Dann tue ihnen an,
   wie du mir angetan
   ob all meiner Sünden;
   denn viel sind meiner Seufzer,
   und mein Herz ist krank.„

1,1–22   Gleich mit dem ersten Lied lernen wir die Form der alphabetisch-akrostichischen Dichtung kennen, in der jeweils eine Stanze oder ein Bikolon mit einem der Konsonanten des Alphabets beginnt. Sie bestimmt in unsrer Sammlung auch das zweite, dritte, vierte und in abgewandelter Weise das fünfte Lied. Anders als die genannten setzt es allerdings die uns geläufige Reihenfolge der Buchstaben p-' voraus. Der wiederholt eingebrachte Vorschlag, unser Lied in dieser Beziehung den drei folgenden anzugleichen und den mit ' beginnenden V.16 hinter den mit p einsetzenden V.17 zu stellen[33], verdient keine Beachtung, weil V.16 sachgemäß die Leidschilderung der V.12ff. abschließt, sich aber kaum als Auftakt zu V.18 eignet[34]. Analysiert man das Lied nach den Grundsätzen der quantifizierenden Metrik[35], so zeigt sich, daß das Qina- oder Leichenliedmetrum mit seinen Drei-Zweiern dominiert. Daneben erscheinen, wie es sich auch sonst bei derartigen Liedern beobachten läßt, Doppelzweier. Die im Urtext auffallenden Abweichungen in V.7b, 12a und 16a erweisen sich als Folgen sekundärer Erweiterungen. Die Überlänge von V.21b ist möglicherweise der nachträglichen Zufügung der Unterwerfungsformel in β zu verdanken.

Der Aufbau des Liedes ist klar: In seiner ersten, die Verse 1–11 umfassenden Hälfte beklagt der Dichter in einem Leidbericht die durch ihre eigene Sünde verschuldete Verlassenheit der als Frau personifizierten Stadt Jerusalem. In der zweiten, aus den Versen 12–22 bestehenden Hälfte klagt Jerusalem selbst zunächst in

---

[30] Nämlich: die oben von ihr angerufenen Passanten und Völker. Die vielfach vertretene Änderung der 3. Sing.Perfekt in den Imperativ 2. Sing.masc. ist angesichts der guten Bezeugung von M unangebracht; vgl. auch Albrektson, S.83; Gottlieb, S.20f. und zuletzt Provan, S.55f, der V.21c als Parallele zu 2,17 versteht; ähnlich Kaiser[1(3)], F.Lindström, God and the Origin of Evil, CB.OT 21, Lund 1983, S.227, und Boecker.

[31] Versetze den Zaqep qaton auf *rāʿātî*.

[32] Auch in V.21c ist der Text sachlich trotz des abrupten Übergangs vom Bericht zum Wunsch nicht anzufechten; vgl. Albrektson, S.83; Gottlieb, S.20f.; Kaiser[1(3)], S.310, vgl.323; F.Lindström, God and the Origin of Evil, CB.OT 21, Lund 1983, S.227; Boecker, S.22, vgl.S.37, und Provan, S.55f.

[33] So zuletzt Wiesmann, S.127.

[34] Vgl. auch Brandscheidt, Gotteszorn, S.127.

[35] Vgl. dazu Kaiser, Einleitung[5], S.328ff.

den V.12-16 vergeblich den Vorübergehenden das beispielloses Leid, das ihr Jahwe in seinem hitzigen Zorn zugefügt hat. Nach der Kurzklage des Dichters in V.17 erhebt sie erneut ihre Stimme, um sich in den V.18-19 an alle Völker zu wenden, sich vor ihnen zu Gottes Gerechtigkeit in seinem Handeln an ihr zu bekennen und dann mit dem Bericht von der Deportation der Jugend, der Mitleidslosigkeit ihrer einstigen Liebhaber und des Hungers der Ältesten und Priester an ihr Erbarmen zu appellieren. Da – wie nach V.17 nicht anders zu erwarten – auch diese Klage vergeblich bleibt, wendet sie sich abschließend in den V.20-22 angesichts ihrer selbstverschuldeten Leiden und ihrer trostlosen Verlassenheit an Jahwe als ihren einzigen Helfer und bittet ihn unter Beteuerung ihrer Reue um die Bestrafung der Feinde. – Die im zweiten Teil in V.17 eingeschaltete Kurzklage des Dichters besitzt in den beiden an Jahwe gerichteten Kurzklagen Jerusalems in V.9c und 11c ihre Entsprechung. Anders als im folgenden Lied bedarf es also keiner besonderen Aufforderung an die Tochter Zion, sich in ihrer Trostlosigkeit und Verlassenheit an Jahwe zu wenden, vgl. 2,18f., sondern sie unterbricht ihrerseits spontan den fremden Leidbericht, um den Gott anzurufen, der ihr so, wie er ihr das Leid gebracht hat, auch allein helfen kann. Dieser Stimmenwechsel dient nicht allein der dramatischen Belebung der Dichtung, sondern auch der Unterstreichung der Rolle Jerusalems als der Repräsentantin des Volkes[36].

Verwandtschaft und Unterschied im Aufbau und in der Thematik des ersten und des zweiten Liedes[37] provozieren notwendigerweise die Frage, ob dem Dichter des ersten Liedes das zweite nicht bereits vorlag und er es thematisch ergänzen und überbieten wollte; denn während das zweite den Zusammenbruch des judäischen Reiches ins Auge faßt und als Folge des göttlichen Zorns deutet, vgl. 2,1-10, die Schuldfrage aber nur zurückhaltend in V.14 anspricht, blickt das erste auf die leidvollen Auswirkungen der Eroberung Jerusalems und interpretiert sie nachdrücklich als Folge ihrer Sünden, vgl. V.5c.8a.18a.20c. In der Tat läßt sich zeigen, daß der Dichter des ersten Liedes das zweite kannte; denn er hat nicht nur eine ganze Reihe von Motiven aus ihm übernommen, sondern auch direkte sprachliche Anleihen bei ihm gemacht. Lassen wir die formelhafte Rede von der „Tochter Zion" in V.6a, vgl. 2,1a, und von „meinen Jungfrauen und Burschen" in V.18c, vgl. 2,21b, außer Betracht, können wir „alle, die des Weges ziehen" aus V.12a in 2,15a wiederfinden. Die Leidschilderung von den glühenden Eingeweiden aus 2,11aβ begegnet unter Wortumstellung in 1,20aβ. Aus dem „Tag seines Zornes" in 2,1c, vgl. 2,22b, macht der Dichter hyperbolisch den „Tag der Glut seines Zorns"[38]. Darüber hinaus hat er bei seiner Schilderung der Verlassenheit des Zion, des Seufzens der Priester und der Trauer der Jungfrauen in V.4 auf 2,6.8f. und 10c zurückgegriffen. In ähnlicher Weise war ihm auch das Motiv der um Brot bettelnden und vor Hunger sterbenden Kinder in V.19c aus 2,11c.12 und 20b und das der Entweihung des Heiligtums in V.10 aus 2,7c.20c bekannt. Allerdings erscheint seine eigene Verarbeitung dieser Motive gegenüber ihrer Aus-

---

36 Vgl. Westermann, Klagelieder, S. 122.
37 Vgl. dazu unten, S. 134f.
38 Vgl. auch Jes 13,13bβ.

gestaltung im zweiten Lied ebenso blaß wie das in V.12 aus 2,13 übernommene der Unvergleichlichkeit der Jerusalem zugefügten Leiden.

Abgesehen von diesen Anleihen beim zweiten Lied hat sich der Dichter einer ganzen Reihe von Formeln bedient[39], die auch sonst im Alten Testament begegnen. Als Beispiele seien die Strafanerkennungsformel oder Gerichtsdoxologie in V.18a[40], der Aufmerksamkeitsruf in V.18bα[41], die Angstformel in 20aα[42], die mit Ps 39,10b wortgleiche Unterwerfungsformel in V.21bβ, die Schwächeformel in V.22cβ[43] und die Unruheformel in V.3bβ[44] genannt. Inhaltlich fällt vor allem die Nähe von V.10c zu dem deuteronomischen Gemeindegesetz Dtn 23,1ff., vgl. V.4 und 8f., auf, auch wenn an unsrer Stelle nicht von den Moabitern oder Ammonitern die Rede ist, vgl. auch Ez 44,9[45]. Enge sachliche Berührungen bestehen weiterhin zwischen einer Reihe der Fluchandrohungen für den Fall des Ungehorsams gegenüber dem deuteronomischen Gesetz in Dtn 28,15ff. und den Versen 3b.[46] 5a[47].5c[48] und 14b[49]. Aus der Tatsache, daß der Dichter darauf verzichtet, die Verfehlungen Jerusalems konkret zu benennen, sondern es bei dem summarischen Vorwurf ihrer Versündigung beläßt, vgl. V.5b.8a.14ab.22b und weiterhin V.18a.22b, geht hervor, daß die Schuldfrage in seinen Kreisen und bei seinen Adressaten grundsätzlich als beantwortet galt: Die Deutung des Exilsgeschicks als Folge der Übertretung des Gotteswillens durch die Deuteronomiker und Deuteronomisten war in ihnen zum Gemeingut geworden[50]. Hätte man den Dichter nach einer Begründung für die Zion in V.18a in den Mund gelegte Gerichtsdoxologie gefragt, hätte er vermutlich im Sinne von 2, 17 auf die Fluchandrohungen in Dtn 28,15ff. und die Gerichtsankündigungen der vorexilischen Propheten verwiesen. Das ist angesichts dessen, was unten über den traditionsgeschichtlichen Hintergrund und die Entstehungszeit des zweiten Liedes zu sagen ist, auch nicht verwunderlich[51]. Es läßt aber den Rückschluß zu, daß der Dichter des ersten Liedes nicht nur das zweite, sondern auch das Deuteronomium

---

[39] Vgl. dazu auch die Nachweise bei M. Löhr, Der Sprachgebrauch des Buches der Klagelieder, ZAW 14, 1894, S. 41ff.

[40] Sie begegnet in der 2. Person Sing.masc. Jer 12,1aα; Esr 9,15; Neh 9,33; Dan 9,7; Bar 1,15 und Ps 119,137a.

[41] Vgl. Mich 1,2.

[42] Vgl. Ps 31,10a; 69,18aβ.

[43] Vgl. Jer 8,18b.

[44] Vgl. Gen 8,9; Jes 34,14; ferner Dtn 28,65.

[45] Vgl. z.B. Budde z.St., Brandscheidt, Gotteszorn, S. 208 und Provan z.St.

[46] Vgl. Dtn 28,64f.

[47] Vgl. Dtn 28,44.

[48] Vgl. Dtn 28,41.

[49] Vgl. Dtn 28,48. Zur literarischen Schichtung in Dtn 28,15ff. vgl. auch G. Seitz, Redaktionsgeschichtliche Studien zum Deuteronomium, BWANT 93, Stuttgart u.a. 1971, S. 276ff. und S. 309ff., der jedoch dem damaligen Stand der Jeremiaforschung gemäß die von ihm als deuteronomisch bezeichnete Bearbeitung zu früh ansetzt.

[50] Vgl. dazu z.B. R. Smend, Die Entstehung des Alten Testaments, ThW 1, Stuttgart u.a. 1978-1989[1-4], S. 111ff.; W.H. Schmidt, Einführung in das Alte Testament, Berlin-New York 1989[4]; 140ff. oder Kaiser, Einleitung[5], S. 172ff.

[51] Vgl. S. 136.

und die deuteronomistisch bearbeiteten Prophetenbücher kannte. Angesichts seiner oft bis in die Formulierungen hinein reichenden Abhängigkeiten können wir ihn als einen Epigonen bezeichnen[52]. Aber dieses Urteil schließt das andere nicht aus, daß es ihm gelungen ist, eine in ihrer Herbheit und Prägnanz eindrucksvolle Dichtung zu schaffen, deren Worte in den seither vergangenen zweieinhalbtausend Jahren vermutlich Unzählige bewegt und zur Selbstprüfung vor Gott angeregt haben, wenn sie vor den Trümmern ihrer eigenen Städte standen.

Die meisten neueren Ausleger haben die sich bei dem Versuch, die Gattung des Liedes zu bestimmen, ergebenden Schwierigkeiten betont: Trotz deutlicher Motivanleihen beim Leichenlied[53] handelt es sich um keine Totenklage; denn das Lied gilt der Stadt Jerusalem, die ihre eigene Katastrophe und die ihrer Kinder überlebt hat. Es läßt sich aber auch nicht unter die Volksklage einordnen, weil es statt mit der Anrufung Jahwes mit dem Klageruf des Leichenliedes eröffnet wird. Betrachtet man die V.1-11, so fällt das Ineinander von Leidbericht und Leidbeschreibung auf, vgl. V.1-2b. 3a.b. 4. 7a. 11a. Der Leidbericht wird in V.9 durch eine Kurzklage Jerusalems unterbrochen und in V.11c durch eine solche beendet. In 10c wendet sich auch der Dichter unmittelbar an Jahwe und gibt damit die Einheit der Klagenden und der Beklagten zu erkennen, wie sie sich aus der Rolle Jerusalems als Repräsentantin der Stadt und der Bevölkerung ergibt[54]. - Der zweite Teil setzt in den V.12-16 mit einer an die Vorübergehenden gerichteten

---

[52] Der von Rudolph, Haller und Weiser vertretenen Hypothese, das Lied sei als ein Echo auf eine vermeintliche erste Eroberung Jerusalems durch den babylonischen König Nebukadnezar zu verstehen, weil in ihm weder von der Zerstörung des Tempels und der Stadt noch von der Beseitigung des Königtums die Rede sei, vgl. 2. Kön 24,8ff., hat die Veröffentlichung der die Jahre abdeckenden babylonischen Königschronik den Boden entzogen, vgl. D.J. Wiseman, Chronicles of Chaldean Kings (626-556 B.C.) in the British Museum, London 1956, S. 32ff. mit der Quelle B.M. 21946 Or Ov.Z. 11-13; A.K. Grayson, Assyrian and Babylonian Chronicles, Texts from Cuneiform Sources, Locust Valley, New York 1975, S. 99ff. bzw. TGI³, Nr. 44, S. 72ff. und dazu M. Noth, Die Einnahme von Jerusalem im Jahre 597 v. Chr., ZDPV 74, 1958, S. 133ff. = ders, Aufsätze zur biblischen Landes- und Altertumskunde, hg. H.W. Wolff, I, Neukirchen-Vluyn 1970, S. 111ff. Damals ist es weder zu einer längeren Belagerung noch zu einer wesentlichen Änderung des politischen Status des judäischen Reiches als eines babylonischen Vasallenkönigtums gekommen, wie es die Anspielungen in V. 11a.b.19b.c bzw. V.1.14c voraussetzen. Mithin steht das Lied im Schatten, wenn auch nach unsrer Ansicht erst im Fernschatten, wenn eine solche Wortbildung erlaubt ist, der Belagerung und Eroberung Jerusalems 587. Ihre Folgen werden auch in V. 6b.c (Verlust der eigenen Regenten) und V.15b (Tod der waffenfähigen Jungmänner) vorausgesetzt. Demgemäß ist auch der Hinweis in V.10a auf die Plünderung des Tempels — sofern er überhaupt so speziell verstanden werden darf — nicht mit der Nachricht in 2. Kön 24,13 zu verbinden.

[53] Die der Totenklage entnommenen Motive und deren Abwandlungen unter dem Einfluß des Volksklageliedes in den Threni sind von Hedwig Jahnow, Das hebräische Leichenlied im Rahmen der Völkerdichtung, BZAW 36, Gießen 1923, S. 168ff. ausführlich besprochen. Wir zählen hier die im 1. Lied begegnenden Entlehnungen auf: Klageruf, Leidbericht unter Anwendung des Schemas der Gegenüberstellung von glänzendem Einst und bejammernswertem Jetzt, Beschreibung des eigenen Weinens und der durch das Leid ausgelösten Qualen, Aufzählung der Leidtragenden, Warten auf das Mitleid der Vorübergehenden und nicht zuletzt der Rachewunsch.

[54] Vgl. Westermann, Klagelieder, S. 122.

Klage Zions ein, in deren Zentrum der Bericht über die ihr von Jahwe zugefügten Leiden steht, vgl. V.12c–15c. Wenn sie mit der Klage darüber schließt, daß ihr trotz des Verlustes ihrer Kinder ein Tröster fehlt, V.16b.c, und der Sprecher in seinem Zwischenbericht in V.17 diese Feststellung aufgreift, erinnert sich der Leser daran, daß ihm diese Konkretisierung des in V.1 angeschlagenen Themas der Einsamkeit des gestürzten Jerusalem schon in V.2b und V.9b begegnet ist. So erwartet er mit Recht, daß die in den V.18 und 19 folgende, an die Völker gerichtete Klage Zions ebenfalls der Illustration ihrer Verlassenheit gilt und echolos verhallt. Mithin bleibt Jerusalem in seiner trostlosen Verlassenheit, vgl. V.21a, nichts anderes übrig, als sich in den abschließenden V. 20–22 unmittelbar an Jahwe zu wenden. – Wesentliche Elemente des Klagegebets wie Leidschilderung, Leidbericht, Bekenntnis zur Gerechtigkeit Jahwes und zur eigenen Schuld, vgl. V.18a, und nicht zuletzt die Klage über die Frevel der Feinde als Motivation für das Eingreifen Gottes, vgl. V.10, sind in den vorausgehenden Abschnitten des Liedes vorweggenommen, das sich so als eine planvolle Komposition erweist. Der Stadt, die unter den Menschen keinen Tröster fand, bleibt nichts als die Hoffnung auf die Hilfe des Gottes, der alle Leiden über sie verhängt hat, vgl. V.5b.17b und 21b. Einst hatte sie sich der trügerischen Hoffnung hingegeben, daß ihre Sünden unbemerkt blieben, vgl. V.8f. Daher war sie in unvorstellbares Leid gestürzt, vgl. V.12b.9b. Nachdem sie die Gerechtigkeit Gottes und zugleich ihre eigene Widerspenstigkeit bekannt hat, kann sie darauf hoffen, daß Jahwe auch die an seinem Heiligtum verübten Frevel sühnen und ihre Bitte um Vergeltung erfüllen wird, vgl. V.10 und V.22. Angesichts der Anrufungen Jahwes durch Zion in V.9c und 11c, des spontanen Übergangs des Dichters vom Leidbericht in die Anrede Jahwes in V.10c und der Schlußbitte ist es gewiß, daß das Lied als ganzes den Charakter eines Gebets besitzt. Aber gleichzeitig ist deutlich, daß die Hinweise auf die eigene Schuld in den V.8f. 18a. 20b und 22b zusammen mit denen auf das Fehlen eines menschlichen Trösters in V.9b.17a und 21b dem Lied einen lehrhaften Charakter geben. Der Dichter ruft das Gedenken an das die Gegenwart seines Volkes bestimmende Geschick Jerusalems wach, um es daran zu erinnern, daß sein Leid Folge der Schuld ist und nur das vom Bekenntnis zu der Gerechtigkeit Gottes und der eigenen Sünde begleitete Gebet um die Befreiung Aussicht auf Erhörung besitzt. Der Dichter des dritten, in der Mitte der Sammlung stehenden Liedes hat diese Lehre noch einmal in einer veränderten Situation aktualisiert. Und das abschließende fünfte Lied ergänzt die Klage über das durch die Sünde der Väter über die Beter gebrachte Elend, vgl. 5,7, durch den Klageruf über die eigene Schuld, vgl. 5,16b. Es läßt sich daher mit seiner Volksklage als Antwort auf die Lehre des 1. Liedes verstehen. – Wollte man unser Lied in der Nachfolge Gunkels als politisches Leichenlied bezeichnen, hätte man im Blick auf seine dramatische Komposition und seine doppelte Blickrichtung zu wenig gesagt. Wollte man es eine kunstvoll gestaltete Volksklage nennen, käme man seiner Form und seinem Anliegen schon näher. Doch bliebe dabei der lehrhafte Aspekt übersehen. Vielleicht wird man seiner Eigenart gerecht, wenn man es als eine nachkultische Volksklage bezeichnet, denn es teilt mit den nachkultischen Psalmen das Anliegen der Vergewisserung des ungewiß gewordenen Heils und der Gerechtigkeit Gottes wie die lehrhafte Absicht[55].

1,1-11 *1,1-11: Die Klage des Dichters über Jerusalems selbstverschuldete Verlassenheit und Trostlosigkeit.* Der Leidbericht des Dichters gliedert sich in die beiden Abschnitte V.1-6 und 7-11. Im ersten steht die Trauer und Verlassenheit der ihrer Herrschaft beraubten, als Frau personifizierten und von den Feinden eroberten Stadt Jerusalem im Mittelpunkt, im zweiten der Hinweis auf den selbstverschuldeten Charakter ihrer Not. Dabei weisen die beiden in V.9c und 11c eingefügten, an Jahwe gerichteten Kurzklagen Jerusalems bereits daraufhin, daß die Stadt und mit ihr das Volk allein in Jahwe ihren Tröster und Helfer finden können.

1,1-6 *1,1-6: Zions Trauer und Verlassenheit.* Der Dichter eröffnet seinen Leidbericht
1 in Erinnerung an die tiefe Erniedrigung Jerusalems mit dem Klageruf, der sonst den Toten gilt[56]. Damit gibt er zu erkennen, daß im folgenden von schrecklichen Ereignissen und tiefstem Leid die Rede sein wird. Bleibt der Unterschied zwischen Leben und Tod grundsätzlich unvergleichbar, so gibt es doch einen Schmerz der Verlassenheit, in dem der Mensch seine einsamste Stunde vorwegnimmt. Einer derartigen Einsamkeit ist die Stadt samt ihren Bewohnern verfallen, als sie ihre Rolle als stolze Hauptstadt des davidischen Reiches ausgespielt hatte und selbst zur babylonischen Provinz oder, im Bild eines Frauenlebens, zur Witwe geworden war[57]. Welche Folgen das für die Überlebenden hatte, wird das fünfte Lied
2 anschaulich vergegenwärtigen, vgl. 5,1-2.8-13. - Daß auf die Vielzahl der Freunde aus glücklichen Tagen in Notzeiten kein Verlaß ist, wußten schon die Weisen Israels[58]. Das „Freunde in der Not - tausend auf ein Lot!" ist keine erst neuzeitliche Erkenntnis. Wer ins Unglück gerät, wird erfahren, ob er wirkliche Freunde oder nur Mitgenießer seines Glücks besessen hat. Es läßt tiefe Rückschlüsse auf den menschlichen Charakter zu, daß die Klage über die Treulosigkeit der Freunde so verbreitet und das Lob des wahren, in der Not bewährten Freundes so groß ist[59]. Ist es schmerzlich, wenn sich Freunde und Nachbarn aus einer Regung der Urscheu vor der Macht des Unheils von dem Leidenden fernhalten, vgl. Ps 38,12 und 88,19, ist es noch schmerzlicher, wenn sie offen die Front wechseln und zu Feinden werden[60]. In dieser Lage befanden sich Jerusalem und Juda nicht nur unmittelbar nach dem Zusammenbruch, sondern dank ihres Status als babylo-

---

[55] Vgl. dazu F. Stolz, Psalmen im nachkultischen Raum, ThSt(B) 129, Zürich 1983, S. 27 ff.
[56] Vgl. auch 2,1; 4,1 und zum ursprünglichen Sitz im Leben in der Totenklage 2. Sam 1,19.25.27.
[57] Vgl. auch Ps 109,9; 94,6; Hiob 24,3.21 und ferner z.B. 2. Kön 4,1 ff. Eine Witwe stand wegen der ihr in der älteren Zeit eigenen aktiven Rechtsunfähigkeit freilich auch unter besonderem Gottesschutz., vgl. z.B. Ex 22,21; Dtn 27,19 und Jes 1,17.23. Daß sich ihre Lage später änderte, zeigt das Beispiel Judits.
[58] Vgl. Spr 19,4 und weiterhin Sir 6, 7. Vgl. auch, was Aristoteles, Nikom. Ethik IX, 1164a, 8ff. über die Vergänglichkeit der Lustfreundschaft sagt.
[59] Vgl. z.B. Euripides, Orest 666 ff.; 727 f. und 1155 ff. Vgl. auch O. Kaiser, Lysis oder von der Freundschaft, ZRGG 32, 1980, S. 193 ff = ders., Der Mensch unter dem Schicksal, BZAW 161, Berlin-New York 1985, S. 206 ff.
[60] Zur Formel „zum Feind werden" vgl. Ps 139,22.

nischer[61] und persischer Provinz auch weiterhin. Politische Freundschaften sind ihrem Wesen nach Zweckbündnisse; freundnachbarliche Beziehungen zu den angrenzenden Völkern schlagen nur zu schnell in Gehässigkeiten um, in denen sich längst vergessen geglaubte Ressentiments zur Überraschung der Betroffenen entladen. Das mußte auch Jerusalem erfahren, als die Philister im Westen, Ammoniter, Moabiter und Edomiter im Osten und Südosten den Vorteil nutzten, den ihnen die Wehrlosigkeit Judas bot[62]. So blieben Jerusalem und die in ihm verbliebenen Bewohner einsam ihrem Schmerz ausgeliefert[63]. – Mit V.3 gehen die Gedanken des Dichters von dem Schicksal der Hauptstadt zu dem ihres Reiches über. In den neueren Auslegungen ist es strittig, ob der Poet in V.3a die ganze Periode der zu Beginn des letzten Drittels des 8.Jh.s einsetzenden Vasallität[64] oder nur den mit der Unterwerfung durch die Babylonier einsetzenden Schlußakt der Geschichte Judas vor Augen hat. Zugunsten der zweiten Deutung spricht, daß V.1 die Vergangenheit Jerusalems grundsätzlich positiv beurteilt[65]. Mithin besagt V.3a lediglich, daß Juda am Ende einer schweren, durch Entbehrungen, Tribute und Kriegsdienste bestimmten Zeit exiliert worden ist[66]. Angesichts der weiteren, auf ein jüngeres Entstehungsdatum des Liedes verweisenden Indizien dürfte unter Juda kaum im Sinne eines totum pro pars die in der Folge der Katastrophe deportierte Oberschicht zu verstehen sein, sondern der Dichter der später von der Führungsschicht der Heimkehrer vertretenen Sicht der Dinge folgen, nach der seinerzeit das ganze Land entvölkert worden war, vgl. z.B. 2. Kön 25,21b[67]. Die Fluchandrohung Dtn 28,65f., daß die unter die Völker Zerstreuten bei ihnen

---

[61] Der genaue Status Jerusalems und Judas unter den Babyloniern ist unbekannt. Vielleicht war er lediglich der eines besetzten Landes, dessen Herrscher in Schutzhaft genommen war.

[62] Zum Verhalten der Philister vgl. Jer 27,3; Zef 2,4ff.; Ez 25,15ff.; Neh 4,1; zu dem der phönizischen Städte Sidon und Tyros Jer 27,3; Ez 26,1ff.; zu dem der Ammoniter Jer 27,3; 2. Kön 24,2; Jer 40,13f.; 41,1f.10; Zef 2,8ff.; Jer 49,1ff.; Ez 25,2ff.; ferner Neh 4,1 und dazu J.R.Bartlett, TRE 2, S.460; zu dem der Moabiter Jer 27,3; 2. Kön 24,2; Jer 48,25ff.; Zef 2,8ff.; Ez 25, 8ff. und dazu auch Josephus, Ant.Jud. X, 181f.; Neh 3,35; 4,1; zu dem der Edomiter Jer 27,3; Ps 137,7; Jes 34,5ff.; Obd 8ff.; Jer 49,7ff.; Ez 25,12ff.; Joel 4,19 und nicht zuletzt Klgl 4,21f. und zum historischen Anlaß der Edomiterfeindschaft in der exilisch-nachexilischen Prophetie, der Besetzung von Südjudäa durch die Edomiter, M.Weippert, TRE 9,S.295,43ff.

[63] Vgl. 2,18b; ferner Ps 6,7;42,9; 77,3.5.7; 88,2; Jer 8,23 und 14,17. — Die Formel „sie hat keinen Tröster" ist außerhalb unseres Liedes auch in Koh 4,1 aufgenommen. Zur Sache vgl. auch Ps 69,21; 77,3.

[64] Vgl. z.B. Rudolph, Kraus, Weiser, Plöger, Kaiser[1(3)] und wohl auch Boecker z.St.

[65] Vgl. Brandscheidt, Gotteszorn, S.105f. und Provan, S.37f.

[66] Vgl. dazu auch Brandscheidt, S.106.

[67] Dann wäre es nicht zufällig, daß an beiden Stellen von Juda die Rede ist. Zu 2. Kön 25,21b vgl. Würthwein, ATD 11/2, S.478 z.St.; Chr.R.Seitz, Theology in Conflict, BZAW 176, Berlin / New York 1989, S.59 sowie Jer 43,4f. und dazu K.-F.Pohlmann, Studien zum Jeremiabuch, FRLANT 118, Göttingen 1978, S.158f.,S.183ff. und dann besonders S.191. — Zum tatsächlichen Umfang der Deportation vgl. Jer 52,28-30 und dazu E.Janssen, Juda in der Exilszeit, FRLANT 69, Göttingen 1956, S.25ff. und besonders S.34; H.Weippert, Palästina in vorhellenistischer Zeit, Handbuch der Archäologie, Vorderasien II/1, München 1988, S.692 und zu den 587 in Jerusalem angerichteten Zerstörungen Kathleen M.Kenyon, Digging up Jerusalem, London 1974, S.166ff.

Ruhe fänden, bildet den besten Kommentar zu V.3a und steht denn auch vermutlich bereits in seinem Hintergrund. V.3c gibt dann die ebenso poetische wie realistische Begründung für das in den beiden vorausgehenden Doppelreihen Gesagte: Der Exilierung ging die Gefangennahme voraus, der auch die nicht entgingen, die sich ihr wie der König und seine Begleitung durch die Flucht zu entziehen such-

4 ten, vgl. 2. Kön 25,4f.; Klgl 4,19f. und 2,22b. – Der Entvölkerung des Landes entspricht das Ausbleiben der zu den großen Jahres- und den privaten Opferfesten nach Jerusalem strömenden Pilger[68] oder poetisch ausgedrückt: die Verödung der zum Zion führenden Straßen[69] und ihrer zerstörten Tore, vgl. 2,9. In welchem Ausmaß der Tempel und selbst der Brandopferaltar 587 zerstört worden ist, bleibt ungewiß. Wir besitzen darüber nur die summarische Notiz in 2. Kön 25,9 par Jer 52,17. Andererseits berichtet Jer 41,4ff. von einem in den Herbst des Jahres 587 fallenden Zug büßender Pilger aus Sichem, Samaria und Silo zum Jerusalemer Tempel, die dort Speis- und Rauchopfer darzubringen beabsichtigten[70]. Mithin stellt V.4 die Verhältnisse in Stadt und Tempel mit einer gewissen Einseitigkeit dar, wie es der Gattung eigen ist. Trotzdem dürfte der Dichter historisch das Richtige treffen, wenn er uns die Priester angesichts der jedenfalls im Tempel angerichteten Zerstörungen als klagend vorstellt. Die in der Stadt herrschende Trauer unterstreicht die Erwähnung der Niedergeschlagenheit der Jungfrauen, vgl. 2,10c und ergänzend 5,14, und ihrer durch die personifizierte Tochter Zion, vgl. V.6,

5 repräsentierten Bevölkerung. – In V.5 nennt der Dichter die Gründe für die beklagenswerte Lage der Stadt: Sie ist immanent geurteilt eine Folge ihrer Überwältigung durch ihre Angreifer, deren Übermacht sie nicht gewachsen war, so daß jene triumphierend ihren Sieg genießen[71] und sich in ungestörter Sicherheit[72] wiegen konnten, vgl. 2,16. Aber hinter dem Triumph ihrer irdischen Feinde steht der Gott, der ihr wegen des Übermaßes ihrer Sünden übermäßiges Leid verhängt hat. Welche Sünden die Stadt bzw. das Volk begangen hatten, brauchte der Dichter offensichtlich nicht zu sagen, weil er es bei seinen Adressaten als bekannt voraussetzen konnte[73]. Statt dessen ruft er ihnen die Deportation der Jugend ins Gedächtnis, vgl. V.18c, die er, gemäß der Personifikation der Stadt als ihrer Mut-

6 ter, ihre Kleinen nennt. – So hat die als Tochter Zion bezeichnete Stadt[74] all das verloren, was sie früher auszeichnete, vgl. auch 2,15c: Ihr Tempel war geschändet, ihre Schätze geraubt, vgl. V.10, ihre Jugend und, wie wir sogleich erfahren, ihre nach den Entbehrungen der Belagerung kraftlos gewordene Führungsschicht auf der Flucht wie ermattete Hirsche von ihren Jägern[75] gefangen. Es fällt auf, daß

---

[68] Vgl. Ex 23,14-17; 34,23; Dtn 16,1ff. und 12,11ff.
[69] Vgl. auch Jes 33,8.
[70] Vgl. dazu P.R. Ackroyd, Exile and Restoration, OTL, London 1968, S. 20ff.; K.-F. Pohlmann, Studien zum Jeremiabuch, S. 116f. und Chr. R. Seitz, Theology in Conflict, S. 270ff.
[71] Vgl. Dtn 28,(41).44.
[72] Vgl. auch Ps 122,6 und Hiob 12,6.
[73] Vgl. dazu oben, S. 119.
[74] Vgl. dazu unten zu 2,1.
[75] Vgl. auch Ps 42,2.

der Dichter den König nicht ausdrücklich erwähnt, vgl. 2. Kön 25,11 f.18 ff. Auch in dieser Beziehung malt der Dichter gattungsspezifisch schwarz, wo es in der Realität auch an Grautönen nicht fehlte, vgl. Jer 40,7 ff.

1,7-11: Die Verachtung und Verlassenheit Jerusalems als Folge seiner Sünden. In   1,7-11
den V.7-11b zeichnet der Dichter das Bild der von ihren Eroberern verspotteten und ihren früheren Freunden verachteten Stadt, deren Not die Folge ihrer sorglosen Sündigkeit ist. In V.11c unterbricht er den Leidbericht durch ihren an Jahwe gerichteten Notschrei, der ihrem übergroßen Leid über ihre gegenwärtige Verächtlichkeit Ausdruck gibt und damit ebenso das Berichtete unterstreicht wie auf Jahwe als den einzigen Helfer in der Not verweist. – Zunächst stellt er uns die   7
in kummervolle Erinnerung an ihren einstigen Reichtum versunkene Frau Jerusalem vor. Der Vers fällt durch seine vier statt der sonst streng eingehaltenen drei Bikola aus dem Rahmen. Daher ist trotz gelegentlicher Einsprüche[76] die Annahme berechtigt, daß V.7 sekundär erweitert worden ist. Als Ergänzungen kommen entweder V.b oder V.c in Frage. Die Mehrheit der Ausleger streicht V.7b, der den Verlust ihrer einstigen Kostbarkeiten als Grund ihres Kummers nennt, vgl. V.10a.[77] Aber vermutlich verhält es sich genau umgekehrt: V.7b konnte einem Späteren als zu materialistisch erscheinen, so daß er in V.7c die Preisgabe ihres Volkes durch die Feinde und das Ausbleiben jeder Hilfe[78] nachtrug, vgl. auch 4,17. Allein in ihrer schmerzlichen Versunkenheit angesichts des jähen Wechsels ihres Schicksals erregte sie bei ihren Feinden kein Mitleid, sondern lediglich höhnisches Gelächter, Vgl. V.21b. – Wenn ein Volk oder ein einzelner ihre Not als   8-9
Folge ihrer Schuld vor Gott anerkennen, wird ihre verzweifelte Resignation, in der sie keinen Ausweg aus ihrer gegenwärtigen Lage sehen, aufgesprengt; denn sie wissen sich dann vor Gott als dem Herrn aller Möglichkeiten stehen, den sie trotz ihres Elends um seine barmherzige Hilfe anrufen können. Dahin will der Dichter seine Gemeinde durch die Verse 8 und 9 bringen, in denen er Jerusalems verachtetes und trostloses Dasein auf die Schwere ihrer Sünden zurückführt und sie dann selbst Gott ihre Not klagen läßt. Er stellt die Stadt dabei zunächst als eine Frau vor, die öffentlich entblößt und damit in den Augen ihrer einstigen Verehrer der Schande verfallen ist, und weiterhin als eine solche, die durch ihren Blutgang verunreinigt ist. Formal handelt es sich dabei um zwei unausgeführte Vergleiche: Einerseits galt in Israel die öffentliche Entblößung der Scham von Mann oder Frau als schimpfliche Entehrung, vgl. z.B. Gen 9,21 ff.; Jes 47,3; Jer 13,22.25 f. und Ez 22,10[79] andererseits beurteilte man den Blutgang der Frau als eine schwere, sie von jedem Verkehr und jeder Beteiligung am Kult ausschließende Verunreinigung, vgl. Lev 15,19 ff. und Ez 18,6[80]. Mithin besagt V.8, daß die eroberte Stadt ihre Ehre bei ihren einstigen Verbündeten verloren hat und nun zutiefst verächtlich

---

[76] Vgl. Provan, S.41 f.
[77] Vgl. z.B. Jes 64,10 und Joel 4,5.
[78] Zur Formel vgl. Ps 72,12; 2. Kön 14,26; Dan 11,45; Ps 22,12; 107,12; Jes 63,5 und ferner Hiob 29,12.
[79] Vgl. dazu auch H. Niehr, ThWAT VI, Sp.371 ff.
[80] Vgl. J. Milgrom und D.P. Wright, ThWAT V, Sp. 252.

geworden ist, V.9a und b aber, daß sie durch ihre eigene Schuld ihre einstige Ehrenstellung verloren hat und in trostlose Isolation geraten ist. Mithin bleibt Jerusalem keine andere Wahl als angesichts ihrer Verächtlichkeit und Verlassenheit den Gott, der diese Schande über sie verhängt hat, anzurufen, er möge ihr durch den Triumph ihrer Feinde[81] bewirktes Elend wahrnehmen, vgl. Ps 9,14a[82],

10 und d.h.: ihr helfen. In V.10 nimmt der Dichter seinen Leidbericht wieder auf, indem er zunächst noch einmal an ihre Ausplünderung durch die Feinde erinnert, um dann steigernd deren Eindringen in den Tempel zu beklagen und Gott selbst ins Gedächtnis zu rufen, daß es sich dabei um Menschen handelte, die nach seinem eigenen Verbot nicht in den *qāhāl*, die Gemeinde als Kultversammlung, aufgenommen werden durften, vgl. Dtn 23,4[83]. In der Tiefenstruktur unterstützt dieser Hinweis ebenso die vorausgehende wie die in V.11b folgende Kurzklage Jerusalems; denn das Übertreten gerade dieses Verbots bedeutete eine demonstra-

11 tive Schändung des Tempels und damit Entehrung Jahwes[84]. V.11 verweist unterstützend auf die Klagen der Hunger leidenden und in ihrer Not ihre Wertsachen gegen Lebensmittel eintauschenden Jerusalemer hin[85]. Nach 2. Kön 25,3f. hatte der Hunger die Eroberung der Stadt ermöglicht, nach Klgl 5,9f. mit der Eroberung nicht aufgehört. Das hier Berichtete wiederholt sich wohl in allen Kriegen und ist denen, die das Ende des Zweiten Weltkrieges erlebt haben, noch in lebendiger Erinnerung. – Daß der Dichter in der Jerusalem in den Mund gelegten Kurzklage in V.11b Jahwe erneut auf ihre verächtliche Situation hinweisen, statt um Hilfe für ihre Hunger leidenden Kinder bitten läßt, erklärt sich möglicherweise dadurch, daß jene auch noch zur Zeit des Dichters anhielt, während sich die wirtschaftliche Lage inzwischen unter der persischen Verwaltung gebessert hatte[86]. Daß die einstigen Hungerqualen dann in V.19 doch noch einmal zur Sprache gebracht werden, entspricht der Funktion der V.18-19, die mit ihrem Leidbericht zu der abschließenden Bittklage überleiten.

1,12-22 *Zions an die Vorübergehenden, alle Völker und Jahwe gerichteten Klagen.* Stand in der vorausgehenden Klage des Dichters die Verlassenheit und Schande Jerusalems als Folge der Sünde im Mittelpunkt, rückt er jetzt die beispiellosen Leiden in das Zentrum, die ihr der von ihr selbst verschuldete heftige Zorn Jahwes[87] zugefügt hat. So läßt er die Tochter Zion in den V.12-16 die Passanten und in den V.18-19 alle Völker um Mitleid mit ihrem übergroßen Schmerz anrufen. Die in V.17 eingeschaltete Kurzklage des Dichters berichtet, daß ihre auf die Vorübergehenden gesetzten Erwartungen erfolglos geblieben sind und von den sie verab-

---

81 Vgl. Ps 35,26; 38,17; 55,13; Jer 48,26.42; Zef 2,8.10; Obd 12 und Ez 35,13.
82 Vgl. auch Ps 25,18; 119,153 sowie Klgl 1,11c.20a und 2,20a.
83 Vgl. dazu die Inschrift TGI³ Nr. 55 S.91 aus dem Vorhof des herodianischen Tempels, die dem Nichtjuden, dem ἀλλογενής, das Betreten des Heiligtums bei Todesstrafe verbot.
84 Vgl. auch 2,7c.20c und Ps 74,3ff. und 79,1.
85 Vgl. V.19b.c und außerdem 2,11f.20f., 4,3ff. und 9f.
86 Vgl. H.Weippert, Palästina in vorhellenistischer Zeit, S.692.
87 Zur Formel „Tag der Glut seines Zornes" vgl. Jes 13,13; weiterhin z.B. Zef 2,2; Jer 4,8; 1. Sam 28,18; Jer 4,26; Ps 78, 49; Hiob 20,23; Ps 69, 25; Hiob 11,9, Jer 49, 37.

scheuenden Völkern kein Trost zu erwarten ist. Sie blickt einerseits auf V.8 f. zurück und bereitet andererseits die abschließende, an Gott selbst gerichtete Bittklage Zions in den V.20-22 vor.

1,12-16: Zions Klage an die Vorübergehenden über das ihr von Gottes Zorn zugefügte Leid. Zion eröffnet ihre an die Vorübergehenden gerichtete Klage mit dem Hinweis auf die Beispiellosigkeit des ihr von Jahwe in seinem schweren Zorn angetanen Leides. Das Motiv hat der Dichter aus 2,13 übernommen und unter Rückgriff auf 2,15 szenisch geschickt transponiert[88]. Unter Rückgriff auf Sprache und Motivschatz der Klagelieder des Einzelnen und prophetischer Gerichtsankündigungen läßt er Jerusalem das ihr von Jahwe Zugefügte berichten: Wie ein Fieber den Leib des Kranken von innen her ausglüht, vgl. Ps 102,4 und Jer 20,9, hat der Zorn des Himmelsgottes Jahwe sie vernichtend getroffen. Herkömmliche Metapher, vgl. 2,3 ff.[89], und Realität gehen dabei untrennbar ineinander über; denn die Brandpfeile der Belagerer und ihre planmäßig angelegten Feuer gehörten zum Alltag nicht nur der altorientalischen Kriegsführung, vgl. 2. Kön 25, 8 f.; Jes 64,10[90]. Wie der Jäger das flüchtige Wild mit dem Netz stellt und aus vollem Lauf rücklings zu Boden reißt, vgl. Ps 140,6; Spr 29,5,[91] hat sie Jahwe niedergeschlagen, so daß sie starr vor Schrecken und kraftlos dem Zugriff seiner Gewalt bzw. dem ihrer von Jahwe als seinen Werkzeugen benutzten Feinde preisgegeben ist. Haben wir den Text von V.14a.b richtig rekonstruiert, so beklagt sie weiterhin, daß ihr auf Jahwes Geheiß ihre Bewegungsfreiheit genommen war, vgl. die Ausgestaltung des Motivs in 4,18a. Wie einem störrischen Rind das Joch auf den Hals gelegt wird[92], um es dem Willen seines Lenkers gefügig zu machen, hatte Jahwe ihre Kraft gebrochen, indem er sie der Gewalt ihrer übermächtigen Feinde auslieferte[93], der sie schließlich unterliegen mußte[94]. V.15 beklagt, daß Jahwe selbst ihre Jungmannschaft der Vernichtung preisgab, vgl. 2,22. Die schonungslos dreinschlagenden Feinde verwandeln sich dem Dichter in Jahwe als den göttlichen Winzer, der mit Freude die roten Trauben in der Kelter tritt, bis alle zerquetscht sind, vgl. Jes 16,9 f. und Jes 63,2 f.[95] Ehe der Dichter sich mit seinem

Marginalien rechts: 1,12-16 · 12-13 · 14-15 · 16

---

[88] Zur Formel vgl. unten zu 2,15.

[89] Vgl. z.B. Dtn 32,22; Jes 9,18; Jer 5,14; 7,20 und Am 5,6.

[90] Vgl. auch Num 31,9 f.; Jos 6,24; Am 1,4; 2,5 u.ö.; Hos 8,14; 1. Makk 1,23 f.; 5,4 f.; Jdt 6,4 und z.B. Herodot, VIII,49 und 53; Xenophon, Anabasis VII,4.14 ff. oder Euripides, Troerinnen, 1256 ff.

[91] Vgl. auch Ps 25,15; 31,5; Ez 12,13; 17,20; 19,8 und weiterhin 32,3 und Hos 5,1; 7,12.

[92] Zur Sache vgl. F. Nötscher, Biblische Altertumskunde, HSAT.E III, Bonn 1940, S. 175 f.; zur Metapher vgl. z.B. Dtn 28,24 und Jer 27,2 ff. und unten zu 5,5.

[93] Zur Formel vgl. Ps 78,61; 106, 41 und z.B. Ri 2,14 u.ö.; 2. Kön 21,14; Jer 38,18.

[94] Zur Formel vgl. 2. Sam 22,39 par Ps 18,39 und Ps 36,13.

[95] Vgl auch Jer 25,30; Joel 4,13; dazu R. P. Carroll, Jeremiah, OTL, London 1986, S. 507 und immerhin auch KTU 1.3,3 ff. bzw. J. C. L. Gibson, Canaanite Myths and Legends, Edinburgh 1978[2], 3 B II, 3 ff. S,47 f. und dazu A. S. Kapelrud, The Violent Goddess. Anat in the Ras Shamra Texts, Oslo 1969, S. 48 ff. und J. C. de Moor, The Seasonal Pattern in the Ugaritic Myth of Ba'lu, AOAT 16, Kevelaer und Neukirchen 1971, S. 94 f. Zur Kelter vgl. K. Galling, BRL[2], S. 362 und besonders anschaulich J. B. Pritchard, Gibeon. Where the sun stood still, Princeton 1962, S. 79 ff.

Leidbericht einschaltet, beendet Jerusalem ihre an die Vorübergehenden gerichtete Klage wirkungsvoll, indem sie noch einmal auf ihren übergroßen Schmerz, vgl. V.2a und 12,[96] ihre trostlose Verlassenheit, vgl. V.2bα.9b und 11bβ, und die Wehrlosigkeit ihrer vom Schrecken vor den Siegern gelähmten Kinder, der Einwohner Jerusalems, verweist.

1,17 *1,17: Die Zwischenklage des Dichters: Zions vergebliches Warten auf einen Tröster.* In V.17 meldet sich nun der Dichter selbst zu Wort, während Jerusalem für einen Augenblick in ihren Schmerz versunken schweigt. Er setzt seinerseits den Leidbericht fort, indem er feststellt, daß die Klage Zions bei den Passanten kein Gehör gefunden hat, weil Jerusalem nach dem von Jahwe gewollten Untergang des Reiches[97] ihnen wie eine unreine Frau zum Greuel geworden ist, vgl. V.8 f.[98]

1,18-19 *1,18-19: Zions Klage an alle Völker über ihr selbstverschuldetes Elend.* Kaum hat der Dichter seinen knappen Leidbericht beendet, schreckt die Tochter Zion aus ihrer Lethargie auf, um, als hätte sie seine Worte gehört, alle Völker anzurufen, mit ihrem selbstverschuldeten Leid und ihren Einwohnern Mitleid zu haben. Sie setzt in V.18aα mit dem Bekenntnis zur Gerechtigkeit Jahwes und dem Eingeständnis ihrer eigenen Schuld ein: Durch ihre Widerspenstigkeit gegenüber dem Gesetz und den Propheten[99] hat sie ihr eigenes Leid und das ihrer Einwohner selbst verschuldet[100]. Man kann V.18 mit ihrer Strafanerkenung als eine Gerichtsdoxologie bezeichnen[101], deren ursprünglicher Sitz im Leben die kultische Bußfeier gewesen ist, vgl. 2. Chr 12,6 und z.B. Esr 9,6ff.,vgl. V.15; Neh 9,6ff., vgl. V.8 und V.33[102]. Sie gilt in unsrem Zusammenhang natürlich nicht den im folgenden Vers um mitleidige Aufmerksamkeit angerufenen Völkern[103], sondern den Adressaten des Liedes, die es sich zu Herzen nehmen sollen, daß das einst über Jerusalem hereingebrochene Elend und die während Verachtung des unter

---

[96] Vgl. auch Jer 9,17; 13,17 und 14,17, Brandscheidt, Gotteszorn, S.121 und z.B. Ps 6,7f.; Hiob 16,20; 17,7 und nicht zuletzt Klgl 2,11; 3,48.

[97] Jakob ist auch hier gegen Brandscheidt, Gotteszorn, S.121 und GS, S.45 nicht anders als in 2,2 als Bezeichnung Judas und Jerusalems zu verstehen. Die Annahme, es liege eine den Untergang Samarias einbeziehende Horizonterweiterung vor, verträgt sich weder im Zusammenhang mit V.a noch mit V.c.

[98] Das Wort *niddâ* bezeichnet eigentlich die Unreinheit der menstruierenden Frau, dann die Unreinheit überhaupt und die ihr entsprechende Reaktion, vgl. ThWAT V, Sp. 252. – Vgl. aber auch oben, Anm. 22.

[99] Vgl. unten zu 2,17.

[100] Vgl. auch Dtn 21,18.20; Jes 1,5; 30,9 und Jer 5,23; zum nachdeuteronomistischen Charakter der Jesajabelege vgl. Kaiser, ATD 17[5], S.30ff. und ders., Literarkritik und Tendenzkritik. Überlegungen zur Methode der Jesajaexegese,in: J. Vermeylen, ed., The Book of Isaiah/Le livre d'Isaïe, BEThL 81, Löwen 1989, S.64ff.; zum literarischen Charakter von Jer 5,22-25 W.McKane, Jeremiah I, ICC, Edinburgh 1986; S.130f.

[101] Vgl. Brandscheidt, Gotteszorn, S.122 und F.Horst, Die Doxologien im Amosbuch, ZAW 47, 1929, S.45ff. = ders., Gottes Recht, hg. H.W.Wolff, TB 12, München 1961, S.155ff. und G.von Rad, Gerichtsdoxologie, in: Schalom. FS A.Jepsen, Aufsätze und Vorträge zur Theologie und Religionswissenschaft 51, 1971, S.28ff. = ders., Gesammelte Studien zum Alten Testament II, hg. R.Smend, TB 48, München 1973, S.245ff.

[102] Vgl. dazu v.Rad, S.30 = S.247.

[103] Vgl. auch Mich 1,2aα.

die Völker zerstreuten oder in der Heimat unfrei lebenden Volkes die Folge des gerechterweise über es entbrannten Gotteszornes ist. Die Wiederholung der Klage über die Treulosigkeit der einstigen Liebhaber aus V.2b in V.19bβ soll den Völkern die Isolation Jerusalems bewußt machen, die über die Deportation der Jugend in V.19c und über die Hunger leidenden Priester und Ältesten, vgl. auch V.11, ihren mütterlichen Schmerz begründen. Doch liegt es auf der Hand, daß eine Stadt, die von ihren einstigen Freunden im Stich gelassen ist und deren leidvoller Anblick und Klage die Passanten nicht bewegt, auch bei den fernen Völkern kein Gehör findet. Die von Gott geschlagene Stadt und ihr von Gott geschlagenes Volk können auch nur bei ihm Gehör und Trost erwarten. Und so erweisen sich im Rückblick die an die Vorübergehenden und an die Völker gerichteten Klagen Jerusalems als ein Mittel, den Adressaten die Leiden der Väter zu vergegenwärtigen und sie davon zu überzeugen, daß sie nur von ihrem Gott eine Wende ihres Exilsgeschickes erwarten können.

1,20-22: Zions Bittklage zu Jahwe um Trost und Vergeltung an ihren Feinden. 1,20-22 Dem entspricht es, daß sich Jerusalem nun zum Beschluß des Liedes wie eine Mutter, die in der Totenklage über ihre ermordeten Kinder den Rächer herausfordert[104], an ihren Gott wendet, vgl. V.9c und 11c. Sie bekennt ihm klagend ihre Angst[105] und in Übereinstimmung mit ihrem in V.18a abgelegten Bekenntnis zu seiner Gerechtigkeit ihre tiefe Reue[106]. Dann sucht sie sein Mitleid zu erwecken, indem sie den von ihr verschuldeten Tod ihrer Kinder beklagt, die teils im Kampf gefallen, teils durch Hunger dahingerafft worden sind, vgl. 2,21b und 4,9. Ihre Appelle an das Mitleid der des Weges Ziehenden und der Völker hatten kein Echo gefunden. Alle hatten sich als ihre Feinde erwiesen und sich über ihr Leid gefreut, das sie durch den Gebrauch der Unterwerfungsformel in V.21bβ noch einmal ausdrücklich als die gerechte Strafe für ihre Sünden anerkennt: Ihr ist an seinem Gerichtstag, vgl. V.12c, das zuteil geworden, was sie verdient hatte, vgl V.22b. Nun aber möge Jahwe auch an ihren Feinden entsprechend handeln, alle ihr von ihren Feinden zugefügten Leiden in die Waagschale werfen und ihnen Gleiches mit Gleichem vergelten, vgl. auch 3,64 und Jer 51,24.26[107], und so ihre Klagen zu ihm erhören und ihrer Kraftlosigkeit gedenken[108].

20
21
22

---

104 Jahnow, Leichenlied, S. 88 f.
105 Vgl. Ps 31,10; 69,18 und Klgl 2,11a.
106 Vgl. zu V.20bα 2,18aα und Ps 39,4; 55,5; 109,22; Hos 11,8.
107 Weitere Nachweise unten zu 3,64.
108 Vgl. Jer 8,18.

Kapitel 2: Die Tochter Zion unter dem Zorn Jahwes

1 Ach, wie ‚entehrte‘[1] in seinem Zorn
   der Herr[2] die Tochter Zion.
   Er warf vom Himmel zur Erde
   Israels Zier
   und gedachte nicht seiner Füße Schemel
   am Tag seines Zorns.

2 Es verheerte der Herr[2] ohne Erbarmen[3]
   alle Triften Jakobs.
   Er legte in seinem Grimm in Trümmer
   die Burgen der Tochter Juda[4].
   Er stieß zu Boden, entweihte
   das Reich und seine Fürsten.

3 Er zerschlug in der Glut ‚seines Zorns‘[5]
   jedes Horn Israels[6].
   Er hielt seine[7] Rechte zurück
   angesichts der Feinde
   und entbrannte in Jakob der Flamme gleich,
   die ringsum frißt.

4 Er trat[8] den Bogen wie ein Feind,
   ‚den Pfeil in seiner Rechten‘[9].
   Dem Bedränger gleich ‚schlug‘[10] und mordete er
   alles, was wohlgestaltet.
   Im Zelt der Tochter Zion
   ergoß er seine Wut wie Feuer[11].

5 Es erwies sich der Herr[2] wie ein Feind,
   verheerte Israel.
   Er verheerte all ‚seine Paläste‘[12],
   ‚zerstörte‘[13] seine Burgen

---

[1] Lies das Perfekt $h\bar{e}$ '$\hat{i}b$. Die Bedeutung des Verbs '$\hat{u}b$ Hip. ist umstritten. Sie wird teils im Anschluß an G und unter Berufung auf arab. j^cb als „umwölken" oder „verschmähen", vgl. S. Bergler, VT 27, 1977, S. 316 f. und HAL 750b s.v., teils unter Berufung auf arab. gjb als „entehren", vgl. L. Knopf, VT 8, 1958, S. 188 f. und teils unter Verweis auf hebr. t^cb als „zum Abscheu machen", vgl. Th. F. McDaniel, Bib 49, 1968, S. 85 f., bestimmt. Sachlich ist der Unterschied letztlich nicht groß.

[2] „Herr" ersetzt in Kapitel 2 vermutlich durchgehend sekundär den Gottesnamen Jahwe.

[3] Vgl. auch BHS.

[4] Versetze den Atnach unter dieses Wort.

[5] Lies '$app\hat{o}$.

[6] D.h.: Israels ganze Streitmacht.

[7] D.h.: seine eigene, vgl. Ps 74,11.

[8] D.h.: er spannte.

[9] Lies $h\bar{e}\d{s}$ $b\hat{i}min\hat{o}$; vgl. Rudolph und Westermann z.St.

[10] Ergänze metri causa mit Hillers und Westermann ein $hikk\hat{a}$.

[11] Die vielfach vorgeschlagene Umstellung von cα hinter cβ ist m.E. nicht erforderlich.

[12] Lies '$arm^cn\hat{o}t\hat{a}w$.

und mehrte in der Tochter Juda
Weh und Wehgeschrei[14].

6 Er riß ‚wie einen Weinstock'[15] seine Hütte[16] nieder,
verwüstete seinen Festplatz.
Vergessen ließ Jahwe in Zion
Festtag und Sabbat
und verwarf in seinem tobenden Zorn
König und Priester.

7 Es verstieß der Herr[2] seinen Altar,
entweihte sein Heiligtum.
Er lieferte in des Feindes Hand
die Mauern ihrer[17] Paläste.
Sie lärmten im Hause Jahwes
wie bei einem Feste.

8 Es gedachte Jahwe zu verderben
die Mauer der Tochter Zion.
Er spannte die Schnur, hielt nicht zurück
seine Hand vom Verwüsten,
versetzte in Trauer Wall und Mauer,
sie sanken zumal.

9 Es versanken ihre Tore im Boden,
er vernichtete "[18] ihre Riegel.
Ihre Könige und ihre Fürsten sind unter den Heiden,
es gibt keine Weisung.
Auch ihre Propheten finden keine
Schauung von Jahwe.

10 Es sitzen schweigend[19] am Boden
die Alten der Tochter Zion.
Sie streuten Staub auf ihr Haupt,
mit Säcken umgürtet.
Es senkten zu Boden ihr Haupt
Jerusalems Jungfraun.

11 Vor Tränen ward blind mein Auge,
vor Schmerz glühend[20] mein Leib.

---

[13] Lies *hišḥît*.
[14] Vgl. auch Jes 29,2.
[15] Lies mit G *keg̱æpæn*.
[16] Lies mit Löhr *sukkô*. Zur Bedeutung vgl. auch Provan z.St.
[17] D.h.: Zions. Siehe V.6. Vgl. aber auch Rudolph, der ein *ḥamdat 'oṣrôtǣhā* „das köstlichste ihrer Schätze" liest, worin ihm Kraus und Weiser gefolgt sind.
[18] Bei nachträglicher, durch eine Überlänge wie hier in V.9aβ angezeigter Auffüllung ist grundsätzlich nicht der unbestimmte, sondern der bestimmte, ihn interpretierende Ausdruck als Glosse auszuscheiden. So hier das „ und er zerbrach."
[19] Zur Form von *dmm* vgl. BL 434h.
[20] Zur Form vgl. BL 285g.

Schwer lastet auf meiner Leber
  das Ende der Tochter, meines Volkes,[21]
da Kind und Säugling verschmachtet[22]
  auf den Plätzen der Straßen.

12 Sie drangen in ihre Mütter:
  „Wo ist Brot und Wein?"
Als sie wie getroffen[23] verschmachtet
  auf den Plätzen der Stadt,
als ihre Seele entfloh[24]
  an ihrer Mutter Brust.

13 Wem kann ich dich gleichsetzen[25], wem dich vergleichen,
  du Tochter[26] Jerusalem?
Wem kann ich dich gleichstellen, dich zu trösten[27],
  Jungfrau, Tochter Zion[28]?
Denn tief wie das Meer[29] ist dein Sturz.
  Wer könnte dich heilen?

14 Deine Propheten kündeten dir
  Trug und Tünche[30]
und deckten deine Schuld nicht auf,
  dein Schicksal[31] zu wenden.
Sie schauten dir Sprüche
  voll Trug und Verführung.

15 Es klatschten ob dir in die Hände
  all, die des Weges zogen.
Sie zischten und schüttelten ihren Kopf
  über die Tochter Jerusalem.
„Ist das die Stadt, von der man sagte,
  sie sei die schönste von allen, '[32]?"

---

[21] Wörtlich: „Zu Boden geschüttet ward meine Leber wegen des Zusammenbruchs der Tochter, meines Volkes."
[22] Zur Elision des anlautenden h des Inf.Nip. vgl. BL 228z, aber auch GK[28] § 51 l und Joüon § 51b.
[23] Wörtlich: durchbohrt.
[24] Wörtlich: sich ergoß.
[25] Vgl. mit Westermann z.St. auch Jes 40,18; aber auch HAL 751b s.v. *II 'wd*.
[26] Zum Artikel vgl. Dav. § 20 R.4.
[27] Zum Jussiv vgl. Dav. § 64a.
[28] Zur Konstruktion vgl. GK[28] § 128k.
[29] Zur Lesart von G vgl. Albrektson, S. 108.
[30] Es ist schwer zu entscheiden, ob die alten Versionen außer S hier von I *tāpēl* „Fades", oder von II *tāpēl* , „Lehmanstrich, Tünche", ausgingen, vgl. HAL 1634 s.v.I und II. Ez 13.10f.14f. spricht für II.
[31] Lies mit dem Qere *šᵉbûtēk* statt des Ketibs *šᵉbîtēk*„ "deine Gefangenschaft.„
[32] Die metrische Überfüllung legt die Annahme späterer Ergänzung nahe. Das abschließende „die Wonne der ganzen Welt" dürfte aus Ps 48,3 nachgetragen sein. Vgl. jedoch Ez 27,3.

16 Es rissen wider dich auf ihr Maul
   all deine Feinde.
Sie sagten zischend und zähneknirschend:
   „Wir haben sie vernichtet!
Ja, dies ist der Tag, auf den wir gehofft.
   Es gelang uns, wir dürfen es sehen[33]!"

17 Getan hat Jahwe, was er bedacht,
   er vollstreckte sein Wort,
das er vor Zeiten entboten.
   Erbarmungslos riß er nieder
und ließ den Feind über dich frohlocken,
   erhöhte das Horn deiner Dränger.[34]

18 „ ‚Schreie laut'[35] zum Herrn[2],
   ‚stöhne'[36], du Tochter Zion.
Laß wie einen Bach die Tränen fließen
   am Tage und in der Nacht.
Gönne dir keine Ruhe[37],
   dein Auge raste nicht![38]

19 Auf, rufe des Nachts[39]
   zu Beginn der Wachen.
Schütte aus wie Wasser dein Herz
   vor dem Antlitz des Herrn[2].
Erhebe zu ihm deine Hände
   für deiner Kinder Leben,
[die vor Hunger verschmachten
   an allen Straßenecken.][40]"

20 Ach, Jahwe, sieh und schaue doch!
   Wem sonst hast du solches getan?[41]
Dürfen[42] Frauen ihre Frucht verzehren,
   die heil geboren[43]?

---

[33] Zur asyndetischen Verbfolge bei erregter Rede vgl. Dav. § 41 R. 4.

[34] D.h.: er gab ihnen Stärke.

[35] M: „Es schrie ihr (Plur.) Herz zum Herrn in Bezug auf die Mauer Zions" fügt sich schwerlich in den Kontext ein, so daß eine Konjektur unvermeidlich ist. In der Regel folgt man dem Vorschlag von Heinrich Ewald und liest ein $\underline{s}a^{'a}q\hat{i}\ l\bar{a}k$. Ich schlage unter Berufung auf Hos 7,14 weiterhin vor, statt des $libb\bar{a}m$ ein $libb\bar{e}k$ zu lesen. Vgl. auch die bei Brandscheidt, Gotteszorn, S. 132 f. Anm. 249 und Provan z. St. diskutierten Möglichkeiten.

[36] Lies mit Budde statt $\underline{h}\hat{o}mat$ ein $h^a m\hat{i}$.

[37] Zum stat. constr. vor einer Präposition vgl. Joüon § 129m.

[38] Wörtlich: „Dein Augapfel stehe nicht still!" Unsere Übersetzung folgt Boecker.

[39] Vgl. BHS.

[40] V. 19d ist mit Löhr eine nach 2,11 f. und 4,1 gebildete Glosse.

[41] In der Regel übersetzt man mit: „ Wem hast du das angetan?" und erblickt darin eine Anspielung auf die Erwählung. Aber da von ihr im Folgenden nicht die Rede ist, dürfte mit Albrektson, S. 119 f. der Deutung von V. 20aß als eines gegenüber aα unabhängigen Satzes der Vorzug zu geben sein.

[42] Zur Einleitung einer Frage mit 'im vgl. Dav. § 122.

[43] Zur Bedeutung von $\underline{t}ippu\underline{h}\hat{i}m$ vgl. HAL 362a/b s. v.

> Darf[42] man ermorden[44] in des Herrn[2] Heiligtum
> Priester und Propheten?

> 21 Es liegt in den Straßen am Boden
> Knabe und Greis.
> Meine Jungfrauen und Burschen
> fielen durch das Schwert[45].
> Du hast gemordet am Tag deines Zorns,
> hast ohne Erbarmen geschlachtet.

> 22 Du beriefst[46] wie am Festtag von ringsher
> die, vor denen mir graute[47].
> Da war keiner am Tage, da Jahwe gezürnt,
> der entkam und entrann.
> Die ich heil gebar und großzog[48],
> die hat mein Feind vernichtet.

2,1-22 Wie das vorausgehende ist auch das vorliegende zweite Lied der Sammlung eine akrostichisch-alphabetische Dichtung, bei der jeder ihrer zweiundzwanzig, drei Bikola umfassenden Verse mit dem der Reihenfolge des Alphabets entsprechenden Buchstaben beginnt. Anders als das erste befolgt das zweite Lied gemeinsam mit den beiden folgenden statt der geläufigen Konsonantenfolge (= '-p) die umgekehrte p-'[49]. - Metrisch wird das Lied durch den hinkenden Qina- oder Leichenliedrhythmus bestimmt, in welcher dem ersten dreihebigen Kolon ein kürzeres zweihebiges folgt. Zur Entscheidung der Frage, ob die primären Abweichungen von diesem Schema beabsichtigt oder Folge einer Formenschwäche sind, fehlen uns die Kriterien. So wissen wir nicht einmal, wie das Lied ursprünglich vorgetragen worden ist.

Der Dichter stellt in ihm das durch die Eroberung des Jahres 587 weithin zerstörte und durch die Deportationen[50] entvölkerte Jerusalem als eine Jungfrau vor, die durch das Wüten des göttlichen Zornes in tiefstes Leid gestürzt ist. Sie soll durch behutsamen Zuspruch dazu bewegt werden, den selbstverschuldeten Charakter ihres Elends zu erkennen und in der Folge den Gott anzurufen, von dem sie allein Hilfe erwarten kann. Der Dichter legt ihr zu diesem Zweck eine Klage in den Mund, in der sie Jahwe zurückhaltend an das Übermaß ihrer durch seinen Zorn bewirkten Leiden erinnert und damit indirekt um deren Beendigung bittet. - Dieser Absicht gemäß ist das Lied in drei Teile gegliedert: In den Versen 1-12 berichtet der Dichter über die vernichtenden Schläge Jahwes gegen Jerusalem und Juda; in den Versen 13-19 wendet er sich mit einer Beileidsbezeugung an die

---

44 Wörtlich: darf ermordet werden.
45 Zu G vgl. Albrektson, S. 122 f.
46 Die Präformativkonjugation ist mit Rücksicht auf das Akrostichon gewählt.
47 Lies mit BHS $m^e g\hat{o} r^e raj$ und vgl. dazu Gottlieb, S. 37 f.
48 Zum koordinierten Verb in V.b und c vgl. Dav. § 58a.
49 Vgl. dazu oben, S. 99.
50 Vgl. zu ihnen Jer 52,28 ff.

Tochter Jerusalem, die in eine Aufforderung zum Gebet mündet. Ihr entspricht in den Versen 20-22 die an Jahwe gerichtete Klage der Tochter Zion.

Der Eigentümlichkeit aller in dieser Sammlung vereinigten Lieder gemäß nennt V.1 das Thema, den durch Jahwes Zorn bewirkten Sturz der Tochter Zion in tiefstes Elend und Leid. Dabei hebt der Dichter sogleich hervor, daß das Zentrum der Selbstoffenbarung Jahwes und des ihm geltenden Dienstes, der Zionsberg mit seinem Tempel, ebenfalls ein Opfer des göttlichen Zornes geworden ist. Das vernichtende Wirken dieses Zornes im ganzen Reich, besonders aber in seiner Hauptstadt und in seinem Heiligtum, bildet denn auch den Inhalt des Leidberichts der folgenden Verse 2-12. Das Leitmotiv des Zornes bzw. des Tages des Zornes Jahwes, das in V.1a und 1c anklingt, wird abgewandelt in den Versen 2b, 3a, 4a und 6c wiederaufgenommen und dann am Ende des ganzen Liedes in den Versen 21c und 22b noch einmal kräftig angeschlagen. Die in den Versen 1-8 vorliegende Kette der Verbalsätze hat, sieht man von V.7c und 8c ab, allein Jahwe als Subjekt. Sie beschreibt nicht nur die rasende Leidenschaft des göttlichen Zornes, sondern auch das Ausmaß der von ihm bewirkten Zerstörungen. Die anschließenden Verse 9 und 10 fassen als deren Auswirkungen zusammen, daß die Stadt von aller menschlichen und göttlichen Führung verlassen und in tiefe Trauer versunken ist. – Die V.11 und 12 setzen mir ihrer Schilderung der Leiden des Dichters angesichts des Zusammenbruchs seines Volkes eine kräftige Zäsur gegenüber der zweiten Hälfte des Liedes. Ihre Absicht wäre jedoch verkannt, wollte man in ihnen einen Aufruf zur Teilnahme an den persönlichen Empfindungen des Dichters sehen. Es handelt sich vielmehr um ein bewußt eingesetztes Stilmittel, das die Absicht verfolgt, das schrecklichste mit der Katastrophe verbundene Ereignis, den jämmerlichen Hungertod der am Geschick des Volkes unschuldigen Kinder, am Ende des Leidberichts besonders hervorzuheben, vgl. V.11c und 12, und damit der Beileidsbezeugung in V.13 vorzuarbeiten. – Wie überlegt der Dichter seine Mittel einsetzt, mag man weiter daran erkennen, daß die in dem Leidbericht zuerst und zuletzt erwähnten Opfer des Zornes Jahwes, der Tempel und die Kinder, vgl. V.1c und 11c-12[51], in der abschließenden Klage Jerusalems in V.20b und c pointiert an den Anfang gestellt werden. Dabei erzielt er eine letzte Steigerung, indem er weitere Züge zu dem bisher skizzierten Schreckensbild hinzufügt, die alles bisher Gesagte überbieten[52]. So erweist sich das Lied nicht als das Ergebnis einer augenblicklichen Stimmung, sondern als eine sorgfältig gestaltete Kunstdichtung.

Fragen wir nach Alter und Zweck des Liedes, gehen wir zweckmäßigerweise von seiner Kunstform aus: Der alphabetische, sich primär an das Auge richtende Charakter der Dichtung läßt von vornherein auf ihre literarische Entstehung zurückschließen[53]. Ihr kunstvoller Aufbau mit seinem Wechsel zwischen Leid-

---

[51] Zum konzentrisch-symmetrischen Aufbau der V.1-10 vgl. Brandscheidt, Gotteszorn, S. 136f.

[52] Vgl. V.20b mit V.11b.12 und 19c sowie V.20c mit V.1c und 6f.

[53] Das Problem, in welchem Umfang der Dichter auf andere exilische Volksklagen zurückgreift, bedarf einer besonderen Untersuchung, die sich Marcos Calovi vorgenommen hat.

bericht in V.1-12, an die Tochter Zion gerichteter Beileidsbezeugung in V.13-19 und ihrer Gott zugewandten Klage in V.20-22 ist geeignet, diese Annahme zu unterstreichen[54]. Dabei hat der Dichter nicht nur die Jerusalemer, sondern auch Gott selbst zum Adressaten: Jenen will er einprägen, daß der Zorn Jahwes den Fall Jerusalems und Judas bewirkt hat, vgl. V.1.21 und 22, sein vernichtendes Handeln längst von ihm geplant war, vgl. V.17, und durch die Schuld der Propheten über sie gekommen ist, vgl. V.14; ihn aber will er mittels der Erinnerung an die übermäßigen Leiden zum Eingreifen zugunsten seiner Stadt und seines Volkes bewegen, vgl. V.20ff. Dabei liegt die Annahme nahe, daß der Dichter sowohl bei seiner Beschuldigung der Propheten in V.14b wie bei seiner Deutung der Katastrophe als der Erfüllung von Jahwes längst verkündigtem Wort in V.17 unter dem Einfluß spätdeuteronomistischer Propheten- und Gesetzestheologie stand[55]. Zurückhaltender wird man die zahlreichen Berührungen mit Motiven der individuellen Klagelieder beurteilen; denn die Annahme direkter literarischer Abhängigkeit ließe sich nur aufgrund vollständiger Zitate, jedoch nicht schon aufgrund gemeinsamer Formeln und Motive überzeugend nachweisen. Zudem stellt die Datierung der Psalmen weithin noch ein offenes Problem dar. Auch die unübersehbaren Beziehungen zwischen V.14 und Ez 13 bieten angesichts der Unklarheit, in welcher Richtung die Abhängigkeit zu bestimmen ist, keinen eindeutigen Anhaltspunkt für die Datierung[56]. Daher wird man sich vorerst mit der Auskunft zu begnügen haben, daß der Dichter des Liedes unter dem Einfluß der deuteronomistischen Schultheologie stand. Mithin ist es nicht ratsam, das zweite Lied zeitlich zu nahe an die Ereignisse des Jahres 587 zu rücken. Als *terminus a quo* wird man bei aller Vorsicht, wie sie die noch unabgeschlossene Diskussion über die literarische Schichtung des Deuteronomistischen Geschichtswerkes gebietet, bestenfalls die zweite Hälfte und wahrscheinlicher das letzte Drittel des 6.Jh.s betrachten können[57]. Vor einer Datierung unmittelbar nach der Katastrophe sollte auch das in V.17 vorausgesetzte Theologem vom Plan Jahwes warnen, das sich zeitlich gesichert erst bei Deuterojesaja nachweisen läßt, vgl. Jes 46,11[58]. Auch der in der Tiefenstruktur von V.20 liegende Gedanke, daß die Jerusalem zuteil gewordenen Leiden das Maß seiner Schuld übertroffen haben, wie er z.B. in Jes 40,2 und Jer 16,18 begegnet[59], setzt bereits eine längere Reflexion über die Ursachen

---

[54] Vgl. dazu auch Brandscheidt, Gotteszorn, S.219.

[55] Vgl. die im Zuge der Auslegung geführten Nachweise.

[56] Vgl. dazu die Auslegung von V.14.

[57] Zu den Problemen der Erforschung des Deuteronomiums und des Deuteronomistischen Geschichtswerkes vgl. z.B. Helga Weippert, Das deuteronomistische Geschichtswerk. Sein Ziel und Ende in der neueren Forschung, ThR 50, 1985, S.213ff.; bzw. R.Smend, Entstehung des Alten Testaments, ThW 1, Stuttgart u.a. 1989[4], §§12.19 oder O.Kaiser, Einleitung[5], §§11.16 und als Einblick in die Diskussion N.Lohfink, hg., Das Deuteronomium. Entstehung, Gestalt und Botschaft, BEThL 67, Löwen 1985.

[58] Vgl. dazu W.Werner, Studien zur alttestamentlichen Vorstellung vom Plan Jahwes, BZAW 173, Berlin/New York 1988, S.126ff. und besonders S.295 und künftig auch J.van Oorschot, Von Babel zum Zion, BZAW 1992, z.St.

[59] Vgl. dazu einerseits van Oorschot z.St., der 40,1f. der ersten zionstheologischen Erweiterung der deuterojesajanischen Grundsammlung zuschreibt, und andererseits W.Thiel, Die deuteronomistische Redaktion von Jeremia 1-25, WMANT 41, Neukirchen-Vluyn 1973, S.201.

und Folgen der Katastrophe des Jahres 587 voraus. Mithin können wir die Eigenart des Liedes genauer als die einer Rollendichung bestimmen. Als solche versetzt sie sich in die Situation nach dem Fall der Stadt und legt dem Dichter und dem personifizierten Jerusalem die situationsgemäßen Worte in den Mund[60]. Durch seine doppelte Absicht, das Gerichtshandeln Jahwes als Folge des schuldhaft über das Volk hereingebrochenen und längst angekündigten Gotteszorns zu deuten und gleichzeitig Gott durch die Erinnerung an die von ihm selbst verursachten Leiden zum Eingreifen zugunsten Jerusalems zu bewegen, läßt sich auch das zweite Lied als eine nachkultische Dichtung verstehen, der es in seiner Tiefenstruktur um die Vergewisserung des Gehorsams gegenüber dem Gotteswort als der Bedingung der Erlösung Israels aus dem Exilsgeschick geht[61].

2,1-12: Jahwes Vernichtungswerk an seinem Volk. Der Leidbericht der Verse 1-12   2,1-12 setzt mit dem aus der Sprache des Leichenliedes entlehnten Klageruf ein[62]. Er zeigt an, daß im folgenden von größtem Verlust und tiefstem Leid die Rede ist. Wirkt in der Metapher vom Himmelssturz in V.1 die für die profane Totenklage bezeichnende Gegenüberstellung von herrlichem Einst und elendem Jetzt nach, so läßt allein schon die Einführung Jahwes erkennen, daß hier andere Saiten angerührt werden: In einem sich steigernden Bericht enthüllt der Dichter Zug um Zug das gewaltige Ausmaß der Katastrophe, die Jerusalem und mit ihm das ganze judäische Reich als die Verkörperung des Gottesvolkes Israel betroffen hat und hinter der doch kein anderer als Jahwe, der Gott Israels, in seinem furchtbaren Zorn steht. Dabei führt uns der Dichter in Gedanken vom Schicksal Jerusalems und seines Tempels zu dem des ganzen Reiches, um dann wieder zu seinem Ausgangspunkt zurückzukehren. Indem er die Ausdrücke zur Bezeichnung des Gotteszornes in den Versen 1-6 fortlaufend variiert und gleichzeitig in ihrer Bedeutung steigert, erweckt er den Eindruck, als hätte Jahwe sein Vernichtungswerk in blindwütigem Zorn vollbracht: Sprach er in V.1a vom Zorn Jahwes bzw. in 1c vom Tag seines Zornes, so ist in V.2b von seinem Grimm, in V.3a von der Glut seines Zornes, in V.4c von seiner Wut und in V.6c schließlich von seinem rasenden Zorn die Rede[63]. Dem in V.7c erreichten dramatischen Höhepunkt folgt, als wenn eine gewaltige Woge am Strand des Meeres zurückrollt, in V.8 die Stille der Besinnung, dann in V.9 der Blick auf die angerichteten Verheerungen und schließlich in V.10 der Hinweis auf die schweigende Trauer der Überlebenden. Wenn in V.11 ein lei-

---

[60] Vgl. dazu auch oben, S. 118.

[61] Vgl. dazu oben, S. 121f. und F. Stolz, Psalmen im nachkultischen Raum, ThSt(B) 129, Zürich 1983, S. 27ff.

[62] Vgl. 1,1 und 4,1 sowie 2. Sam 1,19.25.27 und die prophetischen Aufnahmen Jes 1,21; 14,4.12; Jer 9,18; 48,17; 50,23; 51,41; Ez 26,17f. und Zef 2,15.

[63] Zur Rede vom göttlichen Grimm ʿæbrâ vgl. Hos 5,10; 13,11; Ps 90,9.11; 85,4; 78,49 und dazu K.-D. Schunck, ThWAT V, Sp. 1037ff., zu der von der Glut seines Zorns — das geläufige ḥᵃrôn ʾap wird in V.3 durch ḥârî ʾap vertreten —, vgl. z.B. Hos 11,9; Zef 2,2; Jer 4,8.26 u.ö.; Ps 78,49 und dazu auch E. Johnson, ThWAT I, Sp. 384ff.; zu der von seiner Wut, ḥāmâ vgl. z.B. Jer 6,11; 10,25 u.ö.; Jes 42,25 und Ez 7,8; 9,8 u.ö.; zu der von seinem tobenden Zorn, eigentlich „der Verwünschung seines Zorns", zaʿam ʾappô, vgl. Ps 38,4; 69,25; Zef 3,8; Ez 21,36 und 22,31 und dazu B. Wiklander, ThWAT II, Sp. 623ff.

denschaftlicher Gefühlsausbruch folgt, wird deutlich, wie meisterhaft der Dichter zwischen erregten und stillen Szenen zu wechseln versteht[64]. Er entwirft vorab das Bild des scheinbar blind wütenden Gotteszornes, um so die Enttäuschung der Überlebenden, und d.h. gemäß den oben vorgetragenen Überlegungen zur Entstehungszeit des Liedes: bereits die ihrer Kinder und Enkel über das Verhalten ihres Gottes aufzufangen und dann als eine Folge davon zu deuten, daß das Volk seinerzeit die längst bekannten göttlichen Androhungen in den Wind geschlagen hat, vgl. V.14 und 17. Scheint die Geschichte von einem amoralischen Zufall geleitet zu sein, in dem Macht und Verhängnis dominieren, Reiche kometenhaft aufsteigen und stürzen, bleibt immer neu zu fragen, ob in ihr wie im Leben des Einzelnen tatsächlich nur ein blindes *fatum* sein Spiel treibt[65] oder sich hinter beiden in Wahrheit nicht das Scheitern des Menschen am Menschen und zuletzt an Gott verbirgt.

1   Einen solchen Himmelssturz hatte Jerusalem und mit ihm das ganze davidische Reich im Jahre 587 erlebt. Man würde der Eigenart der in der Dichtung vorausgesetzten Sonderrolle der hier und weiterhin gern als Tochter Zion bezeichneten Stadt[66] kaum gerecht, wenn man sie allein aus ihrer politischen Bedeutung als Hauptstadt des Landes ableiten wollte. Sie wird ja auch nicht deshalb die schönste von allen genannt, weil man schon im Altertum für den Reiz ihrer Berglage empfänglich war, vgl. V.15, sondern wegen ihrer religiösen Bedeutung. Als Stätte der Gottesoffenbarung war sie gleichsam das irdische Gegenbild der himmlischen Gottesstadt, mit der es natürlich keine andere Stadt dieser Erde an Schönheit, Pracht und Bedeutung aufnehmen konnte, vgl. Ps 50,2; 76,5 und 46,5. Im Hintergrund dieser Vorstellung steht nach Ps 48,2f. die Übertragung des ugaritischen Mythologems von dem über dem Berge Zaphon gelegenen Wolkenpalast des Gottes Baal auf den Zion[67]. Der Tempel, der den Mittelpunkt aller Lebensbezüge des Reiches bildete, war der Ort, an dem sich die himmlische Welt Jahwes mit der irdischen des Menschen berührte. Man konnte sich das so vorstellen, daß der irdische Gottespalast, der Tempel, den himmlischen repräsentierte, vgl. Ps 50,2; 9,12 und 1. Kön 8,12f. Oder man konnte, wie in V.1c, in rationaler Auflösung der zwischen den beiden Palästen bestehenden Spannung den Tempel oder gar den ganzen Tempelberg als „den Schemel seiner" d.h. Jahwes, „Füße"

---

64 Zur kompositorischen Kunst vgl. auch unten zu den Versen 11f.13.16 und 20–22.

65 Vgl. Heraklit Frg.B 52: „Die Zeit ein Kind- ein Kind beim Brettspiel; ein Kind sitzt auf dem Throne." Übertragung B. Snell, Tusc. München 1976[2], S. 19.

66 Die Personifikation Jerusalems als Tochter Zion ist 26 mal im AT belegt; davon entfallen 8 Bezeugungen auf die Klagelieder, von ihnen wiederum 6 auf Klgl 2, vgl. 2,1a.4c.8a.10a.13b und 18a. Vorexilische Bezeugungen sind angesichts des Befundes in Jes 1,8; 10,32; 16,1; 37,2 par 2. Kön 19,21; Mi 1,13; 4,8.10.13 und Zef 3,14 zweifelhaft. Zu den Belegen im Jesajabuch vgl. O. Kaiser, ATD 17[5]; zu Mi 1,13b H. W. Wolff, BK XII/4, S. 18f. und zu Zef 3,14 K. Elliger, ATD 24[1–8], S. 81. Als vermutlich älteste Belege bleiben Jer 4,31; 6,2.23 zurück.

67 Vgl. dazu auch R. Hillmann, Wasser und Berg. Kosmische Verbindungslinien zwischen dem kanaanäischen Wettergott und Jahwe, Diss. Halle 1965, S. 161ff.; R.J. Clifford, The Cosmic Mountain in Canaan and the Old Testament, HSM 4, Cambridge/Mass. 1972, S. 57ff. und S. 131ff. und O. Loretz, Ugarit und die Bibel. Kanaanäische Götter und Religion im Alten Testament, Darmstadt 1990, S. 159ff.

betrachten, vgl. Ps 99,5.9; Jes 60,13; Ez 43,7 und Ps 132,7[68]. Dabei stellte man sich Gott selbst auf seinem Thron im himmlischen Palast sitzend vor, vgl. Ps 18,7ff.; 2,4; 80,2; 93,2; 99,1; Jes 6,1ff. und 1. Kön 8,27, ferner Jes 66,1[69]. Erst auf diesem Hintergrund wird deutlich, was die Zerstörung Jerusalems und zumal die seines Tempels für die Überlebenden und ihre Nachkommen bedeutete und warum der Dichter für sie auf die Metapher des Himmelssturzes zurückgriff. Ob hinter ihr wie in Jes 14,12ff. eine kananäische Astralmythe vom Sturz des Morgensterns oder wahrscheinlicher wie in Ez 28,1ff. eine solche vom Sturz des Urmenschen aus dem auf dem Gottesberg gelegenen Paradiesgarten steht, vgl. besonders Ez 28,17[70], ist demgegenüber eine untergeordnete Frage: Als Gottesstadt mußte Jerusalem als uneinnehmbar gelten, vgl. Ps 46; 125,1. Galt der Tempel als der Ort der Realrepräsentanz der Macht Gottes über diese Erde und seiner besonderen Zuwendung zu Israel, lag es nahe, ihn in der Konsequenz auch für unverletzlich zu halten und zu erwarten, daß ihn Jahwe beschützte, vgl. Jer 7,4[71]. Daher war die Zerstörung Jerusalems und des Tempels für die Überlebenden nicht allein eine politische, sondern zugleich und mehr noch eine religiöse Katastrophe. Sie war geeignet, das Vertrauen in Jahwes Macht und Treue zu seinem Volk zu erschüttern. Vermutlich hätte sie im Laufe der Zeit die Zuwendung zu den Göttern der kanaanäischen Naturreligion zur Folge gehabt, wenn nicht Männer aufgetreten wären, die im Zusammenbruch das Gericht, in seinem gewaltigen Ausmaß den Spiegel des gegen sein Volk entbrannten Zornes ihres Gottes erkannt und den Zusammenbruch im Horizont des Glaubens an Gottes Gerechtigkeit gedeutet hätten. Daß dies geschah und sich durchsetzte, war keineswegs selbstverständlich, so daß es vermutlich etlicher Zeit bedurfte, bis das lähmende Entsetzen über das unfaßliche Geschehen der Besinnung auf die selbstverschuldeten Ursachen Platz machte[72]. Im Ringen um diese Gewißheit nahmen die Deuteronomisten den ersten Platz ein. Von ihm zeugt auch das vorliegende Lied: Anders als man es erwarten zu können meinte, hatte Jahwe nicht seiner Stadt und seines Tempels gedacht und sie vor den Angreifern beschützt[73], sondern sie am Tag

---

[68] Vgl. dazu auch H.-J. Fabry, ThWAT II, Sp. 355f.

[69] Zur Vorstellung von dem Heiligtum als Grenze zwischen Himmel und Erde vgl. M. Metzger, Himmlische und irdische Wohnstatt Jahwes, UF 2, 1970, S. 139ff.; O. Keel, Die Welt der altorientalischen Bildsymbolik und das Alte Testament am Beispiel der Psalmen, Zürich u.a. und Neukirchen-Vluyn 1977[2], S. 151ff. und ders., Jahwevisionen und Siegelkunst, SBS 84/85, Stuttgart 1977, S. 23ff. — Zur sekundären Identifikation der Lade mit dem Fußschemel Jahwes vgl. J. Maier, Das altisraelitische Ladeheiligtum, BZAW 93, Berlin 1965, S. 68f.; zur Übernahme der Formel „Schemel seiner Füße" aus dem ägyptischen Hofstil vgl. H.-J. Fabry, ThWAT II, Sp. 352f.

[70] Vgl. dazu O. Loretz, Ugarit und die Bibel, S. 160f.; zur Phaetonmythe vgl. H. von Geisau, KP 4, Sp. 689. Zu Jes 14,12ff. vgl. aber auch, mich freilich nicht überzeugend, K. Spronk, Beatific Afterlife in Ancient Israel and in the Ancient Near East, AOAT 219, Neukirchen-Vluyn 1986, S. 220ff.

[71] Vgl. dazu auch R. E. Clements, God and Temple, Oxford 1965, S. 75f.

[72] Vgl. dazu auch K.-F. Pohlmann, Die Ferne Gottes- Studien zum Jeremiabuch, BZAW 179, Berlin/New York 1989, S. 181ff.

[73] Zur handlungsbezogenen Bedeutung des hebräischen *zkr*, „gedenken", vgl. z.B. Ps 25,6f.; 89,51; 132,1; 136,23f; 137,7 und Gen 9,15.

seines Zornes ihrer Herrlichkeit beraubt. Von einem „Tag Jahwes" ist erstmals beim Propheten Amos die Rede, vgl. Am 5,18-20. Sein Weheruf zeigt, daß es um die Mitte des 8. Jh.s v. Chr. in Israel die Vorstellung gab, daß Jahwe an seinem Tag zugunsten seines Volkes eingreifen werde. Der Prophet war jedoch dank seiner Beurteilung der Zukunft des Volkes bei seinem Gott vom Gegenteil überzeugt. Die weiteren vermeintlich vorexilischen Belege für die Vorstellung in Jes 2,12ff.; 22,5 und Zef 1,7 sind umstritten und gehören vermutlich bereits der Zeit an, in der sie zu einem Topos für das erwartete Weltgericht geworden war[74]. Da die Forschung bei ihren Bemühungen, die Herkunft des Konzepts vom Tage Jahwes aufzuklären, nicht über Vermutungen hinausgekommen ist[75], können wir es im vorliegenden Rahmen sachgemäß bei der Feststellung belassen, daß der Dichter den Tag der Eroberung Jerusalems und der Schändung des Tempels, vgl. V.6f., als den Tag deutet, an dem sich Jahwes aufgestauter Zorn über sein Volk entlud.

2   Mit V.2 lenkt der Dichter den Blick auf das Reich: Die verheerten Triften Jakobs sind die Gärten, Felder und Weideplätze des ganzen Landes, vgl. Ps 83,13; Am 1,2 und Ps 23,2[76]. Aber nicht nur das kultivierte und beweidete Land, sondern auch die dem Angriff der Feinde Halt gebietenden und seine Kräfte bindenden Festungen Judas sind gefallen. Bei der Personifikation des Landes als der Tochter Juda handelt es sich vermutlich um eine vom Dichter geprägte Wendung, vgl. V.5a und weiterhin 1,15. Die Eroberung und partielle Zerstörung Jerusalems, die Verwüstung des Landes und seiner Festungen bewirkte das Ende des davidischen Reiches. In V.2c klingt noch einmal verhalten das Mythologem vom Himmelssturz aus V.1b an. Der Sturz des Reiches spiegelte sich im Schicksal seiner Regenten: Ihrer Würde beraubt, wurden sie in die Fremde verschleppt, vgl. V.9b

3   und Ez 17,12[77]. Das Gehörn schmückt ebenso den Kopf von Rindern, Ziegenböcken, Widdern, Gazellen und anderen Tieren, wie es ihnen als Angriffs- und Verteidigungswaffe dient. Daher galt es als Symbol der Macht[78]. Sind einem Tier die Hörner abgeschlagen, so ist es wehrlos seinem Angreifer preisgegeben. Mithin beklagt V.3a die Vernichtung der Anführer und der Streitkräfte des Landes, vgl. auch Ps 92,11 und Dtn 33,17. Als die Feinde vorrückten, griff Jahwe nicht mit seiner Rechten, seinem Streitarm, zugunsten seines Volkes ein[79], sondern versteckte ihn absichtlich hinter seinem Rücken[80]: Er überließ dem Feinden plan-

---

[74] Vgl. O. Kaiser, ATD 17[5] und 18[1-3] z. St. und jetzt E. Ben Zvi, A Historical-Critical Study of the Book of Zephaniah, BZAW 198, Berlin / New York 1991, S. 277f. und S. 295.

[75] Vgl. M. Saebø, ThWAT III, Sp. 582ff. und besonders Sp. 583: „Man hat (immer noch) vielfach nach seinem [slc. des Tages Jahwes] Ursprung gefragt; doch weiß man eigentlich (trotz vielen Vermutungen) fast nichts, was er (gegebenenfalls) vor Amos gewesen ist, sondern nur was er unter den Propheten geworden ist."

[76] Das hier und weiterhin mit „verheeren" übersetze Verb bl' bedeutet eigentlich „verschlingen, vertilgen" und bezeichnet ganz wie sein deutsches Äquivalent zunächst reales Verschlucken, vgl. z.B. Jes 28,4. In dem vorliegenden Zusammenhang hat es seine metaphorische Kraft bereits verloren, vgl. auch V.5a.b.

[77] Zum Sprachgebrauch von hll vgl. z.B. Ps 89,40; 74,7 und Lev 19,8.

[78] Vgl. dazu B. Kedar-Kopfstein, ThWAT VII, Sp.182ff.

[79] Vgl. auch Ex 15,6; Ps 21,9; 60,7; 118,15f.; 74,11 und Jes 51,9.

[80] Vgl. auch Ps 89,44.

mäßig das Feld. So war er denn auch, V.3c, für die Zerstörungen im Lande verantwortlich: Hinter den im Lande auflodernden Feuerbränden stand der zornige Gott[81]. – Ihm allein fällt die Verantwortung für den Tod der Blüte des Volkes zu, 4 stand er doch als der himmlische Krieger, der seine unfehlbaren Pfeile abschießt[82], hinter den irdischen Angreifern[83]. So hatte er sich in seinem Zorn statt als der Helfer als der Feind seines Volkes erwiesen, dessen Blüte dem Tod preisgegeben und „das Zelt der Tochter Zion" und d.h.: Jerusalem und seinen Tempel der Zerstörung überantwortet[84]. Im Hintergrund von V.3 und V.4 steht deutlich die Vorstellung von Jahwe als dem himmlischen Krieger, der auf den Gewitterwolken einherstürmt, von ihnen aus die Pfeile seiner Blitze in die Tiefe schießt und fressendes Feuer zu seinem Begleiter hat[85]. Ehe der Dichter das in 5 den V.1 und V.4c angeschlagene Thema von der Zerstörung des Tempels entfaltet, unterstreicht er in V.5 noch einmal, daß Jahwe sich als Feind seines Volkes Israel und genauer als der Judas erwiesen und es samt seinen Palästen und Festungen vernichtet hat, so daß allerorts Klage und Jammer erschallten, vgl. auch Jes 29,2. – Erst in den V.6 und 7 gibt er den Blick auf das Schicksal des Berges Zion und 6–7 seines Tempels frei. Leider ist der Text in V.6a empfindlich gestört. Trifft unsere Rekonstruktion zu, so vergleicht der Dichter die Zerstörung des Tempels, „seiner Hütte", vgl. Ps 74,3[86], und die Verwüstung seines Vorhofes, des Festplatzes, vgl. Ps 74,4, mit dem Ausreißen eines Weinstockes[87]. Da dafür keine weitere Begründung angegeben wird, geht es dem Dichter offenbar lediglich darum, die scheinbare Widersinnigkeit des göttlichen Gerichtshandelns zu unterstreichen. – Mit der Verwerfung des Königs, der vor dem Volk für Gott und vor Gott für das Volk einstand, und des Priesters, der die Verantwortung für den täglichen Dienst im Heiligtum und die Reinheit des ganzen Volkes trug[88], war die kultische Verbindung zwischen Jahwe und seinem Volk unterbrochen. Die sich in seiner Zerstörung äußernde Verwerfung des Brandopferaltars, auf dem die täglichen wie die besonderen blutigen Opfer dargebracht zu werden pflegten, war dann wie die

---

[81] Vgl. auch Ps 89,47b.

[82] Vgl. auch 3,12 und Hiob 16,12.

[83] Vgl. auch Ps 89,43.

[84] Vgl. auch Ps 78,60.67; 61,5; 27,6 und Jes 54,2. Zum Nachklang von V.4 vgl. Klgl 4,11.

[85] Vgl. 2. Sam 22,9ff. par Ps 18,9ff.; Ps 50,3 und 104,4 und dazu P.D.Miller, Fire in the Mythology of Canaan and Israel, CBQ 27, 1965, S.256ff. und zum Gesamtkomplex F.Frederikson, Jahwe als Krieger, Lund (1945) sowie P.D.Miller, The Divine Warrior in Early Israel, HMS 5, Cambridge, Mass. 1973, S.59f. und S.162ff., wo die Zusammenhänge mit den einschlägigen kanaanäischen Vorstellungen nachgewiesen werden.

[86] Rudolph z.St. möchte mit V und T die Hütte mit dem Zelt der Begegnung von Ex 33,7ff. identifizieren. Vgl. zu diesem auch V.Fritz, Tempel und Zelt, WMANT 47, Neukirchen-Vluyn 1977, S.100f.

[87] Th.F.McDaniel, Bib 49, 1968, S.37 deutet śukkô als Form von śôk, Gezweig, Zweige, vgl. Ri 9,49. Vgl. auch Provan, S.65f. Doch überzeugt seine Identifikation des Weinstocks mit Jahwe, der seine eigenen Zweige abschneidet, nicht.

[88] Zur kultischen Rolle des Königs vgl. z.B. 1. Kön. 8,62ff.; 3,4.15.; 9,25; 2. Kön 19,14ff.; Ps 110,4; 2,2 und 2. Sam 23,1f. und dazu A.R.Johnson, Sacral Kingship in Ancient Israel, Cardiff 1967[2], S.13ff. – Zur Funktion des Priesters vgl. Anm. 93.

Preisgabe des Heiligtums überhaupt nur der konsequente Ausdruck des Abbruches der Beziehungen zwischen Gott und seinem Volk, die Zerstörung des den Tempel einschließenden königlichen Palastbezirkes auf dem Zion durch die Feinde seine sachgemäße Folge[89]. Mit V.7c hatte der Bericht über das Ausmaß des von Jahwes Zorn bewirkten Unheils zunächst seine letzte Steigerung erreicht: Aus dem Tempelbezirk drang statt des fröhlichen Festjubels[90] das ihn schändende Gebrüll der Eroberer, vgl. Ps 74,4.23 und Klgl 1,10. Die Frage: „Wie konnte

8 Gott das nicht nur zulassen, sondern selbst veranlassen?" verlangt nun nach einer Antwort. Aber der Dichter zögert noch mit seiner Erklärung, sondern beläßt es bei dem Hinweis darauf, daß es sich bei dem scheinbar blinden Wüten des göttlichen Zornes um ein planmäßiges Vorgehen Jahwes handelte. Erst in V.17 wird er sich auf die Quelle seines Wissens, das in der Vergangenheit ergangene Gotteswort, beziehen. Statt dessen unterstreicht er jetzt die Absichtlichkeit des göttlichen Zerstörungswerkes, indem er Jahwe einem Bauleiter gleichsetzt, der die zum Abbruch bestimmte Mauer mit der Meßschnur absteckt, vgl. 2. Kön 21,13; Am 7,7ff.[91] und Jer 34,11, und dann den Abbruch anordnet, so daß die zum Schutz der Stadt bestimmten Befestigungsanlagen traurig in sich zusammen-

9 sinken[92]. V.9 geht vom Bild in die Wirklichkeit zurück: Nachdem die Stadt erobert und dabei ihre Wälle, Mauern und Tore verteidigungsunfähig gemacht worden waren, so daß sie gleichsam an der Trauer der Überlebenden teil hatten, wurden der König, seine Beamten und Offiziere gefangengenommen und deportiert, vgl. auch 4,20 und 2. Kön 25,3ff. Die dem Volk seine Anfragen in kultischen Angelegenheiten beantwortenden Priester waren, soweit sie überlebt hatten und nicht deportiert worden waren, vgl. 1,4b mit 2. Kön 25,18ff., jedenfalls wegen der Entweihung des Heiligtums handlungsunfähig[93]. Die verbliebenen Kultpropheten[94] erhielten keine Offenbarungen: Gott schwieg. Mithin war das politische und das geistliche Regiment erloschen, das Volk seinem Schmerz und seiner

10 Ratlosigkeit überlassen. Schweigend im Staub zu sitzen, mit dem schurzartigen Trauergewand angetan und mit Staub auf dem Haupt dem ausweglos erscheinenden Leid vor Gott Ausdruck gebend, war das einzige, was den einst das Leben im Tor mit ihren Ratschlägen und Schiedssprüchen begleitenden Ältesten zu tun

---

[89] Zum Tempel, dem Brandopferaltar und den königlichen Palastbauten vgl. Helga Weippert, Palästina in vorhellenistischer Zeit, Handbuch der Archäologie, Vorderasien II/1. München 1988, S. 460 ff. bzw. S. 473 und S. 474 ff.

[90] Vgl. z.B. Ps 42,5; 47,2.6; 26,7; 150; 2.Kön 11,12 und Dtn 12,7ff.

[91] Vgl. aber auch W. Beyerlin, Bleilot, Brecheisen oder was sonst? Revision einer Amos-Vision, OBO 81, Freiburg/Schweiz und Göttingen 1988, S. 18 ff.

[92] Vgl. auch Jes 19,8 und Jer 14,2. Zur Übersetzung von 'bl vgl. jetzt Ges[18] s.v.I.

[93] Zur Funktion der Priester vgl. O. Plöger, Priester und Prophet, ZAW 63, 1951, S. 157 ff. = ders., Aus der Spätzeit des Alten Testaments, Göttingen 1971, S. 7 ff. Zur Orakelerteilung der Priester vgl. Dtn 33,8 ff.; Ps 5,4.; zur kultisch-rituellen Belehrung vgl. Hag. 2,10 ff. und zur Deklaration über rein und unrein z.B. Lev 13,1 ff. und 14,1 ff.

[94] Daß an solche gedacht ist, geht daraus hervor, daß es sich bei ihren Offenbarungen hier „um regelmäßige Vorgänge" handelt, H. J. Boecker, S. 49.

verblieben war[95]. Nicht minder niedergeschlagen waren die sonst so fröhlichen Mädchen der Stadt, vgl. auch Klgl 5,14 f. - Der Dichter ist mit seinem Leidbericht   11-12 ans Ende gelangt und übernimmt jetzt die Rolle des mitbetroffenen Zeugen, der seinem Schmerz Ausdruck gibt. Er unterstreicht damit den vorausgehenden Leidbericht und bereitet zugleich die anschließende Beileidsbezeugung an die Tochter Jerusalem vor. Damit beweist er nicht nur sein dichterisches Vermögen, sondern auch seine Menschlichkeit; denn der rechte Seelsorger stellt sich nicht über, sondern neben die Trostbedürftigen. Erst das aus der Solidarität mit dem Leidenden und dem Sünder kommende Wort vermag das Herz derer zu erreichen, die sich unter der Last eines übergroßen Schmerzes oder einer übergroßen Schuld von den anderen geschieden wissen. Die Darstellung der Mitbetroffenheit erfolgt in unsrem Lied auf recht orientalische Weise mittels der Schilderung der Wirkungen des Erlebten auf den Leib des Zeugen: Seine Augen sind leer geweint, vgl. Ps 69,4 und 119,82.123, ihm brennt das Sonnengeflecht, vgl. 1,20 und Hiob 16,16, und seine Leber liegt vor Erschöpfung schwer in seinem Leibe. Mit der Rede von dem „Bruch der Tochter, meinem Volke" setzt er die in V.1 eingeführte Personifikation der Stadt und des Landes fort[96]. - Das ganze Elend dieses Zusammenbruchs spiegelt sich und gipfelt in dem Geschick der Kleinkinder und Säuglinge[97], die teils unbeachtet auf den Plätzen der Stadt, teils an der Brust ihrer Mütter verendet waren[98], nachdem die größeren ihre Mütter vergebens um Brot und Wein angefleht hatten[99]. Die Mitteilung des Furchtbarsten, was den Kleinkindern widerfahren war, behielt der Dichter der sein Lied beendenden Klage der Tochter Zion in V.20b vor.

2,13-19: Die wahren Gründe der Katastrophe. In der Rolle des Zeugen bleibend   2,13-19 wendet sich der Dichter in den Versen 13-19 mit einer Beileidsbekundung an die wie eine Mutter um den Verlust ihrer Kinder trauernde Stadt Jerusalem. Die Bezeugung setzt mit der scheinbar fassungslosen Frage nach einer vergleichbaren

---

[95] Zum schweigenden Sitzen auf dem Boden als Zeichen der Trauer vgl. Ez 26,16; Hiob 2,13 sowie Ps 39,2 f.10 und Klgl 3,28 f.; zum Umgürten des Sacks, des Leidschurzes, vgl. 2. Sam 3,31; Jer 4,8; 6,26; 1. Kön. 20,32; Jes 15,3; 22,12 und mit der gleichen Formel wie in V.10b Ez 7,18. Zur Sache vgl. auch J. Scharbert, Der Schmerz im Alten Testament, BBB 8, Bonn 1955, S. 117 f. und S. 118 ff. sowie K. Seybold, Das Gebet des Kranken im Alten Testament, BWANT 99, Stuttgart u.a. 1973, S. 82 ff.

[96] Zur Formel „Tochter, mein Volk" vgl. Jes 22,4; Jer 4,11; 6,26; 8,11.19.21-23; 9,6; 14,17 und Duhm, HK XI, 1901 zur letztgenannten Stelle. Vom „Bruch der Tochter, meinem Volk", spricht auch Jer 8,11, vgl. 6,13 und zu beiden Stellen Pohlmann, Ferne Gottes, S. 90 ff. Ob die auffälligen Beziehungen zwischen V.10a.b und Jer 14,17 im Sinne der Abhängigkeit des poetisch weniger prägnanten Textes des Jeremiabuches von unsrem Lied oder aus einer gemeinsamen Verwurzelung in der Sprache exilischer Klageliturgien zu deuten sind, lassen wir vorsichtig offen.

[97] Zur Formel vgl. 1. Sam 15,3; 22,19; Jer 44,7 und Joel 2,16.

[98] Vgl. auch Hiob 30,16.

[99] Die Formel *dāgān wājajin* „Brot(getreide) und Wein" könnte Eigenprägung des Dichters sein. Belegt sind sonst nur die Formeln *dāgān we tirôš*, „Brot(getreide) und Saft", Gen 27,28; 2. Kön 18,32 par. Jes 36, 17; Hos 7,14, und *læhæm wājajin*, „Brot und Wein", Ri 19,19 und Neh 5,15.

Katastrophe, einem vergleichbaren Leid ein. Damit bleibt sie in der Solidarität des Leidens. Sachlich nimmt sie noch einmal indirekt das Motiv des Himmelssturzes aus V.1 auf. Gleichzeitig bereitet sie im Rahmen der Komposition die in V.20 an Jahwe gerichteten vorwurfsvollen Fragen vor, vgl. auch 1,12. – Um der Fiktion gerecht zu werden, wird die Stadt weiterhin weiblich personifiziert. Die Nachprüfung ergibt, daß die Formel „Tochter Jerusalem" so selten wie die erweiterte von der „Jungfrau Tochter Zion" ist[100]. – Die Größe des Zusammenbruchs[101] wird in der ersten rhetorischen Frage von V.13c hyperbolisch mit der des Meeres verglichen und damit als unermeßlich bezeichnet. Die zweite, die nach dem Helfer fragt, verlangt zwar als solche ebenfalls eine negative Antwort, verweist aber damit indirekt auf den himmlischen Helfer[102].

14   Die Behutsamkeit, mit welcher der Dichter die Schuldfrage in V.14 ins Spiel bringt, verdient ihre ausdrückliche Hervorhebung. Ein seines Glaubens gewisser Tröster wird die Erfüllung seiner Aufgabe nicht dadurch vereiteln, daß er sich die Rolle des göttlichen Richters anmaßt, vgl. Mt 7,1f. und 1. Kor 4,1ff. Als Christ wird er dessen eingedenk bleiben, daß menschliche Solidarität zutiefst Solidarität der Schuld ist. Das sollte er auch dort nicht vergessen, wo er den Öffentlichkeitsanspruch der Kirche wahrnimmt. – Der Dichter hatte in dem vorausgehenden Leidbericht sattsam betont, daß es sich bei dem schrecklichen Ende des judäischen Reiches um das Werk des über sein Volk erzürnten Gottes handelt. Weiterhin hatte er deutlich genug gesagt, daß Jahwe keinswegs blindlings, sondern planvoll vorgegangen ist. Mithin ist es an der Zeit, daß er auf die Frage nach den Gründen für Jahwes Verhalten zu sprechen kommt und die Schuldfrage beantwortet: Das Volk hat sich durch seine Propheten über seine wahre Situation vor Jahwe täuschen lassen. Statt seine Schuld beim Namen zu nennen, es angesichts des längst von Jahwe in Aussicht gestellten Gerichts zur Buße zu rufen und dadurch das bevorstehende Unheilsgeschick abzuwenden[103], vgl. auch Am 5,14f., haben es die Propheten in falsche Sicherheit gewiegt und ihm verantwortungslos „Trug und Tünche" verkündet. Daß dieser Vorwurf teils in Ez 13,10.12b.13-14 und teils in Jer 6,13-15 par 8,10-12 seine Parallelen besitzt, ist offensichtlich. Nach der Analyse von Ez 13 durch Jörg Garscha handelt es sich bei diesem Erweiswort bereits um einen Nachtrag innerhalb des von ihm um die Wende vom 6. zum 5.Jh.

---

[100] Vgl. zur erstgenannten Zef 3,14; 2.Kön 19,21 par Jes 37,22 und zur zweiten Sach 9,9.

[101] Zur Formel $\check{s}æbær\ g\bar{a}d\hat{o}l$, „großer Zusammenbruch", die hier in den prädikativen Nominalsatz aufgelöst ist, vgl. Jer 14,17 und Zef 1,10.

[102] Zum Motiv des göttlichen Heilens vgl.z.B. Hos 6,1; Dtn 32,39; Ex 15,26 und Ps 60,4. Zur rhetorischen Frage vgl. E.König, Stilistik, Rhetorik, Poetik in bezug auf die biblische Literatur, Leipzig 1900, S.150,20ff.

[103] Zur Formel $\check{s}\hat{u}b\ \check{s}^e b\hat{u}t$ vgl. Dtn 30,3; Zef 2,7; 3,20; Jer 29,14; 30,3.18; 31,23; 32,44; 33,7.11.26; Ez 16,35; Hos 6,11, zum letztgenannten Beleg J.Jeremias, ATD 24/1, S.94, und ferner Am 9,14, dazu H.W.Wolff, BK XIV/2, S.406; Ez 16,53; 29,14 ; Ps 14,4 par Ps 53,7; 85,2 und 126,4, wobei keiner der genannten Belege als vordeuteronomistisch anzusehen ist. Die Formel hat ihre geschichtstheologische Prägung offensichtlich in der deuteronomistischen Schule erhalten, so daß die Annahme, daß der Dichter in V.14 von ihr abhängig ist, gerechtfertigt ist.

v. Chr. datierten Prophetenbuches[104]. Da die Ergänzung die Anklage der Propheten von dem gegen sie in der Grundschicht erhobenen Vorwurf falscher Ankündigungen auf ihre Verantwortungslosigkeit verschiebt und das Stichwort $\check{s}\bar{a}w$' Trug, in der Grundschicht 13,1-3.7a.8-9, vgl. V.9, das $t\bar{a}p\bar{e}l$, in der Ergänzungsschicht, vgl. 10 und 14, beide zusammen aber erst in den tertiären Versen 11-12a erscheinen, ist es nicht auszuschließen, daß die Abhängigkeit bei den Fortschreibern des Ezechielbuches zu suchen ist[105]. Jer 6,13-15 par 8,10-12 klingt mit seinem an die Propheten und Priester gerichteten Vorwurf, sie hätten durch ihre unzeitgemäße Heilsverkündigung den Bruch des Volkes nur oberflächlich geheilt, an Klgl 2,13c und 14 an[106]. – In V.14c wird der Vorwurf gegen die Propheten dahingehend abgewandelt, daß sie „Sprüche der Lüge und der Verführung" „geschaut" und d.h. als angebliche göttliche Offenbarung verkündigt hätten. Das hebräische $ma\acute{s}\acute{s}\bar{a}$', Spruch, Ausspruch[107], bezeichnet auf ein Prophetenwort bezogen in der Regel Unheilsankündigungen und vor allem solche gegen fremde Völker[108], aber gelegentlich auch solche gegen Juda[109] und schließlich auch gegen einzelne[110]. Der Trug der hier inkriminierten Prophetenworte dürfte darin gelegen haben, daß sie den Jerusalemern und Judäern ihre gefährliche Lage verschleierten und ihnen wie z. B. Hananja in Jer 28 im Namen Jahwes die Befreiung von der babylonischen Oberherrschaft bzw. die Vergeblichkeit der Belagerung Jerusalems voraussagten. Der überwiegenden Verwendung des Wortes $ma\acute{s}\acute{s}\bar{a}$' gemäß ist damit zu rechnen, daß der Dichter direkt gegen die Babylonier gerichtete Unheilsankündigungen im Auge hatte, die durch den weiteren Gang der Geschichte so schlagend widerlegt worden waren. Sachlich vertritt er eine ähnliche Position wie Mich 3,8, eine Stelle, die vermutlich auf deuteronomistische Redaktion zurückgeht: In ihr erklärt der Prophet es als seine eigentliche Aufgabe, dem Volk seine Schuld vorzuhalten[111]. Dieses Verständnis der Prophetie ist offensichtlich dem des deuteronomistischen Jeremia verwandt, der die Propheten gesandt sein ließ, um das Volk zum Gehorsam gegen Jahwes Wort aufzufordern, vgl. Jer 7,23ff.; 25,4ff. und 35,18[112]. Die bis Sach 13,1ff. und mithin bis zum Abschluß der Prophetenbücher reichende Auseinandersetzung mit dem Problem der

---

[104] Vgl. J.Garscha, Studien zum Ezechielbuch. Eine redaktionskritische Untersuchung von Ez 1-39, EHS.Th 23, Bern und Frankfurt/M. 1974, S. 263ff. und S. 309f.

[105] Damit ziehe ich meine in der vorausgehenden Auflage vertretene Hypothese nach erneuter Nachprüfung des Befundes zurück.

[106] Nach Pohlmann, Ferne Gottes, S. 90ff. geht es hier bereits um den Vorwurf verfrühter Heilsprophetie nach der Katastrophe.

[107] Zur Wortbedeutung vgl. H.-P. Müller, ThWAT V, Sp. 23ff. und Brandscheidt, Gotteszorn, S. 153.

[108] Vgl. z.B. Jes 13,1; 14,28; 15,1; 17,1; 19,1; 21,1; 23,1; 30,6 und Nah 1,1.

[109] Vgl. Jer 23,33 und Ez 12,10.

[110] Vgl. 2.Kön 9,25; Jes 22,1 und 2. Chr 24,27.

[111] Zum literarischen Befund in Mich 3,5-8 vgl. J. Vermeylen, Du prophète Isaïe à l'apocalyptique, II, EtB. Paris 1978, S. 589f. und zur Sache auch Brandscheidt, S. 216.

[112] Vgl. auch W. Thiel, Deuteronomistische Redaktion, WMANT 41, S. 119ff. und S. 262ff. und ders., Die deuteronomistische Redaktion von Jeremia 26-45, WMANT 52, Neukirchen-Vluyn 1981, S. 74.

Prophetie zeigt, in welchem Maße der hinter ihnen stehende Traditionsprozeß zugleich ein Selektionsprozeß gewesen ist, so daß uns die Stimmen vorexilischer Heilspropheten bestenfalls in den Büchlein Nahum und Habakuk erhalten

15-16 sind[113]. – Die beiden folgenden Verse 15 und 16 spiegeln den Eindruck der Eroberung Jerusalems auf die unbeteiligten Zeitgenossen wie die Sieger: Kann man das Verhalten der Passanten mit ihrem in die Hände Klatschen, durch die Zähne Pfeifen und Kopfschütteln noch als apotropäische, zur Abweisung vergleichbaren Unheils von ihnen selbst bestimmte Gesten beurteilen[114], überwiegen bei den Feinden Triumph und Schadenfreude[115]. Die verwunderte Frage der unbeteiligten Zeugen des Sturzes unterstreicht noch einmal, vgl. V.1, die unerwartete Größe des Falls und des Ausmaßes der Zerstörung Jerusalems. Ihre Bezeichnung als „Vollendung der Schönheit", und d.h. als der allerschönsten Stadt, begegnet auf Tyros bezogen in Ez 27,3[116]. Auf dem Hintergrund der in den V.1–10 erfolgten Hervorhebung der Tatsache, daß die Eroberung und Verheerung Jerusalems und Judas das Werk des Zornes Jahwes gewesen ist, provozieren die in V.16 zitierten Worte der triumphierenden Feinde bei dem Leser die Frage, ob sich der Triumph der Feinde mit der Ehre des Gottes verträgt, der sie als seine Werkzeuge benutzt hat. Auf der Ebene der Tiefenstruktur haben wir es also in V.16 mit einem in der Klage üblichen Motiv zur Veranlassung der göttlichen Hilfe zugunsten des Leidenden zu tun, das V.20 vorarbeitet. Im Blick auf Sprache und Motivik der V.15 und 16 fällt zumal ihre Nähe zu Ps 35,16.21 und 25 auf. Ob sie auf gemeinsamer Verwurzelung in der Tradition der individuellen Klage oder einer in die eine oder die andere Richtung laufenden literarischen Abhängigkeit beruht, ist angesichts der mit der Datierung der Psalmen verbundenen Schwierigkeiten vorerst ein offenes Problem[117]. Die V.15 abschließende Frage besitzt auch in Zef 2,15 eine

17 bestenfalls exilische, wenn nicht frühnachexilische Parallele[118]. Mit seinem erneuten Hinweis auf die Planmäßigkeit des göttlichen Handelns in V.17 gibt der Dichter eine über V.14 hinausgehende Erläuterung der Schuld: Der Triumph der Feinde war eine Folge der Verachtung des längst verkündigten Gotteswortes[119].

---

113 Zum Problem vgl. auch J. Jeremias, Kultprophetie und Gerichtsverkündigung in der späten Königszeit, WMANT 35, Neukirchen-Vluyn 1970, S. 176 ff.; G. Münderlein, Kriterien wahrer und falscher Prophetie, EHS.Th 33, Bern und Frankfurt/M. 1974, S. 100 ff. und R. P. Carroll, From Chaos to Covenant. Uses of Prophecy in the Book of Jeremiah, London 1981, S. 158 ff. — Zur Terminologie vgl. auch M. A. Klopfenstein, Die Lüge im Alten Testament, Zürich und Frankfurt/M. 1964, S. 120 ff. und S. 317 f.

114 Zur Formel „alle, die des Weges ziehen" vgl. Ps 80,13; 89,42; Spr 9,15 und Klgl 1,12. — Zu den apotropäischen Gesten vgl. z.B. Num 24,10; Hiob 27,23; Zef 2,15, aber auch Ez 25,6; Hiob 16,4 und 2. Kön 19,21 par Jes 37,22.

115 Zur Drohgeste des Zähneknirschens vgl. Ps 37,12 und Hiob 16,9; spöttischen Beiklang besitzt sie Ps 35,16, ärgerlichen Ps 112,10.

116 Zur literarischen Beurteilung der Stelle vgl. Zimmerli, BK XIII/2, z. St. und Garscha, Studien, S. 158 ff. und S. 305 f.

117 Zu Ps 35 vgl. auch A. Deissler, Die Psalmen, Düsseldorf 1986[5], S. 143 ff.

118 Vgl. auch R. Edler, Das Kerygma des Propheten Zefanja, FThSt 126, Freiburg i. Br., Basel, Wien 1984, S. 93 f. und E. Ben Zvi, BZAW 198, 1991, S. 298 ff.

119 Mit der 'imrâ ist Dtn 33,9; Jes 5,24 und Ps 119,11 f. die Tora gemeint.

Hatte Jahwe sein Vernichtungswerk längst angekündigt, so war seine Macht über die Geschichte durch die Katastrophe[120] keineswegs widerlegt, sondern im Gegenteil bewiesen. Und zugleich war damit auch die Schuldfrage geklärt: Das Volk hätte es trotz des Versagens der (falschen) Propheten besser wissen können. V.17a besitzt in Jer 51,12b seine fast wörtliche Parallele. Unter dem längst ergangenen Gotteswort wird man vermutlich vor allem die Fluchandrohungen zu sehen haben, die das deuteronomische Gesetz für den Fall des Ungehorsams in Aussicht stellt, vgl. Dtn 28,15ff.[121] Auf sie würde das „vor alters", ob man es nun wörtlich oder hyperbolisch zu verstehen hat, besonders gut passen[122]. Es ist jedoch durchaus möglich, daß der Dichter gleichzeitig an die vorexilische Unheilsprophetie dachte, wie es Sach 1,6, vgl. auch 8,14f., der Fall zu sein scheint[123]. Rechnet man damit, daß der Dichter in der Tat an die deuteronomisch-deuteronomistischen Fluchandrohungen und die vorexilische Unheilsprophetie denkt, kann man ihn entweder als Vorläufer oder als Gesinnungsgenossen der nomistisch gesinnten Deuteronomisten betrachten, vgl. z.B. 2. Kön 17,13-17[124].

Hat Jahwe seinen Herrschaftsanspruch auf sein Volk gerade in dessen Katastro- 18-19 phe demonstriert, so bleibt er über sie hinweg die Hoffnung seines Volkes. Demgemäß fordert der Dichter die Tochter Zion in V.18 und 19 zur unablässigen Klage zu ihm auf. Selbst in der Nacht soll es sich keine Ruhe gönnen und zu Beginn jeder der drei Wachen, welche die Zeit zwischen Sonnenuntergang und Sonnenaufgang unterteilen[125], für das bedrohte Leben ihrer Kinder eintreten[126]. Sprachlich erweisen sich beide Verse von den entsprechenden Aufforderungen und

---

120 Zur Formel „das Horn erheben" vgl. Ps 89,18.25 und 92,11.

121 Jahwes Zorn wird Dtn 6,15; 11,17 (dtr) ; 29,26 (dtr), vgl. Ri 2,13f.19f.; 3,7f. und 10,6f. als Strafe für den Abfall zu anderen Göttern betrachtet ; mit den Fluchandrohungen wird er Dtn 29,19 (dtr) und vor allem Jos 23,15f. und 2. Kön 24,20, beide DtrN, verbunden; vgl. auch R. Smend, Das Gesetz und die Völker, in: Die Mitte des Alten Testaments, BevTh 99, München 1986, S. 130ff. und E. Würthwein, ATD 11/2, z.St.

122 Die formelhafte Rede von den „Tagen der Vorzeit" bezeichnet Jes 51,9 die Ur- und die Auszugszeit, Mich 7,20 die Väterzeit, Jer 46,26 die weit zurückliegende Vergangenheit Edoms, Ps 44,2f. die Landnahmezeit; hyperbolisch wird sie 2. Kön 19,25 par Jes 37,26 und Klgl 1,17 gebraucht. So möchte sie Hillers z.St. auch hier verstanden wissen.

123 Rudolph, Weiser und Boecker beziehen das Wort auf die Gesetzesflüche und das Wort der wahren Propheten, Budde und Renkema, Misschien, S. 274f. auf die Weissagungen der Propheten. Brandscheidt, Gotteszorn, S. 157 und S. 216 denkt primär an die Prophetenworte, sieht aber Dtn 28 im Hintergrund. Hillers und Provan nehmen zur Frage keine Stellung. Zu Sach 1,6 vgl. D.L. Petersen, Haggai, Zechariah 1-8, OTL, Philadelphia und London 1984, S.134; R. Hanhart, Sacharja, BK XIV/7,1, Neukirchen 1990, erörtert die Frage nicht, ob an der genannten Stelle Mose mit eingeschlossen ist.

124 Vgl. Würthwein, ATD 11/2 z.St.

125 Vgl. Ri 7,19; Ex 14,24 und 1. Sam 11,11 sowie die rabbinische Diskussion b. Berakot fol. 2b-3a.

126 Vgl. auch Jes 62,6f. Nach b.Berakot fol.3a soll Jahwe selbst zu Beginn jeder der drei Nachtzeiten rufen: „Wehe, daß ich mein Haus zerstört, meinen Tempel verbrannt und meine Kinder unter die Völker verbannt habe."

Bekenntnissen der Klagepsalmen abhängig[127]. Besonders auffällig ist die Nähe von V.18b zu Jer 14,17[128]. V.18c wird in 3,49 aufgenommen.

2,20-22 2,20-22: *Das Übermaß der Strafe*. Nachdem der Leidbericht und die Beileidsbezeugung wesentliche Motive der Bittklage vorweggenommen haben, kann und muß die nun folgende Klage der Tochter Zion im Rahmen der akrostichischen Form kurz ausfallen. Was sie von den Feinden erlitten, daß darin Jahwes Zorn und Vorsatz wirksam gewesen sind, die Schuld aber bei ihr selbst lag, ist ja bereits gesagt. Ebenso ist die Frage vorbereitet, ob sich das Verhalten der Feinde und ihre Selbstsicherheit mit dem eigentlichen Willen und der Ehre Jahwes vertragen. Dennoch ist es überraschend, daß dem Lied anders als dem ersten, dritten und fünften eine eigentliche Bitte[129] und anders als dem vierten ein abschließendes Heilsorakel fehlt[130]. Die der Tochter Zion in den Mund gelegte Klage stellt statt dessen die trotz ihrer Zurückhaltung unmißverständliche Frage, ob Jahwe seinem Volk und seiner Stadt nicht übermäßig gezürnt hat, und bittet mithin nur indi-

20 rekt um die Beendigung ihrer Leiden und die Bestrafung ihrer Feinde. – Die Klage setzt in V.20a mit der an Jahwe gerichteten Aufforderung ein, das Beispiellose seines gegen sein Volk gerichteten Handelns zu erkennen[131]. Die Doppelfrage in V.20b.c erinnert an die Greuel, die in der Endphase der Stadt von den Belagerten und von den Eroberern begangen worden sind und die alles hinter sich lassen, was bisher in dem Lied über die Leiden der Stadt berichtet worden ist: Die Hungersnot hatte in Jerusalem solche Ausmaße angenommen, daß Mütter unter Verletzung aller Gesetze der Natur ihre eigenen Kinder gegessen hatten, vgl. die Wiederaufnahme in 4,10 und weiterhin Dtn 28,52ff.; 2. Kön 25,3 und 6,24f. Die Eroberer hatten sich nicht gescheut, unter Verletzung aller Gesetze des Heiligtums Jahwes eigene Diener in ihm zu erschlagen. Beides verstieß gegen die elementaren göttlichen Gebote[132]. So sind denn auch beide Fragen selbstverständlich rhetorischer Art und verlangen ein klares Nein: Eigentlich hatte beides nicht geschehen dürfen. So machen die beiden Fragen in V.20b.c zusammen mit den Leidschilderungen in V.21a.b und 22.b.c und den mit ihnen in V.21c und 22a verbundenen Anklagen Jahwes als des eigentlichen Täters Beweggründe für

21 das in V.20a erflehte Eingreifen zugunsten der Tocher Zion geltend[133]. Demgemäß erinnert V.21 an die alle Altersgruppen umfassenden Verluste, welche die Stadt im Zuge der Eroberung erlitten hatte. Die Todesart der Jungen und Alten wird nicht genauer gekennzeichnet, von den Jungfrauen und Jünglingen wird dagegen ausdrücklich gesagt, daß sie durch das Schwert umgekommen sind[134].

---

[127] Vgl. V.18a.b mit Ps 55,18; V.18c mit Ps 77,3; 38,9; 17,8; V.19a mit Ps 63,7; 119, 148; V.19b mit Ps 62,9 und V.19c mit Ps 63,5; ferner Ps 119,148.

[128] Vgl. auch. Jer 13,17; 9,17; 8,23; Ps 119,136 und Ps 42,4.

[129] Vgl. 1,21f.; 3,64ff. und 5,21.

[130] Vgl. 4,21f.

[131] Zum formelhaften Charakter der Aufforderung vgl. Ps 80,15; 142,5; Klgl 5,1 und mit gleicher Verbfolge Klgl 1,1c.

[132] Vgl. dazu auch Lev 21,1ff.10ff.; Num 19,11ff. und ferner Euripides, Troerinnen,95ff.

[133] Vgl. auch Westermann, S.128 und zu V.20a auch Euripides, Troerinnen, 1077ff.

[134] Zur Formel „durch das Schwert fallen" vgl. z.B. Am 7,17; Jer 20,4; Jes 13,15; Ez 6,11f.; zur Sache vgl. auch Jes 51,20. Eigenartig abgewandelt klingen V.20f. in 2. Chr 36,17 nach.

Die Nichterwähnung der Frauen ergibt sich aus der vorausgesetzten Situation, nach der Jerusalem als Mutter über den Tod ihrer Kinder klagt[135]. Sie alle sind Jahwe „am Tag seines Zorns", vgl. V.2 und Zef 2,2f., zum Opfer gefallen. Er selbst hatte die Entsetzen verbreitenden[136] Feinde wie zu einem Opferfest geladen und ihnen die Fliehenden ausgeliefert. Mit der Totenklage über ihre Kinder läßt der Dichter die Nänie der Mutter und zugleich das ganze Lied eindrucksvoll schließen: Dabei stellt er im Stile des Leichenliedes mit seiner Kontrastierung von glücklichem Einst und traurigem Jetzt der Erinnerung an die glückliche Geburt und Aufzucht der Kinder deren Vernichtung durch die Feinde gegenüber. 22

Kapitel 3: Der Weg der Hoffnung

1 Ich bin der Mann, der Leid erfuhr
durch den Stab seines Grimmes.
2 Mich trieb und führte er
in lichtloses Dunkel.
3 Ja, gegen mich wandte er unentwegt
seine Hand allezeit.

4 Schwinden ließ er mir Fleisch und Haut,
er zerbrach mein Gebein.
5 Er umbaute und kreiste[1] mich ein
mit bitterer Qual[2].
6 In tiefes Dunkel[3] versetzte er mich
gleich ewig Toten[4].

7 Er mauerte hinter mir zu, ich kam nicht hinaus,
schlug mich in erzene Fesseln.
8 Auch wenn ich rief und schrie,
ließ er ‚mein Gebet'[5] nicht vor.
9 Er vermauerte meine Wege mit Quadern,
verstellte meine Pfade.

---

[135] Vgl. auch Jer 31,15; Mich 1,16f.; Bar 4,9ff. und 4. Esr. 10,7.
[136] Zur Formel vgl. Ps 31,14; Jer 6,25; 20,3.10; 46,5 und 49,29.
[1] Zur Form vgl. BL 368t.
[2] Wörtlich: „Gift und Mühsal."
[3] Zum intensivierenden Plural vgl. GK[28] §124e.
[4] Vgl. Dtn 15,17. — Läse man ein $b^e m\hat{e}t\hat{e}$, könnte man wie in z.B. Dtn 32,7 mit „bei den längst Toten" übersetzen.
[5] Lies mit Budde $mitt^e pill\hat{a}t\hat{i}$. M erklärt sich durch Ausfall eines m infolge von Haplographie. Wörtlich: „verstopfte er weg von meinem Gebet (sc. die Ohren)." Zu den unterschiedlichen Deutungen des Verbs vgl. HAL 1270b s.v. stm.

10 Ein lauernder Bär ward er mir,
   ein Leu in dichtem Versteck[3].
11 Er trieb mich vom Wege[6] und ‚lähmte mich‘[7],
   ließ mich erstarren.
12 Er trat seinen Bogen und stellte mich auf
   als Ziel[8] für den Pfeil.

13 Er ließ in meine Nieren dringen,
   was sein Köcher barg[9].
14 Ich ward zum Gespött für mein ganzes Volk[10],
   ihr dauerndes Spottlied.
15 Er sättigte mich mit Bitternis,
   tränkte mich mit Wermut.

16 Er ließ meine Zähne auf Kiesel beißen[11],
   trat mich in die Asche.
17 Ja, du hast[12] meine Seele vom Heil verstoßen,
   ich vergaß, was Glück,
18 und dachte:„Dahin ist meine Zeit[13],
   mein Hoffen von Jahwe fern!“

19 Das Denken[14] an meine Not und Unrast
   ward (mir) zu Wermut und Gift.
20 Des eingedenk ‚war niedergeschlagen‘[15]
   meine Seele[16] in[17] mir.
21 Dies rief[18] ich mir in den Sinn zurück,
   darum hoffe ich:

---

6 Wörtlich: „Meine Wege ließ er weichen.“
7 Lies mit Kraus u.a. *waj^{e}pass^{e}ḥēnî*; vgl. HAL 921a s.v. *psḥ*.
8 Zum Austausch von *h* und ’ vgl. Wagner, Aramaismen, S. 83 Nr. 190 und BL 511x.
9 Wörtlich: „Die Kinder seines Köchers“.
10 Zum Befund vgl. BHS. Die jüngere Lesart „aller Völker“ beruht auf einer Auslegung, welche die zeitgeschichtlichen Implikationen nicht mehr erkannte. Vgl. unten z. St.
11 Zum Austausch von *s* und *ś* vgl. Wagner, Aramaismen, S. 129.
12 Man kann im Zweifel sein, ob M mit der 2. sing. masc. oder G mit der 3. sing. masc. das Ursprüngliche vertritt. Angesichts des unvermittelten und vorübergehenden Wechsels zur direkten Anrede Jahwes in V. 23 entscheide ich mich für M als die lectio difficilior.
13 Wörtlich: „meine Dauer“. Zur Wortbedeutung vgl. HAL 676b s.v. I *nēsaḥ* 2.
14 Inf. constr. im Sinne eines Verbalnomens, vgl. W. Rudolph, ZAW 56,1938, S. 111.
15 Lies mit dem Qere *w^{e}tāśô^{a}ḥ*. Zum Befund vgl. Albrektson, S. 141 f. Die Imperfecta bezeichnen hier eine anhaltende Handlung in der Vergangenheit.
16 Zu der Tiq. Soph. vgl. Rudolph z. St.
17 Zum *‘al* vgl. Dav. S. 143 Anm. 1.
18 Vgl. Anm. 15.

22 Ja,[19] Jahwes Gnaden ‚sind‘ nicht ‚zu Ende‘[20],
    sein Erbarmen hörte nicht auf.
23 Neu ist es alle Morgen[21],
    groß ist deine Treue!
24 „Mein Teil ist Jahwe“, spricht meine Seele,
    „daher hoffe ich auf ihn!“

25 Gut ist Jahwe ‚dem, der auf ihn harrt‘[22],
    der Seele, die ihn sucht.
26 Gut ist es, wenn man schweigend[23] ‚wartet‘[24]
    auf Jahwes Hilfe.
27 Gut ist es für den Mann, wenn er ein Joch
    in seiner Jugend trägt[25].

28 Er sitze einsam und schweige,
    wenn es ihm auferlegt.
29 Er senke zum Staub seinen Mund[26],
    vielleicht gibt es Hoffnung.
30 Er biete seinem Schläger die Wange,
    sättige sich an Schmach.

31 Denn er[27] verstößt nicht für immer,
    ‚er wird noch freundlich sein‘[28].
32 Denn hat er betrübt, so erbarmt er sich
    nach seiner Gnaden Fülle.
33 Denn nicht vorsätzlich[29] erniedrigt er
    und betrübt er[30] die Menschenkinder.

---

[19] Zum affirmativen *kî* vgl. Joüon § 164b.

[20] Lies mit S und T *tammû*, vgl. das folgende *kālû*. Zu *tamnû* vgl. auch GK[28] § 67g und BL 439p. Die Lesart von M beruht auf kollektiver Nachinterpretation.

[21] Zum Artikel vor einem Plural zur Bezeichnung der Totalität vgl. Joüon § 137i.

[22] Lies *lᵉqōwô*. Vgl. auch Anm. 10 und 20.

[23] Zur Kopula vgl. Dav. § 136 R.1c.

[24] Lies *wᵉjōḥîl*.

[25] Vgl. die Auslegung.

[26] D.h.: er schweige.

[27] D.h.: Jahwe.

[28] In die offensichtliche Textlücke setze ich versuchsweise ein *ʿôd tirṣǽ* unter Preisgabe des *ʾadōnāj* ein, vgl. Ps 77,8.

[29] Zur Übersetzung vgl. auch F. Lindström, God and the Origin of Evil, CB.OT 21, Lund 1983, S. 225.

[30] Zur Form vgl. BL 443k, zur Sache Albrektson, S. 150. Möglich wäre auch ein *wᵉjōgǽ*.

34 Daß man unter seine Füße tritt
   alle Gefangenen des Landes;
35 daß man das Mannesrecht beugt
   vor dem Antlitz des Höchsten;
36 daß man Menschen im Streit betrügt, –
   sollte es der Herr[31] nicht sehen?

37 Wer ist es, der sprach und es geschah?[32]
   Der Herr[31], hat er nicht geboten?
38 Kommt nicht aus dem Munde des Höchsten
   das Böse wie das Gute? –
39 Was beklagt sich ein Mensch, der lebt,
   ein Mann über seiner Sünden[33] Folgen?[34]

40 „Laßt uns unsre Wege ergründen und erforschen
   und uns zu Jahwe wenden!
41 Laßt uns die Herzen samt[35] den Händen
   zu Gott im Himmel heben:
42 Wir haben gesündigt und getrotzt,
   so konntest du nicht vergeben.

43 Du hast dich in Zorn gehüllt, uns verfolgt,
   hast ohne Erbarmen gemordet.
44 Du hast dich in Gewölk gehüllt,
   unerreichbar für das Gebet.
45 Du hast uns zum Kehricht und Abfall gemacht
   inmitten der Völker.

46 Es rissen wider uns auf ihr Maul
   all unsre Feinde.
47 Grauen und Grube kam über uns,
   Verwüstung[36] und Zusammenbruch."
48 Wasserbäche läßt rinnen mein Auge
   über den Zusammenbruch der Tochter, meines Volkes.

---

[31] Ob „Herr" Ersatz für primäres Jahwe oder ursprünglich ist, ist schwer zu entscheiden.
[32] Zur Übersetzung des Verses vgl. auch Albrektson, S. 152 und Lindström, S. 226.
[33] Lies mit dem Qere.
[34] V. 39 ist eine alte crux. Will man am überlieferten Wortlaut festhalten, muß er elliptisch verstanden werden, so schon H. Ewald, DAB I,2, Göttingen 1866⁵, S. 339 und z.B. Hillers, S. 58; Gottlieb, S. 51 f., Renate Brandscheidt, Gotteszorn, S. 25 und Provan, S. 99 f. Vgl. dazu Hillers, S. 58: „The parallelism seems to involve ellipsis from the second colon of the verb and interrogative, which must be supplied from the first colon." Dabei muß man das ḥaṭā'āw auf die Sündenfolgen oder Strafen beziehen. Vgl. z.B. Boecker z. St.
[35] Vgl. auch Gottlieb, S. 53.
[36] Vgl Albrektson, S. 159 und HAL 1285b s.v. šē't.

49 Mein Auge fließt ohn' Unterlaß,
     es versieget nicht,
50 bis herabschaut und dreinsieht[37]
     Jahwe vom Himmel.
51 Es schmerzt[38] mir[39] mein Auge
     ob all ‚meines Weinens'[40].

52 Es hetzten mich wie einen Vogel,
     die grundlos meine Feinde.
53 Sie sperrten mich lebend in die Grube
     und warfen[41] Steine auf mich.
54 Es fließen[42] Wasser über mein Haupt.
     Ich denke: „Ich bin verloren!"[43]

55 Ich rufe[44] deinen Namen, Jahwe, an
     aus der untersten Grube.
56 Höre[45] mein Rufen: „Verschließe nicht[46]
     dein Ohr zu meiner Befreiung[47]!"
57 Sei nahe am Tage, da ich dich rufe,
     sprich: „ Fürchte dich nicht!"

58 Führe[45], Herr[31], meine Streitfälle,
     erlöse[45] mein Leben.
59 Sieh[45], Jahwe, meine Entrechtung an,
     verschaffe mir Recht![48]
60 Sieh[45] all ihre Rachsucht an,
     all ihre Pläne wider[49] mich.

---

[37] Zum modalen Imperfekt vgl. Joüon § 116c.

[38] Vgl. auch HAL 789a s.v.I *'ll* Poel.

[39] *napšî* vertritt das Personalpronomen.

[40] Lies $b^e k \hat{o} t \hat{i}$. Nach der Verlesung in $b^e n \hat{o} t$ ist das *'îrî* als epexegetische Glosse eingefügt; vgl. auch Rudolph und Weiser z.St.

[41] Zur Pielform von I*jdh* vgl. BL 443k. Zum Verständnis von G vgl. Albrektson, S. 162.

[42] Im Zusammenhang mit den V.55ff. ist V.54 präsentisch zu übersetzen.

[43] Vgl. mit Ges[18] 211a s.v. *gzr* Ni. Jes 53,8; Ps 88,6 und 2 Chr 26,21.

[44] Vgl. Ps 130,1. Zum Problem des Verständnisses der V.55ff. vgl. ausführlich unten, S. 158ff.

[45] Zur prekativen Bedeutung der Perfecta vgl. unten, S. 159.

[46] Versetze den Atnach unter dieses Wort.

[47] Zur Wortbedeutung von $r^e w \bar{a} h \hat{a}$ vgl. HAL 1121 s.v. Das Wort begegnet im Alten Testament nur noch Ex 8,11. Dort besitzt es die Bedeutung „Erleichterung". Vgl. aber auch die Parallelbildung *ræwaḥ*, HAL 1116b und z.B. Est 4,14.

[48] Der abrupte Übergang vom Danklied zur Bitte hat vielfach Bedenken gegen das Verständnis der Verbform als Kohortativ erweckt. Vgl. die Wiedergabe der Diskussion bei R. Albertz, Persönliche Frömmigkeit und offizielle Religion, CThM.A 9, Stuttgart 1978, S. 189 mit Anm. 115 auf S. 268.

[49] Vgl. auch BHS.

61 Höre[45] ihr Schmähen, Jahwe,
   all ihre Pläne wider mich.
62 Der Mund meiner Gegner und ihr Gerede
   sind täglich wider mich.
63 Wenn sie sich setzen und aufstehn, gib acht!
   Ich bin ihr Spottlied geworden.

64 Vergilt[50] ihnen nach ihrem Tun, Jahwe,
   gemäß dem Werk ihrer Hände.
65 Gib[45] ihnen Verhärtung[51] des Herzens,
   deinen Fluch[52] über sie!
66 Jage im Zorn und rotte sie aus
   unter ‚deinem Himmel'[53].

3,1–66   Das 3. Lied ist eine kunstvolle Komposition aus formgeschichtlich ganz unterschiedlichen Elementen, die der Dichter in den Dienst seiner Botschaft gestellt hat. Ihre Entschlüsselung wird vermutlich wie in der Vergangenheit auch in der Zukunft einigermaßen kontrovers bleiben; denn bei der Bestimmung des Gesamtsinns des Liedes und seiner Teile spielt die Entscheidung über divergierende Lesarten, mehrdeutige Verbformen und nicht zuletzt die Erhebung des Aussagewertes der zahlreichen hyperbolischen Metaphern eine zentrale Rolle. – Formal führt sein Dichter die Kunst des alphabetischen Akrostichs auf eine im Alten Testament nur durch Ps 119 übertroffene Höhe, indem er je drei Bikola mit dem jeweils gleichen, der Abfolge des Alphabets entsprechenden Konsonanten beginnen läßt. Dabei befolgt er in den V.46–48 und 49–51 dieselbe Konsonantenabfolge '–p wie das 2. und das 4. Lied[54]. Metrisch wird das Lied, von wenigen Ausnahmen abgesehen, durch den hinkenden Qina- oder Leichenliedvers (3 + 2) bestimmt[55]. Für seine Kunst hat der Dichter freilich einen hohen Preis bezahlt; denn der durch die Wahl des dreifachen Akrostichs auferlegte Formenzwang hat eine Reihe von auffälligen Wortfolgen[56], gesucht erscheinenden Wendungen[57], ungewöhnlichen Verbalbedeutungen[58] und sonst in der hebräischen Poesie unüblichen

---

[50] Statt des Imperativs steht um des Akrostichs willen das Imperfekt.

[51] Die Wortbedeutung ist unsicher. vgl. Plöger und Provan z.St., aber auch Albrektson, S. 170 und HAL 518a s.v. $m^eginnâ$.

[52] Bei $ta'alâ$ handelt es sich um ein Hapaxlegomenon, vgl. HAL 1544a s.v. Zum Befund vgl. Albrektson, S. 171.

[53] M: „unter dem Himmel Jahwes" ist in einer an Jahwe gerichteten Rede deplaziert. Daher lesen wir trotz der Bedenken von Albrektson, S. 171 f. mit S ein $šamêkâ$.

[54] Vgl. dazu oben, S. 99 f.

[55] Ausnahmen stellen jedenfalls die V.1 und 24 mit 2 + 2 + 2 und die V.6, 13 und 15 mit 2 + 3 dar. In V.51b, 56b und 58b dürften die Überlängen auf Glossen zurückzuführen sein.

[56] Vgl. V.22.34-36.

[57] Vgl. z.B. V. 48 und 62.

[58] Vgl. V.55-63.

Wortwiederholungen[59] zur Folge. Unter seinem Einfluß ist in dem Lied die sonst in der hebräischen Poesie zu beobachtende Deckung von inhaltlicher und formaler Einheit mehrfach durchbrochen, so daß die Zäsur mitten durch das Hexakolon führt[60]. Die Tradition trägt diesem Befund Rechnung, indem sie in diesem Lied anders als im ersten, zweiten und vierten statt nach Stanzen nach den 66 Bikola zählt. So ist der Formenzwang dafür verantwortlich, daß wir eine ebenso eindrucksvolle wie schwer zu deutende Dichtung vor uns haben[61].

Wer sich dem Lied in der Haltung des Formgeschichtlers nähert, der nach den Urbildern reiner Gattungen ausschaut, entsprechend seine Maßstäbe setzt und Urteile fällt, wird von ihm vermutlich noch stärker als von den beiden vorausgehenden Gedichten enttäuscht; denn da es aus Formelementen komponiert ist, die ganz unterschiedlichen Traditionsbereichen entstammen, sperrt es sich noch stärker als jene der Verbuchung auf das Konto einer einzigen Gattung[62]. Es setzt statt dessen bei seinen Lesern die Bereitschaft voraus, sich auf eine Komposition einzulassen, deren Formelemente auf den ersten Blick durchaus ungewöhnlich aneinandergereiht sind, die sich aber bei geduldigem Lesen als ein durchaus sinnvoll in sich geschlossenes Ganzes erweist.

Wir kommen der Absicht des Dichters am besten auf die Spur, indem wir zunächst den Aufbau des Liedes unter Berücksichtigung seiner Formelemente untersuchen, um uns dann der Frage nach seiner Bedeutung und schließlich der nach seiner Entstehungszeit zu stellen. Es setzt in den V.1–20 mit der Leidschilderung eines einzelnen in Gestalt einer Gottklage (V.1–16) und eines Berichts über die Wirkung des Leidens auf den Klagenden (V.17–20) ein, um dann in den V.21–24 in ein reflektiertes Vertrauensbekenntnis überzugehen. Dabei ist der Gebetscharakter allein durch die unvermittelte Anrede Jahwes in V.17a[63] und V.23b gesichert. Mithin überwiegt in dem ganzen Abschnitt V.1–24 der Bericht über Gottes Handeln und die dadurch ausgelösten Empfindungen und Reflexionen des Klagenden. Es entspricht dem, daß dem Leidbericht keine an Jahwe gerichtete Kurzklage vorausgeht, wie sie der im Hintergrund der V.1–24 stehenden Gattung der Klage des Einzelnen eigen ist[64]. Aus der fast vollständigen Zurückdrängung des Gebetscharakters und der ebenso demonstrativen Reflexion über den Grund der Hoffnung in den V.21–24 läßt sich bereits die lehrhafte Absicht des Liedes erschließen. Diese Intention tritt in den beiden Paränesen der V.25–33 und 34–39

---

[59] Vgl. V.7/9; 9/11; 19/20; 25-27; 29/30; 31-33; 43/44; 49/51 und 59/60.

[60] Vgl. die Zusammengehörigkeit von V.12 und 13; 21 und 22ff.; 48 und 49ff.

[61] Vgl. vor allem die doppelte Ellipse in V.39 und den umstrittenen Charakter der V.55-58.

[62] Die Annahme, daß wir es bei seinem Verfasser statt mit einem Dichter lediglich mit einem Sammler primär selbständiger Gedichte und Gedichtteile zu tun haben, wie es Claus Westermann in seiner sonst so beachtenswerten Studie anzunehmen scheint, vgl. Klagelieder, S.70, scheitert an der durchgehenden Überformung der Bauelemente mittels des dreifachen Akrostichs. Gegen sie gilt vermehrt, was Brandscheidt, Gotteszorn, S.38 gegen ähnliche Überlegungen von Kraus eingewandt hat.

[63] Vgl. aber Anm.12.

[64] Vgl. zu ihr Gunkel-Begrich, Einleitung in die Psalmen, S.212ff. oder knapp Kaiser, Einleitung[5], S.335ff.

eindeutig zutage. Dabei gilt es zwischen Form und Funktion der ersten und der zweiten Versgruppe zu unterscheiden: In den V.25-33 folgen auf je drei Wahrsprüche drei in der 3.sing.masc. gehaltene Räte und drei als Begründungssätze formulierte Wahrsprüche. Sachlich dient der Abschnitt der Begründung der Hoffnung und der Anweisung zur Geduld angesichts des Leidens. Nach dem bisher Gesagten können wir davon ausgehen, daß sich die Paränese letztlich auf dasselbe Leiden bezieht, von dem der Klagende in den V.1-17 berichtet. Dabei zeigt V.33 mit seiner erst in den V.34-39 begründeten Bestreitung, daß Gott den Menschen aus dämonischer Lust Leiden auferlegt, daß sich die Paränese nicht allein auf den Leidbericht zurückbezieht, sondern auch das Folgende vorbereitet. Auf der Ebene der Tiefenstruktur blickt sie bereits auf die V.40ff. und 48ff. hinaus; denn die in V.40ff. anempfohlene Buße und die in V.48ff. paradigmatisch erhobene Klage setzen das Vertrauen in Gottes Vergebungs- und Erhörungsbereitschaft voraus, wie sie die V.22ff. 25f. und 31ff. einprägen. Die V.34-39 bestehen aus vier rhetorischen Fragen, von denen die erste die Verse 34-36 umspannt. Ihrer Qualität nach besitzen sie mit ihrer lehrhaften, an das Einverständnis der Adressaten appellierenden Absicht in V.34-38 die Funktion verstärkter Wahrsprüche und in V.39 die eines verstärkten Rates. So stellt V.34 faktisch die Behauptung auf, daß Jahwe die einem Mann zugefügte Gewalt und Rechtsverletzung kennt. Die V.37-38 halten fest, daß Jahwe der Urheber der Übel wie des Glücks ist. V.39 aber bestreitet das Recht des Menschen, sich über die ihn treffenden Folgen seiner Sünden zu beklagen. Dabei bereiten die V.34-36 zusammen mit V.37-38 deutlich V.39 und zusammen mit V.39 die V.40-47 vor: Wenn Jahwe alle Gewalttaten und Rechtsbeugungen wahrnimmt und ebenso Leiden und Glück veranlaßt, ist es für die schuldhaft Leidenden angeraten, statt über ihr Unglück zu klagen, ihre eigenen Sünden zu beklagen und Buße zu tun. Dabei macht das Bußgebet der V.40-47 deutlich, daß das Leid im Exilsgeschick Israels besteht. Der Pflicht, Jahwe bis zur Erhörung weinend und klagend an das Leid seines Volkes zu erinnern, kommt der offensichtlich wiederum paradigmatische Beter der V. 48-51 nach. Die Feindklage des Einzelnen in den V.52-54 gehört mit den V.55-66 zusammen. Allerdings geben gerade die V.55-66 dem Ausleger manches Rätsel auf. So ist es z.B. umstritten, ob die V.55-58 auf die bereits erfolgte Rettung des paradigmatischen Beters zurückblicken und auch die V.59-66 entsprechend zu deuten sind[65] oder ob es sich bei den V.55-66 nicht vielmehr um die an die Klage der V.52-54 anschließenden Bitten handelt[66]. Der Übergang von der Klage zur Bitte wird jedoch auch erst in V.59[67] oder 62 gesucht[68]. Mithin steht die Frage zur Entscheidung an, ob es sich in den V.52-66 um ein Danklied, ein in Bitten übergehendes Danklied oder

---

[65] So Rudolph, KAT[2], S.233 und S.273.

[66] So bereits Ewald und jetzt wieder Gordis, Hillers, Gottlieb, S.57ff., Provan, S.81ff. und S.105 und ders., VT 51, 1991, S.164ff.

[67] Die Entscheidung darüber ist mit der textkritischen in V.59b verbunden. Vgl. zu ihr oben, Anm.43.

[68] So Weiser, Plöger, Kaiser, ATD 16[3], S.358; Boecker und Brandscheidt, Gotteszorn, S.69f., die auch noch V.59-61 auf die bereits geschehene Rettung bezieht.

eine Bittklage handelt. Das Verständnis des ganzen Abschnitts als eines in eine Bitte ausmündenden Klageliedes kann sich auf die grundsätzlich anerkannte Möglichkeit berufen, daß Perfecta in der Poesie prekativ gedeutet werden können[69]. Sie kann sich weiterhin darauf berufen, daß kein Grund besteht, die in V.56 zitierte Bitte anders als die in V.59 zu deuten, und es unwahrscheinlich ist, daß zwischen den Bitten in V.59 und V.64ff. keine weiteren Klagen zu erwarten sind. Als ein reines Danklied hat allein Rudolph den Abschnitt verstanden, dabei umgekehrt die Imperfektformen in den V.64–66 als Folge des akrostichischen Formenzwangs beurteilt und sie praeterital gedeutet. Zugunsten der Möglichkeit, die V.52–66 als ein in eine Bitte übergehendes Danklied zu interpretieren, hat Weiser darauf hingewiesen, daß die Verbindung von Dank und Bitte in Dankpsalmen nichts Ungewöhnliches ist und z.B. in Ps 40 und 84 begegne[70]. Ist die Deutung Rudolphs schon wegen ihrer Verbindung mit dem Verständnis des Liedes als einer das Leiden Jeremias im Auge habenden Rollendichtung problematisch, so erscheint die als einer Bitte zunächst bedenklich, weil der Dichter bei den V.56–61 keinem Formenzwang unterstand, der ihn an der Verwendung von Imperativen oder Adhortativen gehindert hätte. Trotzdem gibt es gute Gründe für diese Lösung, weil sie allein es ermöglicht, an der Hauptlesart in V.14a festzuhalten, nach welcher die Verspötter des paradigmatischen Beters in der Mehrheit seines eigenen Volkes zu suchen sind. Dem entspricht es, daß ihn die Feinde nach V.52 grundlos befehden. Darüber hinaus besteht kein Grund zu der Annahme, daß es sich bei den in den V.60ff. genannten Feinden um andere als die zuvor erwähnten handelt. Demgemäß wäre es schwer einzusehen, warum der Beter in den V.55ff. zunächst von seiner Rettung vor ihren Nachstellungen berichtet, in V.59 bzw.[71] ab V.62 jedoch um ihre Bestrafung bittet. Dieser Wechsel ließe sich nur verständlich machen, wenn man die Feinde des paradigmatischen Beters mit den Eroberern Jerusalems identifizierte. So haben sich die späteren Textzeugen die Dinge zurechtgelegt und deshalb in V.14a entsprechend die herkömmliche Lesart „meines ganzen Volkes" in ein „aller Völker" abgewandelt und dabei vermutlich V.45 im Auge gehabt, worin ihnen einige neuere Ausleger gefolgt sind[72]. Aber dieses Verständnis ist nicht nur im Blick auf V.14, sondern auch in dem auf die V.52ff. abzulehnen. Dann aber bleibt zu fragen, wie man dem überlieferten Text am besten gerecht wird. Zunächst ist es nicht verwunderlich, daß man das Lied traditionell Jeremia zugeschrieben hat, der nach dem im Prophetenbuch und zumal in den sog. Konfessionen gezeichneten Bild von seinen eigenen Landsleuten verfolgt und verspottet, vgl. besonders Jer 20,7ff., nach Jer 37f. gefangen gesetzt und schließlich in eine Zisterne („Grube") geworfen worden ist, aus der ihn Ebed-Melech rettete. Als die kritische Nachprüfung der Befunde ergab, daß die Annahme jeremianischer Verfasserschaft unwahrscheinlich ist, suchte eine Reihe von

---

[69] Vgl. dazu Joüon § 122k und D. Michel, Tempora und Satzstellung in den Psalmen, AET 1, Bonn 1960, S.79ff.

[70] ATD 16[1-2], S.90 Anm.1.

[71] Im Fall der Änderung der von M überlieferten lectio difficilior in V.59b.

[72] Vgl. z.B. Budde, Kaiser[1][3] und Provan.

Gelehrten der Analogie gerecht zu werden, in dem sie das Lied als eine Jeremia in den Mund gelegte Rollendichtung interpretierten[73]. Erst jüngst ist die abgewandelte Hypothese vertreten worden, daß es die Leidenserfahrungen Jeremias in der Gestalt des „Mannes", vgl. V.1, „auf die Ebene der Allgemeingültigkeit für das vom Zorn Gottes auch weiterhin bedrohte Volk erhebt"[74]. Beide Deutungsversuche gehen von der Authentizität der sog. Konfessionen Jeremias aus. Diese ist jedoch in den zurückliegenden beiden Jahrzehnten mehrfach und mit guten Gründen bestritten worden: Schon bei ihnen scheint es sich um Rollendichtungen zu handeln, welche die Existenz Jeremias exemplarisch als die des leidenden Gerechten deuten[75]. Nach der m.E. schlüssigen Hypothese von Karl-Friedrich Pohlmann hatten sie die Aufgabe, die eschatologisch gesinnten Frommen, die von der antieschatologisch denkenden Mehrheit des Volkes an den Rand gedrückt worden waren, durch das paradigmatische Bild des leidenden Propheten, der um des ihm aufgetragenen Gotteswortes willen von seinen Landsleuten verfolgt wurde, in ihrer Überzeugung zu bestärken[76]. Pohlmanns Ergebnis läßt sich mit dem von Dong Hyun Bak verbinden, der als Ziel der Aneignung des Leidens des Propheten durch den Dichter der Konfessionen das Überleben des wahren Gottesvolkes in spätnachexilischer Zeit bestimmt[77]. Versuchen wir unser Lied analog zu den so verstandenen Konfessionen Jeremias zu interpretieren, schließen sich seine einzelnen Glieder zwanglos zu einer in sich stimmigen Komposition zusammen: Ein paradigmatischer Beter stellt sich in den V.1-17 als leiderfahrener Mann vor, der durch seinen Gott in eine aussichtslos erscheinende Situation gebracht und dadurch zum Spottlied der Mehrheit seines Volkes geworden ist. An der Hoffnung der Rettung durch Jahwe verzagend, V.18-20, besinnt er sich auf den Grund der Hoffnung in Gottes Barmherzigkeit und Treue, V.21-24. Lehrhaft gibt er in den V.25-33 den Seinen Anweisung zur Geduld im Leiden angesichts Gottes Barmherzigkeit. Mithin dürfen wir unterstellen, daß das von ihm beklagte Leiden sich mit dem seiner Adressaten deckt. Die in den V.34-39 folgende Paränese stellt fest, daß Jahwe alle Rechtsbeugungen kennt, die einem Mann widerfahren, und weder Unglück noch Glück ohne seinen Befehl geschehen. Daher ist von dem Leidenden Buße gefordert. Demgemäß dürfen wir folgern, daß der Beter und die von ihm vertretene Gruppe nicht nur unter dem Spott der Mehrheit des Volkes, sondern auch unter Rechtsbeugungen zu leiden hatte. Als deren Urheber haben wir gemäß V.52 wiederum Angehörige des eigenen Volkes anzunehmen. Der Lehre aus V.39 gemäß stimmt der paradigmatische Beter und Lehrer in den V.40-47 ein Bußlied an[78]. Es deutet das Ausbleiben der Rettung durch Jahwe aus

---

[73] Vgl. dazu Löhr, S. 16; ders., ZAW 24, 1904, S. 5; Haller, S. 107 und Rudolph, S. 235.

[74] Brandscheidt, GS, S. 116.

[75] Vgl. Kaiser, Einleitung[5], S. 254 f.

[76] Vgl. dazu K.-F. Pohlmann, Die Ferne Gottes- Studien zum Jeremiabuch, BZAW 179, Berlin / New York 1989, S. 59 ff. und S. 98 ff.

[77] Vgl. D. H. Bak, Klagender Gott-Klagende Menschen. Studien zur Klage im Jeremiabuch, BZAW 193, Berlin/New York 1990, S. 220 ff. und besonders S. 223.

[78] Brandscheidt, Gotteszorn, S. 44.

dem verächtlichen Exilsgeschick als Folge der Sünde des Volkes. Verursacher des Leidens sind hier die Völker, in deren Mitte es wohnt, bzw. die Feinde, die einst sein Land erobert und verwüstet haben. Das besondere Leid des paradigmatischen Beters und seiner Zielgruppe ist daher nicht mit dem allgemeinen Leid Israels identisch, hängt aber mit ihm offenbar derart zusammen, daß die Aufhebung des einen die des anderen einschließt. Daher folgen in den V.48-51 und 52-66 eine paradigmatische Leidschilderung mit dem Charakter eines Gelöbnisses zur unablässigen Klage bis zu ihrer Erhörung durch Jahwe und anschließend die Wiederaufnahme des die ganze Komposition eröffnenden Klageliedes in Gestalt einer Feindklage, die in die große, an Jahwe gerichtete Schlußbitte um Rechtshilfe gegen die Feinde des Beters einmündet: Die Erlösung des unter seinem Exilsgeschick leidenden, aus den Adressaten des Liedes bestehenden wahren Israel und die Vernichtung der Feinde des Beters gehören zusammen. Für diese ist außer ihrer Gewalttätigkeit, vgl. V.34-36, ihre spöttische Distanzierung von dem paradigmatischen Frommen und seiner Zielgruppe charakteristisch; gleichzeitig bilden sie die Mehrheit des Volkes, vgl. V.14 und V.63. Mithin vertritt der paradigmatische Beter die fromme, auf die Erlösung Israels wartende Minderheit, die sich selbst ausweislich V.52 wie der Beter als objektiv grundlos verfolgt versteht. Das Warten auf die Erlösung Israels trennt den paradigmatischen Beter und seine Adressaten von seinen Spöttern und Feinden. Seine Gottklage gilt dem Exilsgeschick, seine Feindklage den Spöttern und Gewaltmenschen. Seine Rechtfertigung gegenüber ihren Nachstellungen und ihrem Spott fällt mit der Erlösung Israels zusammen. Welche Anfechtung die Gewaltmenschen für die Frommen bedeuteten, zeigt die leidenschaftliche Bitte um ihre Vernichtung. Mithin ist das Lied als Ganzes eine Anleitung zur Vergewisserung der Hoffnung auf die Erlösung Israels angesichts einer die Macht besitzenden und sie gegebenenfalls zum Nachteil der Frommen ausübenden Mehrheit des Volkes.

Das impliziert bereits, daß das Lied in erheblichem zeitlichen Abstand zu den Ereignissen des Jahre 587 gedichtet worden ist. Von deren Schrecknissen ist in dem Lied nur noch summarisch die Rede: Es reicht aus, an die Toten, an den Triumph der Feinde und an die Schrecken des Zusammenbruchs zu erinnern, vgl. V.43 mit 2,21c, V.46 mit 2,16a und V.47 mit Jer. 48,43, oder ganz allgemein „vom Sturz der Tochter, meines Volkes" zu reden, vgl. V.48 mit 2,11b. Das eigentliche Anliegen des Dichters ist offensichtlich nicht, die Leiden des besiegten Volkes auszumalen, sondern dafür zu sorgen, daß die schwindende Hoffnung auf die Erlösung Israels gestärkt und die Klage bis zu ihrer Erhörung weitergehe. Dabei kann er sich auf die anderen Lieder der Sammlung verlassen, die er mit der Einfügung des dritten Gesangs zum Abschluß brachte. Traditionsgeschichtlich ist er eindeutig von der spätdeuteronomistischen Umkehrtheologie abhängig, vgl. V.40 mit Dtn 4,29ff.; 30,1ff.[79] und 1. Kön 8,46ff.[80]. Daß der Lieddichter in der Psalmen-

---

[79] Vgl. dazu D. Knapp, Deuteronomium 4. Literarische Analyse und theologische Interpretation, GThA 35, Göttingen 1987, S. 161f. Brandscheidt, Gotteszorn, S. 222 war grundsätzlich auf der richtigen Spur, datierte aber wegen undifferenzierter Behandlung der deuteronomischen und deuteronomistischen Texte durchgehend zu hoch.

[80] Vgl. dazu Würthwein, ATD 11/1, S. 100, der die Verse nicht vor 500 v. Chr. datiert.

sprache lebte, wird die Einzelauslegung nachweisen. Die auffallenden Motivparallelen der Dichtung mit solchen im Hiobbuch sind vermutlich auf die Vertrautheit beider Dichter mit der Sprache der Klagelieder des Einzelnen zurückzuführen[81]. Von den Prophetenbüchern war ihm wohl Jeremia bekannt[82]. Die Verwendung der weisheitlichen Formen des Wahrspruchs und Rates in den V.25ff. zeigt, daß dem Dichter die weisheitliche Überlieferung seines Volkes nicht fremd war[83]. Suchen wir seine Zeitstellung genauer zu bestimmen, müssen wir uns zunächst an die Texte in den Prophetenbüchern erinnern, die wie die Konfessionen Jeremias durch den expliziten oder impliziten Gegensatz zwischen den Gerechten oder Frommen und den Frevlern oder Gottlosen bestimmt und sämtlich als späte literarische Fortschreibungen zu beurteilen sind[84]. Von ihnen sei Jes 66,5 als der unsrer oben gegebenen Deutung des Liedes nächststehende Text zitiert:

> Höret das Wort Jahwes,
> die ihr bangend auf sein Wort wartet:
> Es sagen eure Brüder, die euch hassen,
> die euch wegdrängen um meines Namens willen:
> Jahwe möge sich doch (an euch) verherrlichen,
> daß wir auf eure Freude sehen können!
> Doch sie werden zuschanden werden[85].

Natürlich stellt sich die Frage, in welche nachexilische Epoche wir die hier vorausgesetzte Spaltung des Volkes einzuordnen haben[86]. Dem Stand der redaktionsgeschichtlichen Erforschung der Prophetenbücher entsprechend liegen die jüngst gemachten Vorschläge zwischen der zweiten Hälfte des 5. und dem frühen 3.Jh. v.Chr.[87] So mögen wir das Richtige treffen, wenn wir den Dichter vorsichtig in die späte Perserzeit oder die frühhellenistische Epoche und mithin das 4.Jh. v.Chr. plazieren und uns dabei auf vergleichbare Zeugnisse für die Existenz einer

---

[81] Vgl. z.B. 3,4 mit Hiob 19,20a; V.5 mit Hiob 19,6.8; V.7a mit Hiob 19,8a; V.9 mit Hiob 19,8a; V.12b mit Hiob 16,12b; V.13a mit Hiob 16,13a; V.15a mit Hiob 9,18b sowie V.14 mit Hiob 30,9a, und zur Datierung des Hiobbuches jetzt auch Katharine J. Dell, The Book of Job as Sceptical Literature, BZAW 197, Berlin / New York 1991, S. 160 ff.

[82] Vgl. V.14 mit Jer 20,7b; weiterhin V.28 mit Jer 15,17; V.47 mit Jer 48,43; V.48 mit Jer 14,17. Das Verhältnis zu den Konfessionen Jeremias wäre freilich noch einmal erneut zu untersuchen.

[83] Mit dieser Neudarstellung des Problems der literarischen Abhängigkeiten reagiere ich auf die Kritik, die meine einschlägigen Ausführungen in der vorausgehenden Auflage durch Brandscheidt, Gotteszorn, S.222; Boecker, S.13 und Provan, S.12 gefunden haben.

[84] Vgl. dazu C. Westermann, Prophetische Heilsworte im Alten Testament, FRLANT 145, Göttingen 1987, S.188ff.

[85] Übersetzung von C. Westermann, ebenda, S.192.

[86] Westermann dürfte seine ATD 19, S.331 vorgenommene Datierung von Jes 66,5 in frühnachexilische Zeit heute kaum noch aufrecht erhalten.

[87] K.Koenen, Ethik und Eschatologie im Tritojesajabuch, WMANT 62, Neukirchen-Vluyn 1990, S.236 ordnet die entsprechende Redaktion bereits in die 2. Hälfte des 5.Jh.s ein; O.H.Steck, Bereitete Heimkehr, SBS 121, Stuttgart 1985, S.79 in frühhellenistische Zeit.

Skepsis im Judentum dieser Zeit berufen, wie sie z.B. in Ps 14 par Ps 53[88], Jes 5,19[89] und der Hiobdichtung[90] begegnen[91]. Dieses Votum läßt sich mit dem von Claus Westermann vereinigen, der sachgemäß geurteilt hat, daß unser Lied einer Zeit angehört, in der es gemäß der Psalmenfrömmigkeit um demütiges Ausharren im Leid, Erkennen der eigenen Sünde und Umkehr zu Jahwe ging[92].

Fragt man, in welchen Kreisen der Verfasser zu suchen ist, legt sich angesichts seiner Vertrautheit mit der sich bildenden biblischen Literatur die Antwort nahe, daß er von Berufs wegen Zugang zu der religiösen Tradition seines Volkes besaß. Weiterhin spricht seine Kompetenz, die Sammlung der Klagelieder durch das von ihm beigesteuerte Lied neu zu autorisieren, dafür, daß er in seinen Kreisen über das dazu nötige Ansehen verfügte. Da sein Lied keine speziell priesterlichen Interessen zu erkennen gibt, ist seine Zugehörigkeit zur Priesterschaft kaum wahrscheinlich. Will man sich nicht in ungedeckte Spekulationen über gebildete „Laien" ergehen, richtet sich die Vermutung notwendig auf levitische Kreise; und dies nicht nur, weil sich dieser Schluß bereits bei der Beantwortung der Verfasserfrage der anderen Lieder nahelegte, sondern auch, weil man den Leviten als den Auslegern der Tora, vgl. Neh 8,1ff. und 2. Chr 17,8f.[93], auch die fortschreibende Auslegung der noch nicht abgeschlossenen Sammlung der Propheten und der Schriften zutraut. Schließlich haben sich Leviten ausweislich des Jubiläenbuches auch noch in der Mitte des 2.Jh.s in der doppelten Frontstellung gegen die Nichtjuden und die hellenistisch gesinnten Juden literarisch betätigt[94].

3,1-24: Von der Verzweiflung zur Hoffnung. Ein Klagelied. In der ohne Anrufung Gottes eingeleiteten und erst in den V.52-66 ihren Abschluß findenden Klage des Einzelnen der Verse 1-24 stellt sich in V.1a ein leidgeprüfter Mann[95] vor, der in den V.1b-17 in einer Folge von hyperbolischen Metaphern seine aussichts- und hoffnungslose Lage beklagt, in die ihn Jahwes Zorn[96] getrieben hat, vgl. 2,1-12 . Der Gott, zu dem sich der Fromme wie einst das ganze Volk als seinem guten Hirten bekannte, vgl. Ps 23,1ff. und 80,2, hat ihn wie einen Übeltäter statt in das Licht des Heils und Glücks in das Dunkel des Leidens und damit in den Bereich des Todes getrieben, vgl. V.6 sowie V.17 und V.53f.[97]

3,1-24
1-3
4-16

---

[88] Zu seiner geistesgeschichtlichen Einordnung vgl. zutreffend A.Deissler, Die Psalmen, Düsseldorf 1986[5], S.64.

[89] Vgl. dazu O.Kaiser, ATD 17[5], S.112.

[90] Vgl. Katharine J.Dell, The Book of Job as Sceptical Literature, BZAW 197, Berlin/New York 1991, S.160ff.

[91] Vgl. auch M.Löhr, der das Lied HK2, S.XV, vgl. auch ZAW 25, 1905, S.195, um 325 v.Chr. datiert hat.

[92] Klagelieder, S.160.

[93] Und dazu A.H.J.Gunneweg, Leviten und Priester, FRLANT 89, Göttingen 1965, S.205f. und ders., KAT XIX/2, Gütersloh 1987, z.St.

[94] Vgl. dazu E.Schwarz, Identität durch Abgrenzung, EHS.T 162, Frankfurt/M. und Bern 1982, S.125ff.

[95] Zur Verwendung von *gæbær* in den Psalmen vgl. Ps 34,9; 40,5; 94,12; 127,5 und 52,9.

[96] Zur Formel „Stab seines Grimms" vgl. Spr 22,8; zur Sache auch Jer 10,5; 2. Sam 7,14 und Ps 89,33.

[97] Vgl. auch Hiob 18,18 und Jes 59,9.

Dieses Elend wird weiterhin mit Metaphern umschrieben, die sich zu keinem konkreten Bild verdichten lassen. Als realistische Züge können wir die Hinweise darauf bewerten, daß es sich um eine über lange Zeit erstreckende Not handelt. Sie hat offenbar ebenso den inneren wie den äußeren Menschen betroffen, V.4 und V.5, erscheint dem Beter, dessen anhaltendes Flehen unerhört geblieben ist, ausweglos, V.7ff., und wird von der Mehrheit des Volkes mit Spott begleitet, V.14. Verkennt man den hyperbolischen Stil, so könnte man aufgrund der V.4–6 und 7–13 meinen, in Analogie zu den Klagen Hiobs die Stimme eines Mannes zu vernehmen, dessen Gesundheit gänzlich untergraben ist, vgl. V.4[98], so daß ihn tiefe Verbitterung erfüllt, V.5[99], weil er sich dem Tode ausgeliefert weiß, V.6[100]. In den V.7–8 wird diese Vorstellung jedoch zugunsten der eines eingekerkerten und in Fesseln gelegten Mannes ausgetauscht, dessen Hilferufe ungehört verhallen[101]. In den V.9–12 wird auch sie preisgegeben und durch die Metapher eines Wanderers ersetzt, dem Jahwe den Pfad verlegt hat[102], um ihn gleich einem Bären oder Löwen aufzulauern[103], von seinem Weg abzudrängen[104] und seine Entschlußkraft vor Entsetzen zu lähmen. Aber auch diese Situation wird nicht festgehalten, sondern in den V.12 und 13 unter dem Einfluß von Klgl 2,4a und vielleicht auch Hiob 16,12f. zugunsten der Vorstellung von Jahwe als dem Krieger und Bogenschützen ausgewechselt, der sich den Beter als Zielscheibe ausgesucht und seine Pfeile in die besonders empfindlichen Nieren geschossen hat[105]. In V.14 begegnet der im Blick auf die Situation des Beters ebenso traditionelle[106] wie nach unseren Vorüberlegungen realistische Zug der Verspottung des Leidenden. Anders als in den Bittklagen des Einzelnen üblich weiß er sich nicht mit der mehr oder weniger unscharf umrissenen Größe seiner Feinde, sondern mit der Mehrheit seines Volkes konfrontiert, die ihn mit ihrem Spottlied der Lächerlichkeit preisgibt, vgl. auch V.63 sowie Jer 20,7b und Hiob 30,9a. Folgerichtig registriert V.15 die Bitterkeit des so verstärkten Leidens[107]. Gleichzeitig hält V.16 fest, daß hinter allen Demütigungen und Qualen des Beters Gott selbst steht, der seine Zähne mit Kieselsteinen zerrieben bzw. ihn in die schmutzige Asche gedrückt hat. Beide Metaphern sind für uns nicht eindeutig auflösbar; vielleicht handelt es sich um die Aufnahme geprägter, aber sonst nicht bezeugter Wendungen, die gemäß V.16b die tiefe Erniedrigung des Beters meinen[108]. Die Fülle der sich ablösenden Meta-

---

[98] Vgl. Hiob 19,20 und Jes 38,13.

[99] Vgl. Hiob 19,6.8; Dtn 29,17 und Ex 18,8.

[100] Vgl. Ps 143,3b.

[101] Zu V.7 vgl. Hiob 19,8 und z.B. 2. Kön 25,7; zu V.8 Hab 1,2 und Ps 88,14.

[102] Vgl. Hiob 19,8.

[103] Gewöhnlich wird der Löwe dem Bären vorangestellt, vgl. 1. Sam 17,34.36f.; Am 5,19; Spr 28,15 mit Hos 13,8; ferner Spr 17,12; 2. Sam 17,8 sowie zur Sache Ps 10,9.

[104] Vgl. aber auch Rudolph z.St.: „er sperrte meine Wege mit Dornen, an denen ich mich riß..."

[105] Vgl. auch D. Kellermann, ThWAT III, Sp.189 und H. W. Wolff, Anthropologie des Alten Testaments, München 1973, S.105f.

[106] Vgl. Gunkel-Begrich, Einleitung in die Psalmen, S.206ff.

[107] Vgl. auch Hiob 9,18b; Jer 9,14 und 23,15.

[108] Vgl. dazu auch Provan, S.88 und zu V.16b immerhin Hiob 30, 19.

phern prägt es den Adressaten des Liedes wieder und wieder ein, daß das schwere, mit Demütigungen und Verspottung verbundene Leiden von Gott selbst verursacht ist. Gleichzeitig bereitet sie die Rezipienten auf die Einsicht vor, daß sie es mit dem paradigmatischen Leiden eines paradigmatischen Beters zu tun haben. Da die primären Leser das Lied wohl vermutlich von vornherein im Kontext der anderen Gesänge kennenlernten, ahnten sie spätestens bei V.14a, daß in ihm von ihrem eigenen Leiden unter dem Exilsgeschick und der Verspottung ihrer Hoffnung auf Gottes barmherzige Zuwendung zu seinem Volke die Rede ist.

Die Verse 17-20 resümieren die Auswirkung des Leidens auf den Beter und be-   17-20 reiten damit den in V.21 einsetzenden Umschwung von der Gottklage zum reflektierten, über seine Gründe Auskunft gebenden Vertrauensbekenntnis der V. 22-24 vor. Die V.17 und 18 gehören mit ihren Vorwürfen noch zur Gottklage; denn in ihnen berichtet der Beter darüber, daß Jahwe ihn[109] seines glücklichen, im Frieden mit seinem Volk geführten Lebens, seines šālôm, vgl. V.17 mit Dtn 28,1 ff.[110], und zugleich der Hoffnung auf seine zukünftige Hilfe beraubt hatte, so daß er sich am Ende seines Lebens angekommen wähnte[111]. Dabei nimmt er vorerst nur in V.17 die unmittelbare Zwiesprache mit seinem Gott auf. Die V.19 und 20 berichten dann über die Unruhe, Verbitterung[112] und Depression, die das fortgesetzte Denken an seine von Jahwe bewirkte, scheinbar gänzlich hoffnungslose Lage in ihm ausgelöst hatte. Trifft unsere Gesamtdeutung zu, so geht es in dem Bekenntnis des Dichters im Klartext gesprochen darum, daß er zu der ihn deprimierenden Überzeugung gekommen war, daß sein Warten auf die Erlösung Israels von seinem Exilsgeschick aussichtslos und der Spott der Mehrheit, welche diese Hoffnung längst begraben hatte, berechtigt zu sein schien.

Aber in dieser in jeder Beziehung aussichtslosen Situation entschloß sich der   21-24 Beter, statt an sein eigenes Leid an Jahwes Güte und Barmherzigkeit zu denken, wie sie der Lobpreis Israels in der Gnadenformel „Barmherzig und gnädig ist Jahwe, langmütig und reich an Güte" verherrlichte[113]. Mit ihr sollte sich Jahwe nach einer spätdeuteronomistischen Erzählung Mose vor dem Aufbruch Israels vom Sinai/Horeb in seiner vergebenden Güte zu erkennen gegeben haben, Ex 34,6f.[114] Sie lebte im Lobpreis der Beter fort[115]. Indem sich der Beter ihrer erinnerte, gewann er neue Hoffnung. Wenn ein Mensch in tiefer Depression in dem Abgrund seiner Leiden versinkt, bedarf er nicht der oberflächlichen Ablenkung, sondern des Zuspruchs der auf Gottes Güte und Treue gegründeten Hoffnung.

---

[109] Das Wort næpæš, Seele, hat hier wie so oft in der Poesie nur die Bedeutung eines verstärkten Personalpronomens.

[110] Zu V.17a vgl. auch Ps 88,15.

[111] Zur Problematik der Übersetzung von niṣḥî vgl. auch Provan, S. 89f. sowie HAL 676b s.V. I und II nēṣaḥ und G. W. Anderson, ThWAT V, Sp. 567 z.St.

[112] Zu V.19b vgl. V.5 und Dtn 29,17.

[113] Vgl. Ps 103,8; 106,1; 107,1 und 145,8.

[114] Vgl. dazu E. Aurelius, Der Fürbitter Israels. Eine Studie zum Mosebild im Alten Testament, CB.OT 27, Stockholm 1988, S. 116 ff. und zum Ganzen H. Spieckermann, „Barmherzig und gnädig ist der Herr...", ZAW 102, 1990, S. 1 ff.

[115] Vgl. Ps 25,6f.; 86,15 und Jes 63,7.

Fehlt ihm der rechte Tröster, so kann er sich selbst an das Zeugnis der Väter erinnern. Dann kann er erfahren, daß Gottes Gnadenerweise nicht auf die Vergangenheit beschränkt sind, sondern er immer erneut mit ihnen rechnen kann[116], weil Gott seinem Wesen nach barmherzig ist und an dem Leiden der Menschen teilnimmt[117]. So wie den Beter das Denken an seine Leiden in V.17 zur direkten Anklage Gottes geführt hatte, gibt ihm nun die Erinnerung an Jahwes Güte und Erbarmen die Kraft, sich ihm in V.23b unmittelbar mit dem eigenen Vertrauensbekenntnis zuzuwenden: „...deine Treue ist groß." Wie die Rede zu Gott in V.17 in V.18 in die über Gott zurücklenkte, bekennt sich der Beter auch in V.24 wieder in der über Jahwe zu ihm als seinem Lebensgrund, zu ihm, der sein „Anteil" ist, auf dem er auch in Zukunft wie der Bauer auf seinem Acker leben kann[118]. Damit ist deutlich, daß das Gottvertrauen der Grund der Hoffnung ist. Das Vertrauen zu Gott als dem Lebensgrund, von dem uns niemand und nichts trennen kann, ist und bleibt der Grund der Hoffnung. Und so beendet das Bekenntnis der Hoffnung in V.24b sachgemäß den Abschnitt und damit den ersten Teil der Klage[119].

3,25–33 *3,25-33: Die Lehre der Hoffnung.* Die bisher aus Indizien erschlossene Annahme, daß die vorausgegangene Klage und das reflektierende Vertrauensbekenntnis eine paradigmatische Funktion besitzen, wird nun durch die Paränese der V.25-33 bestätigt, die lehrt, wie sich der einzelne im Leiden zu verhalten hat. Die Sequenz wird in den V.25-27 durch drei Wahrsprüche eröffnet. An sie schließen sich in den V.28-30 drei Räte an, die im Schatten von V.27 in der 3. sing. gehalten sind. In den V.31-33 folgen drei als Begründungssätze formulierte Wahrsprüche. Die kleine Lehre wird durch einen sich von V.25 zu V.33 spannenden Gedankenbogen zusammengehalten: Weil Jahwe den, der mit ganzer Seele auf ihn hofft, nicht für immer im Stich läßt, ist es angemessen, daß der Mensch das ihm auferlegte Leiden ohne Murren und ohne seine Hoffnung zu verlieren erträgt[120]. V.27 gehört sachlich mit den V.28ff. zusammen. Dabei ist V.27 seinem Kontext[121] gemäß wohl nicht biographisch, sondern als ein unausgeführter Vergleich zu verstehen: Es ist gut für einen Mann, wenn er sein Joch und d.h. sein Leid[122] so widerspruchslos wie ihm in seiner Jugend auferlegte Arbeiten und Entbehrungen trägt. Demgemäß gilt es, sich nicht mit Worten aufzulehnen, sondern in Erwartung der Gotteshilfe mit gesenktem Haupt auf der Erde zu sitzen und zu schweigen[123]. Das auf Gottes Hilfe gesetzte Warten steht allerdings unter dem Vorzeichen eines „Vielleicht": Es bleibt Gott selbst überlassen, ob er sich des Beters in seinem Bußschweigen erbarmen und seine Hoffnung erfüllen will. In dieser Freiheit Gottes erweist sich seine Personalität und zugleich seine Gottheit;

---

[116] Zur Formel „Morgen um Morgen" vgl. auch Jes 50,4.

[117] Vgl. Ps 36,6; 100,5; 119,90 und Hos 2,21.

[118] Vgl. auch Ps 73,26; 142,5; ferner Ps 119, 57 und 16,5f.

[119] Vgl. V.24b mit V.21b!

[120] Zu V.25 vgl. Ps 34,9.11; 100,5; Jer 33,11 sowie Ps 37,9; 25,3; zu V.26 Ps 37,7 und 33,18.

[121] Es ist einigermaßen wahrscheinlich, daß der Vers ein Zitat darstellt und in seiner Sentenzform primär eine pädagogische Lehre erteilt.

[122] Vgl. auch Brandscheidt, Gotteszorn, S.62.

[123] Zu V.29 vgl. Ps 39,2; Hiob 16,15 sowie z.B. Hiob 2,8.13 oder Jer 15,17.

denn führte jedes Gebet zum gewünschten Erfolg, so wäre Gott eine Erhörungs-
maschine, könnte man zurecht mit Voltaire von ihm sagen: „Pardonner c'est son
metier."[124] Die Adressaten sollten freilich dem Kontext gemäß aus V.29b nicht
die Einschränkung, sondern die Ermutigung zur Hoffnung auch in scheinbar aussichtslos scheinenden Lagen heraushören. Bleiben die Räte der V.28 und 29 auf
dem Boden der traditionellen Bußzeremonien[125], so führt V.30 über sie hinaus,
indem er den Leidenden anweist, auch den Schimpf der körperlichen Mißhand-
lungen[126] durch seine Spötter und Feinde gelassen in der Erwartung der ihn
rechtfertigenden Gotteshilfe zu ertragen, vgl. auch Mt 5,39 par Lk 6,29a[127]. Die
Hoffnung beruht auf der Erfahrung, daß Gott das von ihm verhängte Leid in der   31-33
Regel nicht andauern läßt, so daß auf die von ihm verhängte Trübsal sein Erbarmen folgt, weil er grundsätzlich lieber Glück und Heil als Trübsal und Leiden sen-
det und seine gnädige Huld und Treue größer als sein Zorn sind[128]. Die These
von V.33 findet ihre Begründung erst in der folgenden Lehre, welche die Adressaten des Liedes zu der Einsicht führen soll, daß das Leid der Menschen Folge ihrer
Sünden ist. Sie gilt natürlich auch für das Exilsgeschick Israels[129].

3,34-39: Jahwes Macht und der Menschen Schuld. So wie die vorausgehende   3,34-39
Lehre der V.25-33 die erste Hälfte der Komposition genau in der Mitte abschließt
und statt fassungsloser Klage stummes Ertragen des Leidens in der Hoffnung auf
Gottes Erbarmen anrät, leitet die kleine Lehre der V.34-39 den zweiten Teil ein,
indem sie sich gegen die Skepsis wendet, Gott nehme auf Erden verübte Rechtsbrüche nicht wahr. Sachlich bereitet sie die in den V.40ff. und 48ff. folgenden
Aufforderungen zur bußfertigen und anhaltenden Klage als der Bedingung für die
Erlösung Israels von seinem Exilsgeschick vor. Demgemäß weist sie letztlich das
Mißtrauen in die Gültigkeit der Verheißung der Erlösung Israels als unbegründet
zurück. Sie enthält aber keine Botschaft mehr für die skeptische Mehrheit oder
ihre Repräsentanten, – ihnen als den Verfolgern der frommen Minderheit gilt die
das Lied beschließende Verwünschung –, sondern sie ist ausschließlich an die Gesinnungsgenossen des Dichters bzw. des paradigmatischen Beters gerichtet, deren
angefochtene Hoffnung sie kräftigen soll. Daher sichert sich die kleine Lehre   34-36
gleich durch die erste, die V. 34-36 umfassende rhetorische Frage deren Zustimmung, daß Jahwe als der Höchste[130] selbstverständlich als Gewalttaten und

---

[124] Vgl. 2. Sam 12,22; Am 5,15; Joel 2,14 und Jon 3,9.

[125] Vgl. dazu K. Seybold, Das Gebet des Kranken im Alten Testament, BWANT 99, Stuttgart u.a. 1973, S.62 und S.83.

[126] Vgl. V.30a mit Hiob 16,10 und Jes 50,6, V.30b mit Ps 88,4; 123,3f. und ferner Hiob
9,18.

[127] Vgl. dazu auch G. Strecker, Die Bergpredigt. Ein exegetischer Kommentar, Göttingen
1985², S.85ff. Es geht Jesus wohl um den Verzicht auf Widerstand, nicht aber um den Verzicht auf Nachgiebigkeit gegenüber dem Bösen.

[128] Zu V.31 vgl. Ps 74, 1; 78, 8 und 44,24; zu V.32 Ps 106,45; 5,8; 69,14 und Jes 54,8; zur
Formel „Menschenkinder" in V.33 vgl. Ps 49,3 und 62,10.

[129] Vgl. auch Lindström, CB.OT 21, S.225.

[130] Zur Bezeichnung Jahwes als des Höchsten vgl. H. Niehr, Der höchste Gott. Alttesta-
mentlicher JHWH-Glaube im Kontext syrisch-kanaanäischer Religion des 1. Jahrtausends
v. Chr., BZAW 190, Berlin / New York 1990, S.61ff. und S.223ff., der betont, daß sie komple-
mentär zu der perserzeitlichen als Gott des Himmels verwendet worden ist. Sie ist hier nicht
zufällig, sondern im Blick auf Jahwes Funktion als Richter gewählt.

37-39 Rechtsbrüche auf Erden wahrnimmt, vgl. auch Ps 33,13[131]. Die zweite und dritte rhetorische Frage in den V.37 und 38 stellt das Einverständnis darüber her, daß nichts auf Erden ohne Jahwes Befehl geschieht, so daß er Unglück und Glück gleichermaßen schafft[132]. In V.37a handelt es sich offenbar um eine Anspielung auf Ps 33,9a und mithin um eine gezielte Erinnerung an Gottes Macht als Richter und Lenker von allem, was auf Erden geschieht, vgl. Ps 33,8ff. - Aus beiden Prämissen folgert, daß der Mensch für die ihn treffenden Leiden selbst verantwortlich ist. Und demgemäß wirbt die dritte rhetorische Frage in V.39 um das Einverständnis in die sich daraus ergebende Konsequenz, sich nicht über das Unglück als ein unabwendbares Schicksal zu beklagen, sondern statt dessen angesichts der eigenen Sünden zu klagen und d.h. Buße zu tun.

3,40-47 *3,40-47: Das Exilsgeschick als Folge der Sünde.* Damit sind die theologischen Zusammenhänge aufgedeckt, die den Frommen ebenso Grund ihrer Hoffnung
40-41 wie Anlaß zur Buße sein können. Daher ruft der Dichter idealiter ganz Israel, realiter aber die eschatologisch gesinnten Frommen auf, die Rechtlichkeit ihr eigenes Leben zu erforschen, um bußfertig zu Jahwe umzukehren und mit ganzem Ernst im Gebet vor ihn zu treten. Sie sollen nicht nur gemäß dem im Altertum üblichen Gebetsgestus die Hände[133], sondern zugleich die Herzen[134] zu dem Himmelsgott Jahwe[135] erheben. An die Einleitung schließt sich in den V.42-47 das
42-47 kleine Bußgebet an, dessen lehrhafte Absicht wiederum unverkennbar ist. Es beginnt in V.42 mit einem knappen Bekenntnis zur eigenen Schuld an dem Ausbleiben der göttlichen Vergebung. Dabei repräsentieren die Büßer gemäß dem folgenden das einstige und das gegenwärtige Israel, vgl. auch 5,7 und 16b; das einstige, dessen Unbußfertigkeit Jahwe mit dem Fall Jerusalems und der Verheerung des Landes geahndet hatte, V.43.46f., und das gegenwärtige, das unter dem anhaltenden Exilsgeschick leidet, V.44-45. In diesem Sinne deuten V.43 und V.45f. die Schrecken des Zusammenbruchs des davidischen Reiches als Folge des unerbittlichen Gotteszorns, vgl. V.43 mit 2,1ff. und besonders mit 2,21c, aber auch 4,11; V.46f. mit 2,16a und 1,21b[136] sowie V.47 mit z.B. 2,1ff. oder 4,2ff.[137] Und ähnlich erklären die V.44 und 45 das tief verächtliche Exilsgeschick Israels inmitten der Völker[138] als Folge der Unerbittlichkeit Jahwes: Er ist bisher den Bittklagen seines Volkes unzugänglich und gleichsam hinter den Wolken verborgen geblieben, die seine himmlische Herrlichkeit bedecken. Wenn das kleine Bußgebet in den V.46 und 47 mit der Klage über den Triumph der Feinde und die ausweglosen

---

[131] Vgl. Ps 94,8ff.; ferner Ps 14 par Ps 53.

[132] Vgl. Am 3,6; Jes 45,7 und die Stimme der Skeptiker in Zef 1,12.

[133] Vgl. z.B. Ps 134,2; 143,6; Jes 1,15 und 1.Kön 8,38 und Neh 8,6; der Gebetsgeste entsprach die Bittgeste gegenüber Menschen, vgl. Klgl 2,17a.

[134] Vgl. auch Joel 2,12.

[135] Zu der in der Perserzeit aufgekommenen Gottesbezeichnung vgl. Ps 136,26; Esr 1,2; 6,10; 7,12.21.23

[136] Vgl. auch Ps 74,10.

[137] Zur Formel „Grauen und Grube" vgl. auch Jer 48,43 und Jes 24,17.

[138] Vgl. Ps 44,14f. und 80,7.

Schrecken[139] der Katastrophe schließt, appelliert es damit unausgesprochen an Gottes Barmherzigkeit, wie sie V.22 und 32 bezeugen.

3,48-51: Ich bete für Zion. Statt das Bußlied mit einer Bitte zum Ziel zu führen, setzt der Dichter in den V.48-51 erneut mit einer Leidschilderung ein. In ihr betont der offensichtlich wiederum paradigmatische Beter seinen Schmerz über das Unglück seines Volkes[140], der sich in anhaltendem rituellen Weinen äußert[141]. Der Beter ist gemäß seiner gelöbnisartigen Versicherung in V.49f. entschlossen, mit seinen Bußübungen solange fortzufahren, bis er die Aufmerksamkeit Jahwes auf sich und damit auf das Schicksal seines Volkes zieht. So geht es denn in den V.48-51 nicht um die Mitteilung eines individuellen Gefühlsausbruchs – die sorgfältige Komposition läßt dergleichen gar nicht erst erwarten –, sondern um die paradigmatische Beschreibung der sich aus der Einsicht in das selbstverschuldete Fortwähren des Exilsgeschicks und der dem Frommen obliegenden Buße ergebenden Konsequenz, die Klage über die einstige, gewaltige Katastrophe solange fortzusetzen, bis Jahwe das Schicksal seines Volkes wendet[142]. Damit ist zugleich die weitere Tradierung der anderen Lieder dieser Sammlung gerechtfertigt: Es ist die Pflicht der Frommen, Jahwe wieder und wieder an das einstige und das gegenwärtige Leid seines Volkes zu erinnern.

3,48-51

3,52-66: Vergilt meinen Feinden nach ihren Taten! Mit V.52 nimmt der Beter seine eigene, mit V.24 abgebrochene paradigmatische Klage wieder auf. Sie gliedert sich in die Feindklage der V.52-54 und die an Gott gerichtete Bitten um Erhörung und Rettung in V.55-59 wie um die Vernichtung seiner Spötter und Feinde in V. 60-66. Schon die Aufbauskizze macht auf den Themenwechsel gegenüber der einleitenden Klage der V.1-16 bzw. 24 aufmerksam: Während in ihrem Mittelpunkt das dem Beter von Gott zugefügte Leid stand und von den ihn verspottenden Gegnern nur in Parenthese die Rede war, ist die abschließende Klage ganz auf das konzentriert, was ihm seine Feinde angetan haben, und auf die Bitte um die Vergeltung. Die Identifikation der Feinde mit den Eroberern Jerusalems oder den späteren Besatzungsmächten ist durch den in V.52b erhobenen Vorwurf, daß sie den Beter grundlos verfolgt haben[143], ausgeschlossen. Man muß sie also dem Kontext des Liedes gemäß entweder mit den Völkern aus V.45 gleichsetzen, in deren Mitte Israel seit 587 ein verächtliches Dasein führt, oder mit der den Beter verspottenden Mehrheit des eigenen Volkes aus V.14. Da der in V.14 erhobene Vorwurf in V.63 wiederkehrt, ist die Alternative im zweiten Sinn zu entscheiden: Die Feinde des Beters der V.52-66 sind mit der Mehrheit seines Volkes identisch, die sich mit dem status quo arrangiert haben und die eschatologisch gesinnte Minderheit verspotten, als deren Repräsentanten wir den paradigmati-

3,52-66

---

[139] Vgl. Jes 24,17 und Jer 48,43.

[140] V.48b wiederholt 2,11b, vgl. auch 4,10bβ; zu V.49b vgl. auch 2,18c.

[141] Vgl. z.B. Ps 6,7; 39,13; 137,1; Jer 14,17 und Sach 7,3 sowie zur Sache Seybold, BWANT 99, S. 82f.

[142] Westermann, S. 158 betont, daß V.50 die Andeutung einer Bitte enthält.

[143] Vgl. Ps 35,7; 109,3; 119,161; Spr 1,11; 3,30; 23,29 und dazu auch 1. Sam 19,5 und 25,31. Damit sind alle Belege aufgeführt, in denen es sich um menschliche Feinde handelt. Um so wichtiger ist es, daß in keiner der genannten Belegstellen die Feinde als Fremde gekennzeichnet sind.

schen Beter und d.h. zugleich den Dichter des Liedes ansehen dürfen. Ihm geht es darum, Gott zum Eingreifen gegen alle Unbußfertigen zu bewegen, die an den in den V.34–36 genannten Rechtsbrüchen beteiligt waren und sind[144], und damit die Erhörung der Gebete des bußfertigen wahren Israels um die Erlösung von dem Exilsgeschick zu ermöglichen. So befremdlich diese Auslegung im ersten Augenblick sein mag, so wohl ist sie auf Beobachtungen im Text gegründet, die auf entsprechende Gruppenbildungen innerhalb des Judentums hinweisen[145].

52–54   Wenden wir uns der Feindklage der Verse 52–54 zu, ist sogleich die Frage zu beantworten, welchen Realitätswert die aus dem Jagdleben entnommenen Vergleiche der V.52 und 53 besitzen. Nach V.52 hätten die Feinde den paradigmatischen Beter wie einem Vogel nachgestellt[146] und nach V.53 wie ein Stück Wild in eine Fallgrube getrieben, um ihn zu steinigen[147]. Bei dem ersten Vergleich geht es um hinterhältige Verfolgungen, bei dem zweiten um Gefangennahme zwecks Tötung. Man kann sich fragen, ob hier ein weiterer, diesmal uneingeführter Vergleich mit dem von seinen Jägern in die Fanggrube getriebenen Wild vorliegt, so daß der Vers die Ausweglosigkeit der Situation des Beters angesichts seiner Feinde Ausdruck gäbe, oder ob hier eine Identifikation mit dem von seinen Gegnern in eine Zisterne geworfenen und doch geretteten Jeremia vorliegt, vgl. Jer 38,1–13. In diesem Fall wäre V. 53b jedenfalls so zu verstehen, daß die Zisterne nach Einbringung des Gefangenen mit einem Stein verschlossen worden wäre[148]. Allerdings hätte der Dichter dann nicht allein hyperbolisch den Verschlußstein hinzugefügt, sondern wäre er in V.54 über das in Jer 38 Berichtete hinausgegangen, da die Zisterne nach Jer 38,6 kein Wasser enthielt. Doch gibt es gute Gründe, auch V.53b metaphorisch zu verstehen; denn einmal ist es unsicher, ob das Verb *jdh* Piel, werfen, hyperbolisch das Verschließen der Zisterne mit einem Stein bezeichnen kann, und zum andern legt die Rahmung von V.53 durch die metaphorischen und zugleich hyperbolischen Aussagen in den V.52 und 54 es nahe, ihn ebenso zu verstehen. Mehr, als daß der Beter sich auswegslos seinen Feinden ausgesetzt wußte, können wir dem Vers nicht entnehmen. Heißt es anschließend in V.54, daß die Feinde Wasser über sein Haupt gossen, handelt es sich nicht um den Bericht von einer erlittenen Folterung, sondern um eine aus den Klageliedern des Einzelnen bekannte metaphorische Vorstellung, nach der ein in Lebengefahr befindlicher Mensch bereits in den Fluten versinkt, die ihn in die große Unterweltszisterne hinabstrudeln[149]. Mithin weiß sich der Dichter nach den V.52–54 von seinen Feinden hinterlistig verfolgt, ihnen ausweglos preisgegeben und in Lebensgefahr gebracht. Vergegenwärtigt man sich, daß der paradigmatische Beter

---

[144] Vgl. auch Dtn 29,18 und Ps 14,1 par 53,1.

[145] Vgl. auch die gegen die Feinde Jeremias und d.h. der eschatologisch gesinnten Frommen gerichteten Bitten in den sog. Konfessionen Jer 11,20ff.; 17,18; 18,21ff. und 20,11f.

[146] Zu V.52a vgl. Ps 124,7; zu V.52b vgl. Ps 35,7f.; 69,5; 109, 3 und 119,161.

[147] Vgl. Ps 7,16; 9,16; 35,7f. und dazu auch Brandscheidt, Gotteszorn, S. 68.

[148] Vgl. Provan, S. 104.

[149] Vgl. z.B. Ps 9,14; 18,5ff.; 30,4; 71,20; 86,13 und 88,5ff.; dazu Gunkel-Begrich, Einleitung in die Psalmen, S. 185ff. und N. J. Tromp, Primitive Conceptions of Death and the Nether World in the Old Testament, BibOr 21, Rom 1969, S. 59ff. und S. 66ff.

für seine Glaubensgenossen steht, legt es sich nahe, auch diesen Extrakt noch einmal dahingehend zu relativieren, daß sich etliche Fromme bedroht und verfolgt wußten. Es beruhte auf einer Verkennung der Hyperbolie, wollte man mit einer systematischen Verfolgung Frommer durch die im Blick auf die gegenüber eschatologischen Hoffnungen skeptische Mehrheit rechnen.

Die das Lied beschließende Bitte um die Vernichtung der Feinde setzt in den V.55-57 mit der Anrufung Jahwes und der die Dringlichkeit unterstreichenden doppelten Aufforderung um Erhörung ein. Wie nicht anders zu erwarten, sind auch diese Verse in ihrer Sprache und Vorstellungswelt von der einschlägigen Tradition bestimmt. Der Beter ruft in V.55a den Namen Jahwes an[150] und gibt damit zu erkennen, daß nicht nur seine eigene Rettung, sondern auch die Ehre Gottes auf dem Spiel steht; denn der Name steht für das Wesen seines Trägers, wie es sich in seinem Handeln manifestiert[151]. Gleichzeitig weist der Beter in V.55b darauf hin, daß er in höchster Gefahr schwebt: Er befindet sich, mythisch-hyperbolisch gesprochen, bereits in der untersten Tiefe der Unterwelts-zisterne[152]. Daher soll Jahwe auf seine Stimme hören[153], sich nicht von ihm abwenden[154], sondern ihn befreien, V.56[155], ihm nahen, da er ihn ruft[156], und mit den Worten des aus dem kultischen Erhörungsorakel stammenden Heils-zuspruchs die Angst von ihm nehmen und seines Beistandes versichern, V.57[157]. 55-57

In den Versen 58-66 folgen dann die leidenschaftlichen Bitten um Jahwes Hilfe gegen die Feinde, die in solche um ihre Verfluchung und Vernichtung übergehen. Bei ihrer Auslegung muß man immer wieder den von der akrostichischen Form ausgehenden Zwang bei der Wortwahl in Rechnung stellen und demgemäß mit Rückschlüssen auf die tatsächliche Situation des Dichters bzw. der von ihm repräsentierten Frommen zurückhaltend sein. Gewiß ist es nach dem in V.34-36 Gesagten nicht ausgeschlossen, daß sie unter Rechtsbeugungen zu leiden hatten. Aber im Zusammenhang mit dem Kontext wird man die Bitten des Dichters in V.58 und V.59, seinen Rechtsstreit zu führen[158] und ihm sein Recht zu verschaffen[159], eher dahingehend verallgemeinern, daß er Gott bittet, sich seiner 58-66

58-63

---

[150] Vgl. Dtn 32,3 und Ps 99,6 und zum ganzen Vers Ps 130,1, zum ersten Halbvers auch Ps 88,10; 118,5.

[151] Vgl. dazu auch A.S. van der Woude, THAT II, Sp.947ff.

[152] Vgl. Ps 88,4 und die Anm. 146 genannten Belege.

[153] Vgl. Ps 17,6; 27,7 und 28,2.

[154] Vgl. die vorwurfsvolle Frage Ps 10,1 sowie die positive Bitte z.B. in Ps 86,2; 88,3; 102,3 und Dan 9,19.

[155] Vgl. dazu oben, Anm. 47.

[156] Vgl. auch Ps 102,3 und HAL 383 s.v. jôm.

[157] Vgl. Jes 41,10.13; 43,1.5; 44,2; Jer 30,10 und 46,27f. und dazu C. Westermann, Sprache und Struktur der Prophetie Deuterojesajas, in: ders., Forschung am Alten Testament, TB 24, München 1964, S. 118ff., vgl. auch S. 97ff. J. Becker, Gottesfurcht im Alten Testament, AnBib 25, Rom 1965, 50ff. nennt das „Fürchte dich nicht!" treffend die Beruhigungsformel.

[158] Vgl. auch Ps 35,23; ferner Dtn 17.

[159] Vgl. auch Jes 16,5.

anzunehmen[160], weil er sich unschuldig von seinen Feinden verfolgt weiß[161]. Obwohl er nach V.34–36 dessen gewiß ist, daß Jahwe von allem Unrecht Kenntnis besitzt, fordert er ihn doch der Tradition der Klage gemäß auf[162], die Rachsucht und das Ränkespiel[163] seiner Feinde[164] und ihre Schmähungen[165] wahrzunehmen. Der Gott, der alles weiß, will offenbar trotzdem vom Menschen gebeten sein, vgl. Hiob 35,9ff. Zur Unterstreichung der Dringlichkeit der Gotteshilfe berichtet der Beter in V.62 von den unablässig gegen ihn geführten Reden seiner

64–66 Feinde[166], die nach V.63, vgl. V.14b, in Spottlieder ausarten[167]. Dem in der Spätzeit des Alten Testaments geradezu dogmatisch gewordenen Vergeltungsglauben gemäß fordert der Beter Jahwe in V.64 auf, an seinen Feinden Gleiches mit Gleichem zu vergelten, vgl. Ps 28,4[168]. Ist die Bedeutung von V.65a richtig erfaßt[169], soll Jahwe den Sinn der Feinde verhärten, so daß sie blindlings in ihr Verderben laufen[170]. Um ihren Untergang zu besiegeln, unterstellt er sie in V.65b dem Fluch Jahwes[171]. Dem entspricht die abschließende Bitte um ihre restlose Vernichtung „unter dem ganzen Himmel Jahwes" und d.h.: wo immer sie sich aufhalten[172]. – Den heutigen Leser mögen die leidenschaftlichen Bitten um Vergeltung und Vernichtung der Feinde abstoßen. Er urteilte jedoch geschichtslos, wenn er seine heutigen christlichen oder humanistischen Maßstäbe an den in vorchristlicher Zeit lebenden Dichter legte. Aus seiner Leidenschaft spricht sein Leiden daran, daß die unbußfertige Gottlosigkeit der Menge die Erlösung Israels verhindert. Aus diesem Verständnis seiner Situation und der seines Volkes wußte er keinen anderen Ausweg als den, Jahwe zu seinem Vernichtungsgericht über die

---

[160] Zur Vorstellung von Gott als dem Löser, dem Rechtshelfer, vgl. Hiob 19,25 und H. Ringgren, ThWAT I, Sp. 887ff.

[161] Vgl. auch Jer 15,10.

[162] Vgl. Ps 9,14; 25,18f.; 119,153; Klgl 1,9.11;2,20.

[163] Vgl. Ps 56,6 und Jes 66,18.

[164] Die Nähe von V.60 zu den Konfessionen Jeremias ist nicht zu übersehen. Zur Rachsucht der Feinde vgl. Jer 20,10; zur Bitte um entsprechende Vergeltung Jer 11,20 und 20,12; zu ihren Anschlägen vgl. 11,19 und 18,18.

[165] Vgl. z.B. Ps 79,12; 102,9 und Klgl 5,1.

[166] Zur Sache vgl. auch Ps 69,13, zu den Wendungen Ps 18,40.49; Jer 51,1 sowie Ps 12,4; 31,19; Spr 10,21.

[167] Vgl. auch Hiob 30,9.

[168] Zum Alter des Psalms vgl. Deissler, Psalmen, S. 116. – Der entsprechende Grundsatz findet sich bereits in der älteren Spruchweisheit, vgl. Spr 12,14 (positiv 13,17). Er hat seine Aufnahme aber vor allem in jüngeren Texten gefunden; vgl. besonders Ps 28,4; 94,2; Obd 15 und Joel 4,4 sowie weiterhin Jes 3,11; 59,18; 66,6; Jer 51,6 und Joel 4,4. Zu seiner noch jüngeren lehrhaften Ausformung vgl. Hiob 34,10f. – Vgl. wiederum die Parallele in den Konfessionen Jeremias Jer 11,20 und 20,12.

[169] Vgl. oben, Anm. 51.

[170] Vgl. auch z.B. Ex 7,3; 14,17.28f.; Ps 81,13; Jes 6,10 und Ps 119,70.

[171] Das Verb 'lh und das von ihm abgeleitete Nomen bezeichnet nach J. Scharbert, ThWAT I, Sp. 289 „nur bedingte Flüche, die man über andere oder sich selbst ausspricht, um Rechtsgüter zu sichern oder religiös-sittliche Ordnungen zu schützen." Vgl. z.B. Ri 17,2; Num 5,21ff.; Hiob 31,30 und besonders Spr 29,24.

[172] Vgl. auch 1,22 und 4,21f.; ferner Ps 145,20.

gewalttätigen Spötter aufzurufen, die das Kommen der Erlösung Israels verhinderten: Dann endlich wäre der Weg für ihn frei, die bußfertige Klage der Frommen zu erhören und das verachtete Dasein seines Volkes durch die Verherrlichung des Zion und die Heimkehr der Zerstreuten zu beenden. Haben wir so die Bitte um das Kommen des Gottesreiches als das geheime Thema des Liedes erkannt, dürfen wir uns daran erinnern, daß es in Gerechtigkeit, Friede und Freude im heiligen Geist besteht: „Wer darin Christus dient, der ist Gott gefällig und den Menschen wert," Röm 14,17f. Allerdings ist Gerechtigkeit hier „nicht das rechte Handeln..., sondern die göttliche Macht, Friede die Aufgeschlossenheit gegen jedermann, Freude der Stand unter offenem Himmel"[173] oder anders ausgedrückt: das Tun und Lassen des mit Gott versöhnten Menschen.

Kapitel 4: Die Sühne der Tochter Zion

1 Ach, wie ward zerdrückt[1] das strahlende Gold,
    das treffliche Feingold.
  Verschüttet wurden[2] die reinen Steine[3]
    an allen Straßenecken.

2 Die edlen Kinder Zions,
    die Goldes wert[4],
  ach, wie Tonkrüge sind sie geachtet,
    das Machwerk von Töpferhänden.

3 Selbst Schakale[5] bieten die Brust,
    sie säugen ihre Jungen.
  ‚Die Töchter'[6] meines Volkes wurden grausam[7]
    ‚wie Strauße'[8] in der Wüste.

---

[173] E. Käsemann, An die Römer, HNT 8a, Tübingen 1974, S. 361.

[1] Gold oxydiert nicht. Daher ist die Übersetzung von $j\hat{u}'am$ mit „verdunkelt", bei Ableitung von 'mm inadäquat, vgl. Rudolph z.St., sondern die von Jastrow 1089b s.v. angegebene Grundbedeutung des aramäischen Verbs „to press" anzunehmen. Das folgende $ji\check{s}n\alpha$' ist als asyndetischer Relativsatz an das vorausgehende $z\bar{a}h\bar{a}b$ angeschlossen und als Normalform von $\check{s}n$', „leuchten" zu betrachten; vgl. HAL 1474a s.v.

[2] Zur Form vgl. GK[28] § 54h.

[3] Zum Gen.explicativus vgl. GK[28] § 128p, zur Übersetzung die Auslegung.

[4] Wörtlich: „die mit Gold bezahlten." Zur Form, Part. masc. plur. von slh , vgl. GK[28] § 75qq.

[5] Zum aramaisierenden Plural vgl. Wagner, Aramaismen, S. 134f.

[6] Lies mit G und z.B. Rudolph, Kraus, Brandscheidt, Gotteszorn, S. 159 Anm. 301 und Groß den Plural $b^e n\hat{o}t$, wie es der Kontext verlangt; vgl. aber auch Albrektson, S. 157f. und Gottlieb, S. 61, die G als nachträgliche Angleichung beurteilen.

[7] Das Adjektiv erscheint hier indeklinabel.

[8] Siehe BHS.

4 Es klebte die Zunge des Säuglings
    vor Durst an seinem Gaumen.
  Die Kleinen bettelten um Brot,
    doch ihnen brach's[9] keiner.

5 Die Leckerbissen aßen,
    liegen erstarrt in den Straßen.
  Die man auf Scharlach trug,
    umarmen Abfallhaufen.

6 Größer war die Schuld der Tochter, meines Volkes,
    als die Sünde Sodoms,
  das im Nu[10] zerstört[11],
    das keine Hand berührte[12].

7 Ihre Geweihten[13] waren reiner als Schnee,
    weißer als Milch.
  Ihr Leib[14] war brauner als Korallen,
    tiefblau war ihr Bart[15].

8 Schwärzer als Ruß war ihr Anblick,
    man erkannte sie nicht auf den Gassen.
  Geschrumpft war die Haut auf ihrem Gebein,
    war trocken"[16] wie Holz.

9 Die Schwerterschlagenen hatten es besser
    als die vom Hunger Gefällten,
  die durchbohrt verblutet
    als die ohne Feldfrüchte (starben)[17].

---

[9] $prś$ hier aramaisierend für prs; vgl. Wagner, S. 128 f.

[10] Zum $k^emô$ vgl. Brockelmann, Syntax § 109c, zur Bedeutung des sog. kap-veritatis vgl. GK[28] § 118x.

[11] Wörtlich: „umgewendet".

[12] Wörtlich: „und keine Hände hatten sich gegen es gewandt." Das $ḥālû$ wird in der Regel von $ḥûl$, „sich drehen, wenden, treffen" abgeleitet. Vgl. HAL 285a/b s.v. — Albrektson, S. 179 f. und Gottlieb, S. 62 plädieren für Ableitung von I $ḥll$, „lösen", ohne daß sich der Sinn ändert.

[13] Zur übertragenen Wortbedeutung von $nāzîr$ vgl. KBL 604b s.v., aber auch HAL 645b s.v., wo jedoch zugunsten der von Rudolph und Plöger vertretenen Konjektur n^e`$ārāhā$, „ihre Jünglinge", plädiert wird. Zum Befund vgl. Albrektson, S. 180, zur Problematik Provan, S. 114.

[14] Zur Verwendung von `$æsæm$, „Gebein", im Sinne von „Leib" vgl. auch Spr 16,24; 15,30; Ps 31,11; 32,3 und vor allem Ps 102,4.

[15] Wörtlich: „ihr Schnitt". Da der Vergleich der Glieder mit Lapislazuli trotz Brandscheidt, Gotteszorn, S. 160 Anm. 305, schwer zu erklären ist, während der mit dem Bart, den Augenbrauen oder dem Kopfhaar in ihrer entsprechenden Wiedergabe in der altorientalischen Glyptik begründet ist, vgl. Hillers und Provan z.St., empfiehlt sich die Ableitung von hebr. $gāzar$, „schneiden", statt von arab. $gāza$`rat^{un}, „Glieder", an das Albrektson, S. 182 erinnert.

[16] Das $hājâ$ ist mit BHS metri causa zu streichen.

[17] V.9b ist mit Gordis, S. 191, Hillers, S. 76 und Brandscheidt, Gotteszorn, S. 161, vgl. auch Provan, S. 116, am besten wie in Jer 51,4 als Parallelaussage zu V.a zu verstehen. In der Regel deutet man V.b jedoch als Erläuterung zu V.aβ. Der Text ist anerkannt schwierig und letztlich noch nicht befriedigend rekonstruiert.

10 Weichherziger Frauen Hände
   kochten ihre Kinder.
   Sie dienten ihnen zur Stärkung
   beim Sturz der Tochter, meines Volkes.

11 Vollstreckt hat Jahwe seinen Grimm,
   seine Zornesglut ergossen.
   Er steckte in Zion ein Feuer an,
   das seine Grundmauern verzehrte.

12 Der Erde Könige hätten es nicht geglaubt
   noch alle Bewohner der Welt,
   daß einzögen Bedränger und Feind
   durch Jerusalems Tore.

13 Ob ihrer Propheten Sünden 'geschah es'[18],
   der Missetaten ihrer Priester,
   die in ihrer Mitte vergossen
   das Blut der Gerechten.

14 Wie Blinde[19] strichen[20] sie durch die Gassen,
   besudelt[21] mit Blut,
   so daß man nicht berühren durfte
   ihre Gewänder[22].

15 „Fort mit euch 'Unreinen'[23]!
   Fort! Fort! Rührt nichts an!"
   Wenn sie geflohen[24], unstet zogen,"[23]
   durften sie nirgends bleiben.

16 Jahwe selbst[25] zerstreute sie,
   sieht sie nicht mehr an.
   Die Priester wurden nicht geehrt,
   die Ältesten nicht geachtet[26].

---

[18] Füge mit Rudolph ein *hî* ein.

[19] Zum Akkusativ in vergleichender Bedeutung vgl. GK[28] § 118r und zu diesem Verständnis der Stelle Plöger, Boecker und Westermann, zu anderen Interpretationsmöglichkeiten auch Provan, S. 117 f. und zur Textüberlieferung Albrektson, S. 186 f.

[20] Zur Betonung vgl. BL 398e. Als Subjekt kommen Priester und Propheten, aber auch das Volk in Frage; vgl. Provan, S. 118.

[21] Lies mit dem Ketib *nig'alû*. Zur masoretischen Kompromißform vgl. GK[28] § 51h, BL 356v oder Ges[18] 190a s.v. *g'l₂*.

[22] So auch Brandscheidt, Gotteszorn, S. 162, Boecker und Westermann, S. 161. Grundsätzlich ist V.14b mehrdeutig. Er erlaubt auch die Übersetzung:„ was sie nicht durften, berührten sie. . "; vgl. Rudolph, S. 249 und Albrektson, S. 187. Zur asyndetischen Parataxe der Verben vgl. Dav. § 83c.

[23] V.15 ist durch nachträgliche Erweiterungen und vermutlich auch Abschreibfehler gestört. Ursprünglich dürfte er aus zwei Zwei-Dreiern bestanden haben, in die man später in V.a und b die Zitationsformeln einfügte. In a lesen wir mit G, vgl. BHS, den Plural *t°me'îm*.

[24] Die Wortbedeutung von *nûs* ist nicht gerade sicher; vgl. HAL 645a s.v.

[25] Wörtlich:„ das Antlitz Jahwes". Vgl auch Ex 33,14.

[26] Wörtlich: „Die Gesichter der Priester erhoben sie nicht, und den Ältesten erwiesen sie keine Gnade." Das Akkusativobjekt ist jeweils vorangestellt.

17 Bis die Augen erstarben, schauten wir aus[27]
   nach unserer Hilfe – vergeblich.
   Auf unserer Warte spähten wir
   nach dem Volk, das nicht hilft.

18 ‚Es waren beengt'[28] unsre Schritte,
   unbetretbar die Straßen.
   Nah war unser Ende, erfüllt unsre Tage,
   ja, unser Ende gekommen.

19 Die uns verfolgten, waren schneller
   als die Adler[29] am Himmel.
   Sie jagten uns über die Berge,
   lauerten auf uns in der Steppe.

20 Unser Lebensodem, Jahwes Gesalbter,
   wurde gefangen in ihren Gruben,
   von dem wir dachten, in seinem Schatten
   könnten wir unter den Völkern leben.

21 Frohlocke und freue dich, Tochter Edom,
   'die du wohnst'[30] im Land des Uz[31]:
   Auch zu dir wird der Becher kommen,
   daß du dich berauschst und entblößt!

22 Gesühnt ist deine Schuld, Tochter Zion!
   Er wird dich nicht länger verbannen.
   Er verurteilte[32] deine Schuld, Tochter Edom,
   er deckte auf deine Sünden!

4,1-22 Das vierte Lied zeichnet sich zumal gegenüber dem ersten und zweiten durch seine hyperbolische Drastik aus. In seiner ersten Hälfte V.1-11 berichtet es von den Leiden der in der Stadt Eingeschlossenen, in der zweiten V.12-22 erst von dem unerwarteten Fall der Stadt mit seinen Folgen für die Priester, V.12-16, dann in einem Bekenntnis der enttäuschten Hoffnung von dem Ende der Belagerung und den vergeblichen Fluchtversuchen der Überlebenden einschließlich des Königs, V.17-20, um dann mit einem Losspruch für Zion und einem Schuldspruch für Edom zu enden, V.21-22. Die ganze, in der Art eines Leidberichts

---

[27] Das Ketib liest 'ôdânâ, d.h. 'ôd mit dem Suffix der 3. plur. fem. Zu seiner archaisierenden Sonderform vgl. BL 634v/w mit 252p und 557p. Wörtlich übersetzt lautet die Reihe: „Während sie, unsre Augen sich verbrauchten."

[28] Lies mit einer mittelalterlichen Handschrift ṣārû, abzuleiten von ṣrr, „eingeengt wurden.. ", vgl. Hiob 18,7. Verwechslung von r und d ist häufig. Zur Diskussion vgl. Gottlieb, S. 67 f.

[29] næšær ist ein Sammelbegriff für alle möglichen Raubvögel vom Adler bis zum Bussard.

[30] Lies mit dem Ketib die archaisierende Form des Part.fem. jôšabtî, vgl. Joüon § 930 und Albrektson, S. 194.

[31] Zum Fehlen des Namens bei G vgl. Rudolph z.St.

[32] Zur Übersetzung vgl. G. André, Artikel pāqad, ThWAT VI, Sp. 714.

gehaltene Klage erweist sich von dem in V.1 und 2 angeschlagenen Thema des vollständigen Wandels im Ergehen der Einwohner Jerusalems bestimmt. Er wird in dem ersten, bis V.6 reichenden Abschnitt am Beispiel des Hungertodes der Säuglinge und Kinder exemplifiziert. Es kommt der Absicht des Dichters, die von den Jerusalemern erduldeten Leiden als hinreichende Sühne für ihre Schuld zu bewerten, vgl. V.21 f., am stärksten entgegen und wird nur noch durch den Bericht von der allen Banden der Natur widersprechenden Teknophagie der Mütter am Ende des zweiten Abschnitts V.7-11 überboten. Der beginnt mit der Klage über das durch den Hunger verursachte Elend zumal der Vornehmen. Die jeweils am Ende der Abschnitte in V.6 und V.11 gegebenen Begründungen ergänzen einander, indem die erste den Hungertod der Kinder als Folge der übergroßen Schuld des Volkes und die zweite die Vernichtung Zions auf den gewaltigen Zorn Jahwes zurückführt. Der dritte Abschnitt der V.12-16 geht von dem in V.12 genannten Thema des unerwarteten Falls Jerusalems in V.13-16 zu einer Klage über das Schicksal zumal der Priester[33] über. Diese wird in V.13 durch einen Schuldaufweis eingeleitet und in V.16 durch die Feststellung ihrer Verjagung durch Jahwe selbst abgeschlossen. Die Unterordnung unter das Generalthema ergibt sich für den primären Leser aus der Sache, waren doch die ob ihrer Schuld als unrein verjagten und mißachteten Priester die Wächter der Reinheit des Volkes und dank ihres Dienstes Gott am nächsten. Das in V.12 eingeführte Motto wird dagegen explizit erst am Ende des in den V.17-20 folgenden Bekenntnisses der enttäuschten Hoffnung aufgenommen, so daß die Verse 12 und 20 gleichsam den Rahmen für die V.13-19 bilden. Dabei exemplifiziert V.20 das in V.1 angeschlagene Generalthema ein letztes Mal am Beispiel des Königs, der statt die Seinen wirksam zu schützen selbst gefangen worden ist. Nachdem die Leiden der Jerusalemer so bewegend geschildert sind, kann der Dichter glaubhaft in den V.21-22 Zion lossprechen, weil es seine Schuld gesühnt hat, dem triumphierenden Edom aber das nahe Ende ansagen.

Seiner Form nach ist das vierte Lied wie die drei vorausgehenden eine akrostichisch-alphabetische Dichtung, in der jeder seiner 22 Verse mit dem entsprechenden Buchstaben des Alphabets beginnt. In Übereinstimmung mit dem zweiten und dritten hält es sich an die Konsonantenfolge p '[34]. Aber es unterscheidet sich von beiden durch seine zwei- statt dreireihigen Stanzen. Da das folgende fünfte, lediglich alphabetisierende Lied nur aus 22 einreihigen Versen besteht, ergibt sich formal innerhalb der Gesamtkomposition ein enger Zusammenhang zwischen den drei letzten Liedern, deren Umfang genau dem der beiden ersten entspricht. Sachlich fällt auf, daß das vierte Lied keinen Gebetscharakter besitzt, sondern von Jahwe nur in der über ihn redenden Gottklage spricht, vgl. V.11 und V.16, und seine Erwähnung in dem abschließenden Urteil über Zion und Edom überhaupt vermeidet, vgl. V.22. Das macht seine Stellung vor der an Jahwe gerichteten Volksklage des fünften Liedes ebenso verständlich wie das von diesem vorausgesetzte Anhalten des Exilsgeschickes. Metrisch wird das vierte Lied

---

[33] Für diese herkömmliche Deutung der V.14-16a spricht die inclusio durch V.13 und V.16b; vgl. aber auch Hillers, S. 90 und Provan, S. 117 f.
[34] Vgl. dazu auch oben, S. 99 f.

seinem überwiegenden Charakter als Leidbericht gemäß durch den hinkenden Qina- oder Leichenliedvers mit seinen Drei-Zweiern oder Zwei-Dreiern und den innerhalb der Gattung ebenfalls häufig anzutreffenden Doppelzweiern bestimmt. Eine Ausnahme bildet V.18b mit seinem Vier-Zweier.

Wie die vorausgehenden Lieder läßt sich auch das vorliegende nicht in die klassischen Klageliedgattungen einordnen. Als Gebet ist es aus den eben genannten Gründen nicht anzusprechen. Trotz des Einsatzes mit dem für das Leichenlied typischen Klageruf und dem ihm entlehnten Leitmotiv des leidvollen Wandels des Schicksals der Jerusalemer mit seiner charakteristischen Gegenüberstellung von einstigem Glück und jetzigem Leid, wie er außer die beiden ersten Verse unmittelbar die V.5.7–8.12.20, mittelbar die V.10.16b und in Umkehrung auch die V.21 f. bestimmt[35], ist für sein Verständnis wenig gewonnen, wenn man es in der Nachfolge Gunkels als politisches Leichenlied ansprechen wollte[36]. Von seinem Inhalt her wäre es ebenso unbegründet, die V.1–16 als Klage über das zerstörte Heiligtum anzusprechen und von den V.17–20 als Volksklage abzusetzen. Bei den V.17–20 handelt es sich weder um eine gegen Jahwe gerichtete Klage noch um eine Leidschilderung, sondern um ein dem Volk in den Mund gelegtes Bekenntnis seiner enttäuschten Hoffnungen[37]. – Um seine literarische Eigenart zu erkennen, muß man auf seine Zielrichtung achten: Es deutet die in den V.1–10 berichteten übergroßen Leiden der Jerusalemer als Folgen des durch die äquivalente Sündenschuld des Volkes und seiner Priester wie Propheten provozierten gewaltigen Gotteszornes, vgl. V.6.11 und 16. Das Bekenntnis der enttäuschten Hoffnung in den V.17–20 dient indirekt der Hervorhebung des unentrinnbaren Zugriffs Jahwes. In dem abschließenden Doppelurteil, das Zion wegen der Sühnung seiner Schuld los- und Edom schuldig spricht, ist das Ziel des Liedes erreicht: Seine hyperbolischen Leidschilderungen haben keinen anderen Zweck als den Losspruch Zions zu begründen und dem Hauptgewinner des Zusammenbruchs des davidischen Reiches das Ende anzukündigen. Mithin dient es als Ganzes der Begründung der Hoffnung auf die bevorstehende Wende des Schicksals Jerusalems und des Volkes[38]. Wie schon die alphabetische Form zu erkennen gibt, handelt es sich bei unsrem Lied um eine nachkultische Dichtung, die ihre Leser mit dem Nachweis der Äquivalenz des Gerichtshandelns Jahwes der Nähe des Heils vergewissern will[39].

Vergleicht man es mit den beiden ersten, werden die Gemeinsamkeiten und Unterschiede deutlich: Gemeinsam ist ihnen die literarische Eigenart und ihre Absicht, den Glauben an Jahwes Gerechtigkeit angesichts des katastrophalen Endes des davidischen Reiches und zumal Jerusalems mit ihren die Existenz des Volkes weiterhin entscheidend bestimmenden Folgen zu stärken. So endet das

---

[35] Vgl. dazu Hedwig Jahnow, Das hebräische Leichenlied, BZAW 36, Gießen 1923, S.179, 186 und 188.

[36] Vgl. Gunkel-Begrich, Einleitung in die Psalmen, Göttingen 1933, S.136.

[37] Gegen Kraus, S.80 mit z.B. Brandscheidt, Gotteszorn, S.170.

[38] Vgl. auch Klgl 5,19-22.

[39] Vgl. dazu auch F. Stolz, Psalmen im nachkultischen Raum, ThS(B) 129, Zürich 1983, S.27 f.

erste Lied unmittelbar mit dem Appell an Jahwes Gerechtigkeit angesichts der Jerusalem von seinen Feinden zugefügten Leiden, vgl. 1,21f. Das zweite stellt die Frage nach der Angemessenheit, ja Zulässigkeit der alles göttliche und menschliche Recht übersteigenden Bestrafung Jerusalems und fordert damit Gott indirekt dazu auf, sich Zions zu erbarmen und aus der Gewalt seiner Feinde zu befreien, vgl. 2,20ff. Das vierte Lied zieht aus beiden mit seinem Losspruch Zions und Schuldspruch Edoms die Konsequenzen. Wenn unsere oben vertretene Annahme zutrifft, daß das erste Lied aufgrund seiner Bekanntschaft mit dem zweiten nach diesem entstanden ist, liegt es nahe, die Abfassung des vierten wiederum nach dem ersten anzusetzen. Zugunsten dieser Annahme spricht die Beobachtung, daß es zwei zentrale Motive aus dem zweiten aufgenommen und in hyperbolischer Drastik ausgestaltet hat, die von dem Dichter des ersten übergangen worden sind. Es handelt sich dabei um das Motiv der Teknophagie der Jerusalemerinnen, vgl. 2,20b mit 4,10, und das der Schuld der Propheten, vgl. 4,13-16 mit 2,14, das zwar aufgenommen, aber in den Schatten des Schicksals der Priester gerückt wird, vgl. aber auch 2,19b.20c und vor allem 2,6c. Dagegen hat das Hungermotiv aus 2,11c.12 sowohl in 1,19b.c wie in 4,3-5 und 7-9 ein Echo gefunden. Dabei fällt im vierten Lied wiederum die hyperbolische Ausgestaltung auf. Nur mit dem ersten Lied hat das vierte das Motiv der durch Schwert und Hunger Umgekommenen gemeinsam, vgl. 1,20c mit 4,9. Doch hat es der Dichter zu einem hyperbolischen Vergleich zugunsten der Gefallenen umgestaltet. Schließlich kann man das Urteil über Edom in 4,21f. als eine literarische Umsetzung und Konkretisierung der Schlußbitte aus 1,21cβ verstehen. Dabei erklärt sich die Einengung des Motivs auf die Edomiter vermutlich einerseits dadurch, daß sie sich den Zusammenbruch des judäischen Reiches zugute gemacht und den nördlichen Negev und das südliche Gebirge Juda okkupiert hatten[40], und andererseits dadurch, daß die Ammoniter und Moabiter längst ihre Selbständigkeit verloren hatten[41], das babylonische Reich der Vergangenheit angehörte und man sich den Persern gegenüber zur Zurückhaltung genötigt sah.

Diese Annahme bedarf jedoch in ihrem zweiten Teil der Begründung. Sie setzt nämlich voraus, daß das Lied jedenfalls erst nach 538 und selbst nach 515 verfaßt worden ist. Zugunsten dieser Hypothese läßt sich geltend machen, daß das Motiv der Zerstörung und Entweihung des Heiligtums aus 2,6f.20c, das in 1,10 nur noch in seinem zweiten Teil aufgenommen war, im vierten keine Rolle mehr spielt. Andererseits scheint die Mal 1,4 erwähnte Verwüstung Edoms durch fremde Eindringlinge noch nicht erfolgt zu sein. Diese scheint im Laufe des 5.Jh.s stattgefunden zu haben, ohne daß wir direkte Nachrichten darüber besitzen[42]. Ähnlich schwankt auch die Datierung des Maleachibüchleins zwischen der Mitte und dem Ende des 5.Jh.s.[43]. Zugunsten der Datierung des vierten Liedes ins 5.Jh. kann man schließlich mit aller Zurückhaltung auch noch auf die Ausweitung der Schuld

---

[40] Vgl. dazu unten, z.St.
[41] Vgl. dazu J.R.Bartlett, TRE 2, 1978, S.460.
[42] Vgl. dazu unten, z. V.21f.
[43] Vgl. dazu R.Smend, Entstehung[1-4], S.187 oder Kaiser, Einleitung[5], S.295.

der Propheten auf die Priester in V.13, vgl. 2,14, hinweisen; denn sie könnte ähnlich wie Mal 1,6ff. und 2,1ff.[44] mit durch negative Erfahrungen mit der Priesterschaft des Zweiten Tempels angeregt sein. Da es jedoch nicht auszuschließen ist, daß unsere Stelle durch die zahlreichen Schuldzuweisungen an Priester und Propheten des Jeremiabuches beeinflußt ist[45], bleibt dieser Rückschluß problematisch. Jedenfalls ist auch für das in den V.17–20 Berichtete mit keiner Augenzeugenschaft mehr zu rechnen. Der Dichter hat, wie die folgende Auslegung zeigen wird, seine Schilderungen außer auf die beiden ersten Lieder vor allem auf den Bericht des Königsbuches gestützt und darüber hinaus nicht anders als seine Vorgänger das Deuteronomium und die Prophetenbücher im Kopf gehabt[46]. Sein dichterisches Vermögen gering zu achten, liegt nach dem oben über die Komposition Gesagten keinerlei Grund vor. Sich über seinen Wunsch nach Vergeltung zu entrüsten, wäre ein Zeichen geschichtsferner Anmaßung. Wer einem Dichter des 5.Jh.s. v.Chr. gerecht werden will, der muß sich auf dessen Denkvoraussetzungen und dessen geschichtliche Situation einlassen. In ihr galt das Recht des Stärkeren. Ihr fehlten internationale Organisationen, die auch nur den Notschrei der unterdrückten und mißhandelten Völker zur Kenntnis nahmen. Daher verblieb diesen in ihrer Wehrlosigkeit nur die Hoffnung auf die Hilfe ihres Gottes. Und vielleicht kann der heutige Leser auch von dem vierten Klagelied das Vertrauen darauf lernen, daß der Gott, der uns züchtigt, uns auch wieder zu heilen vermag. Dabei sehen wir uns allerdings vor die Frage gestellt, ob wir noch ernsthaft damit rechnen, daß Gott das letzte Wort in der Geschichte wie in unserem eigenen Leben gehört.

4,1-6   *4,1-6: Leidbericht* I: *Der Hunger in der Stadt und seine Folgen:* 1. *Der große Um-*
1-2   *schwung exemplifiziert am Schicksal der Kinder.* V.1 setzt mit dem aus der Tradition des Leichenliedes stammenden Klageruf[47] ein. In V.2b wird er absichtsvoll wiederholt: So ist es dem Leser wie Hörer gewiß, daß er eine Trauerbotschaft zu hören bekommt. Inhaltlich benennen die beiden ersten Verse das Thema der ganzen Klage, den gewaltigen Umschwung vom glänzenden Einst zum bejammernswerten Heute im Leben der Jerusalemer. Dabei umschreibt V.1 das Thema metaphorisch, während es V.2 unmittelbar beim Namen nennt. Gold, Feingold und Edelsteine[48] bildeten einst wie heute den kostbarsten Besitz der Menschen. Aus Gold gefertigte Schalen oder Schmuckstücke zu zerquetschen oder Edelsteine auf die Straßen zu werfen, wäre ein ebenso brutales wie sinnloses Unterfangen. Aber gerade ein solches ist den poetisch als Söhne bzw. Kinder Zions bezeichneten Jerusalemern[49] widerfahren. Ihr einstiger Wert wird hyperbolisch mit dem

---

[44] Einleitung[5], S.294 Z.10 v.u. ist 3,1-4 in 2,1-4 zu verbessern.

[45] Vgl. mit Brandscheidt, Gotteszorn, S.174 Jer 2,8; 5,31; 6,13f. und 8,8f.

[46] Vgl. dazu oben, S.119f. und S.136f.

[47] Vgl. zu ihm die oben, S.137 Anm. 62 gegebenen Belege.

[48] Die von J.Wellhausen, Skizzen und Vorarbeiten V, Berlin 1893[2], S.184 vertretene und weiterhin übliche Übersetzung von *'abnê qôdæš* mit „heilige Steine" ist im Anschluß an J.A.Emerton, ZAW 70,1967, S.233ff. in den nachfolgenden Kommentaren aufgegeben; vgl. auch Gottlieb, S.61.

[49] Diese Bezeichnung begegnet sonst nur noch in Ps 149,2.

von Gold[50] und ihr jetziger mit dem von Tonkrügen verglichen, den billigsten und beim ersten Sprung achtlos weggeworfenen Gefäßen[51]. Ehe die Belagerer die Stadt einschnürten und schließlich die ausgehungerte eroberten, waren die Jerusalemer hoch geachtet, danach galt ihr Leben fast nichts. Den alten Völkern fehlte in der Regel die Vorstellung von einem Wert des Menschenlebens an sich[52]. Das hatte besonders auffällige Konsequenzen bei der Behandlung der besiegten Feinde. Allerdings hat die Geringschätzung des bloßen Menschenlebens allem Christentum und aller Vernunft zum Hohn de facto die Zeiten überdauert. Und so ist es nicht verwunderlich, daß die Klagen des vierten Liedes immer wieder und bis in unsere Tage hinein neue Aktualität gewonnen haben. Die Generalaussage wird zunächst in den V.3-5 am Ergehen der Kinder und Kleinstkinder exemplifiziert. Deren Los war nicht nur deshalb besonders erschütternd, weil die Zukunft des Volkes auf ihnen beruht, sondern auch und zumal, weil sie für die zur Katastrophe führende Politik und Schuld der Väter nicht verantwortlich gemacht werden können und dürfen[53]. Das Motiv der vor Hunger verschmachtenden Kinder hat der Dichter in 2,11c.12 vorgefunden und seinerseits drastisch ausgestaltet: Wenn Mütter ihren eigenen Kindern die Brust[54] in mitleidlosem Selbsterhaltungstrieb verweigerten, übertrafen sie mit ihrer Grausamkeit die Schakale[55] und entsprachen sie dem angeblichen Verhalten der Strauße, denen Hiob 39,14-16 sachlich durchaus zu Unrecht[56] ein ebenso törichtes wie hartherziges Verhalten gegenüber ihren Eiern unterstellte. Über sein Vorbild hinausgehend beschreibt der Dichter in V.4a mit den Worten einer geläufigen Formel den Durst[57] und in V.4b hinter 2,12a zurückbleibend den Hunger der Kinder[58]. V.5 stellt unter Aufnahme des Kontrastschemas der Totenklage in hyperbolischen Vergleichen den Ausgang fest: Die einst mit Leckerbissen verwöhnten Kinder liegen verschmachtet auf den Straßen. Statt wie einst auf Scharlachzeug[59] gebettet zu ruhen, liegen sie

---

[50] Zum weisheitlichen Charakter des Vergleichs siehe Ps 19,10f. und Hiob 28,19.

[51] Vgl. auch Jer 19,1ff. und besonders V.11a.

[52] Vgl. dazu J. M. Rist, Human Value. A Study in Ancient Philosophical Ethics, PhAnt 40, Leiden 1982, aber auch O. Kaiser, Der Mensch, Gottes Ebenbild und Statthalter auf Erden, NZSTh 33, 1991, S. 99ff.

[53] Die Sippenhaft der Kinder für die Schuld der Väter wird im Deuteronomium als ungesetzlich bezeichnet: Nach Dtn 24,16, vgl. auch Ez 18,14-18, darf der Sohn nicht aufgrund der Schuld des Vaters hingerichtet werden.

[54] Im Gegensatz zu den modernen westeuropäischen Gepflogenheiten wurden die Kinder von den jüdischen Müttern bis zu drei Jahren gestillt. Vgl. 2. Makk 7,28; 1. Sam 1,22ff. und dazu F. Nötscher, Biblische Altertumskunde, Bonn 1940, S. 71.

[55] Zum Kontrastvergleich zwischen Mensch und Tier mit für den Menschen nachteiligem Ergebnis vgl. auch Jes 1,3; Jer 8,7; Mt 8,20 und dazu C. Westermann, Vergleiche und Gleichnisse im Alten und Neuen Testament, CThM A 14, Stuttgart 1984 zu den Stellen.

[56] Zur tatsächlichen Brutpflege der Strauße vgl. z.B. J. Steinbacher in: W. Eigner, Enzyklopädie der Tiere II, Braunschweig 1971, S. 276. — Schakale und Strauße galten nebenbei als die exemplarischen Bewohner von Ruinenstädten; vgl. Mich 1,8; Jes 34,13; 43,20; Hiob 30,29; ferner Jes 13,21f.

[57] Vgl. Ps 137,6; Hiob 29,10; Ez 3,26 und ferner Jes 41,17.

[58] Stilistisch vgl. V.4bβ mit 1,2bα.9bβ.17aβ und 21aβ.

[59] Vgl. 2. Sam 1,24; Spr 31,21 und zu dem nach seiner Herkunft „Wurmglanz" genannten Farbstoff R. Gradwohl, Die Farben im Alten Testament, BZAW 83, Berlin 1963, S. 73ff.

nun zusammengebrochen auf den Abfallhaufen[60], in denen sie vergeblich nach
6 Eßbarem gewühlt hatten[61]. Der Kontrastvergleich zwischen der einstigen Verhät-
schelung der während der Belagerung und nach der Eroberung grausam dem
Hungertod überlassenen Kinder erlaubt dem Dichter auf dem Hintergrund des
Glaubens an eine kongruente Vergeltung[62] den Rückschluß, daß die Sündenschuld der hier als „Tochter, mein Volk"[63], bezeichneten Jerusalemer die der einstigen Bewohner des zum literarischen Typos der sündigen Stadt gewordenen
Sodom[64] übertroffen hat; denn jene Stadt soll der Überlieferung nach von Gott
ohne menschliches Zutun in einem Augenblick vernichtet worden sein, so daß
ihren Einwohnern längere Leiden erspart blieben.

4,7-11 *4,7-11: Leidbericht* II: *Der Hunger in der Stadt und seine Folgen. 2. Das Darben
der Vornehmen und die Teknophagie.* In den Versen 7-10 gestaltet der Dichter das
Thema des in der Stadt während der Belagerung herrschenden Hungers weiter
aus, indem er seine Auswirkungen auf die Oberschicht und, nach einem generalisierenden Vergleich in V.9, den Greuel der unter seinen Qualen eingerissenen Teknophagie beklagt. Wie der vorausgehende erstem Abschnitt wird auch der zweite
in V.11 mit einer theologischen Feststellung abgeschlossen, nur daß das Leid diesmal nicht als Folge der Sünde, sondern letztlich gleichsinnig als solche des grim-
migen Gotteszornes und damit als Strafe gedeutet wird. Sachlich dürfte der
Dichter nicht nur vom zweiten, sondern auch vom ersten Lied abhängig sein. Das
Motiv der Teknophagie in V.10 hat er aus 2,20c übernommen und drastisch ausgestaltet, das des Hungers der „Geweihten" in V.7 f. war ihm in 1,19b.c vorgegeben,
wo allerdings konkret von dem Hungertod von Priestern und Ältesten die Rede
ist. Sofern er unter den Geweihten nicht einfach jene versteht, hat er es verallge-
meinernd auf die Vornehmen überhaupt[65] bezogen. Gleichzeitig hat er es durch
drei Kontrastvergleiche und einen einfachen Vergleich konkretisiert und schließlich in V.9, angeregt durch 1,20c, in einem generalisierenden Kontrastvergleich zu-
ende geführt, der an den weisheitlichen komparativen *ṭôb*-Spruch[66] anklingt.
7 Der Vergleich der einstigen Makellosigkeit der „Geweihten" mit der strahlenden

---

[60] Vgl. Neh 2,13; 12,31; Jes 14,19 und Jer 26,23 und dazu H. Kosmala, BHH II, Sp. 840.

[61] Auch dieser Zug des Kinderleids hat leider bis in die Gegenwart in etlichen Ländern
seine Aktualität behalten, ohne daß das Gewissen der sie Beherrschenden oder das der wohl-
habenden Nationen dadurch spürbar beunruhigt erscheint.

[62] Vgl. z.B. Ps 18,21; 37,7 ff.; 62,13; Spr 13,21; 19,17; 24, 12.29; Hiob 4,7; 15,20; Hiob
34,10f. und zu seiner Bedeutung bei den Propheten P. D. Miller, Jr., Sin and Judgment in the
Prophets, SBL. M.S 27, Chico 1982, S. 97 ff. Zum theologischen Problem vgl. auch O. Kaiser,
Ideologie und Glaube, Stuttgart 1984.

[63] Zur Formel „Tochter, mein Volk" vgl. oben, S. 143 Anm. 96.

[64] Vgl. z.B. Gen 19,13.25.29; Dtn 29,22; Jes 1,9; Jer 49,18; 50,40; Am 4,11; ferner Jer 20,16
und Ez 16,46 ff.

[65] Das Wort *nāzîr*, „Geweihter", dürfte hier den Edlen bezeichnen. Es ist jedoch nicht ausgeschlossen, daß es tatsächlich Nasiräer, Geweihte, meint, Männer, die sich ein Enthaltungs-
gelübde auferlegt hatten, vgl. z.B. Am 2,11 f.; Num 6,1-21, G. Mayer, ThWAT V, Sp. 330 ff. und
Provan, S. 114.

[66] Dieser besitzt die Form: A ist besser als B; vgl. z.B. Koh 9,4b.

Reinheit von Schnee und Milch könnte seine eigene Schöpfung sein[67], ebenso der ihrer Haut mit der Farbe der Korallen[68]. Dagegen geht der Vergleich ihrer Haupt- und Barthaare mit der Saphirbläue des Lapizlapuli auf die Praxis der altorientalischen Glyptik zurück, die Kopf- und Barthaare entsprechend darzustellen, vgl. auch Hld 5,14[69]. Die einst das Aussehen der Männer kennzeichnende 8 gesunde Bräune und gepflegte Schwärze ist nun ungepflegter Schmutzigkeit gewichen, die sie bis zur Unkenntlichkeit entstellt hat[70]. Ihre Haut ist infolge des Hungers geschrumpft[71] und trocken wie Holz geworden, vgl. auch Hiob 30,30. Kein Wunder, daß V.9 ähnlich wie V.6 ein schnelles Ende einem qualvollen 9 Dahinsiechen vorzieht: Die durch das Schwert Umgekommenen[72] hatten es besser als die langsam Verhungerten. Alles bisher Berichtete überbietend beendet der 10 Dichter seine Klage über die schrecklichen Folgen des Hungers, indem er drastisch von der Teknophagie spricht, wobei er der natürlichen Mutterliebe und Güte der Frauen ihr frevelhaftes Tun[73] gegenüberstellt, zu dem sie der verzweifelte Hunger gewiß zumal kurz vor und nach dem Fall Jerusalems[74] getrieben hatte, vgl. 2. Kön 6,28 f.– V.11 beschließt den zweiten Abschnitt des Leidberichts, in- 11 dem er die Zerstörung Jerusalems und damit unausgesprochen die mit ihr verbundenen Leiden seiner Bewohner als Folge des äußersten Gotteszornes[75] deutet[76].

Der moderne Moralist tut sich mit dem Gedanken schwer, daß von Gott nicht nur das Glück der Menschen, sondern auch ihr Unglück bewirkt wird. Er sieht in der Existenz der Übel und des Bösen in der Welt einen Grund, dem Glauben an Gott überhaupt abzusagen. Aber der wahre Glaube läßt das unlösbare Problem der Rechtfertigung Gottes in reinem Vertrauen hinter sich[77]. Schöpfung

---

[67] Zum Vergleich mit dem Schnee siehe immerhin Jes 1,18; Hiob 9,30, zu dem mit Milch Hiob 10,10 und weiterhin auch Hld 5,12.

[68] In der weisheitlichen Tradition wird der Besitz von Korallen dem der Weisheit, vgl. Spr 3,15; 8,11; 20,15; Hiob 28,18, oder dem einer tüchtigen Frau, vgl. Spr 31,10; Sir 7,19, gegenübergestellt.

[69] Und dazu G. Gerleman, BK XVIII, Neukirchen-Vluyn 1968, S. 177.

[70] Vgl. auch Hiob 2,12.

[71] Vgl. Hiob 7,5; 19,20.26; 30,30 und Klgl 3,4 und 5,10.

[72] O. Eißfeldt, Schwerterschlagene bei Ezechiel, in:Studies in Old Testament Prophecy. FS Th. H. Robinson, Edinburgh 1950, S. 79 = ders., Kl.Schriften III, Tübingen 1966, S. 5 f. will unsere Stelle von 2,21 her auf Hingerichtete beziehen, vgl. Ez 32,5 ff. und 35,8. Von Jer 14,18 und Klgl 1,20 her könnte man eher an in den Kämpfen Gefallene denken, vgl. auch Boecker z.St. Aber vielleicht verzichtet man am besten auf eine Spezifizierung, da sie für den Vergleich nicht entscheidend ist.

[73] Das Verb *brh* I bezeichnet 2. Sam 13,5.6.10, vgl. Ps 69,22, das Einnehmen der Krankenkost, 2. Sam 3,35 das der Trauerspeise.

[74] Zur Formel „Zusammenbruch der Tochter, meines Volkes" vgl. 2,11; 3,48; Jer 4,20; 6,14; 8,11.21; 14,17 und Jes 30,26.

[75] Vgl. dazu 2,1, 4c.3a und 1,21 sowie z.B. Ez 7,8; 13,15; Zef 3,8 und Jes 42,25.

[76] Faßt man V.6 und V.11 zugleich ins Auge, drängt sich die Beobachtung auf, daß der Dichter mit der Abfolge seiner Begründungen der Katastrophe mit der Schuld des Volkes und dem Zorn Jahwes der entsprechenden Akzentuierung im ersten bzw. im zweiten Lied folgt.

[77] Vgl. dazu O. Kaiser, Ideologie und Glaube, S. 145 ff.

und Vernichtung sind in dieser Welt untrennbar miteinander verbunden, Werden und Vergehen nicht voneinander zu scheiden. Mithin ist der Schöpfer zugleich der Vernichter, auch wenn es nicht angeht, ihm für die Verbrechen der Menschen die Schuld aufzuladen. So wenig wie der Mensch vermag, seine Freiheit angesichts der in der Welt waltenden Kausalität zu erklären, Freiheit und Notwendigkeit zusammenzudenken, vermag er es, Gottes Allmacht, Allwissenheit und Allgüte mit seinem das Böse in der Welt zulassenden Zorn auszugleichen. Daß politische Katastrophen nicht nur auf unzureichender Einsicht in die jeweilige Situation und moralischem Versagen beruhen, sondern zugleich Folge der Schuld des Menschen vor Gott sind, kann nur der Glaube sagen, der zugleich der letzten Güte seines Gottes gewiß ist, vgl. 3,22ff. Der Christ leugnet dabei nicht die Verantwortung der Menschen für ihre Taten, sondern weiß sich aufgerufen, die Kette der Gewalt und Leiden kraft seines Glaubens an die Vergebung der Sünden zeichenhaft zu durchbrechen. Dabei hält er die Spannung zwischen Realität und Idealität in der Erwartung der zukünftigen Welt aus, in der es weder Tränen, Leid noch Geschrei geben wird, weil das Gesetz des Werdens und Vergehens durch Gottes Güte aufgehoben ist[78].

4,12-16   *4,12-16: Leidbericht* III: *Schuld und Schicksal zumal der Priester.* Kunstvoll setzt
12   der Dichter in V.12 mit der indirekten Mitteilung über die Eroberung Jerusalems ein, indem er das Motiv des Staunens der Passanten über den Fall der Stadt aus 2,15c hyperbolisch durch die Feststellung überbietet, daß sie die Könige und alle Bewohner der Erde für uneinnehmbar gehalten hatten. Da er den Gedanken des Unvermuteten am Ende des vierten und abschließenden Leidberichts in V.20 im Blick auf das Schicksal des judäischen Königs wiederholt, ist deutlich, daß V.12
13   das Leitthema für den dritten und vierten Teil der Klage enthält. Aber statt es sogleich zu entfalten, begründet er den Fall der Stadt zunächst in V.13 mit den Sünden ihrer Propheten und den Verschuldungen ihrer Priester. Daß er damit den Schuldaufweis aus 2,14 aufgreift und um die Priester erweitert, ist offensichtlich[79]. Als Schuld der Propheten und Priester wird in V.13b angegeben, daß sie das Blut der Gerechten in Jerusalem vergossen haben. Ob der Dichter bei diesem Vorwurf an Vorgänge wie Jer 26,7-11 gedacht hat, wo erzählt wird, daß Priester und Propheten den Tod Jeremias wegen seiner Ankündigung der Zerstörung des Tempels verlangt hätten, oder im Sinne von 2,14 ihre versäumte Pflicht, das Volk durch rechtzeitige Umkehrrufe zu retten, meinte, ist angesichts der Breviloquenz schwer zu entscheiden. Im zweiten, wahrscheinlicheren Fall wäre die Bezeichnung der Opfer als der Gerechten im Sinne einer auf ihrer Unwissenheit
14-15 beruhenden Unschuld zu deuten[80]. In den V.14 und 15 hat man es angesichts

---

[78] Vgl. dazu K.E. Løgstrup, Schöpfung und Vernichtung, übers. Rosemarie Løgstrup, Tübingen 1990, S.56ff. und besonders S.267ff.

[79] Vgl. dazu oben, S.144f. und S.177.

[80] Vgl. auch Ez 13,10ff.; Mal 2,7ff.; ferner Mt 23,34-38 und zur Identifikation des dort genannten Sacharja mit dem gleichnamigen prophezeienden Sohn des Priesters Jehojada aus 2.Chr 24,20ff. E.Schweizer, Das Evangelium des Matthäus, NTD 2, Göttingen 1986⁴(16), S.290.

ihrer *inclusio* durch V.13 und 16 trotz der in 16b zusätzlich erfolgten Erwähnung der Ältesten nicht mit einer Beschreibung des Schicksals der Deportierten und Flüchtlinge aus der eroberten Stadt überhaupt, sondern mit der des Ergehens der Priester zu tun: Nach den auf ihnen liegenden besonderen Reinheitstabus mußten sie ihre Kultfähigkeit durch die in V.14f. berichtete Besudelung mit dem Blut Erschlagener verlieren, vgl. Lev 21,1ff.10ff.; Num 19,11ff.[81], deren Tod sie verschuldet hatte. In dramatischer Steigerung läßt uns der Dichter in V.15a die gehässigen Rufe ihrer Feinde vernehmen, die sie ob ihrer Unreinheit wie Aussätzige verjagen, vgl. Lev 13,45; Jes 52,11; Lev 21,1ff. und Hag 2,13. Sachlich dürfte es sich kaum um mehr als eine hyperbolisch-dramatische Umschreibung des Verlustes ihrer Ehre und ihrer Vertreibung in die Fremde handeln, vgl. Jer 14,18, in der sie als Diener ihres scheinbar besiegten Gottes nicht gerade willkommen waren. Die Stanze abschließend prägt V.16 ein, daß sich auch in ihrem Geschick Jahwes Gericht vollzog, der ihnen seinen gnädigen Blick entzog und sie in der Fremde zerstreute. So wie in V.13a vor den Priestern die Propheten erwähnt worden sind, werden jetzt in V.16b nach den Priestern die Ältesten[82] angeführt, vgl. auch 1,19. Daher dürfen wir annehmen, daß der Dichter auch bei ihnen nicht allein den Verlust ihrer Ehre, sondern auch ihre Mitschuld an der Katastrophe im Auge hatte.

4,17-20: Leidbericht IV: Vergebliche Hoffnung. Die Verse 17-20 berichten in der Form der Beteiligten, der 1.plur., von der vergeblichen Hoffnung, die sich die in der Stadt Eingeschlossenen auf den Anmarsch eines ägyptischen Entsatzheeres gemacht hatten , vgl. Jer 37,5ff., Lachisch Ostrakon 3[83], und von ihren ebenso vergeblichen Fluchtversuchen nach der Eroberung Jerusalems, bei denen auch der König gefangen wurde. Unserer Beurteilung des Liedes als einer in beachtlichem zeitlichen Abstand von den Ereignissen verfaßten Komposition gemäß haben wir es auch bei diesen Versen mit einer Rollendichtung zu tun, in der sich der Dichter in die geschilderte Situation zurückversetzt. Dabei dürften seine geschichtlichen Kenntnisse teils aus dem Jeremiabuch, teils aus dem Königsbuch stammen. Da sich der Bericht in den V.17-20 über die Vergeblichkeit der auf die Ägypter gesetzten Hoffnung der in der Stadt Eingeschlossenen, ihrer Flucht und ihrer auf den Schutz durch den König gesetzten Erwartungen als eine Dramatisierung von Jer 37,5ff. unter dem Einfluß von Jes 30,1ff.6ff. und 31,1ff. bzw. von 2. Kön 25,3-6 verstehen läßt, ist die Annahme einer von den genannten Quellen unabhängigen mündlichen oder schriftlichen Überlieferung entbehrlich. Um so mehr können wir der poetischen Kunst des Dichters huldigen, der über eine derartige Gabe lebendiger, dramatisch-hyperbolischer Vergegenwärtigung der Schlußphase der Geschichte des davidischen Reiches verfügte. In V.17bβ wird Ägypten von ihm wohl in Anlehnung an Jes 30,5 als „ein Volk, das nicht hilft" bezeichnet[84]. Hinter die-

(Randnummern: 16, 4,17-20, 17)

---

[81] Und dazu auch G. André, ThWAT III, Sp. 356b.

[82] Vgl. auch 5,12 und 1,19.

[83] Vgl. KAI Nr. 194; TGI[3], Nr. 45,3, S.75f. bzw. TUAT I/3, S.621f.

[84] Vgl. auch 2. Kön 18,21 par Jes 36,6. — Provan, S.121 sieht darin eine unbegründete Eintragung in den Text, versäumt aber aus der geschichtlichen Situation heraus zu erklären, welches Volk denn sonst überhaupt ernsthaft gemeint sein könnte. Seine apologetische Tendenz ist nicht zu übersehen.

ser Charakterisierung steht die leidvolle Erfahrung, die man in Israel und Juda seit den Tagen der assyrischen Oberherrschaft mit dem Pharaonenreich gemacht hatte: Die in Erwartung einer effektiven Hilfe der Pharaonen unternommenen Aufstände König Hoseas von Israel (724-722) und der judäischen Könige Hiskia (703-701), Jojakim bzw. Jojachin (601-597) und schließlich Zedekia (589-587) hatten sich in jedem Fall als trügerisch erwiesen und beiden Reichen das Ende beschert[85]. Zwar hatte der Pharao Apries/Hofra während des letzten zedekianischen Aufstandes, vgl. Jer 44,30, tatsächlich durch ein Entsatzheer den vorübergehenden Abzug der babylonischen Belagerer von Jerusalem erzwungen. Aber aus unbekannten Gründen, sei es, daß er von Nebukadnezar besiegt worden war, sei es, daß ihm seine politische Einsicht den Rückzug geraten erscheinen ließ, hatte er wieder das Weite gesucht und den Verbündeten seinem Schicksal überlassen[86].

18   V.18 schildert, wie das Leben in der Stadt durch die auf ihren Wachtürmen rings um die Stadt stehenden babylonischen Schützen so eingeengt wurde, daß man sich nicht mehr auf den Straßen und Plätzen zeigen konnte. Auch dieser Zug ist insofern hyperbolisch, als er angesichts der verwinkelten Gassen nur pars pro toto mit den Realitäten übereinstimmen konnte. Dem Dichter geht es offensichtlich nicht um das historische Detail, sondern um die Vergegenwärtigung der aus-

19-20 weglosen Einschließung in der belagerten Stadt vor dem Ende[87]. Die beiden folgenden V. 19 und 20 berichten in Übereinstimmung mit 2. Kön 25,4-6 von der vergeblichen Flucht König Zedekias, der nach dem Einbruch der Babylonier in die Stadt mit einem Teil seiner Truppen[88] den Jordan zu erreichen suchte, vermutlich, um sich von dort nach Ägypten durchzuschlagen. Zedekia wurde wohl südlich von Jericho gefangen, während sich seine Begleitung zerstreute. Das Tempo der Verfolger, welche die Flüchtigen durch die Ausläufer des judäischen Gebirges und die Jordanaue jagten, wird in V.19 hyperbolisch mit dem Anflug eines Adlers auf seine Beute verglichen[89]. V.20 schildert die Gefangennahme des Königs mit der aus dem Jagdleben stammenden, zumal in den Klagepsalmen geläufigen Metapher des in die Gruben getriebenen Wildes[90]. Wie fundamental seine Verhaftung die auf ihn gesetzten Erwartungen enttäuschte, umschreibt der Dichter mit zwei weiteren Metaphern, die vermutlich aus dem judäischen und letztlich aus dem ägyptischen bzw. dem allgemein-altorientalischen Hofzeremoniell stammen. So konnte man den Pharao zur Zeit der 19. Dynastie als „Luft unserer Nasen, du, bei dessen Erscheinen die Welt zu leben beginnt!" anreden[91].

---

[85] Zum historischen Verlauf vgl. H. Donner, Geschichte des Volkes Israel und seiner Nachbarn in Grundzügen, ATD 4/2, Göttingen 1986, S. 313 ff.; S. 321 ff.; S. 372 ff.

[86] Zum historischen Verlauf vgl. Donner, a.a.O., S. 377 ff.

[87] Zu V.18b verwandten Formeln vgl. Am 8,2; Jer 51,13; Ez 7,2.3.6 und Gen 29,21; Lev 12,4.6; 1. Sam 18,26 und 2. Sam 7,12 par 2.Chr 17,11 und schließlich Ez 5,2.

[88] Zum Text von 2. Kön 25,4 vgl. Würthwein, ATD 11/2, S. 474.

[89] Vgl. auch Spr 23,5 und 30,19 und zur Sache Jes 30,16.

[90] Vgl. z.B. Ps 57,7; Ps 94, 13; Ez 19,4.8; Spr 26,27 und die verwandten, zu Klgl 3, 53 geführten Nachweise; zur Sache vgl. Jes 30,16.

[91] Begrüßungshymne an Ramses II bei H. Kees, Ägypten, Religionsgeschichtliches Lesebuch, hg. A. Bertholet, Heft 10, Tübingen 1928, S. 68; J. H. Breasted, Ancient Records of Egypt III, (1906) ND New York 1962, Nr. 265,39 f.

Weitverbreitet war im altorientalisch-ägyptischen Hofstil die metaphorische Bezeichnung der Schutzfunktion eines Gottes[92] oder Königs als „Schatten"[93]. Der König aus dem Hause Davids, der seinem Volk als der Gesalbte und damit als der irdische Stellvertreter Jahwes[94] Gerechtigkeit im eigenen Lande und Schutz vor äußeren Feinden garantieren sollte, war gefangen, das unmöglich Erscheinende geschehen, das Fundament der Gewißheit, im König den von Gott bestellten Garanten der eigenen Sicherheit zu besitzen, erschüttert.

4,21-22: Schuldspruch und Lossspruch. Mit den V. 21 und 22 erreicht das Lied sein 4,21-11 Ziel. Die vorausgehende, vierfach gegliederte Klage hat mit ihrer bewegten und bewegenden Schilderung der Leiden der Kinder, der „Geweihten", der Propheten, Priester und Ältesten , des Eingeschlossenseins in der Stadt und der Gefangennahme des Königs zusammen mit der vierfachen Betonung, daß es sich bei diesen Ereignissen um die Folge der Sünden des Volkes, V.6 und V.13, bzw. das Strafhandeln des göttlichen Zornes handelt, vgl. V.11 und V.16, ihr Ziel erreicht. Der Leser oder Hörer war durch den Bericht über die Leiden, die Jahwe über seine Stadt und sein Volk verhängt hatte, hinreichend auf den Losspruch der Tochter Zion in V.22 vorbereitet: Ein Volk, das so schrecklich gelitten hatte, hatte seine Schuld vor Gott bezahlt und durfte auf seine kommende Befreiung hoffen.

Dem Losspruch der Tochter Zion geht jedoch in V.21 ein ironisches Drohwort 21 gegen Edom voraus, das nur hier und im folgenden Vers als „Tochter Edom" personifiziert wird. Mochte es sich auch der Schadenfreude über das katastrophale Ende des verfeindeten judäischen Brudervolkes hingeben[95] und in der Tat der eigentliche Nutznießer seiner Niederlage sein[96], so soll es doch nicht anders

---

[92] Vgl. Ps 9,1; 17,8; 36,8; 57,2; 63, 8; 91,2; 121,5 und Jes 25,4.

[93] Vgl. z.B. Breasted, Records III, Nr. 285,2 und die Nachweise bei I. Engnell, Studies in Divine Kingship in the Ancient Near East, Oxford 1967², S. 193 f. und Jes 30,2.3; ferner Jer 48,45.

[94] Vgl. Ps 89,23 f.28 und dazu T. Veijola, Verheißung in der Krise. Studien zur Literatur und Theologie der Exilszeit anhand des 89. Psalms, AASF B 220, Helsinki 1982, S. 91 ff.; und zur Sache T.N.D. Mettinger, King and Messiah, CB.OT 8, Lund 1976, S. 185 ff.

[95] Zur Formel vgl. Ps 40,17 und 70,5.

[96] Die alten Brudervölker Juda und Edom taten sich trotz oder gerade wegen ihrer Verwandtschaft schwer miteinander, vgl. Gen 25,22 f.29 ff.;27,1 ff.38 ff.; Dtn 23,8; Obd 12 und Mal 1,2 f. David hatte das Nachbarland erobert und als Provinz annektiert, 2. Sam 8,13 f. Doch gelang es dem edomitischen Prinzen Hadad, nach Ägypten zu entfliehen und von dort nach Davids Tod in die Heimat zurückzukehren, vgl. 1. Kön 11,14 ff. und dazu Würthwein, ATD 11/1, Göttingen 1985² z.St. sowie H. Donner, Geschichte des Volkes Israel und seiner Nachbarn in Grundzügen I, ATD.E 4/1, Göttingen 1984, S. 224. Da Salomo nach 1. Kön 9,26 über den Hafen von Ezjon Geber bei Elat verfügte, bleibt ungewiß, ob Hadad größere Erfolge erringen konnte. Geht man von 2. Kön 8,20-22 aus, ist es den Edomitern erst kurz vor der Mitte des 9. Jh.s v. Chr. zur Zeit des judäischen Königs Joram gelungen, ihre Unabhängigkeit zurückzugewinnen, vgl. dazu Würthwein, ATD 11/2 z.St. und Donner, Geschichte des Volkes Israel II, ATD.E 4/2, Göttingen 1986, S. 251. In der Zeit der assyrischen und babylonischen Vorherrschaft über Syrien und Palästina hielten sich die edomitischen Könige klug zurück und profitierten von ihrer Lage an der nach Südarabien führenden Handelsroute. Nach dem Abfall des judäischen Königs Jojakim von Nebukadnezar in den letzten Jahren des 7. Jh.s drangen nach 2. Kön 24,2 auch edomitische Streifscharen in Juda ein. An den Belagerungen Jerusalems 597 und 589-587 haben sich die Edomiter jedoch nicht beteiligt. Daß sie auf den Fall der Stadt

als die Tochter Zion aus dem Taumelkelch der göttlichen Leiden trinken[97]. Dann wird es berauscht zu Boden sinken und sich entblößen, vgl. 1,8b, und d.h. seine Macht und Ehre[98] vor allen Augen verlieren. Daß es Jahwe ist, der ihm den Becher reicht[99], wird nicht ausdrücklich gesagt, ergibt sich aber aus dem Zusammenhang. Der Wohnsitz Edoms wird poetisch als „Land des Uz" und d.h. der Uzziten, nach

22 Gen 36,28 einer edomitischen Sippe, bezeichnet[100]. – Umgekehrt wird in V.22a Zion der Losspruch verkündigt: Es hat seine Schuld durch seine Leiden gebüßt und wird nicht länger unter den Folgen der Exilierung seiner Führungsschicht leiden. Inhaltlich ist die Parallele zu Jes 40,2 und im Zusammenhang mit der Metapher vom Taumelkelch besonders die zu Jes 51,17–20 offensichtlich. Beide Belege dürften erst der spätexilischen bis frühnachexilischen zionstheologischen Bearbeitung der deuterojesajanischen Grundsammlung angehören[101]. Doch selbst wenn man an der

---

mit Schadenfreude reagierten und es dabei zur Abweisung von Flüchtlingen kam, vgl. Obd 11-14, dazu P. Weimar, BN 27,1985, S. 53 ff.76 ff. und S. 79, und ferner Jer 40,11, hat die Überlebenden tief getroffen. Ob die Edomiter den nördlichen Negev schon 597 mit babylonischer Billigung besetzt haben, vgl. Jer 13,18 f., oder ihn sich erst im weiteren Verlauf des 6. Jh.s und unter Umständen bereits unter dem Druck in ihr Land einsickernder Araber unterworfen haben, bleibt dunkel. Jedenfalls haben sie das durch den Fall Jerusalems geschaffene politische Vakuum zu ihrem Vorteil genutzt und schließlich selbst im judäischen Bergland Fuß gefaßt, so daß die Grenze der persischen Provinz Juda zur Zeit der Statthalterschaft Nehemias (445-433) südlich der Linie Kegila – Beth Zur – En-Gedi verlief, vgl. Neh 3,16 f. und dazu E. Stern, Material Culture of the Land of the Bible in the Persian Period 538-332 B.C., Warminster und Jerusalem 1982, S. 245 ff. Der sich in Obd, Jer 49,7 ff.; Jes 34,5 ff.; Ez 25,12 ff.; 35 und Ps 137,7 wie an unserer Stelle spiegelnde Haß des exilisch-nachexilischen Judentums dürfte vor allem auf den Verlust dieser Landstriche zurückzuführen sein, vgl. Ez 35,10.12. – Mal 1,2 ff. bezeugt, daß es im Laufe des 5. Jh.s zu einer Verwüstung Edoms gekommen ist. Sie dürfte auf eindringende Araber zurückzuführen sein und den Abzug weiterer edomitischer Bevölkerungsgruppen in den Negev und nach Südjudäa zur Folge gehabt haben; vgl. zum Ganzen M. Weippert, Edom und Israel, TRE 9, Berlin-New York 1982, S. 291 ff. So ist es um die Erfüllung menschlicher Rachewünsche eigenartig bestellt und die göttliche Leitung der Geschichte nicht so einfach zu durchschauen, wie es unsere Selbstliebe und unser moralisches und doch endliches Bewußtsein gern hätten.

97 Vgl. Jer 49,12 und Obd 16 sowie Jer 13,12 ff.; 25,15 ff.29; Ps 60,5 und Jes 51,12.

98 Vgl. auch die Fluchandrohung in dem Staatsvertrag zwischen König Bar-Ga 'ja von KTK und Mati 'il von Arpad A, 41.; KAI 222 bzw. TUAT I/3, S. 182.

99 Im Hintergrund dürfte ein Ordal stehen, in dem man dem Beschuldigten einen Rauschtrank verabfolgte, den er im Fall seiner Unschuld bei klaren Sinnen vertragen konnte. Vgl. H. Schmidt, HAT I/15, Tübingen 1934; A. Weiser, ATD 15, Göttingen 1950-1987[1-10], S. 356; H.-J. Kraus, BK XV/1, Neukirchen-Vluyn 1960-1989[1-6] zu Ps 75,9 und z.B. Brandscheidt, Gotteszorn, S. 185.

100 Die Formel begegnet nur noch in Hiob 1,1, wo man in der Regel gemäß Gen 10,23; 1. Chr 1,17 und Gen 22,21 an einen Wohnsitz im aramäischen Siedlungsgebiet denkt; vgl. dazu z.B. G. Fohrer, KAT XVI, Gütersloh 1988[2], S. 72 oder V. Maag, Hiob, FRLANT 128, Göttingen 1982, S. 14 ff. Da die Liste in Gen 36,31-39 der sekundären Beziehung auf Edom verdächtig ist, vgl. A. Lemaire, Bala'am / Bela' fils de Be'ôr, ZAW 102, 1990, S. 180 ff., fragt man sich, ob die vorausgehende Liste zuverlässig ist. Es ist jedenfalls nicht ausgeschlossen, daß der Dichter sich in V.21 auf den im Rahmen der Priesterschrift überlieferten Edomiterstammbaum stützt.

101 Zu Jes 40,1 f. vgl. K. Kiesow, Exodustexte im Jesajabuch, OBO 24, Freiburg / Schweiz und Göttingen 1979, S. 41 f. bzw. S. 62 f. und zu beiden Belegen und ihrer zeitlichen Einordnung demnächst J. van Oorschot, Von Babel zum Zion. Eine literarkritische und redaktionsgeschichtliche Studie zu Jesaja 40-55, BZAW, Berlin 1992.

herkömmlichen Zuweisung der beiden Belege an Deuterojesaja festhalten[102] und eine literarische Abhängigkeit des Dichters von ihnen bestreiten wollte, wird noch einmal deutlich, daß unser Lied in größerem zeitlichen Abstand zu den in ihm geschilderten Ereignissen gedichtet worden ist: Der Vergleich zwischen Schuld und Schicksal gehörte jedenfalls nicht zu den unmittelbar nach der Katastrophe einsetzenden Reflexionen. Auf den Losspruch Zions folgt in V.22b der Schuldspruch Edoms[103]. Jahwe selbst hat, so wird ihm eröffnet, Edoms Verhalten wie ein Richter untersucht[104] und dabei seine Schuld festgestellt[105]. So kann denn auch die Vollstreckung des Urteils nicht auf sich warten lassen.

Kapitel 5: Jahwe, gedenke an unsre Schmach!

1 Gedenke, Jahwe, was uns geschah,
   sieh hin[1] und nimm wahr unsre Schmach:

2 Unser Erbland ist Fremden zugefallen,
   Ausländern unsere Häuser.

3 Wir wurden Waisen, vaterlos[2],
   unsere Mütter zu Witwen[3].

4 Unser Wasser trinken wir um Geld,
   unser Holz kommt erkauft herein[4].

5 ‚Ein Joch'[5] auf unsrem Nacken werden wir gejagt[6],
   wir plagen uns, man läßt uns keine Ruh[7].

---

[102] Vgl. H.-J. Hermisson, Einheit und Komplexität Deuterojesajas. Probleme der Redaktionsgeschichte von Jes 40-55, in: The Book of Isaiah / Le livre d'Isaïe, ed. J. Vermeylen, BEThL 81, Löwen 1989, S. 285 ff. und die Tabelle S. 311.

[103] Daß er an Jer 49,8bβ anklingt, sei wenigstens angemerkt. Zum literarischen Problem von Jer 49,7-11(13) vgl. A. Weiser, ATD 21, Göttingen 1955 = 1982[7], S. 407, W. Rudolph, HAT I/12, Tübingen 1968[3], S. 290 f. und zuletzt R. P. Carroll, OTL, London 1986, S. 802 f.

[104] Zur Formel „die Schuld heimsuchen / untersuchen" vgl. Ex 20,5; 34,7; Num 14,18 und Dtn 5,9. Zur konkreten, richterlichen Bedeutung des Verbs vgl. G. André, Determining the Destiny. PQD in the Old Testament, CB.OT 16, Uppsala 1980, S. 57 ff. und S. 232 ff.

[105] Vgl. 2,14b und Jer 49,10.

[1] Siehe BHS und BL 366t.

[2] Lies mit dem Ketib und vgl. dazu Ehrlich z.St.

[3] Zum sog. k-veritatis vgl. GK[28] §118x, zu dem hier vertretenen Verständnis auch Gordis, JQR 58, 1967/68, S. 32 und Westermann z.St. Vgl. aber auch Provan, S. 126 f., der in der Situation der Frauen eine Folge der Deportation ihrer Männer sieht. Aber warum wurden dann die Sprecher nicht ebenfalls „wie zu Waisen"?

[4] Wörtlich: „um einen Kaufpreis". Zum b-pretii vgl. GK[28] §119p, zur Verbalsyntax H. Bobzin, Tempora §7,1b und 10,7B.

[5] Ergänze ein durch Haplographie ausgefallenes 'ōl vor 'al; vgl. BHS, Gottlieb, S. 69; Levine, S. 181 und Provan, S. 126 f.; aber auch Albrektson, S. 197 f.

[6] Vgl. HAL 1112a s.v. rdp.

[7] Am genialsten, aber auch am freiesten gegenüber der Tradition haben sich Ehrlich und Rudolph mit der Schwierigkeit des Textes auseinandergesetzt. Sie lesen statt des ṣawwārēnû ein 'arṣēnû und punktieren dann j^{e}gi'ēnû und hunnah. So kommt Rudolph zu der Übersetzung: „In unsrem eigenen Lande werden wir verfolgt, was wir mühsam erworben, läßt man uns nicht."

6 Ägypten gaben wir[8] die Hand,
   Assur, um uns satt zu essen[9].

7 Unsere Väter sündigten, sie sind nicht mehr[10].
   Wir selbst müssen ihre Verschuldungen tragen.

8 Sklaven sind unsere Herren geworden,
   niemand reißt (uns) aus ihrer Hand.

9 Unter Lebensgefahr[11] bringen wir ein unser Brot,
   vor dem Schwert aus der Wüste.

10 Unsre Haut ist rissig[12] wie ein Ofen
   infolge der Hungerqualen.

11 Frauen schändeten sie in Zion,
   Jungfrauen in den Städten Judas.

12 Fürsten wurden von ihren Händen[13] gehängt,
   der Ältesten Antlitz[14] mißachtet.

13 Burschen mußten Handmühlen[15] schleppen,
   und Knaben strauchelten unter dem Holz.

14 Die Ältesten haben das Tor verlassen,
   die Burschen ihr Saitenspiel.

15 Dahin ist die Freude unseres Herzens,
   unser Reigen verwandelt in Trauer.

16 Es fiel der Kranz von unserem Haupt:
   Weh uns, daß wir gesündigt haben!

17 Darum wurde matt unser Herz,
   darum trübten sich unsere Augen:

18 Ob des Berges Zion, der verödet,
   auf dem sich Schakale[16] tummeln.

19 Du aber[17], Jahwe, bleibst in Ewigkeit,
   dein Thron Geschlecht um Geschlecht.

---

8 Zur Verwendung der Formel „die Hand geben" in der Bedeutung „eine vertragliche Vereinbarung schließen" vgl. 2. Kön 10,15; Jer 50,15; Ez 17,18 und 1. Chr 29,24; 2. Chr 30,8; vgl. aber auch BDB 679b s.v. *ntn* (y) „die Hand ausstrecken", vgl. Gen 38,28. Mithin ist die Formel doppeldeutig; vgl. auch Provan, S. 127 f. und unsere Auslegung.

9 Wörtlich: „an Brot zu sättigen".

10 Vgl. Anm. 2.

11 Zum *b*-pretii vgl. GK[28] § 119p.

12 Zur Inkongruenz zwischen Subjekt und Prädikat trotz vorangehendem Subjekt unter Einfluß des Suffixpronomens vgl. Dav. § 116 R.6. – Zur Bedeutung von *kmr* vgl. Dalman, Wörterbuch 200b s.v. 2 „zusammenschrumpfen".

13 Es ist unklar, ob sich das *beͤjādām* auf die Henker oder die Opfer bezieht.

14 Zu G vgl. Albrektson, S. 201.

15 Vgl. HAL 357b s.v und zur Wortbildung BL 473h.

16 Vgl. HAL 1341 s.v. I *šûʿāl*.

17 Siehe BHS. Ausfall des *w* durch Haplographie.

20 **Warum willst du uns für immer vergessen,**
   uns verlassen für alle Zeit?

21 **Bringe uns, Jahwe, zu dir zurück ”**[18]**,**
   erneure wie vormals unsere Tage! –

22 **Es sei denn**[19] **du hast uns gänzlich verworfen,**
   zürnst uns zu sehr.

Das fünfte Lied ist mit seinen 22 Bikolen das kürzeste der ganzen Sammlung. 5,1–22
Anders als die vorangehenden ist es keine alphabetische, sondern eine alphabetisierende Dichtung, deren Bikolen mit der Zahl der Konsonanten des Alphabets
übereinstimmen[20]. Auch metrisch geht es seine eigenen Wege, indem es statt des
hinkenden Qina- oder Leichenliedverses (3 + 2) den Doppeldreier (3 + 3) bevorzugt[21]. Mit seiner von der Anrufung Jahwes unterbrochenen Einleitung in V.1,
seiner in den V.7 und 16 durch ein Schuldbekenntnis unterbrochenen Wir-Klage
in den V.2–18 und seinem aus einem Kurzhymnus, einer vorwurfsvollen Frage
und einer begründeten Bitte bestehenden Schluß in den V.19–22 läßt es sich anders
als die vorausgehenden Gedichte als ein Klagelied des Volkes bezeichnen[22]. Der
Leidbericht hat jedoch nicht nur eine ungewöhnliche Länge erhalten, sondern
läßt auch eine eigentliche Feindklage vermissen. Es geht dem Dichter offensichtlich darum, Jahwe dazu zu bewegen, sich seines Volkes angesichts des Übermaßes
der von ihm über es verhängten und als gerechte Strafe anerkannten Leiden erneut
zuzuwenden und damit Israels Exilsgeschick zu beenden[23].
Die zeitliche und örtliche Ansetzung des Liedes erscheint auf den ersten Blick
unkompliziert: V.7 setzt voraus, daß die für den Untergang des judäischen Reiches
im Jahre 587 v. Chr. verantwortliche Generation nicht mehr am Leben ist. Demgemäß kann es kaum früher als vierzig Jahre nach der Eroberung Jerusalems entstanden sein. Da V.18 den veröcheten Zustand des Tempelbergs beklagt, scheint es
noch vor Beginn der Aufräumungsarbeiten für den Wiederaufbau des Tempels im
Herbst 520 gedichtet worden zu sein[24]. Die Klagen über die Entrechtung im eigenen Lande sprechen jedenfalls für eine Entstehung in Juda, die Betonung des Zion
mit einer gewissen Wahrscheinlichkeit, wenn auch nicht Notwendigkeit für die

---

[18] Das $w^e n\bar{a}\check{s}\hat{u}b\bar{a}$, „so wollen wir umkehren", dürfte mit zuletzt Westermann, S. 173 aus metrischen Gründen als Glosse im Sinne von Jer 31,18b zu beurteilen sein. Die Glosse könnte
von dem Verfasser des 3. Liedes stammen.
[19] Zur Übersetzung vgl. GK[28] § 163c, zu ihren Problemen Albrektson, S. 205 ff. und Hillers, S. 100 f. Westermann, Klagelieder, S. 173 findet in der Frageform das beste Mittel, den Sinn
des Halbverses wiederzugeben, obwohl sie nicht dem Aussagecharakter des Verses entspricht.
[20] Vgl. dazu oben, S. 99 f.
[21] Vgl. dazu die Übersicht bei Haller z.St. Das Qinametrum liegt in den Versen 2.3.4.14
und 18, ein Siebener (4 + 3) in den Versen 1 und 19 vor.
[22] Vgl. dazu Gunkel-Begrich, Einleitung in die Psalmen, Göttingen 1933 (ND), S. 117 ff.;
C. Westermann, Lob und Klage in den Psalmen, Göttingen 1983[6], S. 39 ff. und ders., Die Klagelieder, Neukirchen-Vluyn 1990, S. 173 f. und als Beispiele Ps 44; 74; 79; 80 und 83.
[23] Vgl. dazu Westermann, Lob und Klage, S. 39 ff., ders., Klagelieder, S. 173 f. und Renate
Brandscheidt, Gotteszorn, S. 191.
[24] Vgl. dazu Kaiser, Einleitung[5], S. 284 f. und S. 287 Anm. 6.

Herkunft aus Jerusalem. Das Lied scheint demgemäß ein kaum zu überschätzender Zeuge für die Lage der im Lande verbliebenden Bevölkerung des ehemaligen davidischen Reiches während der Exilszeit zu sein.

Aber die Tatsache, daß sich das Lied alphabetisierend an die kunstvollere Form der vorangehenden alphabetisch-akrostichischen Dichtungen anlehnt und von uns durchgehend Bedenken gegen deren Frühdatierungen vorgebracht werden konnten[25], zwingt notwendigerweise zu der Frage, ob der Befund so eindeutig ist, wie es in der Forschung in der Regel unterstellt wird. Bereits Budde rechnete mit der Möglichkeit, daß es sich bei dem vorliegenden Lied um eine nachträglich erweiterte und ihrem jetzigen Kontext angepaßte, primär selbständige Dichtung handelt. Er schrieb der jüngeren Bearbeitung die V.11-12 und 18 zu. Dabei bezögen sich die V.11 und 12 statt auf die Zustände unter der Besatzungsmacht auf Ereignisse nach der Eroberung Jerusalems, während V.18 in unnatürlicher Weise die Rückbeziehung auf V.17 erzwinge. Mit beiden Argumenten hat Budde weiterhin keinen Anklang gefunden. Die mangelhafte Kenntnis der tatsächlichen Verhältnisse im Lande unter der babylonischen Oberherrschaft gestatten es nicht, V.11 und V.12 im Gegensatz zu den anderen Aussagen des Leidberichts allein auf Vorkommnisse unmittelbar nach dem Fall Jerusalems zu beziehen. Anders verhält es sich freilich bei den V.17 und 18: Hier bleibt sowohl die Beziehung von V.17 auf V.18 statt auf den vorausgehenden V.16 als auch der gleichlautende Einsatz von V.17 und V.18 auffällig. Ebenso ist nicht zu übersehen, daß die Schuld an dem gegenwärtigen Elend in V.7 den Vätern zugeschrieben wird, in V.16b aber als Folge der Sünde der Beter gilt. Weiterhin läßt sich beobachten, daß einerseits V.8 und V.11-12 durch das Thema der Gewaltherrschaft der Eroberer und andererseits V.4-5 und V.9-10 durch das der Versorgungsschwierigkeiten und des Hungers miteinander verbunden sind. Es ist also sehr wohl möglich, daß in dem Lied Teile eines älteren enthalten sind, das unter dem Eindruck der Leiden der im Lande Verbliebenen, vgl. V.5, gedichtet und in einer Volksklagefeier vorgetragen worden ist[26]. Diese ältere Klage wäre dann bei ihrer Einfügung in die vorliegende Sammlung vermutlich ebenso um geschichtstheologische Züge wie z.B. die V.6f. und weitere Leidschilderungen, darunter auch V.18, erweitert worden. Im Schlußteil dürften dieser Bearbeitung mindestens die V.20 und 22 angehören, da sie ebenso wie V.7 eine längere Zeitspanne zwischen der Eroberung Jerusalems und der Gegenwart voraussetzen[27]. Erst dieser Fortschreibung dürfte das Lied auch seinen alphabetischen Charakter zu verdanken haben[28]. Theologisch steht der

---

[25] Vgl. oben S. 103 ff.

[26] Das Problem ist auch von G. Brunet, La cinquième Lamentation, VT 33, 1983, S. 149 ff. gesehen. Mir erscheint jedoch sein Versuch, die V. 1-14 der bald nach der Katastrophe entstandenen Grundfassung und die V. 15-22 einer spätexilischen Bearbeitung zuzuschreiben, als zu mechanisch. Das Schichtungsproblem bedarf erneuter Untersuchung.

[27] Vgl. auch Westermann, Klagelieder, S. 180, der damit rechnet, daß ein vorexilischer Klagepsalm in einem gewissen zeitlichen Abstand von der Zerstörung bearbeitet worden sei.

[28] S. Bergler, Threni 5, VT 27, 1977, S. 315 ff. findet in den Anfangsbuchstaben der Verse ein göttliches Orakel: „Die Abtrünnigen, (nämlich) das Volk verschmähe ich, (es) strafend mit Verachtung, wie dein Gott klagt." So stelle das 5. Lied den Höhepunkt der ganzen Sammlung dar, die er einem einzigen Verfasser zuschreibt. Vgl. dazu kritisch Brandscheidt, Gotteszorn, S. 187 ff.

Bearbeiter den Dichtern des ersten, zweiten und vierten Liedes nicht fern, weil er die Leiden des Volkes als Folgen seiner Sünde beurteilt. Aber anders als die Dichter des zweiten und vierten Liedes macht er dafür nicht die Propheten bzw. die Propheten und Priester, sondern die Sünden der Väter verantwortlich, deren Folgen die Nachgeborenen ebenso zu tragen haben wie sie ihrerseits an der Schuld partizipieren, vgl. die V.7 und 16. Dabei scheint der Redaktor die Sünde der Väter zumal in der zwischen Ägypten und Assur schwankenden Bündnispolitik zu suchen, vgl. V.6. Während das vierte Lied die Leiden der in der Stadt Eingeschlossenen und ihre vergeblichen Hoffnungen auf Entsatz und Entkommen in den Mittelpunkt seiner Klagen stellte, rückt das fünfte die Nöte und Entbehrungen der nach dem Fall Jerusalems im Lande Verbliebenen in das Blickfeld und ergänzt damit das vom vierten, aber auch vom ersten und zweiten Lied gezeichnete Bild. Gleichzeitig dürfte es jünger als das vierte Lied sein, weil sich dessen Hoffnung auf eine baldige Wende im Geschick Jerusalems offensichtlich nicht bewahrheitet hat, so daß Jahwe seinem Volk weiterhin so übermäßig zu zürnen scheint, vgl. V.20 und 22, wie er es nach dem Zeugnis des zweiten Liedes bei der Eroberung und Zerstörung Jerusalems und Judas getan hatte. Andererseits weist im fünften Lied noch nichts auf Spaltungen innerhalb des Volkes hin, wie sie das dritte voraussetzt. Statt dessen bittet sein Dichter noch darum, daß Jahwe es zu sich zurückbringen und d.h. zur Umkehr führen möge. Renate Brandscheidt hat in den V.20-22 mit Recht ein Zeugnis „der beginnenden Krise der dtr Umkehr- und Heilspredigt" gesehen[29]. In diesem Zusammenhang verdient die Beobachtung von Dietrich Knapp Beachtung, daß die Umkehrtheologie im Deuteronomium erst spätdeuteronomistisch und vermutlich nachexilischen Ursprungs ist[30]. Das Konzept der von Jahwe selbst bewirkten Umkehr, wie es hier und Dtn 30,10ff. begegnet, kann mithin nicht jünger sein. Dem bisher Gesagten gemäß ist das fünfte Lied in seiner überlieferten Gestalt nach dem vierten[31] und vor dem dritten Lied[32] entstanden. Vermutlich greifen wir nicht allzu fehl, wenn wir es um die Wende vom 5. zum 4. Jh. v.Chr. datieren. Mithin handelt es sich auch bei dem fünften Lied in seiner Endgestalt um eine Rollendichtung, deren Aussagen wir nur bedingt für die historische Rekonstruktion der Lage in Jerusalem nach seiner Eroberung benutzen dürfen.

5,1: Jahwe, schau auf unsere Schmach! Das Volk, das durch die Schuld der Väter in unfreie Hörigkeit geraten ist und dessen Gebete um die Beendigung seiner Leiden noch immer nicht erhört sind, wendet sich in seiner menschlich gesehen aussichtslosen Lage an seinen Gott, um ihn an die ausgestandenen Nöte und Demütigungen zu erinnern, vor ihm seine Schuld zu bekennen und ihn schließlich um seine heilvolle Zuwendung zu bitten. Man hatte es gelehrt, ihn als den Herrn der Geschichte und Verursacher seines Glücks und seiner Leiden zu

5,1

---

[29] Gotteszorn, S.227.

[30] Deuteronomium 4. Literarische Analyse und theologische Interpretation, GThA 35, Göttingen 1987, S.161f.

[31] Vgl. dazu auch oben, S.177f.

[32] Vgl. dazu auch oben, S.160f.

betrachten. Außer der bangen Hoffnung, daß sich Jahwe trotz des sich hinziehenden Exilsgeschicks schließlich doch seines Volkes erbarmen und den Zion als die Stätte seiner Offenbarung verherrlichen werde, war ihm nichts geblieben. Es konnte ja schwerlich erwarten, die auf ihm lastende Fremdherrschaft aus eigener Kraft abzuschütteln. Aber sein Gott besaß auf Erden keine andere Statt als den Jerusalemer Tempel, kein anderes Volk als das kleine, dezimierte und unter die Völker zerstreute Israel. Anders als die Götter der Völker ringsum war er keine in einer besonderen kosmischen, vitalen, psychischen oder sozialen Potenz aufgehende Macht, obwohl er in all diesen Potenzen auf unbegreifliche Weise wirksam war. Statt dessen hatte Jahwe sein Offenbarsein in der Welt an seine geschichtliche, vom Menschen her in keiner Weise begründbare Erwählung Israels gebunden. Daher wäre es unverständlich, wollte er es für immer verlassen, nachdem er es in seinem gewaltigen Zorn so furchtbar gezüchtigt und gedemütigt hatte. Man muß diesen Hintergrund gegenwärtig haben, wenn man die vom Sprachschatz der Klagepsalmen gesättigte Bittklage[33] in V.1 richtig verstehen will: Die Anrufung des Jahwenamens setzt dieses einmalige und unverwechselbare Gottesverhältnis voraus und nimmt es damit zugleich für die Leidenden in Anspruch. Erinnern sie Jahwe an die Schmach, die er ihnen angetan hat[34], so erinnern sie ihn damit unausgesprochen zugleich daran, daß in ihr seine eigene Ehre vor den Völkern auf dem Spiel steht[35]. Er soll daran denken, daß er die Leiden der Knechtschaft über sein Volk gebracht hat. Er soll zur Kenntnis nehmen, welche Schande auf ihnen liegt. Denn täte er es, so müßte sich sein Zorn in Mitleid verwandeln. Mithin ruft die kurze Bittklage Jahwe verhalten um seine Hilfe an.

5,2-18   *5,2-18: Das ist unsre Schmach!* Worin die Schmach der Seinen besteht, läßt der Dichter die Beter ihrem Gott in dem breit entfalteten Leidbericht der V.2-18 klagen: Ihnen ist das Lebensfundament eines Volkes genommen, auf freiem Grund als freies Volk zu stehen[36]. Wie nicht nur damals hatte die vollständige politische Entmachtung und Entrechtung eine partielle Enteignung von Grund und Boden, vorrangig der zudem am stärksten durch die Deportationen betroffenen Oberschicht zur Folge gehabt[37]. Aber es geht in der Klage nicht allein um den Besitz als Eigentum, sondern darin zugleich um die Verfügungsgewalt über das Israel von seinem Gott gegebene Erbland, die *naḥᵃlâ*[38], die Fremden zugefallen ist, vgl. Jes 1,7[39]. Die babylonische Besatzung brauchte Häuser; sie wollte versorgt sein, und sie hatte ihre eigenen Kollaborateure und Günstlinge[40]. Besitzlosigkeit hatte

---

[33] Zum Anruf „Gedenke" mit Hinweis auf die Schmach vgl. die Exilsklagen Ps 74,18; 89,51; ferner Ps 25,6f.; Hiob 7,7; 10,9 und Klgl 3,19. Zur Formel „Blicke und sieh!" vgl. Ps 80,15; 142,5 und mit umgekehrter Reihenfolge Klgl 2,20a; ferner 1,12a, vgl. auch 1,20a.

[34] Vgl. Ps 74,18.22; 79,4.10 und 89,51f.

[35] Vgl. Ps 79,10.

[36] Goethe, Faust II, 11580.

[37] Vgl. auch 2. Kön 24,14ff. und 25,11f.

[38] Vgl. Num 32,19.32; 36,3 und Ps 47,5 bzw. Dtn 4,21.38; 19,10; ferner Dtn 9,26.29, wo Israel selbst als das Erbe Jahwes bezeichnet wird.

[39] Vgl. auch Hos 7,9; 8,7 und nicht zuletzt Dtn 28,33 und 48.

[40] Vgl. auch Neh 13,16.

in der alten Welt andere Folgen als im modernen Sozialstaat: Sie machte die Betroffenen rechtsunfähig und , was sich für das exilierte Israel ändern sollte, ursprünglich auch kultunfähig[41]. So war das besiegte Gottesvolk nicht mehr Herr im eigenen Lande, sondern der Willkür seiner Zwingherren ausgeliefert. – V.3 beklagt diesen rechtlosen Zustand, indem er sich die Beter als vaterlose Wai- 3 sen und ihre Mütter als Witwen vorstellen läßt[42]. Ob es sich dabei um eine meta- phorische oder eine realistische Redeweise handelt, ist umstritten. Im ersten Fall wäre ganz allgemein an die Verlassenheit und Schutzlosigkeit des Volkes, im zwei- ten an den tatsächlichen Verlust der Väter durch Tod und Deportation gedacht. Da auch die realistische Deutung letztlich auf die Schutz- und Rechtlosigkeit des Volkes abhebt, ist der Unterschied zwischen beiden Deutungen letztlich nicht entscheidend. Für das realistische Verständnis spricht die einfache Überlegung, daß nach dem Ende der Kämpfe um Jerusalem und den folgenden Deportationen tatsächlich zahlreiche Familien ohne den Gatten und Vater dastanden[43]. Dem Kontext gemäß ist hier jedoch nicht an die allgemeine Rechtlosigkeit von Witwen und Waisen und ihre Angewiesenheit auf einen Rechtshelfer aus der eigenen Sippe, sondern an ihre Recht- und Schutzlosigkeit gegenüber den Siegern gedacht. – Die höchste denkbare Form der Entrechtung im eigenen Land wird in einer 4 vorindustriellen Gemeinschaft am spürbarsten, wenn sie über das lebensnotwendi- ge Wasser ihrer Quellen und Zisternen wie über das für die Bereitung der Mahl- zeiten unentbehrliche Feuerholz nicht mehr frei verfügt, sondern dafür bezahlen soll. Bei dem beklagten Wassergeld mag es sich um eine temporär an den öffent- lichen Quellen und Zisternen erhobene Steuer, bei dem Holzgeld um einen tat- sächlich von vielen Städtern zu entrichtenden Kaufpreis gehandelt haben. Da uns keine vergleichbaren Nachrichten zur Verfügung stehen, bleibt ungewiß, ob es sich um eine hyperbolische Ausschmückung der Not oder eine tatsächliche Erin- nerung an Verhältnisse kurz nach der Eroberung Jerusalems handelt[44]. Der sin- guläre Charakter des Motivs berechtigt wohl zu der Annahme, daß es auf einer realen Erinnerung oder mindestens der Kenntnis entsprechender Auflagen in einer eroberten Stadt beruht. Bleibt man bei V.5 grundsätzlich im Rahmen des 5-6 überlieferten Wortlautes[45], dient er entweder der Vorbereitung des 6. oder des 8. Verses , indem er das Leben unter der Besatzungsmacht mit dem eines Zugtieres vergleicht, das an seinem Joch hinundhergerissen und bis zur völligen Erschöp- fung zu Arbeit angetrieben wird[46]. Die Entscheidung über die Beziehung unsres

---

[41] Vgl. L. Köhler, Die hebräische Rechtsgemeinde, in: Ders., der Hebräische Mensch, Tübingen 1953 (ND), S.147.
[42] Zu dieser Reihenfolge bildet der deuteronomistische Zusatz Ex 22,23 die nächste Paral- lele; zum dortigen Befund vgl. E. Otto, Wandel der Rechtsbegründung in der Gesellschafts- geschichte des antiken Israel, Stud.Bibl.3, Leiden u. a. 1988, S.59. Zur Illustration des Schicksals beider vgl. Hiob 24,3.
[43] Vgl. auch Boecker z.St.
[44] Zur Abfolge Silber-Kaufpreis vgl. auch Jes 55,1.
[45] Vgl. dazu oben Anm. 5 und 6.
[46] Zur Sache vgl. Dtn 28,48; Jes 47,6; Jer 27f.; aber auch Jer 28,10f.; Jes 10,27 und 14,25; zu den Realien F. Nötscher, Biblische Altertumskunde, HSAT E.III, Bonn 1940, S.175f.

Verses entscheidet sich am Verständnis von V.6. Man hat ihn auf die Auswande-
rung namhafter Gruppen nach Ägypten und Nordwestmesopotamien angesichts
der im Lande herrschenden Not[47] oder auf die Angewiesenheit der Hungernden
auf auswärtige Hilfe bezogen[48]. In beiden Fällen gehörte er bruchlos mit den
vorausgehenden Versen zusammen. Es ist jedoch die Frage, ob er nicht vielmehr
mit V.7 zu verbinden und auf die verhängnisvolle Außenpolitik der Väter zu beziehen ist. Gewiß kann die Formel „die Hand geben" ein beliebiges Ausstrecken
der Hand bezeichnen, vgl. Gen 38,28. Sie kann aber auch, wie 1. Chr 29,24 und
2. Chr 30,8, belegen, gewichtiger „sich unterstellen" und nach Ez 17,18 geradezu
„sich durch Handschlag vertraglich verpflichten" bedeuten, vgl. auch Esr 10,19.
Da wir im Alten Testament lediglich etwas über die Flucht größerer Teile der
judäischen Bevölkerung nach Ägypten erfahren, vgl. Jer 42f., aber über keine entsprechenden Nachrichten über eine solche nach Nordwestmesopotamien verfügen
und über Getreidespenden an die hungernde Bevölkerung des Mutterlandes aus
Ägypten oder Assyrien schon gar nichts wissen, liegt es näher, V.6 auf die zwischen Ägypten und Assur schwankende Vertragspolitik zu beziehen, der das davidische Reich wie vor ihm das Nordreich zum Opfer gefallen ist, auch wenn hier
hyperbolisch wirtschafts- statt sicherheitspolitische Gründe für sie genannt werden[49]. Schließt man sich dieser Deutung an, ist es bemerkenswert, daß der Dichter offenbar so sehr unter dem Einfluß des literarischen Vorwurfes steht, daß er
7   die Assyrer nicht durch die Babylonier ersetzt hat[50]. Daß die späteren Generatio-
nen das Exilsgeschick als eine Folge der Sünde der Väter betrachteten[51], entspricht ebenso der deuteronomistischen und prophetischen Deutung des Endes
der beiden Reiche von Israel und Juda wie der Theologie der anderen Lieder der
Sammlung[52]. Daß die Söhne und Enkel in der Geschichte die Folgen der Sünden
ihrer Väter zu tragen haben[53], bleibt über die Zeiten hinweg wahr. Ebenso wahr
bleibt, daß sie dieses Schicksal nicht nur übernehmen müssen, sondern auch übernehmen können, wenn sie um Gott als den letzten Herrn der Geschichte wissen.
8   – Was die Verse 2–6 an Auswirkungen der Fremdherrschaft schildern, nennt V.8
bei Namen, das von „Knechten" ausgeübte Regiment über das Land, deren Zugriff die Überlebenden rettungslos ausgeliefert waren. Ob der Dichter bei den
„Knechten" an die unteren Vertreter der babylonischen Besatzungsmacht mit ihren Schikanen[54], an von den Babyloniern eingesetzte einheimische Beamte und

---

[47] Vgl. z.B. Löhr; Haller und Kaiser[1/3] z.St.

[48] Provan, S. 127f.

[49] Vgl. Rudolph, Kraus, Weiser, Plöger, Hillers z.St., Brandscheidt, Gotteszorn, S. 197 und
Boecker z.St.

[50] Vgl. Hos 5,13; 12,2; Jes 30,1ff.6f.; 31,1ff.; Jer 2,18f. und nicht zuletzt Ez 16,26–28.

[51] Vgl. z.B. Jer 3,25 und umfassend Th. Römer, Israels Väter. Untersuchungen zur Väter-
thematik im Deuteronomium und in der deuteronomistischen Tradition, OBO 99, Frei-
burg/Schweiz und Göttingen 1990, S. 399ff., S. 493ff. und S. 523ff.

[52] Vgl. 2,14.17; 1,8f.18.20; 4,6.13 und ferner 3,42.

[53] Zur Formel vgl. auch Jes 53,11; zur Sache auch Ez 18,2 und Jer 31,29 und dazu N. Kilpp,
Eine frühe Interpretation der Katastrophe von 587, ZAW 97, 1985, S. 210ff.

[54] Vgl. Rudolph und Boecker z.St.

Gutsverwalter aus den unteren Ständen[55] oder an beide dachte[56], läßt sich angesichts der breiten Verwendung des Wortes 'æbæd, das einen sich in abhängiger Stellung befindlichen Mann bezeichnet, schwerlich entscheiden[57]. Die V.9 und 10 nehmen das in V.4 angeschlagene Thema der Versorgungsschwierigkeiten im Lande wieder auf, indem sie von der Gefahr berichten, die beduinische Raubscharen für die Erntenden auf den Feldern darstellten, und von den Folgen des Hungers in der Stadt. Die Einbringung der Ernte war mit Lebensgefahr verbunden, weil die wehrlosen Erntearbeiter mit Raubüberfällen bewaffneter Horden zu rechnen hatten. Die Annahme, daß es sich bei diesen um Beduinen handelt, legt der Vergleich mit Ri 6,3f. nahe. Was das für die Überlebenden in der Stadt bedeutete, zeigt V.9 mit seiner Schilderung der Folgen der Hungerqualen an, vgl. auch Klgl 4,8: Sie lassen die Haut schrumpfen und wie die Oberfläche eines tannûr rissig werden. Bei ihm handelt es sich um einen Backofen, der aus einer etwa vierzig Zentimeter breiten und einen guten halben Meter hohen Tonröhre besteht, die in den Boden eingelassen, oben offen ist und an deren Innenwand der Teigfladen geklatscht wurde[58]. Die V.11 und 12 fassen besonders entehrende Folgen der Besetzung des Landes durch die Sieger ins Auge: die Vergewaltigung der Frauen und Jungfrauen, wie sie zumal während und unmittelbar nach den Kriegshandlungen das Recht des Stärkeren zu manifestieren pflegt, vgl. Jes 13,16, die Hinrichtung von Angehörigen der besiegten Regierung, vgl. 2. Kön 25,18ff., und die Mißachtung der Ältesten als der Vertreter „der intakt gebliebenen Gentilverbände"[59]. Ob in V.12a an eine Hinrichtung mit nachträglichem Aufhängen an einem Pfahl, Dtn 21,22f., oder an die allerdings erst von den Persern eingeführte Kreuzigung[60] gedacht ist, bleibt angesichts der Unbestimmtheit des Ausdrucks dunkel. Er läßt nicht einmal eine sichere Entscheidung darüber zu, ob wir mit „an ihren", d.h. der Beamten[61] oder „mit ihren", d.h. der Eroberer Händen zu übersetzen haben[62]. – Auch V.13 ist in seiner Bedeutung umstritten. Hieronymus hat seine erste Hälfte auf geschlechtlichen Mißbrauch von Jünglingen bezogen; dagegen ist richtig eingewandt worden, daß dann die zweite Vershälfte unverständlich bliebe. So wird man eher an Zwangsarbeiten zu denken haben, die man den

9–10

11–12

13

---

55 So zuletzt Brandscheidt, Gotteszorn, S. 197f.

56 So Weiser z.St.

57 Vgl. Provan z.St. und H.Ringgren, ThWAT V, Sp.994: Die Unterordnung „kann sich...auf verschiedene Weisen realisieren, entsprechend hat 'æbæd mehrere Bedeutungen: Sklave, Diener, Untertan, Beamter, Vasall, ‚Diener' oder Verehrer eines Gottes."

58 Vgl. auch Hos 7,4.6 und M.Kellermann, BRL², S.30 mit Abb. 9(2).

59 J.Buchholz, Die Ältesten Israels im Deuteronomium, GThA 36, Göttingen 1988, S.103, vgl. S.41f.

60 Vgl. z.B. das Schicksal der Tyrannen Polykrates von Samos, Herodot III,125, und Hermias von Assos, die Nachweise bei I.Düring, Aristoteles, Heidelberg 1966, S.10f.

61 Zur Deckungsbreite des hebr. śar vgl. U.Rüterswörden, Die Beamten der israelitischen Königszeit, BWANT 117, Stuttgart u.a. 1985, S.20ff. Das Wort bezeichnet einen „Herrschenden" als Angehörigen der höchsten königlichen Beamtenschicht, ebenda, S.65.

62 Nur im zweiten Fall könnte auch die Pfählung gemeint sein, vgl. ihre Darstellung auf dem Relief von der Eroberung Lachischs durch den assyrischen König Sanherib AOB², Abb. 141 und z.B. Est 7,9f.; 8,7 und 9,25.

Knaben und Jünglingen auferlegte: Man ließ sie einerseits die als Frauen- und Sklavengeschäft verachtete Arbeit an den Handmühlen verrichten, vgl. Ex 11,5; Jes 47,2 und Ri 16,21[63], und andererseits ohne Rücksicht auf ihre Kräfte Holz
14-15 für die Besatzungsmacht schleppen. - Daß sich die Ältesten in einer so gefährlichen Situation von ihrer üblichen Versammlungsstätte im Tor fernhielten, vgl. Dtn 22,15; 25,7ff.; Rut 4,2.11; Spr 31,23, und die Jünglinge das fröhliche
15-16 Musizieren unterließen, ist nur zu verständlich, vgl. 2,10 und 1,4. Hatte ihre Herzensfreude sie früher Reigen tanzen lassen, so lastete nun die bleierne Niedergeschlagenheit auf den Überlebenden[64]. Den Wechsel vom herrlichen Einst zum jämmerlichen Heute faßt V.16 im Bild des vom Haupt gefallenen Kranzes zusammen, den man bei festlichen Anlässen zu tragen pflegte, vgl. Jes 28,1; ferner Hiob 19,9: Glich das Leben der Jerusalemer einst einem fröhlichen Fest, so war es jetzt durch unerträgliche Leiden beschwert. Als Ursache für diesen einschneidenden Wandel beklagen und bekennen die Beter in V.16b ihre eigene Sünde. Sie schließen sich darin mit den Vätern zusammen, wohl wissend, daß sie nicht besser sind als sie, vgl. 1. Kön 19,4; Jer 3,25 und Ps 106,6[65]. So wie die Katastrophe Antwort auf die Sünden der Väter war, ist das Fortdauern ihrer Folgen Antwort auf die eigene Schuld, vgl. auch Jes 58,1ff. und 59,1ff. Diese Einsicht, nicht die Scherbengerichte der Söhne oder Enkel über die Väter halten die Gemeinschaft eines Volkes zusammen, so daß es vor pharisäischen Selbstverteidigungen der Väter und vor nicht minder pharisäischen Bezichtigungen der Söhne und Enkel bewahrt bleibt[66]. Im Wissen um die eigene Fehlbarkeit vor Gott geeint, bekennt ein Volk vor ihm seine Schuld, damit er ihm vergebe. Es könnte sein, daß manches, was für das Volk Israel ante Christum natum gedacht und gebetet worden ist, seine Bedeutung auch für ein post Christum natum lebendes Volk nicht verloren hat.
17-18 Sofern unsere Vermutung zutrifft, daß dem überlieferten Lied eine ältere Klage zugrunde liegt, dürfte V.17 ursprünglich die vorausgehenden Verse resümierend abgeschlossen haben. In seinem jetzigen Zusammenhang soll er jedoch die Klage über das zerstörte Heiligtum in V.18 einleiten: Das Herz ist schwach, vgl. 1,22c, und die Augen sind vom Weinen ermattet, vgl.2,11, weil der Tempelberg[67] verödet daliegt, vgl.1,4.10; 2,6f., und zu einem Tummelplatz der Schakale[68] geworden ist. Obwohl es bis heute zutrifft, daß sich nächtlich Schakale mit Vorliebe in

---

[63] Zu den aus einem brotförmigen Reibstein und einem Unterstein bestehenden Handmühlen vgl. D.Kellermann, BRL², S.232f. Zu antiken Belegen für das Mahlen als Sklavenarbeit vgl. V.Ehrenberg, Aristophanes und das Volk von Athen, Zürich und Stuttgart 1968, S.182 mit Anm. 96.

[64] Zum Umschlag von Freude in Trauer vgl. auch Hiob 30,31; Am 8,10 und ferner Jes 24,7f.

[65] Vgl. auch 3,42 und weiterhin Esr 9,7 und Dan 9,5f.

[66] Daß über die spätere Religionspartei der Pharisäer differenzierter zu urteilen ist, sei um der historischen Gerechtigkeit willen angemerkt; vgl. zu ihr z.B. J.Maier, Zwischen den Testamenten. Geschichte und Religion in der Zeit des zweiten Tempels, NEB.E3, Würzburg 1990, S.268ff.

[67] Die Formel „Berg Zion" begegnet noch in Ps 48,3.12; 74,2; 78,68; Jes 4,5; 18,7; 29,8; 31,4; vgl. auch Jes 10,32 und 16,1.

[68] Vgl. Jer 9,10; 10,22; Ez 13,4; ferner Mich 3,12; Jer 26,18 und Ps 79,1.

Ruinen tummeln[69], ist eine gewisse Hyperbolie in Rechnung zu stellen, zumal das Lied seine jetzige Gestalt nach unserer oben S. 190f. begründeten Annahme vermutlich erst ein gutes Jahrhundert nach dem Wiederaufbau des Tempels erhalten hat[70]. Der Dichter greift in der ganzen Klage zu so starken Bildern, weil es ihm darum geht, das Herz seines Gottes durch die Erinnerung an die übergroßen Leiden seines Volkes, als deren größtes er die Zerstörung des Heiligtums wirkungsvoll am Ende der Klage nennt, zur Erhörung der folgenden Bitte zu bewegen.

5,19-22: Jahwe, stelle uns wieder her! Die Wir-Klage ist mit V.18 abgeschlossen. 5,19-22
Mit der an Jahwe gerichteten Bittklage der V.19-22 erreicht das Lied sein Ziel. Sie setzt in V.19 mit der hymnischen Doxologie des Gottes ein, der selbst allem irdischen Wandel enthoben ist und die Welt doch über alle Zeiten hinweg regiert, vgl. Ps 102,13[71]. Die kurze Doxologie besitzt die Funktion eines Vertrauensbekenntnisses zu Gottes bleibender Macht zu helfen und zu retten[72]. In einer 20 von den Formeln der Klagepsalmen gesättigten Sprache wenden sich die Beter anschließend an Jahwe, um fragend ihrer Ratlosigkeit über das Ausbleiben seiner Hilfe[73] und ihre scheinbare Gottverlassenheit[74] Ausdruck zu geben. Die erste 21 Hälfte der eigentlichen Bitte in V.21a besitzt in Jer 31,18b ihre Parallele. Da es in ihr nicht einfach um die Wiederherstellung, vgl. Ps 80,4.20, sondern um die Zurückführung zu Gott selbst geht, ist anders als im zweiten Halbvers tatsächlich ihre Bekehrung gemeint, vgl. auch 3,40[75]. Der von Gott selbst bewirkten Umkehr, vgl. Dtn 30, 6-10, möge dann die Wiederherstellung der einstigen Herrlichkeit Israels folgen, vgl. auch 1,1ff. und besonders 1,7b. Die Bitte und zugleich das 22 ganze Lied schließt in V.22 mit der behutsamen Erinnerung Jahwes daran, daß sein Zorn[76] zu groß wäre, wenn er zur vollständigen Verwerfung[77] seines Volkes geführt hätte. Hinter dieser vom Vurwurf nicht freien Einschränkung der Bitte steht die sich ausbreitende Enttäuschung darüber, daß sich das Exilsgeschick in

---

[69] Der Verfasser hat das in einer Vollmondsnacht in den Ruinen von Palmyra eindrücklich erlebt.

[70] Vgl. dazu oben, S. 105f.

[71] Zum vermutlich jüngeren Alter des Psalms vgl. jetzt O.H.Steck, Zu Eigenart und Herkunft von Ps 102, ZAW 102, 1990, S.357ff.; zur Sache vgl. auch Ps 93,2; ferner Ps 135,13 und auf den König angewandt Ps 45,7; 89,5.

[72] Vgl. dazu auch Gunkel-Begrich, Einleitung, S.131 und S.254f.

[73] Vgl. das Vertrauensbekenntnis im Danklied eines Einzelnen Ps 9,19, weiterhin die anklagende Frage in Ps 74,1, einem Volksklagelied, und ferner Ps 44,25 sowie Ps 27,9; 38,22; 71;9.18; 119, 8 und zu ähnlichen Formeln auch Ps 77,9; 79,5 und 89,47 bzw. Ps 23,6 und 93,5.

[74] Vgl. z.B. die Bitten im Klagelied des Einzelnen Ps 71;9.18; 38,22 und die anklagende Frage Ps 22,2.

[75] Rechnet man mit einer älteren, hier verarbeiteten Vorlage, wäre das „zu dir" auf das Konto des Bearbeiters zu setzen.

[76] Vgl. Jes 64,4 und ferner 47,6; 57,17 und Sach 1,15.

[77] Vgl. die gegenteilige göttliche Versicherung Jes 41,9 und die Verwerfungsfeststellungen in Jer 2,37; 6,30; 7,29; Ps 78,59.67 und besonders die exilische Klage Ps 89,39 und dazu T. Veijola, Verheißung in der Krise. Studien zur Literatur und Theologie der Exilszeit anhand des 89. Psalms, AASF B 220, Helsinki 1982, S.200.

die Länge zog und die verheißene Befreiung des Volkes und Verherrlichung Zions
ebenso auf sich warten ließ wie die als ihre Vorbedingung geforderte Umkehr zu
Jahwe. Diese Enttäuschung sollte hundert Jahre später zu einer Skepsis führen,
mit der sich der Dichter des dritten Liedes auseinanderzusetzen hatte. Der eine
alte Volksklage aufnehmende Dichter unseres Liedes setzte die Hoffnung darauf,
daß Jahwe selbst die Umkehr seines Volkes bewirkte. Man muß die Absicht des
Dichters erkennen, seinen Gott endlich aus seiner Verborgenheit herauszurufen
und zur Erfüllung seiner Verheißungen zu bewegen, um den letzten Vers des Liedes angemessen zu verstehen.

Das Buch Ester

Übersetzt und erklärt von
James Alfred Loader

Deutsch von
Ilse v. Loewenclau

Ausgewählte Literatur

Kommentare

Anderson, B. W., The Book of Esther. Introduction and Exegesis (IntB), New York / Nashville 1954; Bardtke, H., Das Buch Esther (KAT), Gütersloh 1963; Barucq, A., Judith, Esther, Paris 1959; Bückers, H., Die Bücher Esdras, Nehemias, Tobias, Judith und Esther (HB), Freiburg 1953; Clines, D.J.A., Ezra, Nehemiah, Esther (NCeB), Grand Rapids & London 1984; Dommershausen, W., Ester (NEB), Würzburg 1980); Gerleman, G., Esther (BK), Neukirchen 1973; Loader, J.A., Esther (POT), Nijkerk 1980; Meinhold, A., Das Buch Esther (ZBk.AT), Zürich 1983; Moore, C.A., Esther. Introduction, Translation and Notes (AncB), Garden City 1971; Paton, L.B., A Critical and Exegetical Commentary on the Book of Esther (ICC), Edinburgh 1908; Poulssen, N., Esther uit de grondtekst vertaald en uitgelegd (BOT), Roermond 1971); Ringgren, H., Das Buch Esther (ATD), Göttingen 1962; Schildenberger, J., Das Buch Esther (BBB), Bonn 1941; Siegfried, C., Esra, Nehemia und Esther (HK), Göttingen 1901; Wildeboer, G., Das Buch Esther (KHC), Tübingen 1898; Würthwein, E., Esther (in: Die fünf Megillot) (HAT), Tübingen 1969.

Monographien und Aufsätze

Ackroyd, P.R., Two Hebrew notes, ASTI 5 (1966-67), 82-84; Bardtke, H., Luther und das Buch Esther, Tübingen 1964; Bardtke, H., Neuere Arbeiten zum Esterbuch. Eine kritische Würdigung, Ex Oriente Lux 19 (1965-66), 519-549; Bentzen, A., Introduction to the Old Testament I/II, Copenhagen 1961, 133; Bickerman, E.J., The Colophon of the Greek Book of Esther, JBL 63 (1944), 39-62; Botterweck, G.J., Die Gattung des Buches Esther im Spektrum neuerer Publikationen, Bi.Le. 5 (1964), 274-292; Cazelles, H., Note sur la Composition du Rouleau d'Esther, in: H. Gross, F. Mussner ed., Lex Tua Veritas, Festschrift für H. Junker, Trier 1961, 17-29; Clines, D.J.A., The Esther Scroll. The Story of the Story. Sheffield 1984; Christian, V. Zur Herkunft des Purim-Festes, in: Festschrift F. Nötscher (BBB 1), Bonn 1950, 33-37; Cook, H.J., The A-Text of the Greek Versions of the Book of Esther, ZAW 81 (1969), 369-376; Daube, D., The Last Chapter of Esther, JQR 37 (1946-47), 139-147; Dommershausen, W., Die Estherrolle. Stil und Ziel einer alttestamentlichen Schrift, Stuttgart 1968; Driver, G.R. Problems and Solutions, VT 4 (1954), 225-245; Duchesne-Guillemin, J., Les noms des eunuques d'Asouérus, Le Muséon 66 (1953), 105-108; Eissfeldt, O., Einleitung in das Alte Testament unter Einschluß der Apokryphen und Pseudepigraphen sowie der apokryphen- und pseudepigraphenartigen Qumran-Schriften, Tübingen 1964; Erbt, E., Die Purimsage in der Bibel. Untersuchungen über das Buch Esther und der Esthersage verwandte Sagen des Späteren Judentums. Ein Beitrag zur vergleichenden Religionsgeschichte, Berlin 1900; und der Esthersage verwandte Sagen des Späteren Judentums. Ein Beitrag zur vergleichenden Religionsgeschichte, Berlin 1900; Field, F., Origenis Hexaplorum quae supersunt I, 1875; Fohrer, G., Einleitung in das Alte Testament, Heidelberg 1965; Frankena, R., Einige Bemerkungen zum Gebrauch des Adverbs ᶜal-ken im Hebräischen, in: Studia Biblica et Semitica Theodoro Christiano Vriezen dedicata, Wangeningen 1966, 94-99; Gan, M., The Book of Esther in the Light of the Story of Joseph on Egypt, Tarbiz 31 (1961-62), 144-149 (in Hebrew); Gaster, T.H., Purim and Hanukkah in Custom and Tradition, New York 1950; Gehman, H.S., Notes on the Persian Words in the Book of Esther, JBL 43 (1924), 321-328; Gordis, R., Megillat Esther. The Masoretic Hebrew Text with Introduction, New Translation and Commentary. New York 1974; Gottwald, N.K., The Hebrew Bible - A socio-literary Introduction, Philadelphia 1987; Gunkel, H., Esther, Tübingen 1916; Gunkel, H., Schöpfung und Chaos, Göttingen ²1921; Hanhart, R., Esther. Septuaginta. Vetus Testamentum Graecum auctoritate Academiae Litterarum Gottingensis editum (Vol. VIII / 3). Göttingen 1966; Humphreys, W.L., A Life-Style for Diaspora: A Study of the Tales of Esther and Daniel, JBL 92 (1973), 211-223; Jensen, P., Elamitische Eigennamen. Ein Beitrag zur Erklärung der elamitischen Inschriften, WZKM 6 (1892), 47-70, 209-226; Jones, B.W., Two Misconceptions about the Book of Esther, CBQ 39 (1977), 171-181; Kaiser, O., Einleitung in das Alte Testament. Eine Einführung in ihre Ergebnisse und Probleme, Gütersloh ²1969; Kaufmann, Y., *toledot ha'emuna hayyisraelit*, Jerusalem 1956; Lagarde, P. de, Librorum Veteris Testamenti Canonicorum Pars Prior Graece, Göttingen 1883; Lebram, J.C.H., Purimfest und Estherbuch, VT 22 (1972), 208-222; Lewy, J., Old Assyrian puru'um and purum, RHA 5 (1938-40), 117-124; Lewy, J., The Feast of the 14th Day of Adar, HUCA 14 (1939), 127-151; Loader, J.A., Esther as a Novel with different Levels of Meaning, ZAW 90 (1978), 417-421; Loader, J.A., Aspekte van menslike mag in die Ou Testament, diss. Groningen 1975; Lods, A., Histoire de la Littérature hébraïque et juive depuis les origines jusqu'à la ruine de l'etat juif, Paris 1950; Loewenstamm, S.E., Esther 9,29-32: The Genesis of a late Addition, Huca 42 (1971), 117-124; Lusseau, H., Esther, in: A. Robert & A. Feuillet ed., Introduction à la Bible I, Tournai 1959, 688-694; Mayr, H., Die Estherdramen, ihre dramaturgische Entwicklung und ihre Bühnengeschichte von der Renaissance bis zur Gegenwart, Diss. Wien 1955; Meinhold, A., Die Gattung der Josephgeschichte und des Estherbuches: Diasporanovelle I & II, ZAW 87 (1975), 306-324, 88 (1976), 72-93; Meinhold, A., Theologische Erwägungen zum Buch Esther, TZ 34 (1978), 321-333; Meinhold, A., Zu Aufbau und Mitte des Esterbuches, VT 23 (1983), 435-445; Meissner, B. Zur Entstehungsgeschichte des Purimfestes, ZDMG 50 (1896), 296-301; Miller, C.H., Esther's Levels of Meaning. ZAW 92 (1980), 145-148; Moore, C.A., A Greek Witness to a Different Hebrew Text of Esther, ZAW 79 (1967), 351-358; Moore, C.A., Review: Werner Dommershausen, Die Estherrolle, CDQ 31 (1969), 250-252; Moore, C.A., Archaeology and the Book of Esther, BA 38 (1975), 62-79; Moore, C.A. ed., Studies in the Book of Esther. Selected with a Prolegomenon. New York 1982; Morris, A.E., The Purpose of the Book of Esther, ET 42 (1930-31), 124-128; Radday, Y.T., Chiasm in Joshua, Judges and others, LB 3 (1973), 6-13; Richter, W., Exegese als Literaturwissenschaft. Entwurf einer alttestamentlichen Literaturtheorie und Methodologie, Göttingen 1971; Ringgren, H., Esther and Purim, SEÅ 20 (1955), 5-24; Rosenthal, L.A., Die Josephsgeschichte, mit den Büchern Ester und Daniel verglichen, ZAW 15 (1895), 278-285; Rosenthal, L.A., Nochmals der Vergleich Ester, Joseph-Daniel, ZAW 17 (1897), 125-128; Rudolph, W., Textkritisches zum Estherbuch, VT 4 (1954), 89-90; Spanier, A., Die Gottesbezeichnungen *hammaqom* und *haqqados baruk hu'* in der frühtalmudischen Literatur, MGWJ 66 (1922), 309-314; Stiehl, R., Das Buch Esther, WZKM 53 (1957), 4-22; Stiehl, R., & Altheim, F., Die aramäische Sprache unter den Achaimeniden, Frankfurt 1963. Striedl, H., Untersuchung zur Syntax und Stilistik des hebräischen Buches Esther, ZAW 55 (1937), 73-108; Talmon, S., Wisdom in the Book of Esther, VT 13, (1963), 419-455; Torrey, C.C., The Older Book of Esther, HTR 37 (1944), 1-40; Tov, E., The ‚Lucianic' Text of the Canonical and the Apocryphal Sections of Esther. A Rewritten Biblical Book, Textus 10 (1982), 1-25; Vischer, W., Esther, (Theol. Ex. 48), 1937; Zimmern, H., Zur Frage nach dem Ursprunge des Purimfestes, ZAW 11 (1891), 157-169).

Einleitung

Das Buch Ester im Kanon

Die zahlreichen Äußerungen Martin Luthers zum Buch Ester verdeutlichen die ambivalente Haltung der christlichen Tradition gegenüber diesem Buch. Einerseits wurde es von Luther als Teil des christlichen Kanons akzeptiert und benutzt, andererseits beklagte er dessen Kanonizität und übte heftige Kritik am Inhalt. In „De servo arbitrio" (1525) wünscht Luther, daß dieses Buch nicht Teil des hebräischen Kanons sei[1], aber in vielen anderen Äußerungen aus dieser Zeit gibt er dem Buch Ester einen positiven Sinn. So erscheinen Ester und Mordechai als exemplarische Retter ihrer Zeitgenossen sogar in einer Reihe mit anderen alttestamentlichen Gestalten, ja, selbst mit Christus[2]; das Festmahl des Ahasveros wird im Lichte des Heiligen Abendmahls gesehen[3]. Das oft genannte Wort Luthers aus den Tischreden von 1533, in dem sich Luther auf das zweite Makkabäerbuch und auf Ester bezieht, drückt Luthers eigene zwiespältige Einstellung zu Ester aus: „Ich bin dem Buch und Esther so feind, daß ich wollte, sie wären gar nicht vorhanden; denn sie judenzen zu sehr, und haben viel heidnischen Unart"[4]. Seine Kritik richtet sich gegen das Buch als solches, aber der positive Gebrauch, den er von ihm macht, scheint sich auf besondere Charaktere und Motive dieses Buches zu beziehen[5]. Das mag sich aus Luthers Haltung zu den Juden und dem Judentum seiner Zeit erklären[6], mag damit zusammenhängen, daß er den übernommenen Kanon der hebräischen Bibel nicht ändern konnte, obgleich er das gewünscht hätte. Das „Judenzen" eines Buches, in dem es um die Errettung der jüdischen Nation geht, versteht sich natürlich von selbst; und Luthers Ausruf „O, wie lieb haben sie das Buch Esther"[7] deckt nur die andere Seite der Münze auf - die Liebe und Wertschätzung nämlich, die das Buch in jüdischen Kreisen genoß.

---

[1] WA 18, 666:13–26.

[2] Vorlesung über den Römerbrief (1515-1516), WA 56, 516:11–12.

[3] Sermon vom Sakrament des Leichnams Christi und den Bruderschaften (1519), WA 2, 750:11-15. Ebenso die gleichzeitige Predigt In die Coenae Domini, WA 9, 646: 18-19. H. Bardtke, Luther und das Buch Esther, 53-70 erörtert eingehend den positiven Gebrauch des Buches bei Luther.

[4] WA Ti 1, 208:30.

[5] In einem Brief an Amsdorf (1542), WA Br 10, 139:8, würdigt er Ester als piissima regina.

[6] Man beachte, daß Luther im weiteren Verlauf der oben zitierten Tischrede dem zeitgenössischen Judentum vorwirft, den christlichen Sinngehalt des Jesaja- und Danielbuches zu verkennen und stattdessen Ester den Vorzug zu geben.

[7] Von den Juden und ihren Lügen (1543), WA 53, 433:7.

Obwohl die Kanonizität des Buches anfänglich auch im Judentum angefragt wurde (Talmud Bavli, Megilla 7a, Sanhedrin 100a), setzte sich doch bald die positive Bewertung durch. Rabbi Schimon ben Lachisch (c. 300 n. Chr.) stellte das Buch der Tora gleich. Das überrascht nicht, da unser Buch das Purimfest begründet, das sich – obwohl in der Tora nicht erwähnt – Jahrhunderte hindurch großer Beliebtheit erfreute. Aus dem gleichen Grunde wurde Ester in die sog. Fünf-Rollen-Sammlung (Megillot) aufgenommen, die spätestens seit dem zwölften nachchristlichen Jahrhundert dem liturgischen Gebrauch der Synagoge an fünf entsprechenden Festen diente. Obwohl unser Buch das letzte in dieser Sammlung war, stand es an Beliebtheit immer an erster Stelle und galt als die „Megilla" schlechthin. Die hohe Wertschätzung, die es unter den Juden immer genoß, wird in dem bekannten Wort des Rabbi Moses ben Maimon oder Maimonides (1135–1204) zusammengefaßt, demzufolge beim Kommen des Messias die Bücher der Heiligen Schrift vergehen werden – mit Ausnahme der Tora und der Esterrolle. Ihre Beliebtheit wird nicht nur durch die große Zahl an mittelalterlichen Handschriften bezeugt, sondern auch dadurch, daß kein anderer Abschnitt der hebräischen Schriften mehr Targumim und Midraschim[8] hervorgebracht hat als eben Ester. Zu ihnen gehören der Targum Rischon (7. Jh.), der Targum Scheni (8. Jh.), Pirque de-Rabbi Eliezer (9. Jh.) und der Midrasch Esther Rabba (11. Jh.).

Der offenkundigen jüdischen Freude an der Estererzählung kontrastiert das geringe Interesse, mit der ihr christliche Theologen begegnen. Ein patristischer Kommentar zu diesem Buch ist nicht bekannt. In der alten Kirche war man sich hinsichtlich seines kanonischen Ranges recht unsicher. Es fehlt in verschiedenen frühchristlichen Auflistungen des Kanons – bei Melito von Sardes (etwa 190), Gregor von Nazianz (329–389) und Theodor von Mopsuestia (350–428). Athanasius (296–373) sah das Buch lediglich als nützlich zu lesen an; Origines (185–254) wie auch Epiphanius von Salamis (315–403) wiesen ihm den letzten Platz im Kanon zu. Im Mittelalter bot Hrabanus Maurus (780–856) einige allegorische Auslegungen zu Ester[9], desgleichen Walahfrid Strabo (808–849) und Hugo von St. Viktor (†1141). Dagegen haben weder Luther noch Calvin einen Kommentar zu Ester geschrieben[10]. Erst seit der Aufklärung wird in Einleitungen – so etwa bei J. S. Semler und J. G. Eichhorn – ein kritischer Zugang zu diesem Buch thematisiert[11]. Die Künstler hingegen, besonders die Dramatiker, teilten keineswegs das Desinteresse der Theologen. Georg Friedrich Händel komponierte mit „Ester" ein hochdramatisches Oratorium, zahlreiche Dramen seit der Renaissance wurden durch das Esterbuch angeregt[12]. Das ist ein Zeugnis für die von Künstlern erspürte dramatische Kraft der Erzählung, gleichzeitig aber auch ein Zeugnis für ihre verborgene – von den Theologen oft übersehene – theologische Aussage.

---

[8] Zu ihnen findet sich eine eingehende Erörterung bei L. B. Paton, The Book of Esther, 18–24.101–104, vgl. auch 104–107.

[9] Vgl. G. Gerleman, Esther, 2–4.

[10] Calvin scheint dieses Buch völlig übergangen zu haben.

[11] Vgl. Gerleman, Esther, 5.

[12] H. Mayr, Die Estherdramen, gibt bis 1955 eine Zahl von 158 an.

Der Aufbau des Buches

Der wohldurchdachte Aufbau der Estererzählung wird mit Recht in den Kommentaren immer wieder hervorgehoben. Sie ist in einzelne Abschnitte gegliedert, deren Beziehung zueinander gut begründet ist, mit denen es gelingt, Spannung aufzubauen und in denen geschickt mit Erzählzeit und erzählter Zeit umgegangen wird.

Gewöhnlich wird die Erzählung in drei Hauptteile gegliedert: 1,1-2,23; 3,1-9,19; 9,20-10,3[13]. Man kann jedoch dieses Gesamtbild vom Aufbau der Erzählung noch genauer erfassen (vgl. auch die Numerierung der Auslegung):

1. Der erste Abschnitt (1,1-22) handelt vom Ungehorsam der Königin Waschti anläßlich eines Festmahls des Königs Ahasveros (Xerxes, Artaxerxes) und ihrer darauf folgenden Absetzung durch den König, so daß das Reich jetzt ohne Königin ist.

2. Im zweiten Abschnitt (2,1-20) wird das aufgehoben: Wir erfahren, wie die Jüdin Ester gleichermaßen bei den Hofbeamten und dem König Wohlwollen erlangt und daraufhin Königin wird, während niemand ahnt, daß sie eine Jüdin ist. Diese beiden Abschnitte entsprechen einander genau und bilden so die Vorgeschichte der folgenden Handlung.

3. Der dritte Abschnitt (2,21-23) schlägt eine Brücke von der Vorgeschichte zur Haupthandlung. Er ist deshalb äußerst wichtig, weil er die Spannung aufbaut und der gesamten Erzählung ihren inneren Zusammenhalt gibt. Mordechai deckt einen Anschlag auf das Leben des Königs auf und rettet dessen Leben, indem er die Information durch Ester weitergibt. Die erwartete Belohnung bleibt allerdings aus, aber der Vorfall wird in der Chronik festgehalten, die für den König geführt wird. Erst im neunten Abschnitt wird die Bedeutung dieses Eintrages erkannt, bis dahin hält der Verfasser seine Leser durch sechs aufeinanderfolgende Erzähleinheiten in Spannung[14].

4. Die eigentliche Haupthandlung beginnt mit dem vierten Abschnitt (3,1-7). Im Gegensatz zu Mordechai, der es verdient hätte, wird Haman aus heiterem Himmel mit Macht und Ehren ausgestattet. Der im Buch angelegte Konflikt zwischen beiden nimmt seinen Lauf.

5. Darauf folgt der fünfte Abschnitt (3,8-15), in dem Haman einen Sieg davonträgt. Denn er entlockt dem unwissenden König die Berechtigung, ein unabänderliches Dekret zu erlassen, das nicht nur auf die Vernichtung des stolzen Mordechai zielt, sondern auf die seines ganzen Volkes.

6. Jetzt wird die Reaktion auf diesen Schlag gegen die Juden entwickelt: zunächst im sechsten Abschnitt (4,1-17), wo es zwischen Mordechai und Ester zu einem bedeutsamen Austausch zugunsten der Juden kommt, und

---

[13] So auch in den neueren Arbeiten von A. Meinhold, Das Buch Esther, 9-10 und D. J. A. Clines, The Esther Scroll, 9-25.

[14] Das wurde bereits von H. Gunkel, Esther, 15-16 beobachtet, wird aber eigenartigerweise in Kommentaren und sonstigen Darstellungen mehr gestreift als wirklich erörtert (vgl. Bardtke, Gerleman, Meinhold; aber auch E. Würthwein, J. A. Loader).

7. im nächsten, dem siebenten Abschnitt (5,1-8), wo Ester ihr endgültiges Eingreifen zugunsten der Juden vorbereitet.

8. Der zweite Handlungsablauf im Hauptteil, aus den folgenden fünf Abschnitten bestehend, beginnt mit dem achten Abschnitt (5,9-14). Hier hören wir abermals von einem Konflikt zwischen Haman und Mordechai.

9. Dieses Mal jedoch (6,1-13) wird es genau entgegengesetzt zum ersten Mal entfaltet (3,1-7). Jetzt tritt Mordechai dank einer Folge unwahrscheinlicher Zufälle am Ende als Sieger auf, indem er auf einmal dafür belohnt wird, daß er das Leben des Königs gerettet hatte. Die Mordechai erwiesene Gunst des Königs geschieht ebenso unerwartet wie die seinerzeit Haman erwiesene, läßt jedoch Unheil befürchten, da Haman sich demütigen muß, um Mordechai zu ehren.

10. Jetzt folgen drei Abschnitte, in denen diese Wende der Ereignisse entwickelt wird. Das geschieht zunächst im zehnten Abschnitt (6,14-8,2), wo Ester ihre nervenaufreibende Taktik einer Folge von Festmahlen mit dem König und Haman auf eine Demaskierung Hamans hinführt, indem sie ihr eigenes Geheimnis aufdeckt,

11. sodann im elften Abschnitt (8,3-17), wo der König Ester und Mordechai dazu ermächtigt, das Unabänderliche nach ihrem eigenen Ermessen zu ändern,

12. schließlich im zwölften Abschnitt (9,1-19), wo in allen grausigen Einzelheiten beschrieben wird, wie die Juden von der gewährten Erlaubnis Gebrauch machen, mit ihren Feinden abzurechnen, so daß sie am Ende tatsächlich errettet werden.

13. Der vorletzte Abschnitt (9,20-32) erzählt den Ursprung des Purimfestes, das die Errettung der Juden feiert. Dabei wird eine Verbindung hergestellt zwischen den Daten des Kampfes und denen des festlichen Mahles.

14. Schließlich wird im letzten Abschnitt (10,1-3) Mordechai gepriesen, so daß er die gleiche Bedeutung wie Ester gewinnt.

Auf diese Weise wird das Buch zum *hierós lógos* des Purimfestes. Es erzählt jedoch nicht nur den Ursprung des Purimfestes, sondern *interpretiert* auch dessen Bedeutung. Die Geschlossenheit von 1,1-9,19 wird durch einen umfassenden Chiasmus verdeutlicht, der vom ersten bis zum zwölften Abschnitt reicht:

> ein Festmahl[15] für die Provinzen – ein Festmahl für die Stadt
> ein Festmahl in der Stadt – ein Festmahl in den Provinzen

Die Einheit des Inhalts innerhalb dieses übergreifenden Chiasmus wird wiederum durch eine andere chiastische Struktur verdeutlicht, die dem eigentlichen Stoff der Handlung eingefügt ist:

> Haman triumphiert über Mordechai
> Mordechai triumphiert über Haman

---

[15] Das Motiv der Feste spielt beim Ablauf der Handlung eine zentrale Rolle und spricht damit gegen die Trennung der Purimfeste von den anderen, wie sie Clines vornimmt (vgl. S. B. Berg, The Book of Esther, 31-47).

„Die ganze Erzählung ist ein großes $nah^a fok$", eine große Umkehrung von Geschicken[16]. In der Auslegung soll dem weiter nachgegangen werden.

Zu Gattung und Historizität

Wenn die „Historizität" des Esterbuches erörtert wird, so geht es gewöhnlich um die Frage, ob das im Buch Berichtete sich tatsächlich so ereignet hat. Bei der „Historizität" des Buches geht es jedoch in erster Linie darum, daß es selbst ein geschichtliches Phänomen ist. Es gehört einem bestimmten Zeitabschnitt an, entstand innerhalb einer bestimmten geschichtlichen Volksgruppe und unter bestimmten geschichtlichen Verhältnissen. Es trägt nach Inhalt und Gattung die Zeichen seiner Zeit.

Längst ist erkannt worden, daß das Buch über Einzelheiten des persischen Reiches[17] gut unterrichtet ist. Das Reich Xerxes I. (486–464 v. Chr.) erstreckte sich in der Tat von Indien bis Äthiopien (1,1); die archäologischen Erkenntnisse zur Topographie des Palastes von Susa entsprechen der Beschreibung, die in 1,5–6 gegeben wird[18]; die sieben Fürsten (1,14) und die königliche Post (3,13; 8,10) sind aus den Werken Herodots und Xenophons bekannt; willkürliche Begünstigung (3,2), Belohnung von Wohltätern (6,1–13), Hinrichtung durch Erhängen (2,23; 5,14; 7,10) und das Tragen von Turbanen (8,15) gehören zu den auch bei anderen antiken Autoren erwähnten persischen Eigenarten. Außerdem steuern eine Anzahl persischer Worte zum authentischen Kolorit des Buches bei, z. B. $part^e mîm$ „Edle" (1,3), $karpas$ „feines Gewebe" (1,6), $dāt$ „Anordnung, Gesetz" (1.8.13.15.19; 2,12; 3,14; 4,8 usw.), $keter$ „Diadem" (1,11), $pitgām$ „Bescheid" (1,20), $^ahašdarp^enîm$ „Satrapen" (3,12), $g^enāzim$ „Schätze" (3,9), $patšegen$ „Abschnitt" (3,14)[19]. Damit ist jedoch das Buch ebensowenig als historischer Bericht ausgewiesen wie „The Tale of Two Cities" von Charles Dickens, dessen Rahmen und Kolorit die Französische Revolution bildet.

Haben wir die literarische Gestaltung des Buches im Auge, beachten wir, wie die verschiedenen Abschnitte sich aufeinander beziehen und wie die Ereignisse von ihrer erzählerischen Funktion bestimmt werden, dann haben wir es eindeutig mit einer Erzählung und nicht mit einem Geschichtsbericht zu tun. Es erübrigt sich fast, Einzelheiten als Beleg für den „unhistorischen" Charakter des Buches anzuführen. Die Ausleger haben oft hervorgehoben, wie unvorstellbar ein Festmahl unter Teilnahme aller Würdenträger des persischen Reiches wäre (1,1–4), wie absurd ein königlicher Erlaß an alle Männer, in ihrem Haus das letzte Wort zu behalten (1,22) und wie unwahrscheinlich die Veröffentlichung von Erlassen

---

[16] H. Striedl, ZAW 55,105; vgl. 9,1. Das gilt auch dann, wenn wir nicht Y. T. Radday (LB 3,6–13) und M. V. Fox (vgl. Berg, The Book of Esther, 106–107.119) folgen und chiastische Strukturen als Kompositionsprinzip innerhalb der verschiedenen Erzählungsabschnitte annehmen.

[17] Vgl. L. B. Paton, Esther, 64–65; H. Gunkel 55–60.

[18] Vgl. C. A. Moore, BA 38, 62–79.

[19] Vgl. H. S. Gehman, JBL 43,321–328.

in allen Sprachen des Weltreiches statt im offiziellen Aramäisch (3,12; 8,9). Diesen Beobachtungen wird gewöhnlich hinzugefügt, daß weder eine Waschti noch eine Ester jemals Königin im Perserreich waren, daß die einzige feststellbare geschichtliche Gestalt des Buches, Ahasveros oder XerxesI., eine Königin namens Amestris hatte und daß weder Ester noch Waschti als Angehörige des königlichen Harems „Königin" hätten heißen können. Außerdem waren die persischen Könige dazu verpflichtet, ihre Königinnen aus einer der sieben vornehmen Familien auszuwählen[20]. So kommt Ester gar nicht in Betracht. Ein Jude als Wesir am persischen Hof (8,2; 10,3) ist höchst unwahrscheinlich, und ein persischer König, der im eigenen Reich einen Bürgerkrieg genehmigt (8,8; 9,11ff.) völlig undenkbar. Wäre schließlich Mordechai unter den Exulanten gewesen, die 597 v.Chr. aus Jerusalem deportiert wurden (vgl. 2,6), so wäre er im zwölften Jahr des Xerxes (3,7) über 120 Jahre alt gewesen und seine Cousine Ester nicht das schöne junge Mädchen, das den König dazu gewinnen konnte, sie zur Königin zu erheben (2,17).

Nach diesen Beobachtungen verwundert es nicht, wenn die Ausleger hinsichtlich des erzählenden Charakters des Buches wie auch seines historischen Hintergrundes zumeist übereinstimmen[21]. Allerdings gehen sie bei der Gattungsbestimmung des Buches öfter in der Terminologie auseinander: Es sei eine „Geschichtsnovelle"[22], eine „Festlegende"[23] oder ein Mittelding zwischen beidem[24], eine „freie Erzählung" um einen historischen Kern[25], ein Bericht mit „ungeschichtlichen Zügen"[26], ein „haggadischer Midrasch"[27] oder eine „historisierte Weisheitserzählung"[28]. Am besten könnte man das Buch eine „Novelle" nennen[29]. Hierunter ist eine Erzählung zu verstehen, in der nicht nur die dreigliedrige Struktur „Exposition-Hauptteil-Ausgang" vorliegt, sondern die auch mehrere Erzähleinheiten zu einer größeren Ganzheit verbindet. Diese Einheiten folgen einander in einer logischen, notwendigen Ordnung und lassen zeitliche wie räumliche Flexibilität zu. In kürzeren Szenen werden mehr Personen eingeführt, aber in der Erzählung als ganzer geht es um einige wenige Hauptgestalten.

---

[20] Vgl. Herodot, Geschichtswerk, III 84.

[21] Vgl. zu den vor 1964 vertretenen Auffassungen die Übersicht bei G.J.Botterweck, BiLe 5, 274-292.

[22] O.Eissfeldt, Einleitung, 687; A.Bentzen, Introduction I/II, 192; Ruth Stiehl, WZKM 53, 4-22; J.A.Loader, ZAW 90, 417-421; O.Kaiser, Einleitung, 182.

[23] H.Ringgren, Das Buch Esther, 373-376; H.Bardtke, Das Buch Esther, 243; G.Fohrer, Einleitung 272; N.Poulssen, Esther, 12-17.

[24] A.Lods, Histoire de la littérature hébraique et juive, 801; B.W.Anderson, The Book of Esther, 824.827.

[25] J.Schildenberger, Das Buch Esther, 32.

[26] H.Bückers, Die Bücher Esdras, Nehemias, Tobias, Judith und Esther, 326-327.

[27] H.Lusseau, in: Robert & Feuillet, Introduction a la Bible I, 688-694; vgl. A.Barucq, Judith, Esther 75ff.

[28] S.Talmon, VT 13, 419-455.

[29] So A.Meinhold, ZAW 87, 306-324; ZAW 88, 72-93; Das Buch Esther, 14-15; J.A.Loader, Esther (POT) 10-11; vgl. W.Richter, Exegese als Literaturwissenschaft, 143, und N.K.Gottwald, The Hebrew Bible - A socio-literary Introduction, 551-552, der die Novelle als „eine glaubwürdige Prosadichtung von allgemeiner soziokultureller Lebenswirklichkeit" beschreibt.

Ebenso wird mit vielen Einzelheiten gearbeitet, aber die Geschichte ist auf ein Hauptereignis ausgerichtet, dessen Aspekte die Handlung ausmachen. Diese Merkmale teilt das Esterbuch mit der Josefsgeschichte (Gen 37-50), dem Buch Rut, der Aufstiegsgeschichte Davids (1 Sam 16,14-2 Sam 5) und der Thronfolgeerzählung (2 Sam 9-20; 1 Kön 1-2) sowie mit den Büchern Jona, Judit und Tobit.

Unserer Novelle geht es sichtlich um das Überleben von Juden in einer Diasporasituation[30]. In dieser Thematik steht sie den Erzählungen von Judit und Tobit nahe, ebenso dem Material, das in den kurzen Erzählungen des Danielbuches aufbewahrt ist. Hier werden überall Juden in einer fremden Umwelt unter Druck gesetzt (meist an einem fremden Hof), dann treten ein oder mehrere Helden auf, die Juden werden gerettet, und ihre Bedränger erleiden das Geschick, das sie den Juden zugedacht hatten. Das Esterbuch hat auch viel mit der Josefsgeschichte gemeinsam, nicht nur die Szenerie am Königshof, auch im Grundthema und in vielen Einzelheiten[31]. Die Juden mußten die Bedrängnisse ihres Lebens unter fremder Herrschaft zur Sprache bringen und in einer ungesicherten sozialen und politischen Lage von sich selbst Rechenschaft ablegen. Aus einem solchen sozialen Milieu erwuchs eine Novelle der Art, wie sie im Esterbuch vorliegt. Obwohl die Gattung der Novelle älter ist als das Exil, erweist ihr besonderer Gebrauch in Diasporaerzählungen wie das Esterbuch den eigentlichen historischen Wert dieser Erzählform: Sie bezeugt die Erfahrungen und Sehnsüchte der Juden, von denen sie als Volk in der Ungesichertheit eines gefährdeten Lebens umgetrieben wurden.

Vorgeschichte

Auch wenn hinsichtlich des literarischen Könnens, das unser Buch dokumentiert, bei den Auslegern weitgehende Überstimmung herrscht, ist die Geschichte seiner Herkunft durchaus umstritten.

Verschiedene Ausleger des späten 19. Jahrhunderts haben die Entstehung des Buches mit der Entstehung des Purimfestes verbunden[32]. Nach ihrer Auffassung stellt das Buch die Überarbeitung eines alten babylonischen Mythos dar, in dem sich Marduk und Mordechai, Ischtar und Ester, Human und Haman sowie Siris und Seresch entsprechen. Zweifellos fällt die Ähnlichkeit der Namen auf, als Beweis für eine der Novelle zugrundeliegende Quelle reicht sie jedoch nicht aus.

---

[30] Daher die Wortprägung „Diasporanovelle" von A. Meinhold, ZAW 87, 306; 88,72; Das Buch Esther, 16; vgl. W. L. Humphreys, JBL 92, 211-223; B. W. Jones, CBQ 39, 171-181; vgl. auch die charakteristische Erfassung des Buches bei N. K. Gottwald, The Hebrew Bible - a socio-literary introduction, 551-554, als ein Werk des „kolonialen Israel".

[31] Auf die Bdeutung der Erzählung wird unten und bei der Auslegung eingegangen.

[32] H. Zimmern, ZAW 11,157-169; P. Jensen, WZKM 6,47-70.209-226; H. Gunkel, Schöpfung und Chaos, 309 ff. (vgl. jedoch seine spätere Auffassung - Esther, 115 - über eine Verbindung zu der Tötung der Weisen); B. Meissner, ZDMG 50,296-301; G. Wildeboer, Das Buch Esther, 173; vgl. auch L. B. Paton, The Book of Esther, 87 ff.

Die Quellenhypothese von H. Cazelles[33] hat mehrere Ausleger beeindruckt[34]. Nach ihm liegen zwei Quellen vor, eine ist eher politisch orientiert und auf Mordechai und Susa ausgerichtet, die andere vorherrschend liturgisch und auf Ester und die Provinzen ausgerichtet. Dieser These stehen mehrere Schwierigkeiten entgegen. Erstens geht sie von der Annahme aus, daß über dieselben Personen *zwei* im wesentlichen identische Erzählungen im Umlauf sind, deren Unterschiede lediglich Einzelheiten und Gesamtausrichtung betreffen. Zweitens leuchtet die Unterscheidung eines auf die Provinzen ausgerichteten Textes mit Ester als Hauptperson (am 13. Adar) und eines Susa-Textes mit Mordechai als Hauptperson (am 14. Adar) nicht ein, weil Ester auch im letzteren, der doch auf Mordechai ausgerichtet sein sollte, die Hauptrolle spielt. Drittens hängt die These von einer gezwungenen Lesart der Verse ihres Hauptabschnittes ab (9,16–17 enthält eine typische Parenthese: „Und sie töteten fünfundsiebzigtausend ihrer Gegner [ ] am dreizehnten Tag des Monats Adar", woraus sich ergibt, daß V.17 nicht, wie Cazelles behauptet, einen zweiten Kampf in den Provinzen vom 14. auf den 13. Adar sekundär zurückdatieren will)[35].

Nach Bardtke[36] gründet sich die Erzählung auf drei Traditionen – eine Waschtigeschichte, eine Geschichte von Mordechai und Haman und schließlich eine Geschichte von einer Jüdin, die Königin wurde (er kommt zu dieser Scheidung, weil es unglaubhaft erscheint, daß Esters jüdische Abkunft bei der Verbindung mit Mordechai hätte verborgen bleiben können, außerdem hätte ein Gastmahl bei dem König genügt, um Haman zu entlarven – warum zwei?). Die Vertrautheit des Verfassers mit persischen Bräuchen schließlich kann durch die Annahme einer schriftlichen Quelle erklärt werden, die solche Einzelheiten enthielt. Während derartige ältere Traditionen durchaus vorstellbar sind[37], können die angenommenen Spannungen gut auch als erzählerische Hinhaltetechnik aufgefaßt werden, und man kann verstehen, daß eine derartige Quellenscheidung nach Würthwein[38] unnötig ist. Dasselbe gilt für den Versuch von T. H. Gaster[39], der von einander getrennte Waschti- und Estertraditionen unterscheidet. Es ist schließlich bezeichnend, daß Ringgren[40], der seinerseits eine „Waschti-Geschichte" und ein von dem „Mordechai-Haman-Motiv" zu trennendes „Ester-Motiv" annimmt, die Existenz von Sondertraditionen in Zweifel zieht.

Vergleichbar ist die These von J. C. H. Lebram[41], die eine palästinensische Mordechaitradition von einer der östlichen Diaspora entstammenden Estertradi-

---

[33] Note sur la composition du Rouleau d'Esther, 17-29.
[34] Vgl. seinen Einfluß auf die neuere Monographie von Clines, The Esther Scroll, 115-126.
[35] Vgl. zur weiteren Auseinandersetzung Loader, Esther (POT), 128-129 und Clines, The Esther Scroll, 119-121.
[36] Das Buch Esther, 248-252.
[37] Vgl. auch die Zustimmung zu diesem Gedanken bei W. Dommershausen, Die Esterrolle, 15 und bei Moore, Esther, 1i.
[38] Esther, 169, Anm. 1.
[39] Purim and Hanukkah, 22-38.
[40] Das Buch Esther, 374-375.
[41] VT 22,208-222.

tion unterscheidet. Er setzt bei Kap. 9 ein und beruft sich für seine These weitgehend auf 9,20-28, da in diesem Abschnitt nach seiner Auffassung „der Skopus des Buches deutlich wird". Hier ergeben sich jedoch verschiedene Probleme. Anstatt seine Auffassung wirklich zu begründen (daß hier der Skopus der Erzählung liege, ist seit J. G. Eichhorn von vielen Auslegern bestritten worden), läßt Lebram sie als bloße Annahme stehen. Im übrigen tragen, wie Gerlemann[42] angemerkt hat, traditionsgeschichtliche Erwägungen nicht zum Verständnis eines Abschnittes bei, dessen Verfasser nur daran interessiert ist, das Wort pûr / pûrîm zu erklären.

Einen ganz anderen Weg schlägt C. C. Torrey[43] ein. Nach ihm stellt die hebräische Erzählung die Kurzform einer älteren, längeren Erzählung dar, die in aramäischer Sprache niedergeschrieben war, dann ins Griechische übertragen wurde und sich jetzt in der Septuaginta findet. Er beruft sich hierbei auf Aramaismen und einen vermeintlich geringeren literarischen Wert des hebräischen Buches – eine Argumentation, die nicht überzeugt. Aramaismen setzen nicht notwendigerweise ein aramäisches Original voraus, sondern lassen sich als lexikalische und syntaktische Einwirkung des Aramäischen bei einem Hebräisch schreibenden Autor begreifen[44]. Ferner ist es unmöglich, die zahlreichen stilistischen Eigenarten wie Alliteration, Assonanzen und dergleichen (auf die im Kommentar hingewiesen werden wird) einer Übersetzung zuzuweisen. Schließlich übersieht Torrey die durchgreifende Verklammerung der Erzählungseinheiten, wenn er behauptet, die religiösen Bestandteile der Septuagintafassung und der angenommenen aramäischen Vorlage seien wegen der Weltlichkeit des Purimfestes sekundär aus der hebräischen Fassung ausgeschieden worden. Nehmen wir die Frage auf, mit der Torrey seinen Aufsatz beginnt (»Warum gibt es keine griechische Übersetzung des hebräischen Textes?"), dann können wir unsererseits die Gegenfrage stellen, weshalb es mehrere aramäische Targumim des Esterbuches gibt, wenn das Buch selbst ursprünglich aramäisch geschrieben war.

Die anspruchsvollste neuere Monographie zu Ester von D.J.A. Clines[45] geht bei ihrer Argumentation ebenfalls von dem griechischen Text aus, verbindet sie aber mit einer eingehenden Berücksichtigung des hebräischen Textes. Unterschieden, aber beeinflußt von H.J. Cook[46] (den griechischen Text betreffend) und von Cazelles (den hebräischen Text betreffend) entwickelt Clines eine These mit verschiedenen Aspekten. Nach ihm haben wir uns das Werden der Esterrolle folgendermaßen vorzustellen: Ursprünglich existierten eine Esterquelle und eine Mordechaiquelle[47], die kunstvoll in einer vormasoretischen Erzählung[48] miteinander verknüpft wurden. Sie wird durch den griechischen A-Text[49] bezeugt (wobei

---

[42] Esther, 137.
[43] HTR 37, 1-40.
[44] Hierzu vgl. auch die kritischen Bemerkungen von E.J.Bickerman, PAAJR 20,105.
[45] The Esther Scroll. The Story of the Story, 1984.
[46] ZAW 81, 369-376.
[47] Obgleich Clines zugibt, daß wir diesbezüglich nicht allzu sicher sein können (The Esther Scroll, 130).
[48] The Esther Scroll, 93-114.
[49] The Esther Scroll, 71-92.

einige spätere Erweiterungen und der „Anhang" - Kap. 9 und 10 - noch fehlen). Diese Erzählung wurde mehrfach geringfügig ergänzt[50], und Clines nennt dieses Stadium der Entwicklung die *protomasoretische Erzählung*. Dann wurden, meint er, die Anhänge Kap. 9 und 10 hinzugefügt, um so die *masoretische Erzählung*[51] zu bilden. Schließlich seien - obwohl er das im einzelnen nicht belegen könne[52] - die Zusätze A-F als sekundäres Material in die griechische Übersetzung des masoretischen Textes eingetragen worden, um die jetzt vorliegende *Septuaginta-Erzählung* zu gewinnen[53]. Hier gibt Clines zu, daß ihm eine Beweisführung nicht möglich ist und er den Prozeß im einzelnen nicht beschreiben kann.

Der Hauptpunkt seiner eindrucksvollen Darlegung besteht darin, daß die ursprüngliche Erzählung mit 8,17 endete - nach Clines ein zureichender Abschluß - und daß der Anhang (oder die Anhänge) in Kap. 9-10 nicht die gleiche literarische Qualität aufweist (aufweisen) wie Kap. 1-8. Im Kommentar werden wir öfter auf die Argumente von Clines zurückgreifen, an dieser Stelle jedoch sollte zu der Intention seiner These soviel gesagt sein:

Ein Abschluß bei 8,17 ist unbefriedigend. Er faßt entgegen der Meinung von Clines nicht alle Fäden zusammen. Da der erste Erlaß (die Tötung der Juden, Kap. 3) unaufhebbar ist, wird er durch den zweiten (der die Selbstverteidigung zuläßt, Kap. 8) nicht aufgehoben[54]. Das hält die Spannung aufrecht und fordert „einen Augenblick wirkungskräftiger und echter Befreiung", der erst *nach* 8,17 eingeführt werden kann. Die Spannung zwischen beiden Erlassen wird in Kap. 9 nicht außer Acht gelassen, wie Clines behauptet[55], sondern wird von dem Erzähler bis zum Ende durchgezogen. Steht die Durchführung der beiden Erlasse noch aus, so ergibt sich zwar eine interessante Konstellation, nicht aber eine befriedigende Lösung[56]. Die Juden werden in die Lage versetzt, aus dem infolge des Patt notwendig eintretenden Chaos Kapital zu schlagen. Vom erzählerischen Standpunkt aus brauchen die Erlasse in Kap. 9 nicht erwähnt zu werden.

Wenn Clines eine *nicht*militante Tendenz in Kap. 9 zu erkennen meint, so mag das zwar dem Inhalt von 9,20-32 entsprechen, aber keineswegs dem militanten Charakter von 9,1-19. Denn „Befreiung" und „Sieg" sind keine Gegensätze und können daher auch nicht als Zeugnis für eine schwache denkerische und erzählerische Leistung des Verfassers angeführt werden[57].

Das „kleine x-Muster" der Beziehung zwischen Haman und Mordechai (3,8-6,13) fordert ein „großes x-Muster", in dem die beteiligten Gruppen vertreten sind, und entspricht einem solchen. Wir finden es in Kap. 9 (vgl. das x-Muster im Inhalt wie auch in der Aussage von 9,1).

---

[50] Die allerwichtigste dieser Ergänzungen war der Gedanke eines unwiderruflichen Erlasses; The Esther Scroll, 151-158.
[51] The Esther Scroll, 158-168.
[52] The Esther Scroll, 186.
[53] The Esther Scroll, 168-174.
[54] Wie Clines, The Esther Scroll, 27, selber feststellt.
[55] The Esther Scroll, 39,67.
[56] Vgl. Gunkel, Esther, 42,44 im Gegensatz zu Clines, NCeB, 254, 319.
[57] Vgl. The Esther Scroll, 162-165.

Der sog. Anhang enthält ebensowenig religiöse Motive wie Kap. 1-8 und bringt sie ebenso versteckt zum Ausdruck. Damit partizipiert er an einer der bedeutsamerem erzählerischen Techniken, die sich in Kap. 1-8 finden. Selbst wenn es einmal eine aus Kap. 1-8 bestehende selbständige Erzählung gegeben haben sollte, wäre der Gebrauch einer solchen „weltlichen" Erzählung als religiöser Grundlage für das „weltliche" Purimfest keine geringe Leistung und durchaus nicht von minderem literarischen Wert.

Die Bedeutung des Festmotivs sowohl in Kap. 1-8 als auch in Kap. 9 spricht ebenfalls gegen dessen Abtrennung als sekundärer Entwicklungsstufe[58].

Die Erhöhung des Mordechai (10,1-3) ist psychologisch gelungen[59]; sie stellt ein Gleichgewicht her zwischen der Bedeutung Mordechais und der Bedeutung Esters, und sie kehrt zu dem Motiv des königlichen Glanzes im Reich zurück, mit dem Kap. 1 einsetzte. Aus diesen Gründen sollte sie nicht von der „besseren" Estererzählung getrennt werden.

Nun zu Clines' Argumentation, die sich auf den A-Text stützt: Es muß festgestellt werden, daß trotz aller Unterschiede vom masoretischen Text, der A-Text Purim-Elemente parallel zum „Anhang" des masoretischen Textes enthält. Clines nimmt an, daß dieses Material irgendwie und irgendwann in die A-Tradition eingedrungen ist. Seine Herkunft könnte entweder in Bereich Masoretischer Text / Septuaginta zu suchen sein, in diesem Falle wäre die A-Tradition keineswegs so unbeeinflußt von ihr, oder die Verbindung mit Purim wäre früher aufgekommen als der Masoretische Text[60]. Clines konnte behaupten, daß die Purim-Verbindung im A-Text eine sekundäre Entwicklung darstelle, aber bei der Annahme, daß die hebräischen Kapitel 9-10 an sich schon von minderem Wert und sekundär seien, wäre das auch notwendig. Wenn diese Behauptung nicht aufrecht erhalten werden kann (und eben das ist meine Meinung), dann ist eine vom A-Text her geführte Argumentation nicht überzeugend[61].

---

[58] Das wird ausführlich bei S. B. Berg, The Book of Esther, 39-47 entwickelt. Er sagt: „Die Entsprechung zwischen Festmahlpaaren zeigt bereits an, daß Purim nicht einen nebensächlichen Bestandteil der Erzählung bildet. Von Anfang an ist das Estherbuch vielmehr auf seinen Abschluß durch das zwei Tage während Fest ausgerichtet".

[59] Vgl. Gunkel, Esther, 50.

[60] H. J. Cook, ZAW 81, 376 ist der Auffassung, der Übersetzer des A-Textes oder ein späterer Schreiber „habe gewußt, daß diese Erzählung Grundlage der Purimlegende sei, und deshalb das Material hinzugefügt, das das Buch zu einem ‚Purimschreiben' gemacht habe." Seine Erklärung für das Purimmaterial im A-Text setzt einen verbreiteten Gebrauch der Erzählung voraus, in der ihre Verbindung mit Purim allgemein bekannt war. Anders gesagt, nach ihm war die Verbindung zu Purim bereits vor der Niederschrift des A-Textes oder zumindest gleichzeitig gegeben. Verhielte es sich so, könnten wir die Purimverbindung nicht als das Werk eines Verfassers (geringerer Qualität) eines hebräischen Kap. 9 ansehen.

[61] Vgl. u.S. 19 die weitere Diskussion zum Zeugnis des A-Textes.

Die Datierung des Buches

Das Buch kann nur zwischen der persischen Zeit und der des Kolophon zum griechischen Ester entstanden sein[62], d.h. zwischen dem vierten und dem ersten Jahrhundert. Eissfeldt[63] optiert für das Ende der persischen Zeit, während A.E. Morris[64] das Buch aufgrund seines protosadduzäischen Geistes in das erste Jahrhundert versetzt. Das kommt mit Sicherheit nicht in Betracht, hingegen verdient die Datierung von Ruth Stiehl[65] eher Beachtung. Sie denkt an einen Zeitraum zwischen 160 und 140, eine Datierung, die sich nach ihrer Auffassung aus den Kennzeichen des „hellenistischen Romans" im Esterbuch ergibt sowie daraus, daß Jesus Sirach (um 190) Ester und Mordechai nicht erwähnt. Die These verliert an Wahrscheinlichkeit, weil unsere Kenntnisse über den hellenistischen Roman zu gering sind, um einen wirklichen Vergleich zu ermöglichen, und weil die Väterliste bei Jesus Sirach (Sir 44-50) unvollständig ist. Obwohl linguistische Argumente für eine solche Datierung bekanntermaßen gefährlich sind, weist die Sprache des Buches jüngere wie altertümliche Elemente auf[66] und scheint älter zu sein als das Hebräisch von Qumran (wo bisher keine Spur einer Esterrolle gefunden wurde). Das Buch läßt persischen, aber keinen griechischen Einfluß erkennen, was auf eine Zeit weist, in der letzterer noch nicht wirksam sein konnte[67]. Schließlich lassen die guten Beziehungen, die zwischen den Juden und dem persischen Hof herrschen, eine Entstehung nach der ersten Hälfte des zweiten vorchristlichen Jahrhunderts unwahrscheinlich erscheinen (in dieser Zeit trat ja der jüdische Aktivismus stark in den Vordergrund). Keines unter diesen Argumenten ist - für sich genommen - wirklich zwingend, gleichwohl scheint sich die Waagschale zugunsten des letzten Teiles des vierten Jahrhunderts zu senken. Die Kenntnis persischer Sitten und das fehlende Interesse an Palästina spricht für das Judentum der östlichen Diaspora als Ursprungsort.

Das Purimfest

Während langer Zeit gingen die Ansichten über den Ursprung des Purimfestes auseinander.

Seit dem neunzehnten Jahrhundert nahmen verschiedene Exegeten einen *persischen Ursprung* für das Purimfest an[68]. E. Meier (1856) dachte dabei an ein Frühlingsfest, das nichts mit dem Los zu tun hatte. F. Hitzig (1869) nahm für den

---

[62] Der Kolophon ist spätestens um 77 v. Chr. zu datieren (Bickerman, JBL 63,347).
[63] Einleitung in das Alte Testament, 691.
[64] ET 42,124-128.
[65] WZKM 53,4ff.; vgl. F. Altheim & R. Stiehl, Die aramäische Sprache unter den Achämeniden, 199ff.
[66] Vgl. Striedl, ZAW 55, 73-82.
[67] Vgl. Meinhold, Das Buch Esther, 20, mit dem ich hier weitgehend übereinstimme.
[68] Eine Übersicht zur älteren Literatur findet sich bei Paton, The Book of Esther, 84-87.

Namen parthischen Ursprung an, während L.S.P. Meijboom (1870) meinte, es handle sich bei der Estergeschichte um eine persische Neujahrserzählung vom Sieg der Sommergötter über die Wintergötter. J. von Hammer fand viel Anklang für seine These, nach der Purim von *farwardîgân* abgeleitet sei, einem Fest zur Erinnerung an die Toten. Obwohl P. de Lagarde 1890 sich davon wieder lossagte, identifiziert er (1887) das Wort *phourdaia*, das der *A*-Text statt *phrourai* gebraucht, mit dem persischen Terminus. Zustimmung kam von F. Schwally (1892), G. Wildeboer (1898) und C. Siegfried (1901). J. Levy[69] entwickelte dieses Verständnis weiter: Purim sei das persische *farwardîgân*, das die Juden von den Babyloniern zusammen mit dem persischen Sakaeafest übernommen hätten. Hier wurden die Mardukverehrer von einem Mithraverehrer (*bogay*; vgl. das griechische *Bougaios* für Haman) bedroht und von Ischtar gerettet. Diese Namen erscheinen als Mordechai, Ester und *Bougaios* (in der Septuaginta). H. Gunkel[70] verband das Fest mit der Erinnerung an die Tötung der Magier unter Darius I. T. H. Gaster[71] stellte die These auf, es gäbe ein persisches Neujahrsfest, zu dem die Wahl einer neuen Königin gehörte, ferner ein Schein-König, die Tötung eines Verurteilten, Geschenke und das persische Wort *fra-par-pur* („erster"). Darin folgte ihm Dommershausen[72], während Ringgren[73] an ein persisches Neujahrsfest dachte, das babylonische Elemente an sich zog, ehe es judaisiert wurde. Nach ihm könnte möglicherweise bei dieser Gelegenheit eine antijüdische Erhebung aufgekommen sein und damit das Esterbuch einen historischen Kern enthalten. Bardtke[74] und Würthwein[75] nehmen gleichfalls persischen Ursprung an, wobei ersterer sich das Fest über eine babylonisch-mesopotamische Entwicklung vermittelt denkt, letzterer das Buch Ester als einen späteren Zusatz zu der Festtradition ansieht. Nach Moore[76] ist die Annahme eines persischen Ursprungs möglich, aber nicht beweisbar, und das hebräische Wort *pûrîm* stellt eine sekundäre jüdische Volksetymologie dar.

Eine andere Gruppe von Auslegern nimmt für das Fest einen *babylonischen Ursprung* an. H. Zimmern[77] denkt an das babylonische Zagmukfest und sieht eine Beziehung zwischen dem Konflikt der Parteien in der Erzählung und dem Kampf der babylonischen Gottheiten Marduk und Ischtar gegen die elamitischen Gottheiten Humman und Vaschti. B. Meissner[78] betrachtet die für das Purimfest charakteristischen Motive der Umkehrung von Glück und Freude als jüdische

---

[69] HUCA 14,127–151; Revue Hittite et Asianique 5,117–124.

[70] Esther, 115 (entgegen seiner früheren Auffassung in Schöpfung und Chaos, 309 ff., wo er an eine babylonische Herkunft des Festes dachte).

[71] Purim and Hanukkah in custom and tradition, 12–13,18.

[72] Die Estherrolle 132–133.

[73] SEA 20,5–24.

[74] Das Buch Esther, 243–248.

[75] Esther, 170–172.

[76] Esther, xlvi–xlix.

[77] ZAW 11,157 ff.

[78] ZDMG 50,296–301.

Angleichungen an das Zagmukfest. H. Winckler[79] (1898) findet insofern Ähnlichkeiten zwischen Purim und dem Tammuz-Ischtar-Mythos als Mordechai und Ester eine irdische Entsprechung zu Haman und Vaschti in der Unterwelt darstellen. Für Paton ist Purim möglicherweise eine direkte oder indirekte Übernahme von den Babyloniern, aber er weist vorsichtig darauf hin, daß bis jetzt eine wirkliche Parallele zu Purim im babylonischen Raum nicht gefunden worden ist. V. Christian[80] entscheidet sich gleichfalls für die babylonische Theorie und bringt das hebräische *pûr* mit dem babylonischen *purru* „schütteln" zusammen.

Eine dritte Gruppe von Auslegern nimmt für Purim einen rein *jüdischen Ursprung*[81] an. J. D. Michaelis (1772, 1778) vertritt die Auffassung, das Fest sei zur Erinnerung an den Sieg aufgekommen, den Judas Makkabäus am 13. Adar 161 v. Chr. über Nikanor, den General des Antiochus Epiphanes, errang (vgl. 2 Makk 15,36, wo dieser Tag Mordechai-Tag heißt). Dementsprechend leitet er den Namen des Festes vom aramäischen *pûrâ* „Kelter" ab. E. Reuss (1890) und W. Erbt (1900) stimmten ihm zu, ebenso P. Haupt (1906), wobei letzterer allerdings eine andere Etymologie für *pûrîm* vorschlug, nämlich ein altes persisches Äquivalent des vedischen *pûrti* „Portion" (vgl. *mânôt* 9,19.22). Für Gerleman[82] ist der akkadische Ursprung des Namens sicher, aber unwichtig. Er sieht in Purim ein jüdisches Fest, in dem die Juden der Diaspora ihre Solidarität untereinander bekundeten. Gerleman verbindet diese Sicht mit seiner These, nach der die Estererzählung nicht nur die Exoduserzählung als Vorlage hat, sondern ihr auch kritisch gegenübersteht. Denn die Situation hat sich gewandelt; die Juden, denen Babylonien zur Heimat geworden ist, brauchen nicht mehr eine Botschaft von der Herausführung aus dem „Sklavenhaus".

Schließlich sollte die Theorie von einem griechischen Ursprung des Purimfestes Erwähnung finden, die H. Graetz (1886)[83] vortrug. Er hielt es für eine Nachahmung des Festes zur Öffnung der Weinfässer, *pithoigía*.

Wir wissen nicht mehr von der Herkunft des Purimfestes, als dem Esterbuch zu entnehmen ist: Es ist ein Fest am 14. und 15. Adar, bei dem sich alle Juden der Befreiung des Volkes erinnern. Seine Kennzeichen sind Freude, festliche Mahlzeiten und Geschenke; es wird eingeleitet durch Fasten und Trauer. Nach Gerlemans[84] treffender Beobachtung setzen die meisten Fürsprecher einer ausländischen Herkunft des Purimfestes voraus, daß das Vorbild des jüdischen Festes notwendigerweise dieselben Züge aufweist, die in der Estererzählung zum Vorschein kommen. Eine solche Voraussetzung ist jedoch unhaltbar. Nirgendwo ist die literarische Form des Buches von einem persischen oder babylonischen Fest oder sonstwie beeinflußt, die einzige Ausnahme bildet das Exodusmodell (Gerlemans These, auf die wir zurückkommen). Religionsgeschichtliche Studien zur

---

[79] Nachweise bei Paton, The Book of Esther, 87.
[80] Zur Herkunft des Purimfestes, in FS F. Nötscher, 33–37.
[81] Eine Übersicht zur älteren Literatur findet sich bei Paton, The Book of Esther, 78 f.
[82] Esther, 23–28.
[83] Paton, The Book of Esther, 83–84.
[84] Esther, 24–25.

Herkunft von Purim mögen ihren Wert in sich haben, aber solche von außen herangetragenen Erwägungen dürfen nicht bei der Interpretation des literarischen Textes oder der Novelle, mit der wir es zu tun haben, den Ausschlag geben.

Das griechische Esterbuch

Das griechische Esterbuch liegt in zwei Fassungen vor: dem sog. B-Text, das nach dem Siglum des Codex Vaticanus so heißt, und dem A-Text, seit F. Field[85] und P. de Lagarde[86] auch „Lucianische Rezension" genannt. Ihnen folgend, sahen viele Ausleger den A-Text als eine Rezension des B-Textes an, als einen Teil jener Septuagintarezension, die der christliche Märtyrer Lukian im vierten Jahrhundert vornahm. Eine solche Rezension wurde allerdings schon im sechzehnten Jahrhundert von James Ussher[87] und im neunzehnten Jahrhundert von Gelehrten wie O. F. Fritzsche (1848, 1871) und J. Langen (1860)[88] bestritten. Heute ist sie keineswegs mehr allgemein anerkannt; oft wird der Standpunkt vertreten, es handle sich beim A-Text um die selbständige Übersetzung einer hebräischen Vorlage, die sich vom masoretischen Text unterscheidet[89]. Allerdings scheint der A-Text in den Zusätzen, die sich in der griechischen, aber nicht der hebräischen Fassung finden, doch eine Rezension des B-Textes zu sein[90]. Der A-Text ist viel kürzer als der B-Text und läßt viel Material aus, das in letzterem vorliegt.

In diesem Zusammenhang werden wir noch einmal bedenken müssen, welchen Stellenwert für Clines die These hat, es handle sich beim A-Text um einen älteren hebräischen Text als den bekannten masoretischen[91]. Sie ist ein Eckstein seiner Argumentation, nach der das Buch Ester ursprünglich mit Kap. 8 endete, während die folgenden Kapitel auf das Konto eines schwächeren Erzählers gehen. Nun enthält aber der A-Text verschiedene religiöse Aussagen, während der masoretische Text sie offensichtlich gezielt meidet, was gegen Clines' These spricht. Er sucht sie mit der Behauptung aufrechtzuhalten, „es sei unmöglich zu bestreiten, daß auch die vormasoretische Erzählung einige solcher Aussagen enthalten habe"[92]. Hier scheint er in Wirklichkeit *von seiner Hypothese ausgehend* zu argumentieren, die es nun einmal erfordert, daß auch der A-Text Bezugnahmen religiöser Art

---

[85] Origenis Hexaplorum quae supersunt I, 793 ff. (1875).

[86] In seiner Ausgabe der Librorum Veteris Testamenti canonicorum pars prior graece (1883).

[87] De Graeca Septuaginta interpretum versione syntagma: cum libri Estherae editione Origenica, et vetere Graeca altera, ex Arundelliana bibliotheca nunc primum in lucem producta, 1655.

[88] Vgl. Paton, The Book of Esther, 36.

[89] C. A. Moore, The Greek text of Esther (1965), und ZAW 79, 351-358; H. J. Cook, ZAW 81, 369-376; Clines, The Esther Scroll, 72 und passim; vgl. Bickerman, PAAJR 20,103; R. Hanhart, Esther, 92; aber vgl. andererseits E. Tov, Textus 10, 1-25, nach dem der A-Text eine Revision der Septuaginta ist.

[90] Cook, ZAW 81, 369-376.

[91] Vgl. o. S. 14.

[92] The Esther Scroll, 152.

enthielt. Aus diesem Grunde muß er dann einen dazwischen liegenden Bearbeiter einführen, den er den „protomasoretischen Erzähler" nennt und der für die Tilgung der religiösen Aussagen verantwortlich zeichnet. Da hier von Clines geführte Argumentation ist abermals durch seine Hypothese aufgenötigt.

Das führt erstens dazu, daß er das bewußte Umgehen religiöser Bezugnahmen in der hebräischen Erzählung kräftig unterschätzt und somit versäumt, dessen *Funktion* zu bedenken. Er bestreitet ständig jede versteckte oder verhüllte Kausalität innerhalb des Buches und behauptet, sie sei nicht versteckt, sondern unausgedrückt[93]. Nach ihm konnten die Leser jener Tage die göttliche Kausalität erkennen und der Erzähler selbst sollte als ein gläubiger Mensch angesehen werden, der auf Gottes Fügung baute. Das scheint doch ein recht gezwungenes Vorgehen zu sein, um „versteckt" und „unausgedrückt" zu differenzieren[94], dazu läßt es die Frage, auf die uns Clines eine Antwort schuldet, umso dringlicher erscheinen: *Weshalb* vermied („eliminierte" nach Clines) der Erzähler religiöse Bezugnahmen? In diesem Kommentar möchte ich eine These vortragen, die auf eben diese Frage eine Antwort zu geben versucht. Zweitens: Angenommen, es gab wirklich eine vormasoretische Erzählung mit religiösen Aussagen – eine Erzählung, die der *A*-Text bezeugt und aus dem er die in ihm enthaltenen religiösen Aussagen übernahm – dann wäre eben der Erzähler, der diese eliminierte, der eigentliche Künstler, dem wir die von Literaturwissenschaftlern so hoch gepriesene Erzählung verdanken. Ich hoffe, im Kommentar eine detaillierte Begründung dafür zu geben. Auf jeden Fall ist das Zeugnis der griechischen Esterfassung, besonders das des *A*-Textes, nicht so gewichtig für unser Verständnis des hebräischen Buches, wie es die Argumentation von Clines annimmt.

Die Zusätze selbst, denen wir uns nun zuwenden, sind von einer Theologie des sog. normativen Judentums geprägt. Wo die hebräische Erzählung nur „Gottgestaltige Lücken" (Clines) aufweist, zeigt uns die griechische Erzählung einen Gott, der allwissend, allmächtig und gerecht ist. Er erweist sich als der Retter, der Gott Abrahams, der Israel als sein Volk erwählt hat, als der allein wahre Gott. Gebete, Beschneidung und Speisegesetze vervollständigen die religiösen Züge, die in der Erzählung vorherrschen.

Zusatz A steht vor 1,1 und handelt von einem Traum Mordechais, in dem zwei Drachen und ein Strom vorkommen und die Gerechten zu Gott schreien. Ebenso wird erwähnt, wie Mordechai eine Verschwörung gegen König Artaxerxes aufdeckt und dafür belohnt wird (vgl. die Überschneidung mit und den Widerspruch zu 2,21-23).

Zusatz B folgt auf 3,13 und enthält den ersten Erlaß gegen die Juden und begründet Hamans Ehrenstellung.

---

93 The Esther Scroll, 156.

94 Wenn dabei die Frage der literarischen *Begründung* für die nicht ausgedrückte Gegenwart Gottes, die doch als verborgene literarische Gegenwart gesehen ist, nicht umgangen wird, könnte ich dem zustimmen, daß die in der Erzählung verbleibenden „Leerräume" „Gottgeprägt" sind, daß „Zufall" „ein Name für Gott" ist (wie Clines S. 153 behauptet) und daß den Lesern zugetraut werden sollte, Gott zu erkennen.

Auf 4,17 folgen zwei Zusätze: Zusatz C enthält Gebete von Mordechai und Ester, in denen traditionelle Motive jüdischer Religiosität vorkommen und die peinliche Anwesenheit Esters an einem heidnischen Hof entschuldigt wird; Zusatz D erzählt, wie des Königs Zorn über Esters unerwünschtes Kommen durch Gott in Güte verwandelt wurde.

Der längere Zusatz E folgt auf 8,12. Er enthält den Inhalt des zweiten Erlasses und beschreibt den Sinneswandel des Königs gegenüber dem Mazedonier Haman, während die Juden ad maiorem gloriam Dei gepriesen werden.

Am Ende wird nach 10,3 Zusatz F angefügt, der Mordechais Traum interpretiert und darlegt, daß die Drachen Mordechai und Haman repräsentierten, der Strom hingegen Ester.

Diese Erzählung soll nach Torrey die hebräische Entsprechung literarisch überbieten. Dagegen ist darauf hinzuweisen – die bereits geäußerte Kritik an dieser Sicht ergänzend[95] –, daß die Einführung religiöser Motive (um die Vermählung Esters mit einem unbeschnittenen Gatten, ihre Teilnahme an nicht-koscheren Mahlzeiten und ihre Gewänder zu entschuldigen) lediglich dazu dient, die für einen frommen Juden vielfach peinliche Lage zu lindern[96]; zur literarischen Begründung der Ereignisse trägt sie überhaupt nichts bei. Hier kommt es auf *Gottes sichtbares Eingreifen in das menschliche Geschehen* an. Die griechische Erzählung „theologisiert", während die hebräische Erzählung „enttheologisiert". Gerade darin liegt ihre theologische Bedeutung.

Aussagegehalt und theologische Bedeutung des Buches

Erwartungsgemäß haben Jahrhunderte hindurch Ausleger dem Esterbuch aufgrund seiner Stellung im Kanon und damit in der Heiligen Schrift eine theologische Bedeutung zuerkannt. In seinem kanonischen Kontext wurde es so als Zeugnis der Bewahrung Gottes gesehen, die er seinem erwählten Volk erzeigte, um die Heilsgeschichte ihrem Ziel entgegenzuführen. Verschiedene allegorische und typologische Auslegungen[97] sollten die selbstverständlich vorausgesetzte theologische Bedeutung des Buches aufzeigen. Dieses hat jedoch seine eigene, ihm innewohnende theologische Bedeutung, die nicht von seinem kanonischen Status oder seiner Funktion als verknüpfendes Glied innerhalb eines heilsgeschichtlichen Schemas abhängig ist. Worin sie besteht, kann allein durch eine literarische Analyse der Novelle als ganzer ermittel werden.

1979/80 erschienen fast gleichzeitig zwei Arbeiten, in denen die theologische Bedeutung des Buches darin gesehen wurde, daß Gottes verborgene Gegenwart in der Welt und die menschliche Verantwortung für das ablaufende Geschehen einander ergänzend gegenüberstehen[98]. Es hat nicht an anderen Aussagen vergleich-

---

[95] Vgl. o.S. 11.
[96] Dasselbe geschieht in den Targumim.
[97] Vgl. o.S. 2–3.
[98] S.B. Berg, The Book of Esther, 1979 (als Dissertation 1977 angenommen) und J.A. Loader, Esther (POT), 1980 (Forschungsbericht 1978: ZAW 90,417–421).

barer Art gefehlt, sie haben jedoch nicht die Beziehung zwischen „Gottes verborgener Lenkung" und „menschlicher Selbstbehauptung" herausgearbeitet[99]. In eben dieser Beziehung kann aber die theologische Bedeutung des Buches gesehen werden. Bei ihrer Erarbeitung werden wir die Erkenntnisse von L.A. Rosenthal[100], S. Talmon[101] und G. Gerleman[102] miteinander verbinden.

Gerlemans These, die das Buch Ester *nach dem Muster der Exoduserzählung* gestaltet sieht, wird überzeugend dargestellt, auch wenn wir ihm nicht abzunehmen brauchen, daß die Novelle eine überlegte kritische Überbietung der Exoduserzählung sein will, die – wie er meint – in gewissen jüdischen Kreisen Persiens nicht mehr zeitgemäß war[103]. Es gibt so viele parallele Züge, daß man an ihnen nicht vorbeigehen kann. Ester und Mose sind beide Israeliten / Juden, die eine Schlüsselstellung an einem fremden Königshof einnehmen. Beider Identität bleibt anfangs verborgen. In beiden Erzählungen handeln zwei Hauptpersonen zugunsten des bedrohten Volkes (Mordechai und Ester auf der einen, Mose und Aaron auf der anderen Seite). Während Aaron für Mose das Wort ergriff, der nicht gut reden konnte (Ex 4,10–16), wird Mordechai als die stille Macht hinter Ester gezeichnet (wir hören ihn nur einmal reden: 4,13–14). Wie Mose (Ex 4) schreckt Ester anfangs vor ihrer Aufgabe zurück, während beide später zu Helden ihres Volkes werden. Wie Mose ist sie ein adoptiertes Kind. Wichtige lexikalische Parallelen erscheinen an vergleichbar bedeutsamen Stellen der Erzählung (*māqôm* „Stätte" in 4,14 und Ex 3,5; vgl. *mas* „Fronarbeit" in 10,1 und Ex 1,11). „Der Mann" Mordechai war „groß" im Perserreich (9,4), und „der Mann" Moses war „groß" in Ägypten (Ex 11,3). Hier wird deutlich, daß der Verfasser aus Ester nicht einen weiblichen Aaron macht oder aus Mordechai einen Moses redivivus, sondern daß er ähnliche Motive auf seine Weise entwickelt und ihnen neue Funktionen gibt. Deshalb können wir nicht entscheiden, ob Ester oder Mordechai die Hauptperson ist.

In beiden Erzählungen werden Audienzen beim König als gefährlich geschildert (4,11 und Ex 10,28), und in beiden wird wiederholt der entscheidende Wendepunkt durch verschiedene Besuche beim König hinausgezögert. Mose steht in der gleichen Beziehung zum Unterdrücker Israels (dem Pharao) wie Mordechai zum Unterdrücker der Juden (Haman). In beiden Erzählungen kommt Schrecken und Tod über die Unterdrücker (8,17; 9,2–3; Ex 12,29–33), und in beiden hören wir von Nicht-Juden, die sich ihnen anschließen (8,17; vgl. 9,27; Ex 12,38)[104].

---

[99] Beispielsweise Bardtke, Esther, 405–408, der das feststellt, ohne die sich ergebenden Konsequenzen zu bedenken; ferner Ringren, Esther, 376; Würthwein, Esther, 170; vgl. jedoch auch Meinhold, Das Buch Esther, 100–101.

[100] ZAW 15,278–285; ZAW 17, 124–128.

[101] VT 13, 419–455.

[102] Esther, 11–23 und passim.

[103] Sogar Clines, The Esther Scroll, 155–156, erkennt an, daß die Exoduserzählung Vorlage für unsere Novelle ist, lehnt aber Gerlemanns Folgerung ab, nach der letztere sich kritisch gegen jene wende.

[104] Hier untergräbt Gerlemann seine eigene Position, indem er für das Esterbuch das Motiv eines „Proselytentums" bestreitet.

Die Beamten des Perserkönigs helfen den Juden und die Untergebenen des Pharao den scheidenen Israeliten (9,3 und Ex 12,35-36). Die Estererzählung erreicht ihren Höhepunkt im Purimfest, die Exoduserzählung im Passafest. Die genaue Datierung in Kap. 3-6 zeigt, welcher Gebrauch von der erzählten Zeit gemacht wird, und sie ist so exakt ausgearbeitet, daß die Ereignisse mit dem Passadatum zusammenfallen, d.h. drei Tage vor dem 13. Nisan (Ex 12,6.18). Es kann nicht Zufall sein, daß Ester und die Juden genau zu der Zeit fasten, in der das Passalamm gegessen werden soll. Dann sollten wir auch beachten, daß im Schilfmeerlied (Ex 15), das auf die Geschichte vom Exodus folgt, das Muster der Umkehrung oder das x-Muster eine wichtige Rolle spielt. Das ist deshalb bedeutsam, weil die Exodusgeschichte selbst die Umkehrung von Geschicken erzählt (vgl. Ex 3,21-22; 12,35-36; 11; 14). Daher hat das Lied im kompositorischen Kontext dieselbe Funktion wie das Lied der Hanna, in welchem das x-Muster die Einleitung zu einer Reihe von Geschichten bildet, die das Motiv der Umkehrung enthalten (vgl. 1. Sam 1-3; 14,1-23; 16; 17; 23; 23,14-24,23; 26; 2 Sam 5,17-25). Die Umkehrung ist in der Estererzählung ebenso zentral wie in der vom Exodus.

Wird aber jetzt eine explizite Erwähnung Gottes oder seiner Führung vermieden, so wird die Anlehnung an das Urbild göttlichen Eingreifens für Israel umso spannender. Gott ist „beseitigt". Die verbleibende Lücke ist Gott-gestaltig, aber sie ist eine *Lücke*. Gott ist nicht zu sehen, aber seine Anwesenheit wird in verborgener Weise angedeutet. Wenn es je eine verhüllte Anwesenheit gab – hier liegt sie vor! Das Abbild ist enttheologisiert. Bedenkt man den Vorbildcharakter des Exodus, so ist angedeutet, daß Gott sein Volk in Persien ebenso gerettet hat wie damals in Ägypten.

Gleichermaßen wichtig ist die Darstellung, die W. Dommershausen zum Vorkommen *religiöser Elemente in der Erzählung* gibt, auch wenn sie weder die erste noch die vollständigste noch die einzige ist. Am bekanntesten sind Mordechais Worte, daß Hilfe für die Juden von einer anderen Stelle kommen wird, wenn Ester nicht hilft (4,14). Er ist der Überzeugung, daß die Juden grundsätzlich nicht umkommen können. Er droht ihr Vergeltung an. Seine rhetorische Frage, ob Ester nicht gerade „in dieser Zeit" Königin geworden ist, läßt gleichfalls an das Wirken einer verborgenen Macht denken. Ester, wohl wissend, daß die Juden bereits aus Trauer fasten (4,3.4), gebietet ihnen jetzt, *für sie* zu fasten (4,16), was gegenüber dem erstgenannten, wo es sich um ein religiöses Fasten handeln muß, auf ein Fasten anderer Art weist. Die Folge unglaublicher „Zufälle" weist in eine entsprechende Richtung. Das richtige Mädchen wird Königin zum richtigen Zeitpunkt; in genau der richtigen Nacht leidet der König unter Schlaflosigkeit; genau die richtigen Chroniken werden in genau dem richtigen Augenblick verlesen; Haman ist dann anwesend, als seine Anwesenheit gefordert wird, und das geschieht zu einem unmöglichen Zeitpunkt; er greift genau die Gedanken auf, die zu seinem Sturz führen. Der reichliche Gebrauch passiver Formen weist gleichfalls auf das Wirken einer verborgenen Macht (z.B. 2,8; 9,1.22). Ester wird zuerst von einem Höfling begünstigt und dann vom König – wie Josef, Daniel und Judit, bei denen Gott für die Gewährung solcher Gunst sorgte. Das jüdische Gesetz und die damit verbundene Absonderung (3,8) kann nur auf ihre religiöse Andersartigkeit gehen. Der leichte Sieg über ihre Feinde, die Enthaltung von der Beute und das Motiv der Ruhe (Kap. 8-9) erinnern an die alten Kriegstraditionen, in denen Gott den Sieg schenkt und die Machtverhältnisse umkehrt. Schließlich weisen die Genealogien von Mordechai und Haman auf die klassische Polarisierung zwischen Israeliten und Amalekitern (1 Sam 15), die religiöser Natur ist (vgl. 1 Sam 15,2-3; Dtn 25,17-19; Ex 17,14). Sogar das religiöse Motiv der Proselytengewinnung findet sich (8,17; 9,27)[105].

Jetzt sollte darauf hingewiesen werden, daß diese religiösen Elemente nicht leicht zu erkennen sind. Deshalb haben viele durchaus gründliche Ausleger sie niemals gesehen und andere, die dem Buch jegliche religiöse Qualität absprechen, scheinen im Recht zu sein. Beispielsweise kann gesagt werden, daß Ester schließlich *doch* hilft, so daß sich die Hilfe von einer anderen *Stelle* erübrigt. Die Erklärung für diesen Sachverhalt geben die verschiedenen Bedeutungsebenen[106], die das Buch aufweist. Wir können es als eine religiöse Schrift lesen, aber gleichermaßen auch als eine „weltliche" Schrift. Wir können Gottes Gestalt in den Erzählungslücken sehen, aber wir können auch nur Lücken sehen, wo in Wirklichkeit Gott ist.

Soweit ich sehe, ist die wichtigste unter den religiösen Andeutungen nicht allgemein von den Auslegern anerkannt. Ich meine die Umkehrung der Geschicke, das x-Muster oder den Machtchiasmus. Dommershausen[107] sieht den Gebrauch des Chiasmus in Beziehung zu dem, was er „die Wende" nennt, aber versäumt es, diesen Gedanken zu begründen und zu entwickeln. Berg[108] und Radday[109] finden in unserem Buch „chiastische" Strukturen, aber verbinden sie nicht mit einem religiösen Moment. Ich habe bereits hingewiesen auf das x-Muster in den Beziehungen zwischen Mordechai und Haman und deren Ausweitung auf die Juden und ihre Feinde[110]. Es ist zusammengefaßt in einem stilistischen Chiasmus, der 9,1 vorliegt. Den Schnittpunkt des Chiasmus bildet das Niph'al nah^apok (alles wurde umgekehrt, Passiv). In 9,22 hören wir abermals von der Umkehrung, die den Geschicken der Juden widerfährt (wieder hpk im Niph^{c}al). Die Anzahl chiastischer Strukturen im Esterbuch ist hoch (vgl. Striedl und Dommershausen), und es ist bedeutsam, daß der für das Ganze wichtige V.4,14 das Motiv einer Umkehrung der Geschicke in Gestalt eines stilistischen Chiasmus aufweist.

---

[105] Hier - zusammen mit der Erwähnung freundlicher Beziehungen zwischen Juden und Höflingen - wird deutlich, daß das Buch keineswegs mit Haß gegen alles Nicht-Jüdische erfüllt ist.

[106] Da er das Bestehen verschiedener Ebenen bestreitet, muß Clines, The Ester Scroll, 157, meine Argumentation und Terminologie mißverstehen (vgl. ZAW 90,417-421). Mit „Bedeutungsebenen" sind die verschiedenen legitimen Verstehensmöglichkeiten gemeint, die die Erzählung für den Leser offen hält. Es handelt sich bei ihnen nicht um erzählerische Aspekte wie Handlung, Charakter, Zeit, Raum, Sprache usw. Es geht vielmehr darum, daß die Erzählung verschieden aufgefaßt und das auch begründet werden kann.

[107] Die Estherrolle, 150.

[108] The Book of Esther, 109.

[109] LB 3,9.

[110] Vgl. S.206f., 212.

Das x-Muster der Beziehung zwischen Starken und Schwachen, Unterdrückern und Unterdrückten ist ein Grundmuster, das sich allenthalben im AT findet[111]. In allen diesen Fällen ist es Gott, der die Umkehrung herbeiführt. Dieses typische Deus ex machina-Muster findet sich nun auch im Esterbuch - aber ohne Deus. Das Muster läßt erwarten, daß Gott da ist und das tut, was er immer tut, wenn es gefordert ist. Gerade deshalb ist die Nichterwähnung seiner Präsenz umso bemerkenswerter. Die Möglichkeit einer beabsichtigten Verhüllung kommt in den Blick. Wie bei allen anderen religiösen Andeutungen des Buches - das Exodus-Muster eingeschlossen - ist Gottes angedeutetes Eingreifen in das menschliche Geschehen verborgen. Diese *Technik* der Verhüllung wird unterstützt durch das *Motiv* der Verhüllung, das sich oft findet[112]. Mittels dieses Motivs hält der Verfasser die auftretenden Personen in Unkenntnis und Ungewißheit über die bevorstehenden Ereignisse (Haman verschweigt gegenüber dem König, was er mit Mordechai vorhat, und ebenso schweigt auch dieser: 3,8-9; 6,1-13; es gibt viele Mißverständnisse bei dem Festmahl in Kap. 7 usw.). Hier tritt die andere Bedeutungsebene der Erzählung zutage: Menschen treten als die Retter der Juden auf, aber auch Gott lenkt die Ereignisse. Wenn er eingreift, dann geschieht das unterhalb der Oberfläche, nicht in Aufsehen erregender Weise. Auch im Geschehensablauf der Josefsgeschichte ergänzen sich - weil sie einander eben nicht ausschließen - menschliche Verantwortung und göttliche Lenkung (s.u.). Wir können auch Ez 21,23-29 vergleichen, wo *Gott* die Macht des Nebukadnezar in Dienst nimmt, während der babylonische König ganz *unabhängig* handelt. Das Buch Ester ist reich an *Motiven der Weisheit*: Der törichte launische Despot, dessen Gegenwart Gefahr bedeutet (vgl. Spr 16,14-15; 19,12; 20,2; Koh 8,4; 10,16-17); Esters Fähigkeit, im richtigen Moment zu reden und zu schweigen (vgl. Spr 10,20.31; 15,2; 16.13 usw); Hamans törichte Rede, seine Hybris, sein Zorn und Haß (vgl. Spr 12,23; 16,18; 21,24; 29,22); der weise Mordechai[113], der den Besitz des törichten Haman bekommt (vgl. Spr 13,22; Koh 2,26); Haman fällt in die Grube, die er für Mordechai gegraben hat (vgl. Spr 26,27; 28,10; Koh 10,8). Wir können auch, Talmon[114] folgend, den verhüllenden Gott mit dem unbestimmten fernen Gott Kohelets vergleichen. Es ist ganz gewiß möglich, Ester mit Talmon als eine „historisierte Weisheitserzählung" zu verstehen.

Schließlich gibt es viel Gemeinsames zwischen der *Josefsgeschichte* und dem Esterbuch. Die Josefsgeschichte kann ebnfalls eine Weisheitserzählung genannt werden, wie G. v. Rad[115] gezeigt hat. In ihr wird der typische aus der Weisheitsliteratur bekannte „Chiasmus der Beziehungen" (Hybris-Demütigung: Demut -

---

[111] Eingehend dargestellt in meiner Groninger Dissertation: Aspekte van menslike mag in die Ou Testament, 1975. Vgl. das Schilfmeerlied (Ex 15); das Lied der Hanna (1 Sam 2), das eine Folge von ähnlich strukturierten Erzählungen einleitet: Samuel / Elis Söhne, David / Saul, Jonatan und sein Knappe / die Philister, David / Goliat; Daniel und seine Freunde; viele Psalemen (z.B. Ps 5; 10; 18; 27; 113; 146 usw.).

[112] Vgl. Striedl, ZAW 55, 103-105, der vom „Stilmittel der Verheimlichung" spricht.

[113] Vgl. Dommershausen, Die Estherrolle, 81-83.

[114] VT 13, 419-455.

[115] SVT 1, 120-127.

Ehre; vgl. Spr 15,33; 16,18; 18,12) als grundlegendes Muster verwendet. Ein an-
maßender junger Mann übertritt die Gebote der Weisheit, wird gedemütigt, beginnt damit, Weisheit ($hokmâ$) zu praktizieren und ist erfolgreich. Dasselbe
Muster liegt dem Buche Ester zugrunde (s.o.). Es sollte daher überraschen, wenn
es in den Einzelheiten beider Erzählungen viele Ähnlichkeiten gibt, die bereits
von L. A. Rosenthal[116] beobachtet wurden. Sie sind keineswegs unbedeutend,
sondern fest in das Muster der Umkehrung integriert, das sie mit der Weisheitsliteratur teilen. Damit finden die weisheitlichen Elemente beider Erzählungen sowie ihre Parallelen eine Erklärung.

Die Ähnlichkeit zwischen beiden Erzählungen erfaßt ihren eigentlichen
Bedeutungskern. In der Josefsgeschichte finden wir – wenn auch anders ausgedrückt – dieselben einander sich ergänzenden Pole wie in der Estererzählung.
Das wird in der bekannten Aussage Josefs zusammengefaßt, daß sein Verkauf
durch *seine Brüder* tatsächlich *Gottes* Werk war. Mehr noch, es geschah, „um Leben zu erretten", um „ein großes Heil" zu bewirken und „ein großes Volk am Leben zu erhalten". Das könnte ebensogut von der Estererzählung gesagt worden
sein. Es war *Josef* in seiner Weisheit, der die Dinge zum guten Ende führte, aber
nichtsdestoweniger war es *Gott*, der die Ereignisse lenkte. Diese beiden Sehweisen
finden sich auch in der Weisheitsliteratur, wenn auch nicht miteinander verbunden (vgl. Spr 21,30–31 einerseits und die zuversichtlichen Lehren der Weisen zur
Lebensbewältigung andererseits). Während in der Josefsgeschichte beide Sehweisen auf einer Aussageebene zusammengefaßt werden, nehmen sie in der Estererzählung ihre jeweils eigene Ebene ein.

Die Lücken in der Estererzählung, die Verhüllung von Gottes Gegenwart – alles
zielt darauf, *einen literarischen Ausdruck für die Überzeugung zu finden, daß Gottes
Gegenwart in den Wechselfällen des Lebens verborgen ist.* Das hätte so dargestellt
werden können wie in der Josefsgeschichte, aber das geschieht nicht. Weshalb
nicht? Clines übersieht das, wenn er einfach ein göttliches Handeln und daneben
die menschliche Initiative postuliert, ohne selbst ihre besondere Wechselbezie-
hung zu erkennen. Nicht allein ist „das Handeln Gottes... völlig farblos", wie
Clines behauptet, es gibt auch einen *Grund*, um Gottes Gegenwart dadurch zu
beseitigen, daß es unausgesprochen bleibt.

Der Eindruck, den die Novelle hinterläßt, entspricht genau dem Eindruck, den
das Leben macht. Das Phänomen des außerliterarischen Lebens, das der Verfasser
vor Augen hat, spiegelt sich in der literarischen Form der Erzählung[118]. Gott ist

---

[116] ZAW 15, 278-284. Z.B. 1,21 / Gen 41,37; 3,4 / Gen 39,10; 4,16 / Gen 43,14; 5,10 / Gen
41,42 (das Ring-Motiv); 5,10 / Gen 43,31 und 45,1 (ʾpq); 8,6 / Gen 44,34; vgl. auch Berg, The
Book of Esther, 151; Meinhold, Das Buch Esther, 16. Es wäre auch zu vergleichen die königliche Gewandung und das Roß bei Mordechai und Josef sowie das Ausrufen bei beiden
(6,9 / Gen 41,42-43). Mordechai und Josef – der eine ein Exulant, der andere ein Gefangener
– handeln zusammen mit zwei Höflingen, steigen aus dem Elend zum Ruhm auf, werden Wesir
in einem fremden Land und handeln im Interesse eines ausländichen Königs.
[117] Die Estherrolle, 154; NCB, 268,269.
[118] Entsprechendes geschieht in dem großen Gedicht von der Schöpfung Ijob 38-39 (wo
nicht nur *über* die Harmonie der Schöpfung gesprochen wird, sondern diese sich auch *in* der
literarischen Harmonie des Textes widerspiegelt) und in Koh 3,2-8 (wo die Spannungen des
Lebens nicht nur aufgezählt, sondern im Gebrauch des Chiasmus nachgestaltet werden).

da, aber er kann nicht gesehen, er kann nur geglaubt werden. Deshalb können die gleichen Ereignisse im Leben entweder weltlich „gelesen" werden, allein unter Verweis auf menschliche Weisheit und Initiative, oder im Glauben, unter Verweis auf Gott. Leben kann ebenso gesehen werden wie das Buch Ester: insgesamt als ein rein weltliches, menschliches Unternehmen – aber ebenso auch als ein Unternehmen unter der Leitung eines unsichtbaren, nicht auffallenden Gottes.

In diesem Sinne gewinnt das Buch Ester, dank der erzählerischen Kunst seines Verfassers, eine theologische Bedeutung, die Aspekte wie „die Judenfrage"[119] oder einen Lebensstil für die Diaspora[120] weit hinter sich läßt.

1. Das Buch kann natürlich gelesen werden als Darstellung eines *Konflikts zwischen Juden und Judengegnern*, der zur Institution des Purimfestes führte. Aber damit wäre es nur oberflächlich in den Blick gekommen.

2. Es kann auch gelesen werden als Darstellung *göttlicher Führung im Leben und im Menschengeschehen*. Das wird möglich, wenn der Leser die religiösen Andeutungen bemerkt und Gottes Gestalt in den Lücken der Erzählung erkennt.

3. Aber der Verfasser hat auch eine Erzählung geschaffen, die von Anfang bis Ende als ein Bericht *von erfolgreicher menschlicher Klugheit, Initiative und Aktivität* gelesen werden kann. Das ist der Fall, wenn man merkt, das Gott selbst in der Erzählung nicht vorkommt, sondern nur Lücken seinen Platz einnehmen.

Wenn wir nun beobachten, daß die Kunst des Erzählers Verstehensmöglichkeiten für seine Novelle schuf, die einander ergänzen, dann können wir auch beobachten, daß eben hierin sich das Leben widerspiegelt. Dann sehen wir nämlich, daß das, was Kaufman[121] die „doppelte Kausalität" des Lebens nannte, im Esterbuch zur Sprache kommt. So wird das Purimfest in einer Weise *interpretiert*, die allgemein anwendbar ist. Damit können dieses Fest und vergleichbare Anlässe zum Feiern – ich denke an den Reformationstag – aus Festen für eine Gruppe zu Festen für alle werden.

---

[119] Vgl. W. Vischer, Esther (1937).

[120] Vgl. Meinhold, Das Buch Esther, 101; auch ZAW 87 & 88, 306ff. & 72ff.; TZ 34,321-333: VT 23,435-445.

[121] *Toledot hā 'ᵉmunā hayyisrāēlit*, 8, 445-447; vgl. Berg, The Book of Esther, 104.

Auslegung

1.

Kapitel 1,1–22
Königin Waschti wird abgesetzt

1 In den Tagen des Xerxes, des Xerxes, der von Indien bis Kusch regierte, 127 Provinzen, 2 in jenen Tagen, als der König Xerxes auf dem Königsthron in der Burg Susa residierte, 3 im dritten Jahr seiner Herrschaft gab er ein Festmahl für alle seine Offiziere und Höflinge: die Streitkräfte Persiens und Mediens (die Würdenträger)[1] und die Statthalter der Provinzen waren vor ihm, 4 während er seinen Reichtum zur Schau stellte – die Herrlichkeit seines Königstums – und seine Pracht – den Glanz seiner Größe, eine lange Zeit hindurch, 180 Tage. 5 Und als diese Tage vorbei waren, gab der König ein Festmahl von sieben Tagen im Hofgarten des königlichen Palastes für alle Bewohner der Burg von Susa, für Personen von Rang wie für solche ohne. 6 Weiße und violette Stoffe hingen mit Schnüren aus Byssos und Purpur in silbernen Ringen und an alabasternen Säulen. Liegen aus Gold und Silber standen auf einem Fußboden aus Malachit und Alabaster, Perlmutt und Türkis[2]. 7 Wein wurde in goldenen Kelchen serviert, wobei alle Gefäße sich voneinander unterschieden, und königlicher Wein war im Überfluß vorhanden, wie es sich für einen König schickte. 8 Das Trinken vollzog sich aber nach der Anordnung: „Niemand soll nötigen", denn so hatte es der König seinen Palastdienern befohlen, daß ein jeglicher nach seinem Wunsch verfahre. 9 Auch die Königin Waschti veranstalte ein Gastmahl für die Frauen im Palast des Königs Xerxes.

10 Am siebenten Tag, als der König vom Wein angeheitert war, befahl er Mehuman, Biseta, Harbona, Bigta und Abagta, Setar und Karkas, den sieben Höflingen, die den König Xerxes persönlich bedienten, 11 die Königin Waschti im königlichen Diadem vor den König zu bringen, damit er den Leuten und den Offizieren ihre Schönheit vorführe, denn sie war sehr schön. 12 Aber die Königin Waschti weigerte sich, auf des Königs Befehl zu kommen, den die Höflinge überbracht hatten. Da geriet der König in großen Zorn und sein Grimm entbrannte in ihm. 13 Und der König sagte zu den Weisen, die die Zeiten kennen (denn das war die Gewohnheit des Königs in Gegenwart aller, die sich auf Gesetz und Recht verstanden, 14 und die ihm am nächsten Stehenden waren Karschena, Schetar, Admata, Tarschisch, Meres, Marsena, Memuchan, die sieben Fürsten Persiens und Mediens, die Zugang zum König hatten und die obersten Stellen im Reich einnahmen)[3]: 15 „Wie ist jetzt nach dem Gesetz mit der

---

[1] *happart^emîm* in Apposition zu *ḥel pāras ûmāday.*
[2] Die Bedeutung dieser Termini ist unsicher; vgl. Bardtke.
[3] Eine Parenthese, wie sie der Verfasser liebt; vgl. 1,20; 2,12; 9,16.

Königin Waschti zu verfahren, da sie nicht den Befehl des Königs Xerxes befolgt hat, der durch die Höflinge übermittelt wurde?"

16 Da sagte Memuchan vor dem König und den Fürsten: „Nicht allein gegen den König hat sich Königin Waschti verfehlt, sondern auch gegen die Fürsten und gegen alle Völker, die in allen Provinzen des Königs Xerxes leben. 17 Wenn der Fall der Königin bei allen Frauen herumkommt, wird er sie dazu veranlassen, ihre Männer zu verachten, indem sie sagen[4]: ‚Der König Xerxes befahl, die Königin Waschti zu ihm zu bringen, aber sie kam nicht'. 18 An diesem Tage werden die Fürstinnen von Persien und Medien, die davon gehört haben, das Wort der Königin allen Fürsten des Königs sagen[5] und - genug Verachtung und Zorn werden die Folge sein! 19 Wenn es dem König gefällt, gehe ein königlicher Erlaß von ihm aus und werde, damit es nicht verändert werden kann, in die Gesetze der Perser und Meder geschrieben, daß Waschti nicht mehr vor den König Xerxes kommen darf, und ihre Würde als Königin gebe der König einer anderen Frau, die besser ist als sie. 20 Wenn dann der Erlaß, den der König herausgegeben hat, im ganzen Reich bekannt wird - denn es ist groß -, dann werden alle Frauen ihren Männern Ehre erweisen, seien sie Personen von Rang oder nicht." 21 Das Wort gefiel dem König und den Fürsten, und der König tat, wie Memuchan gesagt hatte. 22 Und der König schickte Briefe an alle königlichen Provinzen, an jede Provinz in ihrer eigenen Schrift und an jedes Volk in seiner eigenen Sprache, daß jeder Mann Herr sein muß in seinem eigenen Haus und seine eigene Sprache sprechen[6].

Das erste Kapitel des Buches in der vorliegenden Form ist auch der erste Abschnitt der Novelle. Von dem Neuanfang in Kap. 2 wird es durch die Einleitungsformel „nach diesen Begebenheiten" getrennt, die die logische Verbindung zwischen Kap. 1 und 2 bestätigt (Kap. 1 erzählt, wie der Thron der Königin frei wird, Kap. 2, wie er besetzt wird). Das einleitende Kapitel ist überlegt aus drei Abschnitten zusammengefügt: 1,1-9 vom Festmahl und dem Glanz des Xerxes; 1,10-15 vom Ungehorsam der Waschti; 1,16-22 von ihrer Absetzung.

1,1-9 *Das Festmahl und der Glanz des Xerxes*

Hier wird dem Leser der Hintergrund der Erzählung geboten.

1,1-4   Die Erzählung beginnt mit der archaisierenden Formel „und es geschah" (Paton, Moore) und deutet so die Authentizität des Folgenden an. Als erste Person wird der König Ahasveros eingeführt. Sie ist die einzige im ganzen Buch, die historisch identifizierbar ist. Seit der Septuaginta sind die Meinungen geteilt, um welchen König es sich hierbei handelt. Das hebräische Wort kann nur *ysayarsa*[7]

---

[4] Die maskuline Form des Suffix in *bᵉ'amràm* ist im späteren Hebräisch nicht ungewöhnlich.
[5] *dᵉ bar hammalkâ* kann als Objekt zu *tö'marnâ* aufgefaßt werden, das deshalb nicht in *timrênâ* oder *tamrênâ* geändert werden muß, wie vielfach vorgeschlagen wird (vgl. BHS).
[6] Ich lese den unveränderten Konsonantentext, punktiere jedoch *'immô*.
[7] Vgl. Paton, The Book of Esther, 51-54; Stiehl, WZKM 53,9-13; Gehman, JBL 43,322.

wiedergeben und nur auf Xerxes I (485–465 v. Chr.) gehen. Die 127 „Provinzen" können nur Distrikte sein, da es im Perserreich niemals so viele Provinzen (Satrapien) gab. Die Geschichte beginnt zu einer Zeit, als der König sich in der königlichen Residenz auf der Akropolis von Susa aufhält, nicht in Ekbatana und auch nicht in Babylon, wo sich ebenfalls königliche Residenzen befanden, die abwechselnd von den Königen aufgesucht wurden. Es ist das dritte Jahr seiner Regierung, also 483 v. Chr. Da soll der König den führenden Schichten seiner Untertanen ein sechs Monate währendes Festmahl[9] gegeben haben. Zu ihnen gehörten die „Führer von Persien und Medien" und die „Distriktfürsten", d.h. die Führer des persischen Kernlandes und der eroberten Gebiete. Bei dem Festmahl stellte er seinen Reichtum und seine Pracht zur Schau, beides durch Appositionen näher bestimmt, die den Besitzer herausstellen: „seinen Reichtum, die Herrlichkeit seines Königtums, und seine Pracht, den Glanz seiner Größe".

Nach dem ersten Festmahl wird ein zweites gegeben. Es ist von kürzerer Dauer 5 (sieben Tage), umfaßt aber einen weiteren Rahmen. Denn diesmal werden nicht nur die Würdenträger aus den Distrikten eingeladen, sondern alle Bewohner der Akropolis der Stadt Susa, unabhängig von ihrem Rang. Das hat seine Bedeutung innerhalb der Komposition (vgl. 9,18-19, wo die Reihenfolge Distrikte / Stadt umgekehrt ist).

Seit der Septuaginta und anderen alten Übersetzungen hat V.6 den Auslegern 6-8 Schwierigkeiten bereitet und wird oft als verderbter Text angesehen. Die beiden Nominalsätze wirken eher impressionistisch als textlich verderbt, und der Gebrauch fremder Worte[10] trägt zu dem atemberaubenden Bilde bei, das der Erzähler heraufbeschwört (vgl. 8,15). Das zweite Festmahl wird nach der zuvor vom König ergangenen Anweisung „Niemand soll nötigen"[11] gehalten (yissad deutet plusquamperfektisch etwas in der Vergangenheit Geschehenes an) und besagt, daß das Hofprotokoll für die Dauer des Festmahls aufgehoben ist. Außerdem gibt es exotische Kelche und Weine, wie sie einem König zukommen (vgl. 2,18; 1 Kön 10,13) - das alles trägt zu dem einmaligen Glanz des Geschehens bei.

Die Frauen nahmen auch an den Festlichkeiten teil, allerdings von den Män- 9 nern getrennt. Nach Herodot V,8 waren die Frauen durchaus bei einem Festmahl dabei, aber hier liegen literarische Gründe vor, die eine Trennung erfordern: Waschti darf nicht anwesend sein, denn sie soll ja zum Kommen aufgefordert werden, dieses dann ablehnen und so den ganzen Ablauf der Ereignisse in Bewegung setzen. Schließlich ist ihre Anwesenheit unter den Frauen gefordert, um die Polarisierung der Geschlechter vorzubereiten (V.16-17). Historisch ist eine Waschti unbekannt; die Königin des Xerxes war Amestris (Herodot VII, 61)[12].

---

8 In einer dreisprachigen Inschrift aus Persepolis (ANET, 316-317) behauptet Xerxes I, er habe von Indien bis Kusch regiert, was mit 1,1 übereinstimmt.

9 Damit wird das Motiv „Festmahl" eingeführt, das innerhalb der Erzählung von besonderer Bedeutung ist; vgl. Berg, The Book of Esther, 31-47.

10 Persische (karpas), akkadische (tᵉkelet, bûs, 'argāmān) und ägyptische (bahaṭ soheret) Lehnwörter werden gebraucht; vgl. Loader, POT.

11 kaddāt 'ēn 'onēs muß nicht geändert werden, um einen status constructus zu gewinnen, da der Gebrauch von Appositionen für unseren Verfasser typisch ist.

12 Zum Namen s. Gehman, JBL 43,322-323; Stiehl, Die aramäische Sprache, 203.

1,10–15 *Der Ungehorsam der Waschti*

Hier kommt das auslösende Moment der Handlung zu Zuge.

10-11   Die betonte Stellung der Worte „am siebenten Tage" als Einleitung des Satzes weisen auf den Höhepunkt des Festes. Der König ist betrunken[13], und damit wird das Motiv des unfähigen launischen Despoten eingeführt. Es wird die Ereignisse in entscheidender Weise bestimmen (vgl. 2,18; 5,5; 7,1). Er will nicht nur seine königlichen Schätze in ihrer ganzen Pracht zur Schau stellen, sondern auch seine königliche Gattin in ihrer ganzen Schönheit vorführen. Die doppelte Erwähnung der Schönheit Waschtis bereitet das Auftreten von Ester vor, die Waschti übertreffen wird (1,19) und deren Schönheit (2,7) natürlich auch die ihrer Vorgängerin überbieten muß. Wenn Waschti im königlichen Diadem erscheinen soll, dann ist damit nicht gesagt, daß sie *nur* dieses zu tragen habe, wie es die Interpretation der Targumim und des Midrasch wissen will.

12   Die Ablehnung des Königin wird schroff ohne jede Begründung zum Ausdruck gebracht – etwa dahingehend, daß sie nicht willens sei, sich vor den Augen einer betrunkenen Volksmenge zu demütigen. Hier ist ihre Weigerung erzählerisch notwendig, da sie das auslösende Moment für den weiteren Handlungsverlauf darstellt. Der doppelte Erwähnung von Waschtis Schönheit entsprechend, wird auch der Zorn des Königs in einem Doppelausdruck beschrieben.

13-15   Er läßt seinem Zorn nicht gleich freien Lauf, sondern beruft einen Rat ein. Das zögert die Bestrafung der Königin hinaus und erzeugt eine Spannung, die sich steigern wird. Der lange Satz von V.13–15 entspricht dem langen Satz in V.10–11, und beide rahmen die drei kurzen Sätze in V.12. Die Auflistung von sieben Namen in V.10–11 und in 13–15 ist als eine weitere formale Parallele anzusehen. J. Duchesne-Guillemin[14] bemüht sich darum, beide Listen zu harmonisieren – ein Versuch, den man nicht als gelungen ansehen darf, da er zu viele willkürliche Textänderungen nach sich zieht. Immerhin macht er zu Recht darauf aufmerksam, daß beiden Listen eine gewisse Entsprechung eigen ist. Querhindurchgehend entsprechen sich die Namen in der Klangwirkung, zumeist durch Alliteration (drei Namen mit Alliteration von *b* folgen dem ersten Namen in V.10 und drei mit Alliteration von *r* und Sibilant stehen vor dem letzten Namen in V.14, die letzten drei Namen von V.10 entsprechen kreuzweise den ersten drei von V.14). Die ersten sieben sind *sarisim*, „Eunuchen" nach der Wortbedeutung oder „Höflinge" im allgemeinen Sinne. Die zweite Liste wird von drei verschiedenen Titeln gerahmt. Deshalb sollten wir davon absehen, die verschiedenen Funktionen genau festzulegen (vgl. Eissfeldt) und vielmehr beachten, daß die sieben höchsten Funktionäre des Reiches[15] um des Humors und der Ironie willen in diesen „schrecklichen Formalismus" verwickelt sind (vgl. Ringgren). Der mächtige König *befiehlt* seinen Höflingen, Waschti zu bringen, aber als er zornig wird, kann er dieselben Höflinge nur um Rat *fragen*, was er tun solle. Der humoristi-

---

13 Vgl. Gunkel, Esther 61.
14 Muséon 66,105–108.
15 Vgl. Ezra 7,14; Herodot III, 83–84.

sche Aspekt, der der Schwäche des Königs abzulesen ist, wird in der Rede des Memuchan weiter entfaltet (V.16–20); der Aspekt seiner Manipulierbarkeit hingegen wird in dem Augenblick wichtig, als Haman davon Gebrauch zu machen beginnt. Jedenfalls ist die Grundlage für Hamans bestimmendes Handeln gelegt, ohne daß er selber erwähnt wird – nicht einmal unter den führenden Würdenträgern des Reiches. Das ist vom Erzähler äußerst sorgfältig bedacht – Haman kann noch nicht erwähnt werden, da sein plötzliches Erscheinen notwendig ist, um Spannung und Widerstreit zu wecken (vgl. zu 3,1 ff.).

1,16–22 *Königin Waschti wird abgesetzt*

Der Schlußteil des Abschnittes enthält die Antwort auf die Frage des Königs und erzählt, wie er den erteilten Rat befolgte. Der in der Liste zuletzt Genannte tritt als Sprecher auf (das ist in Erzählungen üblich, vgl. Dommershausen). Memuchans Rede ist in zwei Hauptteile gegliedert – V.16-18 (Rechtsfall – Bardtke) und V.19-20 (Rechtsfolge). Im einzelnen ist die Gliederung wohlüberlegt: eine allgemeine Feststellung (V.16), gefolgt von einer doppelten Bestätigung, des Sachverhalts (V.17-18a) und einer Konzentration auf die zweitgenannte; die zweite Hälfte beginnt mit einer Höflichkeitsformel (V.19) und endet mit einer chiastisch geformten Konstruktion – der Nebensatz kommt zuerst und steht im Passiv mit der Folge Prädikat-Subjekt, während der Hauptsatz, vom Nebensatz durch eine Parenthese getrennt, danach kommt und die Folge Subjekt-Prädikat im Aktiv aufweist.

Hinsichtlich des Rechtsfalles zeigt Memuchan auf, wie sich der Fall der Königin im ganzen Reich auswirken wird: Alle Frauen werden davon hören und die Achtung vor ihren Männern verlieren. Der wiederholte Gebrauch des Verbs „kommen" in V.17 deutet bereits einen Gegensatz zu Ester an. Diejenige, der es geboten wurde, kam nicht, und diejenige, der das Kommen nicht gestattet war, kam (vgl. 4,16, wo „kommen" und nicht erwartungsgemäß „gehen" gebraucht wird). Direkte Rede innerhalb der direkten Rede ist typisch für die Josefsgeschichte[16], und Memuchans Rede weist so die erste von vielen stilistischen Parallelen auf, die die Erzählungen von Ester und Josef gemeinsam haben. *16–18*

Bei der Beschreibung der Rechtsfolge wird mittels der Wortwahl sehr überlegt eine Verbindung zum Rechtsfall hergestellt: „es ergehe ein königlicher Erlaß" (*yēṣēʾ dᵉbar malkut*; V.19, Jussiv, „Erlaß") entspricht dem „Fall der Königin", das „ausgeht" (*yēṣēʾ dᵉbar hammalka*; V.17, Indikativ, = „Wort"). Die Wiederholung des Verbs „kommen" in V.17 wird dadurch ausgewogen, daß sie nie wieder zum König kommen darf. Die Parallelität zwischen den beiden Redehälften entspricht in ihrer Ausgewogenheit dem Prinzip des ius tealionis: sie wollte nicht kommen und deshalb darf sie nicht kommen. Der persönliche Konflikt zwischen Xerxes und Waschti hat sich nunmehr zu einer Staatsaffäre ausgeweitet. Die Erwähnung *19–20*

---

[16] Striedl, ZAW 55,89; vgl. Gen 42,14.22.31-34; 44,18-29; 45,9-11 usw.

„einer anderen Frau, die besser ist als sie" weist in bedeutsamer Weise auf Esters bevorstehende Erhöhung voraus (vgl. auch o. zu V.11). Mehr noch, hier wird an den gleichen Ausdruck in der gleichen Wortstellung aus 1 Sam 15,28 erinnert, wo Saul, der scheiternde Benjaminit, dem Amalekiter Agag gegenübersteht. Diese Polarisierung wird später wichtig, als sich der siegreiche Benjaminit Mordechai und Haman der Agagiter gegenüberstanden. Die humorige Ironie der V.10-15 wird jetzt einen Schritt weitergeführt. Der schwache König, der bei all seiner despotischen Macht und Herrlichkeit keine Gewalt über seine eigene Frau hat, ist jetzt durch seinen eigenen unabänderlichen Erlaß gebunden. Und das mächtige Perserreich braucht eine strenge Gesetzgebung, um die Frauen unter Kontrolle zu halten, nur weil der König nicht imstande ist, der eigenen Frau seinen Willen aufzuzwingen. In dieser Darstellung wird das weisheitliche Motiv des unreifen Königs deutlich sichtbar (vgl. u.a. Koh 10,16; Spr 20,2)[17].

21-22   Der Beginn des V.21 enthält eine weitere Parallele zur Josefsgeschichte (vgl. die Wortwahl in Gen 41,37)[18]. Die Betonung der zahlreichen Distrikte und Völker im Reich bildet eine Inclusio mit dem gleichen Motiv in V.1 und rundet eine klar gegliederte Erzählungseinheit ab. Sie läuft auf eine Antiklimax hinaus, wie das Fest selbst in einer Antiklimax verpufft, indem das ganze Reich den Befehl erhält, „daß jeder Mann seine eigene Sprache sprechen und beherrschen solle".

Dieser Abschnitt soll Ester die Möglichkeit eröffnen, im weiteren Handlungsablauf aktiv zu werden. In mancherlei Weise wird das Kommende angedeutet. Die verschiedenen Anspielungen auf Ester (vgl. V.19), die Parallele zu 1 Sam 15,28, das Prinzip des ius talionis – sind das religiöse Elemente? Dommershausen meint ja, aber der Text ist nicht so deutlich. Die Möglichkeit besteht natürlich. Eine Theologie kann diesem Abschnitt nicht entnommen werden, nicht einmal im Bick auf Waschti als Vorkämpferin für Rechte der Moral oder der Frauen. Sö nötigt uns der Erzähler zum Weiterlesen.

2.
Kapitel 2,1-20
Ester wird Königin

1 Nach diesen Begebenheiten, als der Zorn des Königs Xerxes nachgelassen hatte, gedachte er an Waschti und was sie getan hatte und was über sie beschlossen worden war. 2 Und die Diener des Königs, die ihm aufwarteten, sagten: „Man möge für den König junge Mädchen, gut aussehende Jungfrauen suchen, 3 und der König möge Beauftragte in allen Provinzen seines Reiches einsetzen, damit sie jede gut aussehende, junge Jungfrau in der Akropolis von Susa sammeln, im Harem, unter der Aufsicht von Hege, dem Eunuchen des Königs, dem Aufseher der Frauen, und dann sollen ihnen Kosmetika gegeben werden[1]. 4 Und das Mädchen, das dem König am besten

---

[17] Vgl. Talmon, VT 13,441-442.
[18] Rosenthal, ZAW 15,279.
[1] Inf.abs. anstatt des Jussiv (Ges.-K.par. 113y).

gefällt, soll anstelle von Waschti Königin werden." Dem König gefielen diese Worte und er verfuhr entsprechend.

5 Nun gab es einen jüdischen Mann auf der Akropolis in Susa, und sein Name war Mordechai, der Sohn Jaïrs, des Sohnes Schimis, des Sohnes des Kisch, ein Benjaminiter, 6 der[2] aus Jerusalem in das Exil geführt worden war, zusammen mit den Exilierten, die mit König Jojachin ins Exil geführt worden waren, den Nebukadnezar, der König von Babylon ins Exil geführt hatte. 7 Er war der Vormund der Hadassa, das ist Ester, die Tochter seines Onkels, denn sie hatte keinen Vater und keine Mutter mehr. Das Mädchen war schön von Gestalt und lieblich anzusehen, und als ihr Vater und ihre Mutter verstorben waren, hatte Mordechai sie als Tochter adoptiert.

8 Als der Befehl des Königs und sein Erlaß veröffentlicht und viele Mädchen auf die Akropolis von Susa gebracht wurden, unter die Aufsicht des Hegai[3], da wurde auch Ester in den Königspalast gebracht und Hegai unterstellt, der Aufseher der Frauen war. 9 Und das Mädchen erwarb sein Wohlwollen und erlangte seine Gunst[4], und er stattete sie eilends mit Kosmetika und Verpflegung aus, dazu sogar mit sieben auserwählten Dienerinnen aus dem königlichen Palast, und er brachte sie und ihre Mädchen im besten Teil des Harems unter.

10 Ester hatte nicht ihr Volk und ihre Verwandtschaft angegeben, denn Mordechai hatte ihr geboten, es nicht anzugeben. 11 An jedem Tag ging Mordechai im Hof vor dem Harem auf und ab, um zu erkunden, wie es Ester erging und was für sie getan wurde.

12 Wenn nun die Reihe an jedes Mädchen kam, um zum König Xerxes einzugehen, nachdem sie zwölf Monate lang, der Frauenregelung entsprechend, behandelt worden waren (denn solch eine lange Zeit nahm ihre kosmetische Behandlung in Anspruch – sechs Monate mit Myrrhenöl und sechs Monate mit Parfümerien und weiblichen Kosmetika)[5], dann ging das Mädchen zum König in der folgenden Weise: Alles, was sie erbat, wurde ihr gegeben, um mit ihr aus dem Harem in den Königspalast zu gehen. 14 Am Abend ging sie hin und am Morgen kehrte sie zurück in das zweite Haremgebäude unter der Obhut von Schaaschgas, dem Aufseher der Nebenfrauen; niemals ging sie wieder zum König hinein, es sei denn, er verlangte nach ihr und sie würde namentlich herbeigerufen. 15 Als nun Ester, die Tochter Abihajils, des Onkels Mordechais, die er als seine Tochter adoptiert hatte, an der Reihe war, zum König hineinzugehen, erbat sie nichts weiter außer dem, wozu ihr Hegai, der Aufseher der Frauen, riet. Und Ester erlangte Huld in den Augen aller, die sie sahen. 16 So wurde Ester zum König Xerxes gebracht, in seinen königlichen Palast, im zehnten Monat, das ist der Monat Tebet, im siebenten Jahr seiner Herrschaft. 17 Und der König liebte Ester mehr als alle anderen Frauen und erwies ihr mehr Gunst und Freundlichkeit als allen anderen Jungfrauen. Und er setzte die Königskrone auf ihr Haupt und machte sie zur

---

[2] Die nota relationis 'ašer erscheint dreimal in diesem Vers – der Reihe nach auf Mordechai (nicht Kisch), auf haggolâ und auf Jojachin bezogen.

[3] Offenbar derselbe Eunuch wie in V.3.

[4] nś' ḥesed (und ḥen) nur im Esterbuch; sonst werden die verben mṣ' oder 'śh gebraucht.

[5] Eine Parenthese, wie sie für den Autor typisch ist; vgl. 1,20; 9,16.

Königin anstelle von Waschti. 18 Und der König gab ein großes Festmahl für alle seine Offiziere und Höflinge, ein Festmahl zu Ehren von Ester und verkündigte einen Feiertag[6] für die Provinzen und verteilte Geschenke, wie sie eines Königs würdig waren.

19 In Verbindung mit dem Herbeibringen der Mädchen (sollte) ein zweites Mal[7] (gesagt werden): Mordechai saß im Tor des Königs. Ester hielt ihre Herkunft und ihre Volkszugehörigkeit geheim[8], weil Mordechai ihr das empfohlen hatte, und Ester tat fernerhin alles, was ihr Mordechai sagte, wie zu der Zeit, als sie noch unter seiner Vormundschaft stand.

Der neue Abschnitt setzt mit der Zeitbestimmung (V.1) nach der inclusio ein, die Kap. 1 zusammenhält. In V.21 liegt eine weitere Zeitbestimmung vor, die den folgenden Abschnitt eröffnet. Diese Abgrenzung wird bestätigt durch den Aufbau von 2,1-20[9], dessen Einzelteile eng aufeinander bezogen sind:

Ratschlag zur Gewinnung einer neuen Königin	(V.1-4)
Einführung von Ester und Mordechai	(V.5-7)
Ester auf ihrem Weg zum Thron (Einleitung)	(V.8-9)
und ihre Beziehung zu Mordechai	(V.10-11)
Ester kommt auf den Thron (Abschluß)	(V.12-18)
und ihre Beziehung zu Mordechai	(V.19-20)

2,1-4 Ratschlag zur Gewinnung einer neuen Königin

Der Abschnitt ist stilistisch wohlüberlegt gestaltet. Von dreifacher Art sind die Erinnerungen des Königs an Waschti, die nota accusativi wird dreimal gebraucht, wobei ihr jeweils ein, zwei und drei Worte folgen (vgl. Dommershausen). Der Rat wird erteilt, ohne vorher erbeten worden zu sein (im Gegensatz zu 1,13ff.). Dreimal wird der König im Hofstil angeredet (3. Pers.mask.Sing.), der letzte Satz von V.3 enthält drei präpositionale Verbindungen mit 'el (Dt. „in, unter"), Der Plural „gut aussehende Jungfrauen" (mit Assonanz, V.2) wird durch den Gebrauch derselben Worte (V.3) auf den Singular hingeführt. In der Josefsgeschichte wird dem König gleichermaßen gesagt „er möge Beauftragte einsetzen" (Gen 31,34 - der einzige Beleg neben unserem Text) und in Gen 41,35 folgt dieselbe figura etymologica wie hier „damit sie sammeln alles". Der Abschnitt ist notwendig, um die

---

6 $h^a n\bar{a}h\hat{a}$ ist ein hapax legomenon; es ist eher „Feiertag" (Moore) als „Steuererlaß" (vgl. Bardtke, Gerleman); vgl. den Kommentar.

7 Zu $\check{s}\bar{e}n\hat{i}t$ „zweitens" vgl. den Kommentar.

8 Hier wird das die Dauer beschreibende Partizip *maggedet* gebraucht, welches andeutet, daß Ester ständig ihre Volkszugehörigkeit verschwieg, während in dem parallelen Abschnitt V.10 das Perfekt *higgîdâ* steht.

9 Aus diesem Grunde sollten V.19-20 nicht als Teil des folgenden Abschnittes angesehen werden (vgl. Siegfried, Ringgren, Moore, Clines), sondern - in Übereinstimmung mit der $s^e t\hat{u}m\hat{a}$-Aufteilung des MT - als Abschluß des vorliegenden Abschnittes.

Handlung zu entwickeln, aber solche stilistischen Akzente haben zugleich – zusammen mit anderen im Buche – eine steigernde Wirkung[10].

2,5-7 *Einführung von Ester und Mordechai*

Jetzt werden die Hauptpersonen vorgestellt. V.5 verbindet einen „jüdischen Mann" ('iš y^ehûdî) und einen „Benjaminiter" ('iš y^emînî) miteinander und betont so zugleich Mordechais Jude-Sein und seine benjaminitische Herkunft. Diese Verbindung macht es notwendig, die nota relationis, mit der V.6 beginnt, auf Mordechai und nicht auf Kisch zu beziehen. Die Folge ist eine Komprimierung von Geschichte (Anderson), die oft herangezogen wird, um die Ungeschichtlichkeit der Erzählung zu belegen (Mordechai wäre zur Zeit der erzählten Ereignisse etwa 120 Jahre alt). Die Namen in seiner Genealogie sind aus dem Alten Testament gut bekannt, Schimi und Kisch sind benjaminitische Namen[11]. Damit wird – wie in der dreifachen relativen Konstruktion des V.6 – das Jude-Sein des Mannes mit dem babylonischen Namen (vgl. Marduk) hervorgehoben, der im Zentrum des Perserreiches „auf der Akropolis von Susa" lebt. Die andere Hauptperson, Ester, wird mit ihrem typisch jüdischen Namen „Hadassa" und mit ihrem bekannteren Namen „Ester" (vgl. Ischtar)[12] vorgestellt. Ihr Judentum wird gleichermaßen hervorgehoben, dadurch nämlich, daß sie sowohl eine Verwandte Mordechais wie auch seine adoptierte Tochter ist. Ihre Schönheit wird in einer Weise beschrieben, die den wiederholt ausgesprochenen Anforderungen an die neue Königin entspricht (V.2.3), was wiederum Kommendes vorwegnimmt. Mit fast den gleichen Worten wird die Erscheinung Josefs beschrieben (Gen 39,6; vgl. auch Dan. 1,4). Das Erzählungselement einer Adoption teilt unsere Erzählung mit dem Exodus: Mose war ein adoptiertes Kind (Ex 2,9-10). Überdies finden wir in der Mosegenealogie einen Generationensprung, der dem hier vorliegenden vergleichbar ist: Moses Vater war mit seiner eigenen Tante verheiratet (Ex 6,20), während Ester von ihrem Cousin aufgezogen wird (Gerleman).

2,8-11 *Ester auf ihrem Weg zum Thron*

Diese Verse folgen unmittelbar auf V.5-7 und sind angesichts der dort anklin-   8-9
genden Vorwegnahmen des Kommenden nicht nur ein abruptes Intermezzo, wie oft angenommen wurde. Abermals wird die Neigung des Verfassers zur Symmetrie deutlich: dreimal passivisches Nif'al jeweils von einer parallelen Konstruktion gefolgt. Eine dunkle Andeutung schwingt im Passiv mit (Bardtke); irgendein Fatum ist am Werke, oder ist es schon da? Die bedachte Formulierung weist wie-

---

[10] Vgl. o. S. 224.
[11] Vgl. Num 32,41; 2 Sam 16,5ff.; 1 Sam 9,1ff.
[12] Zu den Namen vgl. J. Lewy, HUCA 14, 127-151; A. S. Yahuda JRAS 8,174-178.

der auf Kommendes: Heißt es von den anderen Mädchen, daß sie zu der Akropolis von Susa kommen, so von Ester, daß sie in den Königspalast kommt. Das wiederum nimmt die besondere Fürsorge vorweg, die Ester nach V.9 erfährt. Aus keinem ersichtlichen Grunde wird sie gegenüber den anderen begünstigt und bevorzugt behandelt. Sie scheint auf dem Wege zur Gunst des Königs selbst zu sein. Ebendasselbe widerfährt auch Josef (Gen 39,2ff.; 39,21ff.; 49,9ff.), Tobit (Tob 1,10ff.), Daniel und seinen Freunden (Dan 1), die alle an einem fremden Hof die Zuwendung von Höflingen erfahren. In diesen Fällen wird das religiöse Moment greifbar, denn Gott ist es, der sie bei den Höflingen Gunst finden läßt. Man kann sich fragen, ob das nicht auch hier geschieht. Aber es liegt keineswegs so klar zutage, daß es nicht auch bezweifelt oder übersehen werden könnte. Hier haben wir es also mit einer Lücke im Text zu tun, einer Herausforderung an den Leser, die Möglichkeiten zu bedenken.

10-11   Es folgt ein Abschnitt, in dem es um die Beziehungen zwischen Ester und Mordechai geht. V.10 spricht von Esters Verhalten gegenüber Mordechai, und ist von einem entsprechenden Chiasmus bestimmt (Ester-Mordechai; Mordechai-Ester)[13]. Nach der Andeutung, daß sie sich auf dem Weg zum Thron befindet, wird im Gegenzug wieder eine Spannung aufgebaut, die Gefahr nämlich, daß ihre Volkszugehörigkeit bekannt wird. Für die Entwicklung des Konflikts ist es ja notwendig, daß ihre jüdische Herkunft geheim gehalten wird. Aber die Volkszugehörigkeit Mordechais *ist* bekannt, und die Gefahr, entdeckt zu werden, kann durch sein Fragen nach Ester zunehmen. Mordechai pflegte jeden Tag auf und ab zu gehen (*mithallek*, frequentatives Partizip Hitpa'el), um sich zu erkundigen, wie es Ester ginge (wieder ein andeutendes Passiv). Das zeigt zwar seine väterliche Besorgnis an, will aber gar nicht zu seiner eigenen Weisung stimmen, nach der Ester ihre Herkunft verschweigen sollte. Das Motiv des Schweigens, mittels dessen bei gewissen Personen den Lesern Bekanntes nicht zur Sprache kommt, verstärkt die verhüllten Andeutungen von Gottes Gegenwart, durch die die Leser in quälender Ungewißheit gelassen werden[14]. Bei dem Geheimnis um Esters Identität ist an Vergleichbares bei Mose in der Exoduserzählung zu erinnern (Ex 2,11ff.19).

2.12-20 *Ester kommt auf den Thron*

12-14   Diese Verse bilden den Auftakt für Esters Begegnung mit dem König und die damit sich bietende Chance. Das Schicksal der Mädchen, die „zum König hineingegangen sind" wird erzählt. Sie bekommen jede Chance, den König zu beeindrucken (vgl. die Parenthese in V.12 über die ausgedehnte kosmetische Vorbereitung), aber wenn der König auf die Rückkehr eines Mädchens keinen Wert legt, dann bleibt es auf Lebenszeit im Harem eingeschlossen. Hier wird wieder Span-

---

[13] Daher kann V.11 nicht mit Lebram, VT 22, 215-216 als Zusatz betrachtet werden, um eine These zu stützen, daß Mordechai hier ungeschickt eingeführt wird.
[14] Vgl. Striedl, ZAW 55, 103-105, zu dem vom Erzähler verwandten „Stilmittel der Verheimlichung".

nung aufgebaut: Gelingt es Ester nicht, diese eine Chance mit Erfolg zu nutzen, dann wird sie auf immer vom Schauplatz abgetreten sein (vgl. den Gegensatz in V.15: während die Mädchen erbitten können, was sie wünschen, hält sie sich zurück). V.14a unterstreicht, daß es wirklich nur eine Chance gibt in der Begegnung mit dem König. Jede Nacht ging ein anderes Mädchen hinein, um dann im Harem zu verschwinden (die Partizipien *bââ* und *šâbâ* sind frequentativ gebraucht), wobei der einmalige Besuch (vgl. V.14b) offensichtlich eher Regel als Ausnahme war.

In V.15 erfahren wir, was Ester *tut* – im Unterschied zu V.16, wo wir erfahren, 15-16 was ihr *widerfährt* (vgl. auch V.8.9). Diese beiden Aspekte zielen auf eine Feststellung, die das Buch als ganzes machen wird: Es ist eine Macht zugegen, die die Ereignisse zur Entscheidung bringt, *und* menschliches Planen erzielt Erfolge. Die anderen Mädchen mögen sich erbitten, wonach ihnen der Sinn steht, Ester berät sich mit dem erfahrenen Hegai (vgl. Paton, Bardtke, Moore). Das ist klug, und so haben wir es in unserer Erzählung hier wieder mit einem weisheitlichen Element zu tun (vgl. Spr 7,2; 12,15; 13,3; 15,22; 19,20; 21,11). Auch darin wird Ester von den anderen Mädchen abgehoben, daß diese eine namenlose Masse darstellen, sie hingegen den Namen ihres Vaters vorweisen kann und allein ihr Besuch beim König mit einer Zeitangabe versehen wird. Er geschah im zehnten Monat des siebenten Regierungsjahres des Xerxes, d.h. vier Jahre nach Absetzung der Waschti. Das ist nicht nur ein symbolisches Datum (Schildenberger, Bardtke), es ist auch literarisch begründet: Mehr als tausend Bewerberinnen müssen allnächtlich gekommen und gegangen sein, womit recht deutlich auf Esters Schönheit hingewiesen wird.

Esters Sieg wird in einer Komparativkonstruktion im Parallelismus beschrie- 17 ben („mehr als alle Frauen" / „mehr als alle Jungfrauen"), womit ihre Überlegenheit besonders unterstrichen wird. Waschti wird zum letzten Mal erwähnt, als Ester an ihre Stelle tritt. Sie hat innerhalb der Handlung ihre Funktion erfüllt. In unserem Vers ist auch die Vorliebe unseres Verfassers für Wortspiele (*malkūt, wayyamlīkehā*) und Alliteration (*keter malkūt*) zu beobachten.

Noch einmal taucht das Festmahl-Motiv auf, dieses Mal jedoch nicht als 18 Demonstration königlichen Glanzes, sondern um die neue Königin zu feiern. Die Vergabe von Geschenken im Rahmen eines königlichen Festmahls findet sich auch in der Josefsgeschichte (vgl. Gen 43,34). Der Feiertag paßt gut zum Fest und zur Vergabe von Geschenken; zugleich weist er voraus auf das Fest, die Gaben und den Feiertag, die zu Purim gehören (9,17-19). Das spricht deutlich gegen Clines' These, die nur Kap. 1-8 zur ursprünglichen Erzählung rechnet, nicht Kap. 9 (vgl. dazu o.S. 211f.).

In diesen Versen wird abermals das Verhältnis Ester-Mordechai angesprochen. 19-20 Als die Mädchen versammelt wurden (V.8-9), kam dieses Verhältnis zum erstenmal zur Sprache (V.10-11); jetzt kommt der Erzähler nach einem zweiten Abschnitt, das die Mädchen erwähnte (V.12-18), ein zweites Mal (V.19) auf dieses Verhältnis zu sprechen. Das entspricht dem überlegten Aufbau des Abschnittes und gestattet uns, den Einsatz des dritten Erzählungsabschnittes zu bestimmen (2,21-23).

Jetzt ist die Vorgeschichte der Novelle abgerundet, die Voraussetzungen für den Ablauf der Hofintrige, die die Existenz der Juden bedrohen wird, sind gegeben.

3.
Kapitel 2,21-23
Mordechai rettet dem König das Leben

21 In jenen Tagen, als Mordechai im Tor des Königs saß, gerieten Bigtan und Teresch, zwei Eunuchen des Königs von den Schwellenhütern, in Zorn und trachteten danach, Hand an König Xerxes zu legen. 22 Aber die Sache wurde Mordechai bekannt, und er gab Meldung an die Königin Ester, und sie berichtete dem König davon im Namen Mordechais. 23 Die Sache wurde untersucht und bestätigte sich, und die beiden wurden an den Galgen gehängt. Und es wurde im Buch der Tagesereignisse vor dem König niedergeschrieben.

Das Sitzen Mordechais im Tor des Königs wird mit den gleichen Worten wie im vorangegangenen Abschnitt beschrieben (V.19), wo der weitere Fortgang der Erzählung aufgebaut wird. Er muß sich dort aufhalten, damit er derartige Intrigen entdecken kann. Wenn die beiden Höflinge (nach der LXX „Oberste der Leibwächter": archisōmatophýlakes) mit Namen genannt werden, so zeigt das wieder die Liebe unseres Erzählers für das Detail, und zugleich wird so der „dokumentarische" Charakter des Erzählten lebendig. Der Anlaß für ihre Verschwörung spielt keine Rolle und wird deshalb auch nicht erwähnt. Die eingeschränkte Bedeutung von Nebenfiguren wie Bigtan und Teresch ist ein Zug, der auch in der Josefsgeschichte (vgl. Gen 40) und oft im Esterbuch zu beobachten ist (vgl. 1,10.14.16; 2,3.8.14; 4,5; 5,10; 7,9; 9,7-9).

Die Warnung, die Mordechai an Ester weitergibt, zeigt, wie beide trotz der Gefahr, Esters Volkszugehörigkeit zu verraten, weiter miteinander in Verbindung bleiben. So wird die Spannung aufrechterhalten. Aber Ester erscheint auch als Sprecherin für Mordechai, der selber im Hintergrund verharrt. Gerleman vergleicht hier mit Recht die ähnliche Beziehung zwischen Mose und Aaron in der Exoduserzählung (vgl. Ex 4,10.15-16). Josef und Daniel helfen beide ausländischen Königen. Auch sonst findet sich eine chiastische Anordnung der Namen (V.22), wenn es um die Beziehung zwischen den beiden Hauptpersonen geht (vgl. 2,10-11).

Es ist nicht sicher, ob das hebräische *tlh 'el 'ēṣ* „an den Galgen hängen" oder „pfählen" (vgl. 5,14; 9,13) bedeutet. Wichtig ist, daß das Vorkommnis schriftlich festgehalten wird. So wird der Sieg Mordechais über Haman (6,1-13) vorbereitet. Es gibt gute Gründe, diesen kurzen Abschnitt hier zu plazieren. Der Abstand zwischen dem dritten und dem neunten Abschnitt läßt eher im Ungewissen, als daß er lediglich die Ereignisse von Kap. 6 ahnen läßt (Clines). Die persischen Könige waren dafür bekannt, daß sie Wohltäter großzügig belohnten.

Weshalb wird dann der doch sichtlich verdiente Mordechai nicht belohnt?

Jedenfalls wird zum folgenden Vers, der die Spannung zwischen den beiden Hauptkontrahenten der Erzählung aufbrechen läßt, ein scharfer Gegensatz geschaffen. Aus heiterem Himmel wird Haman belohnt, ohne etwas Verdienstliches getan zu haben. Schließlich dient der Abschnitt als Brücke zwischen der Vorgeschichte (1,1–2,20) und der Haupthandlung (3,1 ff.). So wird der Leser durch die Fragen, die diese wenigen Verse aufwerfen, zum Weiterlesen eingeladen.

4.
Kapitel 3,1–7
Der erste Konflikt zwischen Haman und Mordechai

1 Nach diesen Begebenheiten beförderte König Xerxes Haman, den Sohn Hammedatas, den Agagiter, erhob ihn und gab ihm einen höheren Sitz als irgendeinem seiner Mit-Fürsten. 2 Und alle Knechte des Königs, die im Tor des Königs waren, beugten die Knie und fielen nieder vor Haman, denn so hatte es der König für ihn angeordnet. Aber Mordechai wollte weder die Knie beugen noch sich niederwerfen[1]. 3 Da sagten die Knechte des Königs im Tor des Königs zu Mordechai: „Warum übertrittst du den Befehl des Königs?" 4 Aber er weigerte sich, auf sie zu hören, obwohl sie ihn Tag um Tag[2] zur Rede stellten. So setzten sie Haman davon in Kenntnis, um zu sehen, ob Mordechais Worte sich behaupten würden, denn er hatte ihnen gesagt, daß er ein Jude sei. 5 Als Haman bemerkte, daß Mordechai nicht vor ihm die Knie beugte oder sich niederwarf, wurde er überaus zornig. 6 Er wies jedoch den Gedanken ab, an Mordechai allein Hand anzulegen (denn sie hatten ihm gesagt, welchem Volk Mordechai angehörte), und Haman war darauf aus, alle Juden auszurotten, die im ganzen Königreich des Xerxes waren, das Volk Mordechais[3]. 7 Im ersten Monat, das ist der Monat Nisan, im zwölften Jahr des Königs Xerxes, wurde vor Haman der Pur (das ist das Los) geworfen alle Tage und alle Monate hindurch bis zum zwölften[4] Monat[5], das ist der Monat Adar.

In Übereinstimmung mit der Parascheneinteilung der hebräischen Handschriften liegt zwischen V.7 und 8 ein Einschnitt[6]: Während Haman und die Höflinge in V.1–7 die handelnden Personen sind, sind es ab V.8 der König und Haman. In

---

[1] $l\bar{o}'$ mit doppeltem Imperfekt bezeichnet die anhaltende Weigerung.

[2] Worte und Formulierung sind offenkundig als Parallele zu Gen 39,10 gewählt (vgl. Rosenthal, ZAW 15, 279).

[3] Ich behalte die Lesart '$am\ mord^{o}kay$ bei; wenn '$im\ mord^{o}kay$ gelesen wird (vgl. BHS), so hieße dies, daß alle Juden $zusammen\ mit$ Mordechai getötet würden – was gut möglich ist.

[4] Die griechischen Übersetzungen ergänzen den Tag: Der A-Text liest $eis\ t\grave{e}n\ triskaidek\acute{a}ten$ „am dreizehnten", während die LXX $eis\ t\grave{e}n\ tessareskaidek\acute{a}ten$ „am vierzehnten" hat.

[5] Ein zusätzliches $l^{e}hode\check{s}$ fiel wahrscheinlich durch Haplographie aus (Poulssen); damit wird eine leichtere Lösung geboten, als sie eine Rekonstruktion nach zwei verschiedenen griechischen Übersetzungen darstellt.

[6] Die Kommentare sind hinsichtlich des Abschlusses uneins: Siegfried (V.5), Würthwein (V.6), Ringgren, Gerleman, Moore, Clines (V.15).

V.8 ist der Neueinsatz durch den Beginn eines Dialogs markiert. Schließlich ist die Beziehung zwischen V.1-7 (Konflikt) und 8-15 (Entwicklung seiner Folgen) von ähnlicher Art wie die Beziehung zwischen 5,9-14 (Konflikt) und 6,1-13 (Entwicklung seiner Folgen).

1   Die Beförderung Hamans wird im Eingangsvers stark unterstrichen, indem auf sie dreifach Bezug genommen wird. Die dritte Hauptperson wird – wie die beiden anderen – durch eine genaue Angabe seiner Herkunft vorgestellt (vgl. 2,5.15). Die Namen „Haman", „Hammedatas" und „Agagiter" sind persisch[7], ihre Bedeutung liegt darin, daß hier eine vielsagende Polarisierung zwischen Haman und Mordechai hergestellt wird. Ist Mordechai als ein Abkömmling des Kisch aus dem Stamme Benjamin identifiziert worden, so erinnert uns die Bezeichnung Hamans als Agagiter an den Amalekiterkönig Agag, der von Saul, dem Sohne des Kisch aus Benjamin, verschont wurde, aber dann durch das Schwert Samuels fiel (1 Sam 15). Der Jude aus Benjamin steht dem Erzfeind aus Amalek gegenüber (vgl. Num 24,20; Dtn 25,19). Die Spannung, die durch die unbegründete Beförderung Hamans wie durch das Ausbleiben einer verdienten Belohnung Mordechais vorbereitet wurde, steigt angesichts der unausgesprochenen Frage: „Wird Mordechai gleich seinem früheren Stammesgenossen aus Benjamin versagen?"

2   Sogleich nimmt die Ungewißheit zu. Mordechai weigert sich als einziger unter den Höflingen, dem Befehl des Königs Folge zu leisten. Mordechais Entschiedenheit ist derart, daß er eben dem König ungehorsam ist, dessen Leben er gerettet hatte. Diese ungewöhnliche Situation muß auf etwas Besonderes hinauslaufen.

3-4   Jetzt schalten sich die Höflinge ein und sorgen dafür, daß die Ungewißheit weiter anhält. Sie stellen die durch den vorangegangenen Vers provozierte Frage: Warum weigert sich Mordechai vor Haman niederzufallen? Die Intervention der Höflinge sollte nicht mit einem vermuteten Stolz Hamans (Bardtke) in Verbindung gebracht werden oder mit der langen Zeitspanne, in der Mordechai der Aufmerksamkeit Hamans entging (Paton), sie ist vielmehr aus erzähltechnischen Gründen notwendig. Der Rückverweis in V.9b deckt auf, weshalb Mordechai Haman den Gehorsam verweigert: Er ist Jude. Damit wird zwar eine religiöse Begründung angedeutet (Juden fallen nicht vor Heiden nieder), aber gleichwohl verschwiegen, weshalb Juden so handeln[8] („wieder eine Lücke im Gedankengang" – Ringgren). Die Frage, weshalb Mordechai sich nicht auch weigerte, vor dem König niederzufallen, entfällt. So wird Mordechais Jude-Sein betont und er wird auf diese Weise zum Repräsentanten aller Juden. Abgesehen von der für Ester damit verbundenen Gefahr, hat Mordechais nun allgemein bekannte Volkszugehörigkeit zur Folge, daß sein persönlicher Konflikt zu einem Konflikt für sein ganzes Volk wird. Hier wird der Grund für die spätere Ausweitung des Kon-

---

[7] Vgl. Gehman, JBL 43, 326; Gerleman; Haman könnte auch mit dem elamitischen Gottesnamen Humman zusammenhängen (vgl. Jensen, WZKM 6,58 f.; Stiehl, Die aramäische Sprache, 203).

[8] Die Targumim litten dies nicht und erklärten Mordechais Verhalten: Nach dem Ersten Targum trug Haman ein Götzenbild auf seinem Gewand, nach dem Zweiten Targum knien Juden allein vor Gott.

flikts auf alle Juden gelegt. Jetzt steht ein Rechtsproblem im Raum: Darf ein Jude aufgrund seines Judentums einem königlichen Befehl den Gehorsam verweigern?

Es folgt Hamans Reaktion. Er wies den Gedanken ab, Mordechai allein umzu- 5-6 bringen, er wollte dessen ganzes Volk ausrotten (wieder durch eine plusquamperfektische Rückblende unterstrichen). Mordechais Weigerung, vor Haman niederzufallen, erfolgte aufgrund seines Jude-Seins, nicht aus eitlem Stolz, Hamans Reaktion hingegen wird als anmaßende Hybris gezeichnet. Nach der Weisheitsliteratur gehört sie zu den Kennzeichen des Toren (vgl. Spr 16,5.18-19; 18,12; 21,24; 29,23). Hier wird zum ersten Mal Hamans Torheit[9] angedeutet, und man ahnt dunkel, daß er am Ende zu Fall kommt. Zu diesem Zeitpunkt jedoch ist hiervon nichts zu sehen. Haman befindet sich auf dem Höhepunkt seiner Macht – wie sollte er also zu Fall kommen, wie die Weisen den Leser für einen solchen Menschen erwarten lassen?

Dieser Vers wird oft als späterer Zusatz gewertet. Sehen wir jedoch von der 7 Möglichkeit einer einfachen Lösung des textkritischen Problem ab (s.o.), findet sich der gleiche stilistische Scharfsinn auch sonst im Buche. Ein ausgedehnter Chiasmus (hebräische Zahl, babylonischer Name, babylonisches Wort, hebräische Erklärung, hebräische Zahl, babylonischer Name)[10] bezeugt die Authentizität des Verses. Das Los wird gebraucht, um einen geeigneten Tag für das Massaker an den Juden zu finden. Das Werfen der Lose beginnt vier Jahre nach der Thronbesteigung Esters. Im Monat Nisan (dem Monat des Passafestes) wird entschieden, daß das Massaker im Monat Adar stattfinden solle. Der Tag selbst wird nicht genannt. Mit Recht hat Poulsen das Gewicht einer solchen Unbestimmtheit hervorgehoben, die durch ihre bloße Unvollständigkeit die Aufmerksamkeit des Lesers an sich zieht.

Der erste Schritt ist nun getan, um das x-Muster aufzubauen, das den Hauptteil des Buches umfaßt: Haman siegt über Mordechai (3,1-7; 3,8-15) und Mordechai siegt über Haman (5,9-14; 6,1-13).

5.
Kapitel 3,8-15
Ein Sieg für Haman

8 Dann sagte Haman zu König Xerxes: „Es gibt ein gewisses Volk, zerstreut und abgesondert unter den Völkern in allen Provinzen deines Königreiches, dessen Gesetze von denen eines jeden anderen Volkes abweichen und das nicht die Gesetze des Königs einhält, so daß es dem König nicht angemessen ist, sie zu dulden. 9 Wenn es dem König recht ist, soll es niedergeschrieben werden, daß sie zu vernichten sind, und ich werde zehntausend Silbertalente den Amtleuten darwägen, um sie den Schätzen des Königs hinzuzu-

---

[9] Vgl. Talmon, VT 13, 443-447, zu weiteren Beispielen.
[10] Vgl. Dommershausen, Die Estherrolle, 61.

fügen." 10 Und der König nahm seinen Siegelring von der Hand und gab ihn Haman, dem Sohn des Hammedatas, dem Agagiter, dem Feind der Juden. 11 Und der König sagte zu Haman: „Das Geld sei dir gegeben, und das Volk – verfahre mit ihm, wie du willst". 12 So wurden die Schreiber des Königs zusammengerufen am dreizehnten Tag des ersten Monats. Und ein Schreiben wurde herausgegeben, entsprechend allem, was Haman angeordnet hatte, an die Satrapen des Königs und an die Statthalter jeder Provinz und an die Fürsten eines jeden Volkes, für jede Provinz in ihrer eigenen Schrift und für jedes Volk in seiner eigenen Sprache. Im Namen des Königs Xerxes war es geschrieben und versiegelt mit dem königlichen Siegelring. 13 So wurden Briefe durch Läufer in alle Provinzen des Königs geschickt[1], um zu vernichten, zu töten und auszurotten alle Juden, jung und alt, Kinder und Frauen, an einem Tag, dem dreizehnten des zwölften Monats, das ist der Monat Adar, und ihren Besitz einzubehalten. 14 Eine Abschrift des Schreibens sollte als Erlaß veröffentlicht (und) allen Völkern bekannt gemacht werden, so daß sie für diesen Tag bereit wären. 15 Die Läufer zogen eiligst aus nach des Königs Befehl, und der Erlaß wurde auf der Akropolis von Susa bekannt gegeben. Dann setzten sich der König und Haman hin, um zu trinken, aber in der Stadt Susa herrschte Verwirrung.

Dieser Abschnitt endet mit V.15, da in 4,1 ein neues Subjekt (Mordechai) eingeführt wird. Zu seinem Anfang s.o.

8-9   Hamans Vorzugsstellung beim König ist damit angezeigt, daß er den König in der zweiten Person anredet, anstatt die förmliche dritte Person des Hofstils zu gebrauchen. Indem er „ein" als unbestimmten Artikel[2] gebraucht, verschweigt er dem König den Namen des zum Untergang verurteilten Volkes. Damit wird die Möglichkeit umgangen, daß der König etwas von der Niedertracht merkt, die sich im Verborgenen vorbereitet, da der recht bekannte Jude Mordechai einen guten Namen bei Hofe hat (vgl. 2,22-23). Schließlich kann der König dann ebenso mit Haman verfahren, wenn er ihm seinerseits auch Information vorenthält (in 6,1-13, dem Gegenstück zu unserem Abschnitt). In beiden Fällen ist das Motiv der Unbestimmtheit wesentlich für den Fortgang der Handlung, und es unterstreicht die Umkehrung der Geschichte bei beiden Männern, insofern der gleiche Zug (die Zurückhaltung des Namens – einmal der Juden, einmal des jüdischen Mannes –) für die besonderen Erfolge der beiden Kontrahenten verantwortlich ist. Im vorliegenden Fall charakterisiert es zugleich Xerxes als einen törichten König, der der Ausrottung einer ganzen ethnischen Einheit in seinem Reiche zustimmt, ohne zu wissen, wer sie sind, und ohne sich überhaupt darum zu kümmern. Die Zerstreuung und Absonderung der Juden wird durch die Alliteration in den ersten Worten Hamans unterstrichen: $m^e uzzar$ und $m^e orad$. Das kann sich nur

---

[1] Der absolute Infinitiv steht – wie oft in lebendiger Erzählung – anstatt des finiten Verbs (Ges.-K.par 113 y).

[2] Nicht in einem abfälligen Sinne von den Juden gesagt (Bardtke, Gerleman), das widerspräche auch der hohen Summe, die Haman für sie bietet; vgl. Ges.-K.par. 125b.

auf ihre religiöse Absonderung beziehen, und damit taucht in Hamans Worten die erste religiöse Andeutung auf. Ihre Gesetze können nur ihre Tora meinen, und die Behauptung, diese unterschieden sich von denen anderer Völker, trifft zu, nicht aber die Andeutung, daß *alle* ihre Gesetze anders sind. Auch die dritte Behauptung stellt eine Halbwahrheit dar (vgl. jedoch Moore), da der prominente Jude Mordechai tatsächlich als Jude dem König nicht gehorchte (vgl. 3,4), aber dieser Ungehorsam kann nicht generell auf alle Juden übertragen werden. Jedenfalls sind jetzt alle Juden als religiöse Gemeinschaft in den Konflikt hineingezogen, der so kollektive Ausmaße angenommen hat.

Hamans konkreter Vorschlag in V.9 ist sorgfältig in der dritten Person formuliert und gebraucht das Passiv. Seine Unterstreichung königlicher Interessen ist listige Tarnung. Wenn er nämlich dazu bereit ist, zehntausend Talente zu zahlen, verrät er sein eigenes Interesse an der Sache, für die er willens ist, eine so hohe Summe zu investieren. Ihre Höhe entspricht fast dem ganzen Jahrestribut, den Darius^3 von zwanzig Provinzen empfing und zeigt so, wie wichtig für Haman die Beseitigung der Juden ist. Während Mordechai die Wahrheit sprach, als er wirklich den Interessen des Königs diente, hat Haman nur vorgeblich die Interessen des Königs im Auge und geht unehrlich mit der Wahrheit über die Juden um.

Der König handelt, ehe er spricht. In einer ironischen Parallele zu Gen 41,42^4 10–11 erhält der Feind der Juden die ganze königliche Vollmacht, während Josef, der auch eine solche Vollmacht erhält, zu ihrem Retter wird. Hier liegt keine Parodie (Bardtke) vor, es handelt sich vielmehr um das Gegenstück zu 8,2, wo Mordechai denselben Siegelring empfängt. Entweder akzeptiert der König höflich den Vorschlag und verkauft demnach die Juden an Haman, oder das Geld ist ihm – da er so reich ist wie in Kap. 1 beschrieben – gegenüber der Verwirklichung des Vorschlages völlig gleichgültig (vgl. 4,7; 7,4). Für vergleichbare Hyperbeln kann man 1,1.4.8 heranziehen. Das weisheitliche Motiv des launischen Despoten dient hier dazu, um den Leser in Ungewißheit zu halten: Wie können die Juden je gerettet werden, wenn der König derart teilnahmslos reagiert? Mehr noch – seine Worte sind unklug, denn er spricht, bevor er den Fall geprüft hat (vgl. dagegen Spr 25,2b). Was die Weisen von einem solchen Verhalten erwarteten, das trifft nun ein: Indem er Haman freie Hand ließ, hat er sich – welch Ironie! – selbst gebunden, und zwar so sehr, daß andere für ihn dem Dilemma zu Leibe rücken müssen (8,8).

Der sechsfache Gebrauch des Passivs in diesen Versen hat die Wirkung „eines 12–14 unpersönlichen, mit fast unheimlicher Präzision sich erfüllenden Schicksals" (Gerleman). Am Tage vor dem Passafest (vgl. Lev 23,5), an dem die Juden Vorbereitungen für die Feier ihrer *Befreiung* aus Ägypten treffen, werden die Schreiber zusammengerufen, um das erschreckende antijüdische Dekret abzufassen. Ein königlicher Erlaß mit Siegel kann nicht widerrufen werden. So scheint die Lage

---

^{3} Vgl. Herodot III, 95. 14 560 euböische Talente = 11 200 babylonische Talente (1 babylonisches Talent = 1,3 euböisches Talent, Paton und seine Nachfolger haben in ihrer Berechnung des letzteren geirrt). Zur Berechnung euböischer und babylonischer Talente siehe Loader, Esther (POT), 176.
^{4} Vgl. Rosenthal, ZAW 15,280.

der Juden ebenso hoffnungslos zu sein wie die Stellung Hamans unangreifbar ist. Was mit ihnen geschehen soll, sagen drei düstere Infinitive an (vernichten, töten, ausrotten), und der Ausdruck „alle Juden" wird durch zwei Wortpaare gesteigert, um die Totalität der drohenden Vernichtung anzuzeigen. Der Befehl, ihren Besitz zu plündern, zielt vielleicht auf die Beschaffung der dem König versprochenen Summe, ist aber eher als Entsprechung zu 9,10.15.16 aufzufassen, wo die Juden trotz der Möglichkeit, ihre Feinde auszuplündern, davon abstehen. Wenn alle zum dreizehnten Adar für das Massaker „bereit" sein sollen, so findet das gleichfalls seine spätere Entsprechung in 8,13, wo der derselbe Befehl *zugunsten* der Juden gegeben wird, sowie in dem Motiv des Bereitseins in der Exoduserzählung (Ex 12,11; vgl. 12,34). Ganz gewiß zieht der Aufschub der Vollstreckung des Erlasses auch die Todesangst der Juden in die Länge (Clines), er schenkt ihnen aber auch Zeit zu Gegenoperationen.

15   Bei dem Kontrast zwischen der Akropolis, wo Haman und der König ein festliches Trinkgelage veranstalten, und der Stadt selbst, in der Verwirrung[5] herrscht, zeigt die Erzählung abermals ein Element der Unbestimmtheit. Die Metonymie „Stadt" für „Einwohner" läßt nicht deutlich werden, wer in der Stadt verwirrt ist – nur die Juden oder alle? Einerseits schließt das Fest Hamans und des Königs die Episode ab, andererseits bleibt eine quälende Lücke (weniger Gott-gestaltig in diesem Vers), eine Ungewißheit, die den Leser dazu nötigt fortzufahren.

Auf der einen Seite unterstreicht dieser Abschnitt, wie hoffnungslos die Lage der Juden ist. Aber auf der anderen Seite gibt es eine Anzahl religiöser Anspielungen (Jüdische Identität, Tora, Pascha, Exodus). Sind sie Zeichen der Hoffnung? Kann eine Ausrottung der Juden wirklich mit dem Paschafest verbunden werden? Wer ist die ungenannte Macht, die in den Passivformen am Werke ist? Ist sie Gott? Und warum wird er dann nicht mit Namen genannt?[6]

6.
Kapitel 4,1–17
Erste Reaktionen der Hauptpersonen

1 **Als Mordechai erfuhr, was alles getan worden war, zerriß Mordechai seine Kleider und legte Sack und Asche an, ging mitten in die Stadt hinein und weinte laut und bitterlich. 2 Und so kam er bis eben vor das Tor des Königs (denn niemand durfte das Tor des Königs im Sackgewand durchschreiten). 3 Und in jeder Provinz, in der des Königs Befehl und Erlaß bekannt wurde, gab es unter den Juden eine große Trauer mit Fasten, Weinen**

---

[5] Im sonstigen AT findet sich *bwk* Nifᶜal (außer Joël 1,18) nur in der Exoduserzählung (Ex 14,3).

[6] Moore (CBQ 31, 251) fragt Dommershausen, weshalb sich Gott verhülle. An diesem Punkt der Erzählung kann die Frage noch nicht beantwortet werden, da es sich um einen der wesentlichen Aspekte handelt, der die einzelnen Teile der Handlung miteinander verbindet. Erst vom Ende der Erzählung her können wir erkennen, daß Gott in ihr verborgen bleibt, weil das nach unserer Novelle die Weise seines Handelns in der Welt ist.

und Klagen, viele lagen auf Sack und Asche. 4 Als Esters Mägde und Eunuchen kamen[1] und ihr Bericht erstatteten[2], war die Königin äußerst bestürzt und ließ Gewänder überbringen, um Mordechai zu bekleiden und ihm sein Sackgewand abzunehmen. Aber er wollte sie nicht annehmen. 5 Da rief Ester Hatach, einen der Eunuchen des Königs, den er zu ihrer Bedienung[3] eingesetzt hatte, und befahl ihn zu Mordechai um zu erkunden, was los sei und worum es ginge. 6 Und Hatach ging zu Mordechai auf den städtischen Platz vor dem Tor des Königs. 7 Und Mordechai teilte ihm alles mit, was ihm widerfahren war, und auch die Geldsumme, die Haman der königlichen Schatzkammer für die Vernichtung der Juden zu zahlen versprochen hatte. 8 Er gab ihm auch eine Abschrift des Erlasses, der in Susa zu ihrer Vernichtung herausgegeben worden war, um ihn Ester zu zeigen und sie zu unterrichten und ihr anzubefehlen, zum König zu gehen, daß sie ihn um Erbarmen anflehe und vor ihm für ihr Volk bitte. 9 Und Hatach ging und berichtete Ester, was Mordechai gesagt hatte. 10 Und Ester sprach mit Hatach und schickte ihn zu Mordechai zurück[4] (mit folgender Botschaft): 11 „Alle Höflinge des Königs und das Volk aus den Provinzen wissen, daß für jeden Mann und jede Frau, die ungerufen in den inneren Hof zum König gehen, nur ein Gesetz gilt – getötet zu werden, es sei denn, der König strecke dieser Person seinen goldenen Zepter entgegen, daß sie am Leben bleibe. Und ich bin schon dreißig Tage lang nicht aufgefordert worden, zum König zu kommen." 12 Und Esters Worte wurden Mordechai übermittelt[5]. 13 Und Mordechai sprach, man solle Ester antworten: „Bilde dir nicht ein, daß du von allen Juden allein entkommen wirst, weil du im königlichen Palast bist; 14 denn wenn du wirklich dieses Mal schweigst, dann wird Entsatz und Rettung den Juden von einem anderen Ort zuteil werden, du aber und deine Familie, ihr werdet zugrunde gehen. Und wer weiß, ob du nicht gerade für eine Zeit wie diese zu königlicher Würde gekommen bist?" 15 Da sprach Ester, man solle Mordechai antworten: 16 „Geh und versammle alle Juden, die sich in Susa befinden, und fastet für mich; drei Tage lang, Tag und Nacht, sollt ihr weder essen noch trinken. Auch ich und meine Mägde werden in gleicher Weise fasten. Dann werde ich zum König gehen, obwohl es gegen das Gesetz ist. Und wenn ich umkomme, komme ich um." 17 Dann ging Mordechai fort und tat alles, wie ihm Ester geboten hatte.

Der neue Abschnitt wird durch die wiederholte Erwähnung Mordechais eingeführt, der weder im vorangegangenen Kontext (3,8-15) noch im folgenden (5,1-8)

---

[1] Ketib $watt^e b\hat{o}\hat{e}n\hat{a}$, Qere $wattab\hat{o}'n\hat{a}$. Beide Formen sind im Fem.Pl. möglich; das Subjekt setzt sich aus Frauen und Männern zusammen, die Verbform richtet sich nach dem ersten Bestandteil ($na^{ca}r\hat{o}t$).

[2] Obgleich dasselbe Subjekt vorliegt wie bei $wattab\hat{o}'n\hat{a}$ ist $wayyaggîd\hat{u}$ Maskulinum.

[3] ^cmd Hif^{c}il sollte nicht in Qal geändert werden (vgl. BHS, Würthwein und G.R.Driver in VT 4,235.

[4] $watt^e\dot{s}aww\bar{e}h\hat{u}$ 'el mord^{o}kay; vgl. V.5: $watt^e\dot{s}aww\bar{e}h\hat{u}$ 'al mord^{o}kay. Die Präpositionen sind auswechselbar.

[5] Der Plural $wayyagîd\hat{u}$ ist unpersönlich und sollte nicht in den Singular geändert werden (vgl. Bardtke und Clines gegen Moore).

hervortritt. Die Dramatik dieses Teilstückes ist derart, daß Dommershausen[6] in ihm den „Höhepunkt der verhaltenen Theologie des ganzen Buches" sieht. Ich würde hier lieber von einem *Wendepunkt* innerhalb des Buches reden, dessen theologische Bedeutung nur dann gewürdigt werden kann, wenn man seine Beziehung zum weiteren Fortgang der Erzählung erkennt.

1-2 Mordechai steht nunmehr im Mittelpunkt der Handlung. Er nimmt damit die Stellung ein, die Haman im vorangehenden Teilstück innehatte, und damit bleibt ihre Polarität als Gegenspieler ausgewogen. Sogleich entsteht eine weitere Erzählungslücke, wenn wir erfahren, daß Mordechai von „allem, was getan worden ist" Kenntnis hat, nicht nur vom Inhalt des Erlasses (3,15), sondern auch von den ganzen Ereignissen, die 3,8-15 erzählt werden. Es bleibt unausgesprochen, wie er diese Einzelheiten in Erfahrung bringen konnte (vgl. Paton und Moore zu den verschiedenen Möglichkeiten). Mordechais erste Reaktion ist unverhohlene, sichtbare Trauer. Er geht in der Stadt umher, damit alle sehen können, wie er sich mit den Juden und ihrem Schicksal identifiziert. Sein Tun drückt kein Bewußtsein eigenen Fehlverhaltens aus (so Wildeboer, vgl. Moore), es soll vielmehr seine Aufrichtigkeit zeigen und gleichzeitig die Spannung steigern. Denn er geht geradewegs auf das Tor des Königs zu und schafft Kontakt zu Ester. Ist das Geheimnis ihrer Identität noch gewahrt, wenn der eine, der sie zum Schweigen aufforderte, sich derart verhält?

3 Dieser Vers sollte nicht an 3,15 angeschlossen werden[7]. Gegen eine solche Umstellung spricht die Neigung des Verfassers zu Parenthesen und die Identifikation Mordechais mit den anderen Juden, die durch die fünf parallelen Trauerbezeugungen in V.1-2 zum Ausdruck gebracht wird (vgl. Josephus, Antiquitates XI, 222). Gerade an dieser Stelle ist unser Vers von Bedeutung, weil er Esters Worten in V.16 einen besonderen Akzent verleiht. Nach V.3 klagen und fasten die Juden *spontan*, während ihnen in V.16 das Fasten von Ester *geboten* wird.

4 Mordechais öffentliche Trauerbezeugung hat Erfolg, Esters Bediente erzählen ihr davon. Der Erlaß ist zwar schon veröffentlicht, aber Ester weiß davon noch nichts. Hier begegnen wir wieder dem Motiv der Geheimhaltung: Nicht nur Ester läßt andere im dunkeln, auch ihr wird Information vorenthalten[8]. Alle Juden im Reich, zu denen auch Ester gehört, sind erschüttert, aber sie ist die einzige, die nicht weiß, weshalb sie es sind. Die dem Mordechai übersandten Gewänder sollen offenbar sein Sackhemd ersetzen, aber es wird nicht gesagt, ob Ester ihn sprechen will (konnte er den Harem betreten?) oder ob sie befürchtet, er könne in seinen Trauerbezeugungen zu weit gehen. Mordechai lehnt ihr Angebot schroff ab – in der Darstellung des Josephus durchaus verständlich, da die Gefahr, die zum Anlegen des Sackhemdes führte, noch keineswegs gebannt ist. Die unmotivierte Ablehnung kann jedoch nur Esters Bestürzung steigern.

---

[6] Die Estherrolle, 75.
[7] BHS, Würthwein, Ringgren; vgl. Gerleman.
[8] Die vier Hauptakteure sind stellenweise in Unkenntnis über die Vorgänge. Mordechais Unkenntnis über Esters Ergehen (2,11) wird bald aufgehoben und Ester wird bald über Mordechai informiert werden, aber der König und Haman werden erheblich länger warten müssen, bevor sie Esters Volkszugehörigkeit erfahren.

So wird sie zum Einsatz von Mittelspersonen genötigt. Da sie nur Diener des   5-6
Königs zu ihrer Verfügung hat, steigt die Spannung – wird ihr Austausch mit
Mordechai bekannt werden? Der zweite Targum vermindert die Spannung, indem
er Hatach zum Zweitnamen Daniels macht, der als Jude natürlich Vertrauen
genießen konnte. Hatach führt sein Gespräch mit Mordechai in aller Öffentlich-
keit auf dem städtischen Markt angesichts des Palasttores.

Mordechai bleibt nur die Wahl, Hatach zu vertrauen. Er berichtet alles, was   7-9
ihm widerfahren ist. Der Erzähler erwähnt in keiner Weise, woher Mordechai die
Höhe der dem König versprochenen Summe wissen konnte, abermals eine Erzählungslücke. (Im Erlaß kann die Summe nicht genannt worden sein, da Mordechai
die Summe in Verbindung mit der Übersendung von dessen Abschrift angibt).
Mordechais Botschaft ist keine Bitte an seine Königin, sondern ein Befehl an seine
Pflegetochter. Das wird vorbereitet durch frühere Angaben, die den Gehorsam
Esters gegenüber ihrem Pflegevater hervorheben (2,10) und zwar auch nach Erlan-
gung der Königinnenwürde (2,20). Er erwartet von ihr, daß sie sich zum König
begibt, sich an ihn wendet und dann konkret seine Gunst für ihr Volk erbittet.
Damit widerruft Mordechai seine frühere, wiederholt ausgesprochene Weisung,
nach der Ester über „ihr Volk" Stillschweigen bewahren sollte. Das Motiv, zur
rechten Zeit zu reden und zu schweigen, ist aus der Weisheitsliteratur gut
bekannt[9]: Zuvor war Schweigen geboten, jetzt muß geredet werden[10]. Da
Hatach seinem Auftrag nachkommt, scheint er vertrauenswürdig zu sein.

Ester deutet in ihrer Erwiderung an, daß Mordechai um die Lebensgefahr wis-   10-12
sen sollte, in die sie sich begibt, wenn sie ihm gehorcht. Wegen der zunehmenden
Spannung wird die Möglichkeit außer Acht gelassen, daß sie doch angesichts der
noch zur Verfügung stehenden Zeit um eine Audienz beim König einkommen
könnte. Dagegen wird ein vielsagender Gegensatz zu Waschti konstruiert. Waschti
wurde vorgeladen, kam aber nicht, während Ester, ohne vorgeladen zu sein, gehen
muß. Verbunden mit dem Motiv des launischen Despoten steigert das die Spannung: Einen Monat lang hat der König nicht nach Ester verlangt und ist demnach
nicht mehr so stark von ihr beeindruckt wie noch vor vier Jahren (vgl. 2,17). Das
läßt den Leser die Möglichkeit bedenken, Ester könne ebenso seine Gunst verlieren wie Waschti – nun allerdings aus genau dem entgegengesetzten Grunde. Esters
Worte sind wohl bedacht: Erst erwähnt sie die Gefahr, die mit dem Gang zum
König verknüpft ist, dann einen möglichen Erfolg, schließlich aber dessen Frag-
lichkeit – damit immer zwischen Verzweiflung und Hoffnung schwankend[11].
(Auch in dem vorangehenden Teilstück gab es einen kleinen Hoffnungsschimmer
bei einer Übermacht an ungünstigen Umständen). Im übrigen weist Gerleman
zu Recht auf eine Parallele, die Esters anfängliches Zaudern in der Exoduserzählung hat: Auch Mose zögert anfänglich, vor den fremden König zu treten, um das
Wort für sein Volk zu ergreifen (vgl. Ex 3,11; 4,10.13; 6,12.30). Eine solche

---

[9] Vgl. Spr 10,19-21.32; 11,12; 15,2.23; 17,27-28; 25,11; Koh 10,12-14.
[10] Vgl. Talmon, VT 13, 436-437.
[11] Damit scheidet Torreys Überlegung aus, Esters Reaktion verrate keine Bestürzung
(HThR 37,22).

Audienz ist für ihn ebenso gefährlich wie für Ester (vgl. Ex 10,28). In dem Wortwechsel zwischen Mordechai und Ester wird in V.11 zum ersten Mal die direkte Rede gebraucht und so die dramatische Wirkung gesteigert[12].

13-14 Die Antwort Mordechais ist der einzige Beleg im ganzen Buch, wo wir ihn in direkter Rede vernehmen. Seine Warnung an Ester, sie solle sich nicht von der Bedrohung ausgenommen wähnen, ist deshalb wichtig, weil stillschweigend vorausgesetzt wird, daß Esters Identität trotz seines Befehls, sie geheimzuhalten, doch bekannt werden könnte. Während Verschweigen Sicherheit hätte gewähren können, ist nun das Gegenteil eingetreten. Das zeigt, wie bedacht das weisheitliche Motiv „ein Wort zur rechten Zeit" dem Grundmuster der Handlung eingefügt ist. Mordechai sagt nicht, wie Esters Identität nach seiner Auffassung bekannt werden soll, nur daß dies sicher irgendwie eintreten wird. Das ist eine erste Andeutung seiner Überzeugung, daß hier irgendeine Macht am Werke ist. Die zweite folgt dann in V.14, dem Vers, der meist als „Beweis" für den religiösen Charakter des Buches gilt. Der doppelte Nachsatz des Bedingungssatzes ist sorgfältig mittels eines Chiasmus konstruiert (Entsatz und Rettung x, den Juden y; du aber und deine Familie x, ihr werdet zugrunde gehen y). Das geht Hand in Hand mit einem inhaltlichen Chiasmus bzw. Umkehrungsmuster: Wenn Ester sich selbst retten will, dann wird sie umkommen, aber die hilflosen Juden werden gerettet werden[13]. Es bleibt ungesagt, wie das zugehen soll, aber aus eben diesem Grunde ist die Bestimmtheit der Aussage umso auffälliger. Tatsächlich droht Mordechai Ester mit dem *ius talionis* (vgl. Ex 21,23-25) was wiederum einen religiösen Klang hat: Sie wird umkommen, wenn sie ihr Volk im Stich läßt. Diese Beobachtung gewinnt an Gewicht, wenn man in V.11 den Gegensatz zwischen Ester und Waschti erkennt, beobachtet, daß auch Waschti nach dem Prinzip des ius talionis zu Fall kam (vgl. 1,19-20). Mordechai ist davon überzeugt, daß die Juden *grundsätzlich* nicht umkommen können (was 5,9 bestätigt). Da die Handlung des Esterbuches im säkularen Raum abläuft, leuchtet es ein, den „anderen Ort" auch säkular zu verstehen[14]. Außerdem könnte man anführen, daß Ester schließlich doch hilft und folglich eine Hilfe von einem „anderen Ort" unnötig ist. Die herkömmliche Deutung, in „Ort" einen Hinweis auf Gott zu sehen[15], ist zu späten Datums, um für unseren Text in Betracht zu kommen. Angesichts verschiedener religiöser Andeutungen in unserem Vers ist seine Zweideutigkeit allerdings nicht zu übersehen. Vor allem ist hier die abschließende Frage Mordechais anzuführen, die bei der Erhebung Esters zu königlicher Würde an einen verborgenen Plan denkt. Man kann das nicht *wissen* („wer weiß"), aber man kann sich doch die Frage stellen[16].

---

[12] Vgl. Striedl, ZAW 55, 87-88.

[13] Die gleiche Technik ist 9,1 zu beobachten, wo ein formaler Chiasmus einem Umkehrmuster im Inhalt entspricht.

[14] Vgl. Siegfried, Bardtke und Ackroyd, ASTI 5, 82-84.

[15] Vgl. A. Spanier, MGWJ 66, 309-314.

[16] Sehr klar spiegelt Bardtkes Auslegung die Zweideutigkeit unseres Textes wieder. Er nimmt zwar einen „nicht-religiösen" Sinn an, denkt aber gleichzeitig an „eine irrationale Größe" (vgl. auch seine Auslegung von 2,1-4). Ein religiöses Element ist gegeben, allerdings weniger grell und greifbar als Clines annimmt (vgl. The Esther Scroll, 156).

Ester antwortet durch eine nicht weiter genannte Mittelsperson. Sie gibt zu ver- 15–16
stehen, daß sie dem Gebote ihres Pflegevaters folgen wird, gleichzeitig aber er-
greift sie nun ihrerseits die Initiative und gibt ihm Anweisung. Damit nehmen
Ester und Mardochai eine vergleichbare Stellung als Retter der Juden ein. Ester
gebietet den Juden „für mich" zu fasten. Ihrem Gram hingegeben, fasteten sie ja
schon (V.3), und Ester weiß es. Dies muß also ein anderes Fasten sein (auch im
Blick auf V.17, wo Mordechai die bereits fastenden Juden zum Fasten aufruft). Die
Ausleger erinnern gewöhnlich daran, daß Fasten im Alten Testament oft mit dem
Gebet verbunden ist (vgl. u.a. 1 Sam 7,6; Jer 14,12; Joël 1,14; Esra 1,10; Neh
9,1 ff.). Deshalb ist das Fehlen eines Gebetes hier umso auffallender. Die Juden
sollen für Ester fasten, daß der König ihr entgegen allen Erwartungen sein Zepter
hinhalte (vgl. V.11). Die Vorstellung, daß Esters Mägde zusammen mit ihr und den
anderen Juden am Fasten teilnehmen, bildet im Text eine weitere „Lücke". Hier
stellt sich die Frage, ob sie auch jüdisch sind, und damit zugleich die weitere
Frage, ob es nicht doch mehr Menschen gab, die von ihrer Volkszugehörigkeit
wußten. Das Fasten soll drei Tage und drei Nächte währen. Dies bedeutet, daß
die Juden während des Passafestes fasten sollten (vom 13. Nisan an gerechnet, am
17. Nisan würde das Fasten abgeschlossen sein). Das Passamahl wird nachts einge-
nommen, daher Esters ausdrückliche Anweisung, bei Tage und in der Nacht zu
fasten. Im zwölften Jahr des Xerxes wird das Pascha entgegen aller Vorschrift gefeiert: An Stelle von Essen und Trinken ist Nicht-Essen und Nicht-Trinken geboten. Welche Erwartung weckt das? Wird die Befreiung, die am Passafest gefeiert
wird, auch in ihr Gegenteil verkehrt werden? Esters Antwort endet mit einem
weiteren Element erzählerischer Symmetrie. Sie wird das Gesetz übertreten, um
die Krisis abzuwenden, die durch Mordechais Gesetzesübertretung (3,3) hervorge-
rufen wurde. Ebenso wird Esters Ungehorsam darum bemüht sein, die Gunst des
Königs zurückzugewinnen, während Waschtis Ungehorsam (1,12) ihr den Verlust
seiner Gunst einbrachte. Ihre bekannten Worte selbstlosen Mutes in V.16b[17] zeigen eine formale Nähe zu Gen 43,14[18].

Wir erfahren nicht, daß die Botschaft durch eine Mittelsperson weitergegeben 17
wird. Angesichts des feierlichen Ernstes, der das Unternehmen der Königin und
das „Passafasten" bestimmt, werden Randfiguren unwesentlich. Das Gleichgewicht der beiden jüdischen Haupthelden wird nicht nur durch ihren gegenseitigen Gehorsam aufrechterhalten, sondern auch durch die Symmetrie unseres
Teilstückes. Es beginnt mit dem Wort „Mordechai" und endet mit dem Wort
„Ester", es beginnt und endet mit Mordechais Reaktion gegenüber dem Geschehen (Inclusio) und bringt im regelmäßigen Wechsel Mordechai- und Esterpassa-
gen. Mit Gerleman ist die Stellung des Mose und seines Sprechers Aaron in der
Exoduserzählung zu vergleichen (Ex 4,10.14–16; 7,1–2).

Jetzt ist die Gegenoffensive eingeleitet, die dem Haß Hamans auf Mordechai
und die Juden begegnen wird. Mehr und mehr wird der Leser der vielsagenden
Töne innerhalb der Erzählung gewahr, erkennt jedoch gleichermaßen die Schwierigkeiten, die einer Lösung des Dilemmas im Wege stehen.

---

[17] $w^e ka' a\check{s}er\ 'abadt\hat{\imath}\ 'abadt\hat{\imath}$ – das Perfekt steht im Sinne eines futurum exactum, eines in der
Zukunft vollendeten Geschehens; vgl. Ges.-K. 106 o.

[18] Rosenthal, ZAW 15, 280–281.

7.

Kapitel 5,1–8: Ester wird aktiv

1 Und es geschah am dritten Tage, daß Ester sich königlich[1] kleidete und sich im inneren Hof des Königshauses aufstellte gegenüber den Gemächern des Königs. Der König aber saß auf seinem königlichen Thron im königlichen Haus gegenüber dem Eingang zum Gebäude. 2 Und als der König die Königin Ester im Hof stehen sah, entzückte[2] sie ihn. Da streckte er Ester das goldene Zepter entgegen, das er in seiner Hand hielt, und Ester nahte und berührte die Spitze des Zepters. 3 Daraufhin sagte der König zu ihr: „Was hast du, Königin Ester? Was ist dein Begehren? Selbst wenn es das halbe Königreich wäre, soll es dir[3] gegeben[4] werden." 4 Und Ester sagte: „Wenn es dem König gefällt, möge der König mit Haman heute zu dem Festmahl kommen, das ich ihm bereitet habe." 5 Das sagte der König: „Bringt Haman schnell herbei, um zu tun, was Ester gesagt hat". So kamen der König und Haman zu dem Festmahl, das Ester bereitet hatte. 6 Beim Weintrinken sagte der König zu Ester: „Was ist deine Bitte? Sie soll dir gewährt werden. Was ist dein Begehren? Selbst wenn es das halbe Königreich wäre[5], soll es erfüllt werden." 7 Da antwortete Ester: „Meine Bitte und mein Begehren… 8 Wenn ich beim König Gunst gefunden habe[6] und wenn es dem König gefällt, mir zu geben, was ich erbitte, und zu tun, was ich begehre, dann mögen der König und Haman zu dem Gastmahl kommen[7], das ich ihnen bereiten werde, und morgen werde ich nach dem Wort des Königs tun.

Das neue Teilstück beginnt mit der Ereignisformel „und es geschah" und endet mit V.8. Danach wechselt mit dem Aufbruch Hamans die Szene.

1-2   Am dritten Tage, als das Fasten abgeschlossen ist (4,16), kommt es zu dem entscheidenden Ereignis. Seine Wichtigkeit wird durch den doppelten Gebrauch der feierlichen Ereignisformel angezeigt und durch das neunfache Auftreten des Wortes „König" und seiner sprachlichen Verwandten (Wurzel *mlk*) in unserem Abschnitt, der dem königlichen Dialog vorangeht. Damit wird auch die Gefahr des ganzen Unternehmens angezeigt (vgl. 4,11, wo *mlk* fünfmal erscheint), das Ester, ohne im geringsten zu zaudern, in die Wege leitet. Auch wenn sie vielleicht dank einer verborgenen Macht Königin wurde - jetzt liegt alles Planen allein bei ihr. So setzt sie die Wirkung der standesgemäßen Kleidung ein, um ihren Gatten

---

1 *malkût* kann als adverbialer Akkusativ oder als Ellipse aufgefaßt werden. Daher erübrigt sich eine Korrektur in *malbûš* oder *lᵉbûš*; vgl. BHS.

2 Der gleiche Ausdruck wie in 2,15.

3 Wörtlich: „Was ist dir, Königin Ester, und was ist dein Begehren bis zur Hälfte des Königsreiches, und es wird dir gegeben werden."

4 *yinnātēn* ist Maskulinum, während *baqqāšā* Femininum ist; in V.6 stimmen die Genera nur in der 2. Satzhälfte überein, in 7,2 beide Male.

5 Wörtlich: „Was ist dein Begehren bis zur Hälfte des Königreiches?"

6 Hier wird das *mṣ'* in Verbindung mit *ḥen* gebraucht; V.2 hat *nś' ḥen*.

7 *māḥār* / „morgen" fehlt und sollte auch nicht nach der LXX ergänzt werden. Es wird absichtlich nicht an erster Stelle auf den Zeitpunkt eingegangen, sondern - Spannung weckend - erst später im Satz.

zu bezaubern – ein Motiv, das sich auch in der Weisheitsliteratur findet (Sir 26,13; 36,27). Sie ist so erfolgreich wie bei ihrer ersten Begegnung mit dem König (2,17) und das unwahrscheinlich Anmutende, daß der König ihr den Zepter entgegenstreckt, tritt ein. So ist zwar die unmittelbare Gefahr abgewandt, aber die Spannung hat nicht nachgelassen und wird sich im weiteren Verlauf unseres Abschnittes fast bis zum Unerträglichen steigern.   3–5a

Im Dialog zwischen den königlichen Partnern entfaltet sie sich. Der Großzügigkeit des Königs kann abgelesen werden, wie sehr ihn Ester beeindruckt hat: Sie kann erbitten, was sie auch immer wünscht (zum Ausdruck gebracht durch die Hyperbel „bis zur Hälfte des Königreiches"). Es ist ein verbreitetes Motiv, daß jemand, der Versprechungen macht, durch eben seine Großzügigkeit in Schwierigkeiten gerät[8]. Xerxes hat sich ein Dilemma geschaffen, worüber er sich allerdings selbst noch nicht im klaren ist. Er hat sich darauf eingelassen, Esters Ersuchen stattzugeben (die Errettung der Juden) und hat zugleich dessen absolutes Gegenteil gebilligt, Hamans Erlaß, der unverrückt gilt (die Ausrottung der Juden). Er hat sich selbst in die Enge manövriert, wie es die Weisheitsliteratur von einem Toren erwartet (vgl. Spr 10,19; 18,7; Koh 5,1–5), und benimmt sich wie der törichte König beim Gelage (Koh 10,16–19). Esters Antwort überrascht. Sie brauchte nur um die Errettung der Juden zu bitten, aber sie ersucht den König darum, zusammen mit Haman an einem Festmahl teilzunehmen, das sie schon vorbereitet hat. Sie ist also seit dem Ende des Fastens nicht untätig gewesen, und sie befand sich ganz und gar in Erwartung einer wohlwollenden Antwort. Das alles bleibt der Ergänzung durch den Leser vorbehalten, nur das Notwendigste wird gesagt. Damit wird der Erzählungsfortgang beschleunigt und entspricht so der Hast, mit der der König Esters Wunsch stattgeben will.

Diese Verkürzung der Erzählzeit ist am besten bei der Verklammerung von   5b
Audienzszene und Festmahlszene zu beobachten. Es wird keine Tageszeit genannt, es werden keine Boten erwähnt, um Haman zu holen (im Gegensatz zu 6,14), der Ort des Festmahls interessiert nicht (im Gegensatz zu 7,8; vgl. 5,1).

Beim Festmahl erneuert der König sein großzügiges Angebot – dieses Mal   6–8
durch die zweimal wiederholte Zusage noch emphatischer als im Thronsaal. Er spürt, daß Ester etwas Wichtiges auf dem Herzen haben muß (die Möglichkeit, daß sie vielleicht nur etwas ankündigen will, zieht er nicht in Betracht), denn sonst hätte sie kaum ihr Leben aufs Spiel gesetzt. Ester setzt zu einer Antwort an, indem sie die sinngleichen Worte des Königs aufnimmt: „Meine Bitte und mein Begehren..." Jetzt wird sie die Gelegenheit wahrnehmen! Aber dann bricht sie ab und lädt ihre Gäste zu einem zweiten Festmahl ein, das sie noch vorbereiten muß. Überraschte bereits die erste Einladung, so fordert diese wirklich das Schicksal heraus (Moore). In einem doppelten Sinne nimmt die Spannung zu. Erstens hätte die Situation für Esters Anliegen nicht günstiger sein können, und sie setzt ihr Glück aufs Spiel. Zweitens wird wegen der retardierenden Wirkung aufeinander folgender Audienzen mit dem König der Wendepunkt im Geschehen

---

[8] Vgl. Herodot IX, 109–111; Mk 6,25–26.

hinausgeschoben. Die Kombination einer derart retardierenden Technik mit der
– oben aufgezeigten – entgegengesetzten Tendenz der Beschleunigung schafft
höchstmögliche Spannung. Der Talmud und der Targum Scheni wundern sich,
daß Haman mit dem König zusammen eingeladen wird. Wenn jedoch Haman zu
seinem eigenen Sturz während des letzten Festmahls dabei sein muß, dann ist
auch seine Anwesenheit bei dem ersten Festmahl gefordert. Denn die dazwischen
liegenden, Mordechai und Haman betreffenden Begebenheiten werden erst
dadurch möglich, daß Haman beiden Einladungen folgt.

Unser Abschnitt steigert nicht nur die Spannung, sondern schafft Raum für
den zweiten Konflikt zwischen Mordechai und Haman, der deshalb notwendig
ist, weil ein Rückschlag für Haman dem früheren Rückschlag für Mordechai entsprechen muß. Schließlich haben die wiederholten Audienzen mit dem König
ihre Parallelen in der Exoduserzählung (vgl. Ex 7–10) und in der Josefsgeschichte,
wo der Wesir die Stelle des Königs einnimmt (vgl. Gen 42,6ff.; 43,15ff.; 44,14ff.).
In diesen beiden Erzählungen sind die Audienzen gleichfalls gefährliche Unter-
nehmungen (vgl. Ex 10,28; Gen 42,30ff.; 43,3ff.; 44,1–12). Die Beeinflussung
unseres Abschnittes durch weisheitliche Motive paßt gut zu Esters Sicherheit und
ihrem selbständigen Handeln. Ihm entspricht in ausgewogener Weise ihr viel-
sagendes Vorgehen im vorangehenden Abschnitt, als sie Beistand von den Juden
erbat. Erst wird sie in ihrer Entscheidung, den König aufzusuchen, durch das das
Fasten einer religiösen Gemeinschaft unterstützt. Jetzt muß sie ihre eigenen
Fähigkeiten einsetzen, um Erfolg zu haben. Die göttliche Gegenwart schaltet
menschliches Bemühen nicht aus.

8.

Kapitel 5,9–14
Der zweite Konflikt zwischen Mordechai und Haman

**9 So ging Haman an jenem Tage fröhlich und guten Mutes fort. Aber als
Haman den Mordechai am Tor des Königs erblickte und der nicht aufstand
und auch nicht vor ihm erzitterte[1], wurde Haman voll Zorns gegen Mordechai. 10 Doch Haman nahm sich zusammen und ging in sein Haus. Dann
schickte er und ließ seine Freunde kommen und Seresch[2], seine Frau.
11 Und Haman erzählte ihnen von seiner Macht, seinem Reichtum und der
großen Zahl seiner Söhne, sowie von allem, wie ihn der König befördert und
wie er ihn über alle Fürsten und Höflinge des Königs erhöht hatte. 12 Und
Haman sagte: „Außerdem hat die Königin Ester zu dem Festmahl mit dem
König, das sie bereitet hatte, keinen anderen als nur mich eingeladen. Und
ich bin auch für morgen mit dem König bei ihr eingeladen. 13 Aber das alles**

---

[1] G.R.Drivers Vorschlag (VT 4,36), der *zwʿ* mit dem arabischen *zaga* in Verbindung
bringt, sollte nicht befolgt werden, da die Intensivierung des Konfliktes gleichermaßen auf
Mordechais innerer Haltung und seiner äußeren Gestik aufbaut.

[2] Wahrscheinlich ein persischer Name mit der Bedeutung „Strubbelkopf" (Gehman, JBL
43, 327).

bedeutet mir nichts, solange ich den Juden Mordechai am Tor des Königs sitzen sehe." 14 Da sagte ihm Seresch, seine Frau, zusammen mit seinen Freunden: „Laß einen Galgen errichten, fünfzig Ellen hoch, und sprich am Morgen zum König, daß man Mordechai daran aufhänge, und geh dann mit dem König fröhlich zum Festmahl!" Der Gedanke gefiel Haman, und er ließ den Galgen errichten.

Wie das folgende Teilstück beginnt auch dieses mit einer Zeitangabe, die einen neuen Anfang markiert und gleichzeitig zurückverweist. Haman, der in der vorangegangenen Szene im Hintergrund blieb, wird nunmehr die Hauptfigur.

Die mit Hamans guter Stimmung angezeigte Ironie ist darin zu sehen, daß die 9-10a Einladung zu seinem Sturz ihn überglücklich macht und er sich an eben dem Tage erhoben fühlt, an dem er – hätte er das Geschehen vorausgesehen – verzagt gewesen wäre (vgl. 6,12). Dieses Motiv der Verheimlichung wird nun weiter entfaltet. Mordechais gute Stimmung verkehrt sich bald in ihr Gegenteil (wie die Stimmung des Königs in 1,10). Er muß an Mordechai vorbei, der im Tor sitzt. Bei dieser zweiten Konfrontation[3] verhält sich Mordechai noch abweisender. Er weigert sich nicht nur, die Knie zu beugen und niederzufallen (3,2), dieses Mal steht er nicht einmal auf, und die Begegnung mit dem Günstling des Königs jagt ihm keine Furcht ein. Vielleicht blickt er etwas hoffnungsvoller in die Zukunft, weil Ester die Sache der Juden in ihre Hand genommen hat (Clines). Aber es steckt noch mehr dahinter. Nach dem katastrophalen Ergebnis, das Mordechais erste Begegnung mit Haman zeitigte, muß die Steigerung seines Widerstandes eine besondere Bedeutung haben. Mordechai hatte seine Weigerung, vor Haman die Knie zu beugen, damit begründet, daß er Jude sei (3,4), und war, nachdem er von dem Anschlag gegen die Juden erfahren hatte, der Meinung, daß die Juden grundsätzlich nicht vernichtet werden konnten. Mordechai ist so bekannt, daß keine Mittelspersonen nötig sind, um Haman auf ihn hinzuweisen (vgl. 3,4). Haman packt ebenso der Zorn wie zuvor. Er hält sich aber zurück, allerdings nicht aus weiser Selbstbeherrschung (von der Art des Josef in Gen 43,31), sondern wegen seiner Vermessenheit: Er hat bereits darüber entschieden, sich nicht auf die Bestrafung eines einzelnen Juden zu beschränken (3,6), sondern ihrer aller Vernichtung am 13. Adar durchzuführen (3,13). Da er so durch seine eigene Planung gebunden ist, muß er zornig nach Hause gehen. In dieser Situation erliegt er leicht dem törichten Ratschlag, den einen Juden vor der Zeit umzubringen und damit die Festlegung des von ihm initiierten Ediktes zu übertreten. Während Mordechais Zuversicht wächst, wirkt Haman wie einer, der sich in seinen eigenen Plänen verheddert.

Die Szene in Hamans Hause ist grotesk (Dommershausen), wenn nicht absurd 10b-14a (Clines). Er muß eine Hörerschaft zusammenholen, um ihnen von seiner eigenen Größe zu erzählen, als ob diese unbekannt wäre und besonderer Erwähnung

---

[3] Es handelt sich um die zweite literarische Einheit, in der die Konfrontation ausgestaltet ist; die Imperfekte in 3,2 deuten allerdings an, daß Mordechai bei verschiedenen Gelegenheiten die Reverenz verweigert hat.

bedürfte. Das ist der Minderwertigkeitskomplex eines Menschen, der seine Größe ständig bestätigt haben muß[4]. Fast mitleiderregend ist Hamans Ahnungslosigkeit, wenn er sich gerade der drei Werte rühmt, die er später in seinem Unglück verlieren wird (8,7; 9,7–10; 8,2). Er ist ja nicht nur auf das stolz, was bereits eingetreten ist, sondern auch auf das, was noch aussteht – eine Haltung, die von den Weisen scharf gerügt wird (Spr 27,1). Hinzukommen weitere weisheitliche Motive, die Haman als töricht ausweisen. Er ist der Prototyp des anmaßenden Toren[5] (vgl. Spr 12,15; 14,16; 16,5; 21,4; 28,26); daher wartet auf ihn bereits die Vergeltung (Spr 16,18; 18,12; 29,23); er kann nicht schweigen[6] (Spr 10,19; 13,3; 15,2; 18,7; 29,20); er läßt sich von seinem eigenen Mund loben (Spr 27,2); er verkündet seine eigene Ehre (V. 11), aber Ehre kommt einem Toren, wie er ist, nicht zu (Spr 26,1.8); die Verbindung von Reichtum (V. 11) und Torheit bei Haman weist auf Unheil (Spr 11,28; vgl. 28,11). Dieses Bild entspricht dem des jüngeren Josef. Er erzählte von seinen Träumen, in denen er über andere, die sich vor ihm verneigen mußten, erhoben wurde. Sein eigener Mund lobte ihn derart, daß sein Vater ihn schelten mußte (Gen 37,5–10). Schließlich wurde er – den Erwartungen der Weisen entsprechend – gedemütigt, indem er als Sklave verkauft wurde. So ist auch der Sturz Hamans vorprogrammiert (und wird später auch mit diesem Abschnitt verknüpft werden). Der törichte Ratschlag seiner Frau und seiner Freunde, einen lächerlich hohen Galgen für Mordechai zu errichten (etwa 25 Meter hoch), wird lediglich das sichtbare Werkzeug dichterischer Gerechtigkeit liefern (7,9–10) und abermals die Worte der Weisen bestätigen (Spr 26,27; Koh 10,8).

14b   Haman nimmt den Rat seiner törichten Ratgeber an. Sie glauben wahrscheinlich, daß Haman nur durch eine öffentliche Demütigung Mordechais Ruhe findet und diese schnell geschehen muß, damit er das Festmahl genießen kann (Clines). Aber weder sie noch Haman begreifen, daß sie übereilig die Planung für den 13. Adar vorwegnehmen und es nach weisheitlicher Auffassung töricht ist, das Prinzip der rechten Handlung zur rechten Zeit zu mißachten (vgl. Spr 15,23; 25,11; Sir 22,6)[7]. Diese Eile, Mordechai zu beseitigen, zeigt schließlich, daß Hamans vermeintliche Selbstbeherrschung (V. 10) nicht echt war. Es kann nicht genau ausgemacht werden, ob er Mordechai an den Galgen hängen oder seinen toten Körper an einem Pfahl aufspießen will[8]; für die Erzählung ist das weniger wichtig. Dagegen ist es bedeutsam, daß Haman für Mordechai dieselbe Strafe ins Auge faßt, die Bigtan und Teresch durch Mordechais Eingreifen erlitten. Das läßt den Leser fragen, ob Mordechai, der in Treue zum König stand, genau so umkommen soll wie jene, die dem König die Treue brachen.

---

[4] Hamans Wunsch, wegen der Mißachtung durch einen einzelnen das ganze jüdische Volk abzuschlachten, entspringt – wie Clines richtig gesehen hat – einem Minderwertigkeitskomplex. Mit Recht vergleicht Clines auch das absurde Handeln des Königs, der jede Frau im Reich zu seiner Selbstbestätigung disziplinieren muß, mit den absurden Proportionen, die Hamans Racheakt annimmt.

[5] Vgl. G. von Rad, Weisheit in Israel, 90.

[6] Vgl. Talmon, VT 13, 444.

[7] Vgl. von Rad, Weisheit in Israel, 184 f.

[8] vgl. M. J. Mulder, NThT 21, 337–347.

Unser Abschnitt ist sorgfältig komponiert, den Höhen und Tiefen der Launen Hamans folgend – der Freude, der unangenehmen Konfrontation, der Enttäuschung, der Aussicht auf neue Freude. Im ganzen ist er stark von weisheitlichen Vorstellungen bestimmt. Indem der Erzähler Hamans bevorstehenden Sturz durch das Motiv der Vermessenheit erhärtet, integriert er diesen ganzen Gedankenkomplex wie auch das Grundmuster der Josefsgeschichte (Überheblichkeit – Demütigung, Weisheit – Ehre) in den Handlungsverlauf seiner Erzählung. Daher stehen sich Ester- und Josefsgeschichte weit näher, als noch Rosenthal meinte. Der Leser hat jetzt allen Grund zu der Annahme, daß Haman zu Fall kommen wird und es für die Juden Hoffnung gibt. Das wird auch durch die geradezu religiöse Entschlossenheit Mordechais unterstrichen. Aber andererseits ist als entgegengesetztes Extrem zu seinem verbissenen Trotz an sein bitteres Klagen zu erinnern (4,1–2). Und trotz aller weisheitlichen Lehren über die Toren *ist* nun einmal der Galgen für Mordechai errichtet worden, und Bardtke kann seine Lage verzweifelt finden. Mordechai hat die Ereignisse durch sein eigenes Verhalten heraufbeschworen, aber irgendwie scheint doch noch ein anderes Prinzip wirksam zu sein. Vermag der Leser auch zu ahnen, daß irgendetwas in Bewegung geraten ist, so kann er doch noch nicht sagen, wie das Dilemma sich lösen wird oder was sich ereignen wird.

9.

Kapitel 6,1–13
Mordechais Triumph

1 In jener Nacht konnte der König nicht schlafen. Daher ließ er sich das Buch der Chronik der täglichen Ereignisse bringen; und sie wurden dem König vorgelesen. 2 Und es fand sich verzeichnet, das Mordechai Meldung erstattet hatte über Bigtana[1] und Teresch, die beiden zu den Schwellenhütern gehörenden Eunuchen des Königs, die danach getrachtet hatten, Hand an den König Xerxes zu legen. 3 Und der König fragte: „Welche Ehre oder Ehrenbezeigung wurde Mordechai dafür erwiesen?" Und die Diener des Königs, die ihm dienten, antworteten: „Nichts wurde für ihn getan." 4 Dann sprach der König: „Wer ist im Hof?" (Haman war gerade in den äußeren Hof des Königs eingetreten, um mit dem König zu reden[2], Mordechai an den Galgen zu hängen, den er errichtet hatte). 5 Da antworteten die Diener: „Haman ist es, der im Hof steht". Und der König sagte: „Er soll eintreten." 6 So trat Haman ein, und der König sagte zu ihm: „Was soll für den Mann getan werden, den der König ehren will?" Da dachte Haman bei sich: „Wen sollte der König ehren wollen außer mir[3]?" 7 So sagte Haman zum König: „Der Mann, den der König ehren will… 8 Sie sollen ihm ein königliches Gewand bringen, das der König getragen hat, und ein Pferd, das der

---

[1] „Bigtan" in 2,21. Die Wortwahl in V.2 gleicht weitgehend derjenigen in 2,21b–22a.
[2] Dasselbe Verb wird in 5,14 von seinen Ratgebern gebraucht.
[3] Außer in diesem Vers findet sich *yotēr min* nur Koh 12,12.

König geritten hat, eines mit einer königlichen Krone auf seinem Kopf[4]. 9 Dann sollen das Gewand und das Pferd einem der edlen Fürsten des Königs übergeben werden[5], und man lasse (ihn) den Mann, den der König ehren will, einkleiden und ihn auf dem Pferd über den Marktplatz geleiten und vor ihm ausrufen: ‚So wird an dem Mann gehandelt, den der König ehren will.‘" 10 Da sagte der König zu Haman: „Nimm schnell das Gewand und das Pferd, wie du gesagt hast, und tu das alles für Mordechai, den Juden, der im Tor des Königs sitzt. Laß nichts aus von allem, was du gesagt hast." 11 Und Haman nahm das Gewand und das Pferd und kleidete Mordechai ein. Dann geleitete er ihn über den Markt der Stadt und rief vor ihm aus: „So wird an dem Mann gehandelt, den der König ehren will". 12 Dann kehrte Mordechai zum Tor des Königs zurück, aber Haman eilte in sein Haus - trauernd und verhüllten Hauptes. 13 Dann erzählte Haman seiner Frau Seresch und allen seinen Freunden, was ihm widerfahren war. Da sagten ihm seine Ratgeber und seine Frau Seresch: „Wenn Mordechai, vor dem du zu fallen begonnen hast, der Herkunft nach zu den Juden gehört, dann kannst du nicht vor ihm bestehen, sondern wirst gewiß vor ihm zu Fall kommen.

Einleitet durch eine Zeitangabe, findet in 6,1 ein Szenenwechsel statt, desgleichen wechseln die Personen der Handlung. Siegfried, Barton, Moore und Gerleman[6] verbinden zu Recht V. 14 mit dem folgenden Abschnitt. Andere (Dommershausen, vgl. Anderson) ziehen eine Zäsur nach V. 14 vor. Obwohl das einleuchtet, da der Vers schnell zur folgenden Szene überleiten will, wird der Dialog in Hamans Haus mit dem Ende von V. 13 abgebrochen.

1-2   In eben dieser Nacht, d. h. in der Nacht vom 16. zum 17. Nisan (vgl. 3,12; 5,1.9), trifft es sich, daß der König an Schlaflosigkeit leidet. Das gleiche Motiv findet sich auch 3 Esra 3,3 und Dan 6,19[7], und das Phänomen als solches ist mehrfach Gegenstand weisheitlicher Überlegungen (Spr 4,16; Koh 5,11; 8,16; Sir 31,19-20; 40,5-7; 42,9-10). Der König *muß* in eben dieser Nacht schlaflos sein, denn wenn jetzt nichts geschieht, wird Mordechai verloren sein (vgl. 5,14)[8]. Die Chronik (eig. das „Gedenkbuch") wird näher bestimmt durch die Worte, die 2,23 für dasselbe Dokument gebraucht werden („die täglichen Ereignisse")[9]. Mit dem „es fand sich" am Anfang von V. 2 deutet der Erzähler an, daß der Vorleser des

---

[4] In den griechischen Übersetzungen fehlt der letzte Relativsatz. Er ist jedoch durchaus sinnvoll. Man braucht auch nicht mit Gerleman das *w* zu tilgen, da nach assyrischen Reliefs Pferde am Kopf ein königliches Emblem tragen konnten; vgl. Siegfried, Paton, Bardtke, Gordis.

[5] Der infinitivus absolutus *nātôn* bringt Hamans Erregung zum Ausdruck; vgl. Ges.-K. 113y.

[6] Vgl. auch die Aufteilung der Abschnitte in der BHK und der BHS.

[7] Zu weiteren Ähnlichkeiten zwischen den Ester- und Danielerzählungen vgl. R. Stiehl, WZKM 53, 16-17.

[8] Beide Targumim wie auch die LXX sehen in Gott den Urheber der Schlaflosigkeit. Das steht der hebräischen Erzählung näher als die Spekulation des Midrasch, nach der der König sich den Kopf mit dem Gedanken zermarterte, Haman trachte nach dem Königsthron.

[9] Es gibt noch andere Wortparallelen zwischen beiden Abschnitten, nämlich *lifnê hamme-lek* und *wayyimāṣeʾ* (letzteres mit anderer Bedeutung).

Königs ganz zufällig auf den besonderen Abschnitt gestoßen ist[10]. Ohne es so betont wie die Vetus Latina zu erklären, deutet der Erzähler an, daß dieser unglaubliche Zufall auf das Wirken einer verborgenen Macht hinweist. Etwa vier Jahre (vgl. 2,16.21; 3,7) nach Mordechais Anzeige der beiden Höflinge wird der König daran erinnert. Ebenso wurde Josef lange nach seiner Begegnung mit den beiden Höflingen vor dem König erwähnt (vgl. Gen 40,23; 41,1).

Als der König fragt, ob Mordechai Ehre erwiesen worden sei, gebraucht er 3-5 Worte, die an die plötzliche Erhöhung Hamans und sein Eigenlob erinnern (gdl in 3,1 und 5,11). Bei der Antwort, daß dergleichen unterblieben sei[11], schreitet die Erzählung schnell fort. Frage, Antwort, Befehl – und da ist Haman schon beim König[12]. V.4 enthält eine weitere Parenthese im Plusquamperfekt, durch die wir erfahren, daß Haman inzwischen eingetroffen ist. Er hat die Absicht, Mordechai hängen zu lassen, wie es ihm die Toren in seinem Hause geraten haben (im Urtext wird sie durch die Alliteration in *lē'mor lammelek litlôt* besonders betont). Daran denkt er just zur gleichen Zeit, als der König an die *Ehrung* eben dieses Mordechai denkt. Hamans unpassender Besuch findet nicht am Morgen statt (Bardtke), sondern während der Nacht. Damit präsentiert er sich abermals als Tor, denn töricht sind nach Auffassung der Weisen die Leute, die sich zu übereiltem Handeln hinreißen lassen (vgl. Spr 12,16; 29,11.20; Koh 5,11). Schließlich benötigt der König mehr als einen Höfling, um in einer so wichtigen Sache Rat einzuholen.

Die vorgesehene Ehrung für Mordechai hat abermals die beiden Widersacher 6-10 miteinander konfrontiert. Jetzt zielt sie auf eine ideale dichterische Gerechtigkeit. Das wird vor allem durch das Motiv der Verheimlichung bewirkt. Der König verschweigt Haman den Namen des Mannes, an den er denkt – wie Haman seinerzeit den Namen des Volkes nicht nannte, an das er dachte (3,8). So kann Hamans jeglicher Weisheit widersprechende Eitelkeit die Grube graben, in die er hineinfallen wird. In dem Anakoluth, mit dem Haman einsetzt (V.7), spricht er genau die Worte des Königs nach, aber beide Männer denken in entgegengesetzter Richtung, wodurch die Dramatik des Zusammentreffens unterstrichen wird. Schließlich werfen die vier Komponenten seines Rates ein Schlaglicht auf seine Eitelkeit: ein königliches Gewand, ein königliches Pferd, Bedienung durch einen hervorragenden Höfling und eine öffentliche Huldigung. Haman, der es unterläßt, den König im Hofstil anzureden, wird dann wirklich in seine eigenen Grube gestoßen. Er muß zugunsten seines Todfeindes jede Einzelheit seines Ratschlages durchführen. Er kann dem König nicht den Gehorsam verweigern (vgl. Koh 8,4), zumal er ja nur seinen eigenen Ratschlag zu verwirklichen hat. Die Szene ist bestimmt von dem, was Talmon[13] „angewandte Weisheit" nennt. Hamans eigene

---

[10] Zu dieser Bedeutung von *mṣ'* im Nif'al vgl. Dtn 21,1; 2 Chron 34,21.30.

[11] In keiner Weise wird angedeutet, daß der König darüber verwundert ist, und deshalb trifft Lebrams Argumentation nicht (die Einführung Esters in 2,22 sei deshalb sekundär, da sonst der König später nicht überrascht wäre); vgl. VT 22, 216.

[12] Striedl, ZAW 55, 87 spricht in einem solchen Fall vom „Stilmittel der Lebendigkeit".

[13] VT 13,419ff.

Äußerungen werden zur Schlinge, in die er sich verfängt (vgl. Spr 10,14; 14,3; 18,7); stolz stand er vor dem König (Spr 25,6) und erfuhr dann die entsprechende Demütigung (Spr 25,7). Mordechai hingegen saß am Tor und wurde nun erhöht (wie die Gegenaussage in Spr 25,7 festhält). Als der Tor par excellence sagte Haman die falschen Dinge in einer vorgegebenen Situation (entgegen Spr 15,23; 25,11). Er fiel in eben die Grube, die er für einen anderen gegraben hatte (Spr 26,27; vgl. 28,10; Koh 10,8). Für den Erzähler allerdings dachte und sagte Haman schon die *richtigen* Dinge in der vorgegebenen Situation. Die Verheimlichung verändert alles. Der König weiß nichts von Hamans Haß gegen Mordechai noch weiß er, daß sein Mordechai einer von den Juden ist, die zum Tode bestimmt sind. Haman andererseits weiß nichts von dem Plan des Königs, Mordechai zu ehren. Fügt man alle diese Ereignisse zusammen, so kann durchaus mit Bardtke eine „irrationale Größe" am Werke gesehen werden: Gerade in dieser Nacht findet der König keinen Schlaf, gerade diese Begebenheit aus der Chronik wird verlesen, gerade zu dieser Stunde erscheint Haman, gerade mit ihm berät sich der König, gerade von diesen Überlegungen wird Haman umgetrieben und genau in diesem Augenblick will der König Mordechai ehren. Die Aufeinanderfolge „zufälliger Ereignisse" hängt mit dem Nichtwissen der handelnden Personen zusammen (bestimmt von dem „Verheimlichungsmotiv") und kommt dadurch zustande, daß der Erzähler von der Kausalität der Ereignisse schweigt (und wir geradezu von einer „Verheimlichungstechnik" reden können).

11 Die Ausführung des königlichen Befehls wird unverblümt im Detail geschildert. Die Symmetrie in der Struktur von V. 11 zeigt seine enge Verbindung mit dem vorangehenden Dialog (beachte die Inclusio „der Mann, den der König ehren will" in V. 7 und 9, konzentrisch umspannt von derselben Inclusio in V. 6 und 11). Sachlich liegt eine weitere Parallele zur Josefsgeschichte vor: Gewand, königliches Geleit und Ausrufung finden sich auch in Gen 41,42–43[14].

12-13 Der letzte Teil unseres Abschnittes ist in verschiedener Hinsicht bedeutsam. Zunächst bezieht Mordechai in aller Gelassenheit wieder seinen Posten am Tor des Königs – anders als der nach Ehre gierende Haman (vgl. 3,6; 5,9 ff.; 6,6), anders auch als der Haman, der jetzt verzweifelt nach Hause eilt (bedeckten Hauptes, um seine Trauer anzuzeigen, vgl. 2 Sam 15,30; Jer 14,3-4). Der Kontrast wird chiastisch dargestellt: Verb-Mordechai-Haman-Verb, dem inhaltlichen X-Muster entsprechend[15]. Die Versammlung von Toren in Hamans Hause, ironisch „Weise" genannt (V. 13), verstärkt die Ironie: Sie müssen ihre Unwissenheit eingestehen, indem sie Mordechais Triumph zugeben – einen Triumph, zu dem sie selbst beigetragen haben, indem sie Haman mit der falschen Bitte zum König schickten (5,14) – in der Tat eine Kapitulation „heidnischer Weisheit" (Dommers-

---

[14] Vgl. Rosenthal, ZAW 15, 280; auch Bardtke, Würthwein, Ringgren und M. Gan, Tarbiz 31, 144-149. Die Erzählungselemente werden nicht einfach aus der Josefsgeschichte übernommen, sondern vielmehr dem neuen Kontext angepaßt.

[15] Die gleiche Technik (ein stilistischer Chiasmus entspricht einem inhaltlichen x-Muster) findet sich in 9,1. Striedl (ZAW 55, 91–92), der dem stilistischen Detail unseres Buches große Aufmerksamkeit widmet, hat diese beiden wichtigen Belege eines Chiasmus übersehen.

hausen). Der wiederholte Gebrauch des Verbs „fallen" läßt Hamans bevorstehenden Sturz ahnen. Weit wichtiger ist jedoch das wirkliche Wissen (abermals Ironie), seiner Ratgeber, daß Haman sich nicht gegen Mordechai behaupten wird, *wenn Mordechai ein Jude ist*. Damit ist ausgesagt, daß Juden grundsätzlich nicht bezwungen werden können. So wird Mordechais eigene Grundüberzeugung (3,4; 4,14; 5,9) aus dem Munde der Verbündeten seines Todfeindes bestätigt. Waren sie früher, als er auf dem Höhepunkt stand, seine Freunde, so haben sie jetzt, da sich sein Geschick zum Bösen wendet, kein gutes Wort für ihn - auch davon wissen die Weisheislehrer zu reden (Spr 14,20; 19,4.6.7). Jetzt ist es Haman, dessen Aussichten ohne Hoffnung zu sein scheinen.

In diesem Abschnitt wird die Frage beantwortet, die seit 2,21-23 im Raum stand. Ferner wird das x-Muster in der Beziehung zwischen Haman und Mordechai vervollständigt. In ihrem ersten Konflikt (3,1-7) trug Haman den Sieg davon (3,8-15), aber jetzt ist Mordechai der Sieger (5,9-14 in Verbindung mit 6,1-13). Die Ausführlichkeit, mit der Mordechais Sieg beschrieben wird, läßt an die militärische Binsenwahrheit denken, daß der Sieger in der letzten Schlacht eines Krieges auch den Krieg gewinnt. Der Leser vermutet jetzt, daß Mordechai siegen wird, kann aber nicht umhin, die Präsenz einer geheimnisvollen Macht in den Ereignissen wahrzunehmen[16]. Die Spannung hat sich aber noch nicht gelöst. Hamans Sieg hatte einen unabänderlichen Erlaß zur Folge, der auf die Vernichtung aller Juden einschließlich Mordechai zielte. Wegen seiner Unkenntnis steht der König sozusagen zwischen Baum und Borke - gebunden durch den Erlaß und durch sein wiederholtes Versprechen an Ester. Die Spannung hat zwar einen Augenblick nachgelassen, aber nur insofern die Aufmerksamkeit der Konfliktsituation zwischen zwei Einzelpersonen galt. Mag der Leser auch angesichts der Demütigung Hamans Genugtuung empfunden haben - die entscheidende Frage ist noch nicht beantwortet: Wie kann die Katastrophe abgewendet werden?

10.

Kapitel 6,14-8,2
Die Lösung

6,14 **Während sie noch mit ihm redeten, trafen die Eunuchen des Königs ein und eilten, Haman zu dem Festmahl zu bringen, das Ester bereitet hatte. 7,1 So gingen[1] der König und Haman, um mit der Königin Ester zu speisen (eig.trinken). 2 Und auch am zweiten Tage[2] sagte der König beim Wein-**

---

[16] Kommt der Tor zu Fall, so sieht die Weisheitstradition darin sowohl einen Akt der Selbstzerstörung als auch ein Eingreifen Gottes. Vgl. Sir 10,12-14; Achiqar 9,126 (Talmon, VT 13, 446-447); Spr 16,5. Ein solches Zusammenwirken verschiedener, sich ergänzender Ursachen bestimmt auch die weisheitliche Josefsgeschichte.

[1] Singularisches Prädikat mit einem zusammengesetzten Subjekt; vgl. 2,21.

[2] Die Angabe „auch am zweiten Tage" ist nicht dahingehend zu verstehen, daß das Mahl länger als einen Tag dauerte (vgl. Gordis), sondern meint, daß der König beim zweiten Festmahl dasselbe sagt (vgl. *gam*) wie beim ersten.

trinken zu Ester: „Was ist deine Bitte, Königin Ester? Sie soll dir gewährt[3] werden. Und was ist dein Begehren? Selbst wenn es das halbe Königreich wäre, soll es dir erfüllt werden." 3 Da antwortete die Königin Ester und sagte: „Wenn ich Gnade gefunden habe in deinen Augen, o König, und wenn es dem König gut scheint, möge mir mein Leben geschenkt werden aufgrund meiner Bitte und mein Volk aufgrund meines Begehrens. 4 Denn wir sind verkauft worden, ich und mein Volk, um vernichtet, getötet und ausgerottet zu werden. Wenn wir nur als Sklaven und Sklavinnen verkauft worden wären, hätte ich geschwiegen, denn das wäre keine Not[4], die es rechtfertigte, den König zu behelligen[5]." 5 Da sagte[6] der König und sagte zu der Königin Ester: „Wer ist es und wer hat beschlossen[7], solches zu tun?" 6 Und Ester antwortete: „Ein Widersacher und ein Feind – dieser böse Haman." Haman aber wurde vom Schrecken ergriffen vor dem König und der Königin. 7 In seinem Zorn erhob sich der König vom Weintrinken und ging in den Schloßgarten[8], Haman aber blieb, um bei der Königin Ester für sein Leben zu bitten, denn er sah, daß seitens des Königs Böses für ihn feststand. 8 Als nun der König vom Schloßgarten zu dem Haus des Festmahles zurück-kehrte, stürzte sich (eig. fiel) Haman gerade auf das Lager, auf dem Ester lag. Da sprach der König: „Will er sich etwa noch an der Königin vergehen, wäh-rend ich im Hause bin!" Kaum hatte der König das Wort gesagt, da bedeckten sie schon Hamans Gesicht. 9 Da sprach Harbona, einer von den Eunuchen, vor dem König: „Da ist noch der Galgen, den Haman für Mordechai (der einstmal über den König gute Information geliefert hatte) errichtet. Er steht – fünfzig Ellen hoch – bei Hamans Haus." Sagte der König: „Hängt ihn da auf!" 10 So hingen sie Haman an den Galgen, den er für Mordechai errich-tet hatte. Daraufhin legte sich der Zorn des Königs.

8,1 Am gleichen Tage gab der König Xerxes der Königin Ester das Haus Hamans, des Feindes der Juden. Und Mordechai kam in die Gegenwart des Königs, denn Ester hatte gesagt, in welcher verwandtschaftlicher Beziehung er zu ihr stand. 2 Dann nahm der König seinen Siegelring ab (den er Haman fortgenommen hatte) und gab ihn Mordechai. Und Ester setzte Mor-dechai über Hamans Haus ein.

Nach einigen Auslegern endet dieser Abschnitt mit V. 10 (Anderson, Würth-wein, Moore, Dommershausen, Clines), während andere mit kleineren Einheiten (Paton, Bardtke) oder mit einer großen 5,9-8,2 umfassenden Einheit arbeiten (Ringgren). Nach Gerleman sollte die unmittelbare Folge von Hamans Sturz (8,

---

[3] tinnātēn ist femininum in Übereinstimmung mit $\check{s}^e$'ēlâ; vgl. 5,6, wo das Verb maskulinum ist.

[4] ṣar I „Not"; vgl. 1 Sam 2,32; Jes 26,16; Ps 4,2; Ijob 15,24; 36,16.

[5] šwh mit l^e beschreibt in der Weisheitsliteratur ein „Gegengewicht" (vgl. Spr 3,15; 8,11). Mit b^e wurde es bereits in 3,8 und 5,13 gebraucht; hier drückt es aus, daß die Situation der Sklaverei eine Behelligung des Königs nicht gerechtfertigt hätte.

[6] Einige Ausleger tilgen das zweite wayyō'mer als Dittographie (Moore), andere lesen das erste als $way^ema\bar{h}\bar{e}r$ (Ringgren), eine dritte Gruppe behält die Wiederholung bei, weil sie auf eine Steigerung der Spannung ziele (Bardtke).

[7] Wörtlich: „dessen Herz ihn gefüllt hat".

[8] qām...'el ginnat habbītān: Ellipse („er erhob sich zu dem Schloßgarten").

1-2) mit dem unmittelbar vorangehenden Abschnitt verbunden werden. Dafür spricht, daß die Zeitangabe in 8,9 (die das Ereignis auf den Monat Siwan verlegt) sich nur auf den Dialog beziehen kann, der 8,3 beginnt. In unserem Abschnitt wird der Tiefpunkt für Haman zum Höhepunkt der Erzählung.

Im einleitenden Vers des letzten retardierenden Abschnittes der Erzählung geht es eilig zu. Ständig ist die Lösung durch dazwischen kommende Episoden hinausgezögert worden, aber die Spannung wurde auch dadurch aufrechterhalten, daß eine Verzögerung mit ihrem Gegenteil, einer Beschleunigung, verbunden wurde (vgl. zu 5,6-8). Dieselbe Technik findet sich auch in unserem Abschnitt.   6,14-7,1

Die Formulierung der Frage entspricht 5,6. Anders als dort wird Ester in feierlicher Form mit Namen und Titel angeredet. Das Angebot des Königs hat sich nicht geändert. Esters Antwort ist genau gegliedert: Ihre beiden Teile entsprechen den beiden Teilen in der Frage des Königs, aber sie sind detaillierter ausgestaltet[9]. Bei der Anrede an den König gebraucht sie wechselweise die zweite und dritte Person, sie appelliert an seine Empfindungen ihr gegenüber und an seine königliche Macht. Dabei beherzigt sie abermals die Lehren der Weisheitstradition über das klug gewählte Wort (Spr 16,20; vgl. auch die Lage, in der sich Ester und Haman befinden, mit Spr 16,14.15)[10]. Indem sie geschickt die passive Form „wir sind verkauft worden" benutzt, vermeidet sie es, den König bloßzustellen, der in seiner Nachlässigkeit selbst die Juden an Haman verkauft hatte (3,9-11). Ester identifiziert sich ganz und gar mit ihrem Volk und begründet damit ihren Appell an den König. Der Ernst der Lage wird durch die drei Infinitive „vernichten, töten, ausrotten" unterstrichen, die dem Wortlaut des Erlasses entnommen sind (3,13; vgl. 4,8). Angesichts der gesellschaftlichen Situation Israels gegenüber Ägypten, Assyrien und Babylonien in der damaligen Welt, überrascht es nicht, daß sie geschwiegen hätte, wenn sie als Sklaven verkauft worden wären (Poulssen). Sklaverei als solche wäre kein Grund, den König zu behelligen, wie sie in aller Ehrerbietung andeutet. Die wirkliche Situation aber, um die es hier geht, ist weit schlimmer als jede Sklaverei. Ihre längere Rede wirkt retardierend, und so wird selbst am Höhepunkt der Erzählung die Spannung aufrechterhalten. Erst war Ester „die allein Wissende" (Würthwein), aber jetzt hat sie Hamans Nichtwissen schon zu einem Teil abgebaut. Der König - nicht sonderlich schnell im Begreifen - hat weder verstanden, daß es um die Juden geht noch daß Ester eine Jüdin ist (wahrscheinlich erinnert er sich überhaupt nicht an den Erlaß, wie seine folgende Frage vermuten läßt). Jedenfalls nötigt Ester durch ihre „Verschleierungstaktik" (Bardtke) den König zu einer weiteren Frage. Das doppelte „und er sagte" (V.5) hält die Spannung aufrecht und beschreibt zugleich die stammelnde Überraschung des Königs. Sie wird im Hebräischen durch seine staccatoartige Frage   2-6a

---

[9] Es liegt zunächst ein mit *'im* eingeleiteter Bedingungssatz vor, der eine doppelte Protasis und Apodosis aufweist und von einem begründenden *kî*-Satz gefolgt wird. Es folgt ein zweiter mit *'illu* eingeleiteter Bedingungssatz, abermals mit begründendem *kî*-Satz. *'illû* statt *lû* in einem Bedingungssatz (irreal) ist späte Sprache (sonst nur Koh 6,6); vgl. Ges.-K 159 l.

[10] Die Apodosis am Ende von V.3 wird durch den wiederholten *i*-Laut besonders betont. Striedl, ZAW 55, 90 ist dieses Beispiel für einen „Wohlklang der Worte" entgangen.

nachgeahmt ($m\hat{\imath}\ h\hat{u}\ z\hat{e}\ w^e{}'\hat{e}\ z\hat{e}\ h\hat{u}$). Sie ist zweigliedrig und wird auch zweigliedrig beantwortet (fast alle Wortäußerungen zwischen König und Königin sind zweigliedrig: 5,3.6; 7,2; 5,7; 7,3–4). Der Leser, der mehr über die Vorgänge im Perserreich weiß als der König selbst, kann dessen Frage, die jegliche Kenntnis vermissen läßt, unschwer beantworten. Indem sie Haman als Urheber der Not und als Feind darstellt, suggeriert Ester mit Geschick eine typische Hofintrige[11].

6b–8a   Es nimmt nicht wunder, daß Haman die Sprache wegbleibt. Ohne es zu wissen, hat er sich beiden widersetzt – der Königin durch die Bedrohung ihres Volkes und dem König durch die Bedrohung seiner Frau. Ihm wird bewußt, was im König vorgeht, aber nach dem Wortlaut des Textes richtet sich dessen Zorn nicht gegen Haman. Der Gang des Königs in den Garten weckt wieder Spannung: Sein Zorn könnte Esters Verschweigen ihrer Volkszugehörigkeit gelten, wodurch das Dilemma verursacht wurde, er könnte aber auch gegen Haman gerichtet sein, der das zur Vernichtung bestimmte Volk nicht mit Namen nannte. Jedenfalls verzögert dieser Zorn den Ablauf der Ereignisse und wirkt so der Tendenz der Beschleunigung entgegen, die auch in diesem Abschnitt wirksam ist. Hamans Glück ist seit seinem ruhmredigen Auftreten am Anfang von Kap. 6 ständig im Abnehmen begriffen: da ist erst seine Überheblichkeit, dann seine Demütigung, dann seine Sorge, gefolgt von Verlassensein und Hoffnungslosigkeit (insgesamt also fünf Stufen), dann Angst, die Bitte um sein Leben, sein Niederfallen, die Bedeckung seines Gesichts (V. 8b), die Hinrichtung (V. 10) (abermals fünf Stufen).

8b–10   Hier kann der Erzähler die einander überschneidenden Motive „Nichtwissen" und „Mißverständnis" voll ausschöpfen. Haman will um sein Leben betteln, aber der König, der eine Zeitlang abwesend war, kann seine Absicht nur mißverstehen. Die rhetorische Frage des Königs[12] nimmt an, daß Haman der Königin während seiner Abwesenheit Gewalt antun wollte. Die ganze Szene ist völlig absurd: ein Haman, der die Königin angreift und sie vielleicht im dunkelsten Augenblick seines Lebens zu vergewaltigen sucht, und das im Palast! Dies könnte als Versuch ausgelegt werden, den Harem des Königs zu übernehmen[13], was wiederum als politischer Akt gesehen werden könnte, als Beginn einer Palastrevolution (vgl. 2 Sam 16,21–22). Natürlich kann hiervon keine Rede sein, aber es ist fast zu erwarten, daß der ständig irrende König das erschrockene Bitten Hamans falsch auslegt. In 6,16 hatte Hamans Unkenntnis von der eigentlichen Absicht des Königs seine eigene Demütigung zur Folge; hier führt die Unkenntnis des Königs von Hamans eigentlicher Absicht zu dessen endgültigem Sturz. Während sich diese beiden Männer mißverstehen, verstehen die Hofdiener sofort, worum es geht, und handeln entsprechend (vgl. Spr 16,14a). Damit wird der Gang der Erzählung wieder beschleunigt. Harbona (aus 1,10 bekannt) erwähnt den riesigen Galgen (5,14), den Haman für Mordechai errichten ließ. Die dichterische Gerechtigkeit nimmt ihren Lauf, als der König in Einklang mit ihr sofort (Ringren) gebietet, Haman dort

---

[11] Das hat der erste Targum gefolgert. Vgl. Paton, 190, zu Hofintrigen.

[12] Eingeleitet durch hervorhebendes *gam* mit l^e und Infinitiv, um eine bestimmte Absicht auszudrücken; vgl. Ges.-K. 114 h-i.

[13] Vgl. Plutarch, Artaxerxes XXVII, 1,2.

aufzuhängen, wo Mordechai hätte hängen sollen. An diesem Punkt wird das weisheitliche Motiv endgültig besiegelt, daß derjenige, der einem anderen eine Grube gräbt, selbst hineinfällt[14]. Und so erlischt die Lampe der Frevler – ganz in Übereinstimmung mit den Worten der Weisen (vgl. Spr 13,9; 24,20). Wenn Harbona den Dienst erwähnt, den Mordechai dem König erwiesen hatte (2,21-23; 6,2), so zeigt er sich als ein kluger Höfling, der die Stimmung des Königs wahrzunehmen und im richtigen Augenblick guten Rat zu geben weiß (vgl. Spr 11,14; 15,22; 20,18; 24,6). Zugleich wird dadurch Mordechai eingeführt, der am Ende des Abschnittes sich mit dem königlichen Paar verbinden wird.

Noch am gleichen Tag übergibt der König Hamans Besitz an Ester, die diesen wiederum Mordechai übereignet. Mordechai tritt in den Bereich des Königs ein, wobei der Erzähler mittels des für ihn typischen Plusquamperfekts dem Leser mitteilt, daß Ester endlich ihre verwandschaftliche Beziehung angegeben hatte. Jetzt ist Xerxes zum erstenmal über alles unterrichtet, was sich in seinem eigenen Palast mit seiner eigenen Frau zutrug. Der königliche Siegelring, der seinen Träger mit königlicher Autorität ausstattet, wird natürlich auch Mordechai überreicht[15]. Damit wird die totale Umkehr der Geschicke, das x-Muster von Mordechai und Haman, endgültig abgeschlossen. Für beide Gegner ist Spr 11,8 in Erfüllung gegangen. *8,1-2*

Die Motive der Verheimlichung und des Nichtwissens, durch die den handelnden Personen Information vorenthalten wird, wirkt sich positiv auf den Gang der Ereignisse aus. Ester berechnet ihre Schritte mit kluger Entschlossenheit, doch sie konnte nicht das letzte Mißverständnis planen, das Hamans Schicksal besiegelte. Unterschwellig ist eine Macht am Werke, die das Geschehen in der Welt der Menschen tief beeinflußt. Die Spannung hat jetzt nachgelassen, ist aber noch keineswegs aufgehoben. Denn noch ist trotz des Todes seines Urhebers der unabänderliche Erlaß gegen die Juden in Kraft. Die Frage bleibt: Was kann dagegen unternommen werden? Der Leser muß weiterlesen.

11.

Kapitel 8,3-17

Das Geschick der Juden wendet sich

3 Da sprach Ester noch einmal vor dem König. Sie fiel ihm zu Füßen, weinte und bat ihn inständigst, den bösen Anschlag Hamans, des Agagiters, und seinen Plan, den er gegen die Juden ersonnen hatte, abzuwenden. 4 Da streckte der König der Ester seinen goldenen Zepter entgegen; daraufhin stand Ester auf und trat vor den König. 5 Und sie sprach: „Wenn es dem König gefällt und wenn ich Gnade vor ihm gefunden habe und die Bitte vor dem König genehm ist und ich seine Zustimmung finde[1], so möge geschrie-

---

[14] Eingehend in diesem Sinne äußert sich Josephus, Antiquitates XI, 267 f.

[15] Eine weitere plusquamperfektische Rückblende vermerkt, daß der König den Ring von Haman zurückgenommen hatte.

[1] Wörtlich: „Und (wenn) ich gut bin in seinen Augen".

ben werden, um die Briefe zu widerrufen, den Anschlag von Haman, dem Sohne Hammedatas, dem Agagiter, die er schrieb, um die Juden in allen Provinzen des Königs zu vernichten. 6 Denn wie könnte ich das Unglück mitansehen, das mein Volk treffen wird[2]? Und wie könnte ich die Vernichtung meiner Verwandten mitansehen? 7 Da sagte der König Xerxes zur Königin Ester und zu Mordechai, dem Juden: „Siehe, das Haus Hamans habe ich Ester gegeben und ihn haben sie an den Galgen gehängt, weil er Hand an die Juden zu legen suchte. 8 Ihr beide aber schreibt nun im Namen des Königs betreffs der Juden, wie es euch gut dünkt, und versiegelt (das Schreiben) mit dem Siegelring des Königs. Denn ein Dokument, das im Namen des Königs geschrieben und mit dem Siegelring des Königs versiegelt ist, kann nicht zurückgenommen werden." 9 Also wurden zu jener Zeit die Schreiber des Königs gerufen – am dreiundzwanzigsten Tag des dritten Monats, das ist der Monat Siwan. Und gemäß allem, was Mordechai befahl, wurde geschrieben an[3] die Juden und an die Satrapen und die Statthalter und die Fürsten der Provinzen von Indien bis Kusch, 127 Provinzen (an der Zahl), für jede Provinz und für jedes Volk in der eigenen Schrift und Sprache und an die Juden in ihrer Schrift und Sprache[4]. 10 So schrieb er im Namen von König Xerxes und versiegelte es mit dem königlichen Siegelring. Und er sandte Briefe durch berittene Kuriere, die auf königlichen Rossen aus den Postgestüten ritten[5], 11 des Inhalts, daß der König den Juden in jeder Stadt erlaubt hatte, sich zu versammeln und sich zu verteidigen und jede (bewaffnete) Macht eines Volkes oder einer Provinz, die sie angriff, zu vernichten, zu töten und auszurotten, selbst Frauen und Kinder, und ihr Eigentum zu plündern 12 – an einem Tag in allen Provinzen des Königs Xerxes, am dreizehnten Tag des zwölften Monats, das ist der Monat Adar. 13 Eine Abschrift des Schreibens sollte als Erlaß in jeder Provinz veröffentlicht (und) allen Völkern mitgeteilt werden, nämlich daß[6] die Juden an diesem Tag bereit seien, sich an ihren Feinden zu rächen. 14 Die berittenen Kuriere auf den königlichen Pferden zogen in größter Eile los[7], dem Befehl des Königs folgend. Auch auf der Akropolis von Susa wurde der Erlaß veröffentlicht. 15 Und Mordechai verließ die Gegenwart des Königs in einem königlichen Gewand von purpurvioletter Wolle und weißem Linnen, mit einer großen goldenen Krone und einem weiten Mantel aus Byssus und rotem Purpur. Und die Stadt Susa jubelte und freute sich. 16 Für die Juden gab es Licht und Freude, Jubel und

---

2 Mit *yimṣā'* folgt eine maskuline Form auf ein feminines Subjekt wie auch sonst im Esterbuch (vgl. *yinnātēn* in 5,3.6).

3 Moore, Clines und andere lesen ᶜal („betreffend") statt 'el („an"). Diese Textänderung ist nicht zu übernehmen, da der neue Erlaß nicht wie der erste die Juden *betrifft* (3,12), sondern *an* sie als erste geschickt werden soll. Damit rangieren sie sogar vor den höchsten Beamten des Reiches (vgl. Bardtke).

4 V.9 ist der längste Vers in den Ketubim, dem dritten Teil der hebräischen Bibel.

5 Nach Gerleman bedeutet 'aḫaštᵉrānîm „königlich" (aus dem persischen *khsatra* + Adjektivsuffix *ana*) während *bᵉne hārammākîm* mit pehlew. *ramak* zusammenhängt: „grex equorum" und sich auf die Pferdestationen beziehen könnte, die aus Xenophon bekannt sind (Kyropädie VIII, 6,17).

6 Die Kopula sollte (vgl. BHS) wegen der notwendigen Variante zu 3,14 nicht getilgt werden.

7 Wörtlich: „zogen aus, hastig und eilig".

Ehre. 17 Und in allen Provinzen und jeder Stadt, wo des Königs Wort und sein Erlaß hinkam, gab es bei den Juden Freude und Jubel, Festmahl und Feiertag. Und viele aus dem Volk des Landes bekannten sich zu ihnen, denn Furcht vor den Juden war über sie gekommen.

Der Beginn dieses Abschnittes wurde bereits in Verbindung mit dem Abschluß des vorangegangenen erörtert. Die neue Zeitbestimmung am Anfang von 9,1 zeigt, daß dort ein weiterer Abschnitt beginnt.

Ester fällt weinend dem König zu Füßen[8]. Ohne Frage setzt sie hier ihr Leben 3-4 ein zweites Mal aufs Spiel[9]. Mit der Aufhebung seines Erlasses gegen die Juden erwartet sie vom König etwas Unmögliches, ja Ungesetzliches. Er soll das Unwiderrufbare widerrufen (vgl. V.5b), und das kann er nicht tun. Doch er streckt sein Zepter aus – ein wohlwollendes Zeichen, wie wir aus 4,11 und 5,2 wissen. Der Leser aber fragt sich: Was kann diese wohlwollende Geste ausrichten, wenn der König – wie der Leser weiß (1,19; V.8) wird das aufnehmen) – außerstande ist, einen einmal veröffentlichten Erlaß zu widerrufen? Hier zeigt der Erzähler, daß das eigentliche Problem noch nicht gelöst ist. Wenn Ester dem König zu Füßen fällt, weint[10] und ihn inständigst anfleht, ist das ein klarer Hinweis auf die noch herrschende Ungewißheit und die trotz des vorangehenden Abschnittes noch ungelöste Spannung. Noch hat der König nichts unternommen, um ihre besondere Bitte für ihr gefährdetes Volk zu erfüllen (7,3). Andererseits ist er durch seine dreifach wiederholte Zusicherung gebunden, ihrer Bitte unbedingt zu entsprechen. Die dramatischen Ereignisse beim letzten Festmahl haben Esters eigentliches Anliegen verdrängt, in dem es nicht um Haman, sondern um die Juden ging. Daher ist es Ester und nicht Mordechai, die nach unserem Erzähler das eigentliche Problem wieder zur Sprache bringen muß[11].

Dessen Bedeutsamkeit wird bereits dadurch angezeigt, daß Esters Worte in 5-8 direkter Rede wiedergegeben werden und diese sehr überlegt aufgebaut ist[12]. Dabei dienen die wiederholten Höflichkeitsformeln einer captatio benevolentiae (Dommershausen), wecken aber auch neue Spannung: es ist keineswegs schon

---

[8] Der Erzähler deutet die Spontaneität an, die auch ihr weiteres Auftreten vor dem König bestimmt, indem er das allgemeinere Verb „fallen" wählt anstatt der technischen Termini „die Knie beugen" und „niederfallen" (vgl. 3,2.5).

[9] Vgl. Gerlemann im Gegensatz zu Paton; Siegfried meint, Ester sei außer Gefahr wegen der freundlichen Zuwendung des Königs an früherer Stelle; auch Bardtke sieht keine Probleme, zumal Mordechai ja inzwischen auf dem höchsten Posten neben dem König amtiert.

[10] Das taten seit Bekanntwerden des Hamanerlasses alle Juden einschließlich Mordechai (4,1.3).

[11] Paton findet es „schwer einzusehen, weshalb das notwendig war" und vermißt daher die sonst von dem Erzähler angestrebte Folgerichtigkeit.

[12] Sie beginnt mit einem viergliedrigen Bedingungssatz. Die beiden ersten Glieder werden mit 'im eingeleitet, das bei den beiden letzten fortgelassen wird. Das erste Glied ist distanziert-sachlich gehalten (unpersönlich konstruiert), das zweite persönlich (erste Person Singular), das dritte distanziert-sachlich (dābār), das vierte wieder persönlich (erste Person Singular). Das geht mit einem symmetrischen Wechsel einher, in dem hammelek, das Suffixpronomen der dritten Person Maskulinum Singular, hammelek und abermals das Suffixpronomen der dritten Person Maskulinum Singular aufeinander folgen.

alles gut, noch muß der König dazu überredet werden, die Juden zu retten[13]. Ein Vergleich mit Esters früheren Bitten zeigt die Dringlichkeit ihres Anliegens: In 5,4 gebraucht sie eine eingliedrige Wendung, in 5,8 und 7,3 eine zweigliedrige, in der herannahenden „Stunde der Entscheidung"[14] eine viergliedrige. Wir erkennen in Esters Formulierungen wieder unschwer das weisheitliche Motiv der klugen Rede. Sie spricht durchaus persönlich, was ihr schon einmal zustatten kam[15], sichert sich aber andererseits auch ab durch Einhalten einer formalen Distanz zu dem launischen Despoten. Das ist besonders klug, weil der König schon seit mehr als zwei Monaten versäumt hat, seine ihr gegebene Zusicherung einzulösen (wie es von einem unentschlossenen König nicht anders zu erwarten ist). Konkret geht es Ester in ihrer Bitte beim König um seine Aufhebung des von Haman angeregten Erlasses, der bereits veröffentlicht wurde. Damit ist zweifelsohne klar, was mit „abwenden" in V.3 gemeint ist. Die Klugheit ihrer Wortwahl kann immer nur bewundert werden, etwa wenn sie bei der Nennung Hamans den Vatersnamen und sein Geschlecht hinzufügt. Durch diese Hervorhebung bewirkt sie, daß er allein für den Erlaß und seine Folgen verantwortlich ist, der König hingegen völlig entlastet wird. Vor allem wird Hamans Anschlag derart beschrieben, daß der König in Verbindung mit der Nennung Hamans nicht an Ester, sondern an die Juden denken soll. Jetzt geht es ausschließlich um sie[16] und damit um die kollektive Dimension des ungelösten Problems. Ester unterstreicht ihre Bitte durch zwei rhetorische Fragen, die fast im poetischen Parallelismus stehen: „Denn wie könnte ich das Unglück mitansehen, das mein Volk treffen wird? Und wie könnte ich die Vernichtung meiner Verwandten mitansehen?" Auf diese Weise identifiziert sie sich ganz und gar mit ihrem Volk und wird zugleich als seine Fürbitterin dargestellt. Unwillkürlich wird der Leser an Mose und Aaron erinnert (vgl. Ex 5,1), zumal Mordechai schweigend zugegen ist (V.7) - wie die starke Gestalt Moses hinter seinem Sprecher Aaron. Die rhetorischen Fragen erinnern aber auch an die Frage Judas in der Josefsgeschichte (Gen 44,34)[17]. Die Antwort des Königs gilt beiden, Ester wie Mordechai. Er weist auf das hin, was er bereits getan hat, wobei es ganz wichtig ist, wie er Hamans Hinrichtung begründet: Haman wurde gehenkt, weil er Hand an *die Juden* zu legen suchte! Das stimmt nicht. Haman wurde hingerichtet, weil der König ihn (fälschlich) beschuldigte, sich an Ester zu vergehen (7,8). Abermals ist zu beobachten, wie Ester die weisheitliche Kunst beherrscht, je nach dem Gebot der Stunde zu reden oder zu schweigen. Als der König sah, wie Haman vor Ester auf ihrem Ruhebett niedergefallen war, und diese Situation falsch deutete, da schwieg Ester und führte so Hamans Tod herbei.

---

[13] Die längliche Einleitung zieht die Formulierung der eigentliche Bitte so lang wie möglich hinaus (Soubigou) und weckt auf diese Weise Spannung.

[14] Vgl. Striedl, ZAW 55, 88-89.

[15] S.o. zu 6,14ff.

[16] Die Juden werden in diesem Abschnitt zwölfmal erwähnt, hinzu kommt das Verb *yhd* in V.17.

[17] Vgl. Rosenthal, ZAW 15, 281. Beachte das maskuline Verb nach dem femininen Subjekt, das durch das maskuline Verb nach dem maskulinen Subjekt in Gen 44,34 beeinflußt sein könnte.

Jetzt, da diese Fehldeutung nicht länger von Nutzen ist, veranlaßt Ester den König durch geschickt gewählte Worte (über Haman und die Juden, V.5), an die Juden zu denken. Und hinsichtlich des Grundes, der zu Hamans Hinrichtung führt, läßt sie ihn seiner eigenen *metábasis eis állo génos* glauben. Natürlich kann man einem König, der derart manipulierbar ist, nicht die Lösung des anstehenden Dilemmas zutrauen. Er gibt Ester und Mordechai[18] uneingeschränkte Vollmacht (das Gegenstück zu der Haman gegebenen Vollmacht: 3,11!), damit sie einen Ausweg finden. Die Darstellung des törichten Königs findet hiermit ihren Abschluß. Ebenso wird hier zum Ausdruck gebracht, daß die Rettung der Juden gleichermaßen Ester und Mordechai zuzuschreiben ist. Schließlich wird noch einmal Spannung aufgebaut. Was werden diese beiden tapferen Menschen unternehmen, um Hamans Erlaß außer Kraft zu setzen?

In diesen Versen wird der Parallelismus zwischen 8,3-17 und 3,8-15 weiter entwickelt. Der V.9-14 umfassende Abschnitt ist das Gegenstück zu 3,12-15. An der früheren Stelle werden Briefe am 13. Nisan geschrieben, an der späteren am 23. Siwan. Moore irrt, wenn er diese Zeitspanne unerklärlich findet. Die siebzig Tage, die seit dem ersten Erlaß verstrichen sind, können symbolisch gemeint sein (Schildenberger, Dommershausen, Clines), aber es ist wichtig, daß der König bereits 66 Tage hindurch[19] in keiner Weise zeigte, daß er den Juden helfen wolle. Mordechais Strategie besteht darin, den Juden die Selbstverteidigung zu gestatten, und bietet im einzelnen eine durchdachte Gegenkonzeption zu Hamans Erlaß. In diesem ging es *um* die Juden, Mordechais Erlaß richtet sich *an* sie und an die anderen Völker. An der früheren Stelle hieß es in passivischer Konstruktion „Briefe...wurden geschickt" (3,13); hier wird die aktive Form gebraucht „die berittenen Kuriere...zogen los" (8,14). Dort waren die Juden einem Fatum unterworfen, hier wird ihnen aktive Hilfe durch den Juden Mordechai zuteil. Ferner waren Hamans Boten nicht beritten, während Mordechai sich berittener Kuriere bedient, die also viel schneller sein können. Der erste Erlaß wollte alle Juden vernichten, töten und ausrotten, einschließlich der Frauen und Kinder, und ihr Eigentum rauben; der zweite Erlaß bedient sich der gleichen Verben, wenn er den Juden gestattet, ihren Feinden, einschließlich der Frauen und Kinder, dasselbe anzutun. Die ausdrückliche Erlaubnis, ihre Feinde auszurauben, wird in 9,10.15.16 wichtig, wo mehrfach gesagt wird, daß die Juden davon *keinen Gebrauch* machten. Nach dem ersten Erlaß sollten die Völker für „jenen Tag" bereit sein, jetzt haben die Juden für „jenen Tag" bereit zu sein. Hinzugefügt ist dem zweiten Erlaß die Erlaubnis für die Juden, an ihren Feinden Rache zu nehmen. Der ganze Parallelismus fungiert als literarischer Ausdruck des *ius talionis*, einer „Maß für Maß-Vergeltung" (Anderson). Die Vergeltungslehre, die auch in der Weisheitsliteratur so beherrschend ist, wird als eine völlige Umkehr der Geschicke beschrieben – nicht allein der individuellen Geschicke Mordechais und Hamans, nein, auch derer der von ihnen vertretenen kollektiven Gruppen.

_____

[18] *'attem* vor dem Verb betont die Zweiheit der Angeredeten.
[19] Der erste Erlaß wurde am 13. Nisan herausgegeben (3,12); dann verstrichen drei Tage bis zur ersten Audienz (4,16; 5,1), danach ein Tag bis zum letzten Festmahl (5,9; 6,1.14). Der Zeitraum zwischen den Erlassen betrug demnach 70 Tage und zwischen dem letzten Festmahl und Mordechais Erlaß 66 Tage.

15-17   Schließlich unterstreicht auch die Kleidung Mordechais den Wandel. Statt des Sackkleides trägt er jetzt königliche Gewänder (beachte die Vorwegnahme in 6,8) und statt Asche trägt er auf seinem Haupt eine Krone (vgl. 4,1). Die Materialien seiner Kleider entstammen 1,6, wo sie Gleichnis für eine Welt atemberaubenden Glanzes sind. Hier sehen wir Mordechai inmitten dieser Welt – wie ein Traum, der Wirklichkeit wurde. Purpurstoff, Purpurwolle, Byssus und Gold finden sich auch in der Beschreibung der Materialien, die für die Stifthütte und die Gewandung des Hohenpriesters verwendet werden (Ex 26,1-6; 28,6). Möglicherweise bezieht sich das auf eine Art „weltlichen Priestertums", kraft dessen Mordechai als Mittelsperson zwischen dem König und den Juden fungiert (vgl. Schildenberger, Bardtke, Dommershausen). Beim ersten Erlaß herrschte in der Stadt Susa Verwirrung (3,15), beim zweiten herrscht Freude. Beim ersten Erlaß werden vier Ausdrücke gebraucht, um die Trauer der Juden zu beschreiben (4,3), beim zweiten vier, um ihre Freude auszudrücken (V.16). An die Stelle des früheren Fastens zur Passazeit treten jetzt Festmähler und ein neuer Feiertag (yōm tôb). Die Juden werden geehrt, wie Mordechai geehrt wurde (6,1-13), wodurch die Identifikation Mordechais mit seinem Volk unterstrichen wird. Viele Nichtjuden bekennen sich als Juden, womit nur gemeint sein kann, daß sie Proselyten werden. Die jüdische Gemeinschaft wurde bereits als *religiöse* Gemeinschaft beschrieben (vgl. zu 3,8); wer sich als Jude bekennt, muß also mehr als nur eine ethnische Zugehörigkeit bekennen. Noch zwei weitere religiöse Elemente sind zu nennen. Da ist zunächst der festgeprägte Begriff (Bardtke) „Völker des Landes" statt „des Reiches"; Israel erscheint oft dort unter den „Völkern des Landes", wo ein religiöser Kontext vorliegt[20]. Das zweite Element ist das Motiv einer „Furcht vor den Juden" (genetivus obiectivus). Die plötzliche Furcht vor einer bedrohten Minderheit, mag es ihr auch gestattet sein, sich zu verteidigen, weist auf eine „irrationale Größe" (Bardtke), die darin am Werke ist (Dtn 28,10 verbindet die Furcht der Völker vor Israel mit dem Namen Gottes, der über Israel genannt ist; vgl. auch Jos 2,9 und Ps 105,38). Dasselbe Motiv erscheint auch im Schilfmeerlied (Ex 15,1ff.), also in der Exoduserzählung, die gleichfalls das Muster einer Schicksalwende darstellt[21]. Die Erwähnung von Proselyten hat eine Entsprechung in Ex 12, 38, wo viele Nichtisraeliten mit Israel das Land verlassen.

Abermals ist in diesem Abschnitt das stilistische Können des Erzählers zu beobachten: Symmetrie, Wiederholung und Ausgewogenheit sind dafür ein beredtes Zeugnis. Die totale Umkehr der Situation nach dem ersten Erlaß wird sorgfältig herausgearbeitet, und der Nachdruck liegt dabei eher auf ihrem Volk als auf Ester und Mordechai persönlich. Ihnen beiden ist die Errettung der Juden zu danken. Gleichwohl lassen die Motive des Proselytentums und die Furcht vor den Juden an eine „irrationale Größe" denken, die im Hintergrund wirksam ist. Der Einfluß der Weisheit, der Josefsgeschichte und der Erzählung vom Exodus ist in diesen Abschnitt ebenso spürbar wie in den vorangegangenen.

---

[20] Vgl. Jos 4,24; 1 Kön 8,43.53.60; Ez 31,12; Zef 3,20; auch 1 Chron 3,25; Esra 10,2.11 und Dtn 28,10, wo auch das Motiv der Furcht erscheint.

[21] Vgl. Loader, ZAW 90, 419.

Exkurs

Da nach Clines die ursprüngliche Erzählung mit 8,17 endet, sollen die bei der Auslegung bereits angeführten Gegenargumente hier zusammengefaßt werden[22]:

(a) In 1,1-8,17 wie in 9,1-10,3 werden in gleicher Weise explizite religiöse Motive bewußt vermieden.

(b) In gleicher Weise können sie unterschwellig vorliegen.

(c) In beiden Teilen gibt es stilistische Parallelen: Wortspiele, Chiasmus, Symmetrie, konstanter Wortgebrauch, nachholende Angaben im Plusquamperfekt.

(d) In beiden Teilen wird die Bedeutung von Ester und Mordechai gleichgewichtig dargestellt.

(e) In beiden Teilen erscheinen Namenlisten und die Namen von Nebenpersonen, wenn sie innerhalb der Handlung eine Funktion ausüben.

(f) Das Festmahlmotiv ist in beiden Teilen bedeutungsvoll[23].

(g) Die beiden Teile sind miteinander verbunden durch einen übergreifenden Chiasmus von Festen in der Stadt und in den Provinzen.

(h) Selbst wenn wir annehmen müßten, daß 9,1 ff. in einem späteren Stadium hinzugefügt wurde, müßten wir zugeben, daß die „frühere Erzählung" sehr geschickt für die Begründung der Purimfeier ausgewertet wird, was nicht auf eine geringere literarische Qualität der Hinzufügung weist.

(i) Die Motive Errettung und Sieg in Kap. 9 widersprechen einander nicht notwendigerweise und können ebensowenig eine geringe literarische Qualität des Kapitels belegen[24].

(j) Daß am Ende des Buches zwei einander widersprechende Erlasse stehen, wodurch der Pattabschluß einer „ungelösten Spannung" entsteht, ist nach Clines' eigenem Zugeständnis ein „seltsamer Gedanke"[25].

(k) Zu Clines' sich auf den *A*-Text berufendes Argument s. o. S. 14 und 19-20.

12.
Kapitel 9,1-19
Die große Wendung wird durchgesetzt

1 **Am dreizehnten Tage des zwölften Monats, das ist der Monat Adar, als der Befehl des Königs und sein Erlaß ausgeführt werden sollten – an dem Tage, an dem die Feinde der Juden hofften, ihrer Herr zu werden, da wurde es anders herum gewendet, so daß die Juden selbst Herr über ihre Hasser**

---

[22] S. auch u. zu 9,1 ff.

[23] Vgl. besonders Berg, The Book of Esther, 39 ff. Sie behauptet: „Die Entsprechung zwischen den Festmahlpaaren zeigt bereits an, daß Purim kein beiläufiger Bestandteil der Erzählung ist".

[24] Vgl. Clines, The Esther Scroll, 162-165.

[25] Im Kommentar, S. 319; ich hätte persönlich nicht ein so starkes Wort wie „seltsam" gewählt, um eine inakzeptable, aber gleichwohl interessante These zu beschreiben.

wurden[1]. 2 Die Juden versammelten sich in ihren Städten in allen Provinzen des Königs Xerxes, um jene zu bekämpfen, die ihr Unheil suchten. Und niemand konnte ihnen standhalten, denn die Furcht vor ihnen war auf alle Völker gefallen[2]. 3 Alle Fürsten der Provinzen, die Satrapen, die Statthalter und die öffentlichen Bediensteten[3] halfen den Juden, denn die Furcht vor Mordechai war auf sie gefallen. 4 Denn Mordechai war groß im königlichen Palast, und sein Ruf verbreitete sich durch alle Provinzen, ja, der Mann Mordechai wurde immer größer. 5 Und die Juden schlugen alle ihre Feinde mit dem Schwerte, töteten und vernichteten und taten an ihren Hassern, wie es ihnen gefiel. 6 Auf der Akropolis von Susa töteten und vernichteten[4] die Juden fünfhundert Mann. 7 Sie töteten auch Parschandata, Dalfon, Aspata,8 Porata, Adalja, Aridata, 9 Parmaschta, Arisai, Aridai und Wajesata, 10 die zehn Söhne Hamans, des Sohnes Hammedatas, des Judenhassers, aber sie vergriffen sich nicht an der Beute. 11 An jenem Tage wurde die Zahl der auf der Akropolis von Susa Getöteten vor dem König gemeldet. 12 Und der König sagte zu der Königin Ester: „Auf der Akropolis von Susa haben die Juden fünfhundert Mann getötet und vernichtet, ebenso die zehn Söhne Hamans. Was haben sie wohl in den übrigen Provinzen des Königs getan? Und was ist jetzt deine Bitte? Sie soll dir gewährt werden[5]. Und was ist dein Begehren? Es soll dir erfüllt werden." 13 Da sagte Ester zum König: „Wenn es dem König gut erscheint, dann sei den Juden auch morgen gestattet, nach dem heutigen Erlaß zu handeln, und sie sollen die zehn Söhne Hamans an den Galgen hängen." 14 Und der König gebot, daß so verfahren werde. Daraufhin wurde ein Erlaß in Susa veröffentlicht, und sie hängten die zehn Söhne Hamans auf. 15 Dann versammelten sich die Juden, die in Susa waren, wieder[6] am vierzehnten Tag des Monats Adar und töteten in Sasa dreihundert Mann, aber an der Beute vergriffen sie sich nicht. 16 Und die übrigen Juden, die in den Provinzen des Königs waren, versammelten sich, verteidigten sich und kamen zur Ruhe vor ihren Feinden. Von ihren Hassern töteten sie fünfundsiebzigtausend Mann, aber an der Beute vergriffen sie sich nicht 17 am dreizehnten Tag des Monats Adar. Am vierzehnten Tag ruhten sie und machten ihn zu einem Tag des festlichen Mahls und der Freude. 18 Aber die Juden, die in Susa waren, versammelten sich am dreizehnten und vierzehnten Tag, ruhten dann am fünfzehnten Tag und machten ihn zu einem Tag des festlichen Mahls und der Freude. 19 Darum machen die Juden auf dem offenen Lande[7], die in den offenen Landstädten wohnen, den vierzehnten Tag des Monats Adar zu einem Tag der Freude und des festlichen Mahls und des Feierns und des gegenseitigen Aussendens von Speiseportionen.

---

[1] Eine Parenthese, die für Kap. 1-8 wie für Kap. 9 typisch ist: 1,13b–14.20; 2,12–13.20; 4,3; 6,4; 9,16–17. Vgl. Gerleman, Esther, 33–34.

[2] Ein Plusquamperfekt, das gleichfalls typisch für Kap. 1-8 wie für Kap. 9 ist: 1,8; 2,10; 3,2.4.6; 6,4; 7,8; 8,1; 9,3.24 f. Vgl. Gerleman, Esther, 32–33.

[3] Wörtlich: „diejenigen, die den Dienst tun, der für den König ist".

[4] Infinitivus absolutus, der mehrfach in Kap. 1-8 und in Kap. 9 erscheint: 3,13; 6,9; 8,8; 9,1.6.16 (3x).17 (2x).18 (2x).

[5] Das Verb hat eine maskuline Form nach einem femininen Nomen; vgl. 5,6.

[6] gam.

[7] Das Ketib $happ^e rûzîm$ weist Assonanz mit $hayy^e hûdîm$ auf. Klangmalerei erscheint oft in Kap. 1-8 wie auch in Kap. 9 (vgl. Striedl, ZAW 55, 90–91 und Bardtke.

Der neue Abschnitt beginnt mit einer Zeitangabe, die anzeigt, daß mehr als acht Monate zwischen den Ereignissen von Kapitel 8 und 9 liegen. Er endet mit V.19, nach dem ein Subjektswechsel stattfindet und eine neue Handlung einsetzt.

Endlich bricht der verhängnisvolle Tag an. Eine eindringliche Konstruktion 1-10 leitet den Abschnitt ein. Der von uns mit „es wurde gewendet" übersetzte Infinitiv absolutes Nifal nah^afok in V.1 (vgl. 9,22) ist das Schlüsselwort, das abermals das Wirken einer verborgenen Macht andeutet. Die ganze Situation „wurde gewendet" – so wird die Handlung des Buches in einem Wort zusammengefaßt. Um ihm und damit dem dahinter stehenden x-Muster gerecht zu werden, wird ein Chiasmus bzw. ein stilistisches x-Muster gebraucht: Feinde x, Juden (= „sie") y, Juden y, ihre Hasser x. Diese oft verwandte Redefigur[8] wird also wirkungsvoll auch in der Zusammenfassung eingesetzt, wo sie sehr angemessen ist. Wir stimmen Striedl[9] zu: „...die ganze Erzählung ist ein großes nah^afok...", eine gewaltige Wendung aus der Unterdrückung der Juden durch ihre Feinde zu einem Triumph der Juden über ihre Feinde"[10]. Der Ausdruck „keiner hielt stand" in V.2 ist aus den alten israelitischen Kriegserzählungen bekannt, in denen es sehr oft Jahwe ist, der den Seinen derart den Sieg schenkt (vgl. Jos 10,8; 21,44; 23,9). Ohne es expressis verbis zu sagen, deutet der Erzähler mit dieser Wendung an, daß Gott in den Ereignissen handelt. Ebenso verhält es sich mit dem damit verbundenen Motiv aus den alten Kriegserzählungen, der Furcht vor den Juden, das bereits in 8,17 auftauchte. Die Furcht vor Israel oder Jahwe erscheint oft in religiösen Kontexten[11]. Mordechais Brief (8,9) ist nicht ohne Wirkung geblieben, denn nicht nur das einfache Volk, auch die hohen königlichen Beamten ergreifen Partei für die Juden. Mordechais zunehmender Einfluß, der die Wendung der Ereignisse erleichtert, wird in V.4 wieder durch einen Chiasmus unterstrichen: groß, Mordechai, Mordechai, groß. So wird abermals die Rolle hervorgehoben, die Mordechai bei der Rettung der Juden spielt. Seiner Verantwortung für das Geschehen steht in diesen Versen gleichgewichtig die verborgene Andeutung urpersönlicher Macht und göttlicher Präsenz gegenüber. Die Identifikation Mordechais mit den Juden entspricht genau der analogen Identifikation Esters mit ihrem Volk in den vorangegangenen Kapiteln (vgl. 7,3-4; 8,5-6) – eine Beobachtung, die uns abermals davor warnen sollte, die literarischen Fähigkeiten des Erzählers in diesem Kapitel herabzusetzen.

Die Juden erringen leicht den Sieg über ihre Feinde. Nach Andersons richtiger Beobachtung liegt hier ein Fall vor, „anderen das anzutun, was sie einem angetan hätten". Die völlige Vernichtung des Gegners wird durch eine figura etymologica („einen Schlag schlagen") unterstrichen sowie durch die im Deutschen nicht wie-

---

8 Vgl. Striedl, ZAW 55, 91-92; Dommershausen, Die Estherrolle, 150.

9 ZAW 55, 105.

10 Vgl. hpk in der Exoduserzählung (Ex 7,15.17.20; 14,5).

11 Vgl. Ex 15,16; Jos 2,9.11; 1 Sam 14,15; 2 Chron 14,14; 17,10; 20,29; Ps 105,37-38; auch Ex 23,27; Dtn 7,23. Diese Furcht ist „ein religiöser Schrecken" und damit nicht sehr unterschieden von der 8,17 erwähnten Furcht, worauf Clines hinweist (The Esther Scroll, 40).

derzugebende Assonanz ḥereb wᵉhereg. Auch Hamans Söhne[12] werden getötet, so daß die Linie der Agagiter endlich abgeschlossen ist. Das erinnert uns an 1 Sam 15, wo der Benjaminiter Saul den Agag schont, während der Benjamiter Mordechai diesen Fehler für alle Zeiten korrigiert. Obwohl das Wort „Bann" - anders als in 1 Sam 15 - hier nicht auftaucht, ist die Vorstellung ganz gewiß gegenwärtig (wie die anderen Motive der alten Kriegstraditionen). Die Erwähnung der beiden Todfeinde Haman und Mordechai in einem Abschnitt, wo ihr Konflikt kein Thema mehr ist, zeigt, wie ihr persönlicher Konflikt sich zu einem kollektiven, das ganze Volk betreffenden, gewandelt hat - eine Entwicklung, die wir bereits den früheren Kapiteln entnehmen konnten. Eine weitere versteckte Verbindung zwischen unserem und den vorangegangenen Kapiteln ist in der sozusagen postumen Bestrafung von Hamans Vermessenheit zu sehen. In 5,11 bildeten ja seine Söhne einen Anlaß zu seinem törichten Selbstruhm, und so wird hier die Torheit seines Rühmens in aller Härte dem Leser abschließend vor Augen geführt. Eine weitere Motiventwicklung aus der sog. „früheren Erzählung" bildet die Aussage, daß sich die Juden einer Plünderung enthielten. Sie muß wichtig sein, da sie dreimal wiederkehrt (V. 10, 15, 16) und außerdem Mordechais Erlaß eine Plünderung ausdrücklich gestattet hatte (8,11). Dommershausen erinnert sicher zu Recht an die alten Kriegstraditionen, in denen die Beute als „Bann" gesehen wird und Jahwe gehört[13]. Wir begegnen abermals der Technik aus den Kapiteln 1-8, religiöse Motive indirekt anzudeuten. Eine Weigerung, sich an der Beute zu vergreifen, ist für unseren Erzähler unwichtig, ihm kommt es auf die religiöse Vorstellung als solche an - sein Vermögen, sie unterschwellig anzudeuten, ist hier nicht weniger eindrucksvoll als sonst im Esterbuch.

11-14a   Der zweite Teil unseres Abschnittes beginnt mit einer Zeitbestimmung. Die Nachricht über die Getöteten auf der Akropolis von Susa ist Anlaß zu einem letzten Gespräch zwischen dem König und der Königin. Der König berichtet ihr von den Verlusten auf der Akropolis und besonders von Hamans Söhnen. Die anschließende rhetorische Frage gibt zu verstehen, daß es im Reiche selbst weit schlimmer gewesen sein muß. Zum vierten Mal verspricht der König, Ester jeden Wunsch zu erfüllen, den sie noch haben könnte, ohne hinzufügen, das er bis zur Hälfte des Reiches beinhalten dürfte. Clines[14] weist auf den Unterschied zu 5,3.6 und 7,2 hin, wo der König auf eine Bitte Esters reagiere, während er hier von sich aus Ester anspreche. Ganz so eindeutig liegen die Dinge jedoch nicht. An den früheren Stellen fehlt eine ausdrückliche Bitte Esters, lediglich ihr Auftreten läßt den König auf eine solche schließen. Hier geschieht dasselbe. Dazu verrät sein großzügiges Angebot, daß Ester noch nach acht, ja elf Monaten in seiner Gunst steht. Dem entspricht es, daß die Spannung in der Erzählung jetzt nachgelassen hat (im

---

[12] Zu ihren persischen Namen (wie die Namen in den Listen 1,10.14) vgl. H. S. Gehman, JBL 43, 327-328. Zu der jüdischen Schreibweise, sie in Kolumnen aufzuführen, vgl. Paton und Bardtke.
[13] In Jos 7 und 1 Sam 15 ist das Verhängnis die Folge, wenn Jahwe auch nur ein Teil der Beute vorenthalten wird.
[14] The Esther Scroll, 47.

Gegensatz zu 4,11, wo durchaus angenommen werden konnte, daß sie nicht mehr in der Gunst des Königs stand). Gegen Clines hat der König auch nicht von sich aus den Juden eine Blankovollmacht gegeben. Er macht ein Angebot, aber Ester ist es, die eine Verlängerung erbittet, was auf einen Vorschlag hinausläuft. So kann dieser ganze Abschnitt schwerlich Clines' These belegen, es handle sich in Kap. 9 um einen sekundären und minderwertigen Anhang zu der ursprünglichen Erzählung. Esters Bitte läuft auf einen weiteren Erlaß hinaus, der den Zeitraum der Vergeltung ausdehnt und es gestattet, an Hamans Söhnen ein öffentliches Exempel zu statuieren.

Wir erfahren nichts von Kurieren, die mit dem dritten Erlaß loseilen, ebenso- 14b-19 wenig wird der genaue Wortlaut mitgeteilt. Solche Einzelheiten sind nicht mehr nötig. In der umgekehrten Reihenfolge erfahren wir dagegen von seiner Vollstreckung (chiastisch: die Juden, Hamans Söhne, Hamans Söhne, die Juden), wobei die Ausdehnung der jüdischen Vergeltungsaktion im Vordergrund steht. Die Juden in Susa, die sofort erreicht werden konnten, vereinten sich am vierzehnten Tag und töteten noch einmal dreihundert Mann. Wiederum wird betont, daß sie nichts von der Beute nahmen. Die literarische Begründung für Esters Bitte ist darin gegeben, daß die zwei Festtage am vierzehnten und fünfzehnten Adar erklärt werden müssen. Clines sieht hierin „den peinlichsten Erzählungsabschnitt des ganzen Buches", stimmt jedoch Gerleman zu, nach dem das zweitägige Fest auf diese Weise erklärt werden muß. Wenn wir annehmen, daß es ein solches Fest gab, das durch die Verlängerung der Feindseligkeiten erklärt werden mußte, dann findet die „Peinlichkeit" von Esters Bitte gleichfalls ihre Erklärung. Wir brauchen ihr Verhalten also nicht moralisch zu entschuldigen (wie es Schildenberger versucht), wir brauchen es aber auch nicht gutzuheißen. Die tatsächlichen Ereignisse werden im Urtext durch drei infinitivi absoluti („stehen, ruhen, töten") beschrieben[15]. Das Motiv der „Ruhe" nimmt die Mitte ein. Das entspricht dem Folgenden, wo das gleiche Motiv noch einmal erscheint, jetzt zusammen mit dem Datum (vierzehnter Adar) und dem Inhalt des Feiertages (Festmahl und Freude). Das Motiv der „Ruhe" ist ebenfalls aus den alten Kriegstraditionen bekannt[16]. In ihnen ist es immer Jahwe, der seinem Volk die Ruhe schenkt. Abermals wird hier ein religiöses Motiv angedeutet, in welchem der eigentlich religiöse Bestandteil unterdrückt ist – sozusagen ein Theologumenon ohne Theos! In V. 16 wird zum dritten Mal erwähnt, daß die Juden sich der Beute enthalten – offenbar ein sehr gewichtiges Motiv. Zuerst erschien es im Blick auf den dreizehnten Adar (V. 10), dann – von den Juden in der Stadt gesagt – am vierzehnten Adar (V. 15), und schließlich von den Juden in den Provinzen am dreizehnten Adar (V. 17). *Alle* Juden enthielten sich, obwohl sie die ausdrückliche Erlaubnis zum Plündern bekommen hatten (8,11). Auf diese Weise wird die Frage nach dem Warum? geweckt, aber eine Antwort nicht gegeben – eine vielsagende Lücke, die zum Nachdenken anregt.

---

[15] Der zweite Infinitiv *nôaḥ* braucht nicht getilgt zu werden (W. Rudolph, VT 4, 90; G. R. Driver, VT 4, 237; BHS), da er, worauf Dommershausen hingewiesen hat, von '*amôd* und *harôg* gerahmt ist.

[16] Vgl. Dtn 3,20; 12,10; 25,19; Jos 11,23; 14,15; 21,44; 22,4; 23,1.

18-19   Hier liegt eine ätiologische[17] Zusammenfassung vor. Die Juden in der Stadt kämpften vereint am dreizehnten und vierzehnten Adar und ruhten am fünfzehnten Adar, die anderen Juden auf dem Lande feierten bereits am vierzehnten Adar. Die Feststellung in V. 19, nach der die Juden den vierzehnten Adar zu einem Feiertag *machen*[18], zeigt, daß bereits in der Zeit des Erzählers zwei jüdische Gruppen an verschiedenen Tagen feierten[19]. Das Wortpaar „festliches Mahl und Freude" (in V. 17-19 dreimal wiederholt, zuletzt in umgekehrter Wortfolge) weist auf die fröhliche Stimmung, die das Fest beherrscht[20].

Endlich ist die große Wendung vollzogen. Wir sind der Schicksalswende gefolgt, die sich zwischen den Spitzen der Juden und denen ihrer Gegner vollzog, und wir haben gesehen, wie sich im Verlauf von Kap. 1-8 das individuelle x-Muster zu einem kollektiven entwickelte. Während diese Kapitel von der Durchführung des individuellen x-Muster bestimmt waren, wird die kollektive Ausweitung erst in Kap. 9,1-19 zu einem vergleichbaren Ziel geführt.

Der Erzähler beschließt diesen Abschnitt mit einer Ätiologie des Purimfestes. Ohne bisher den Namen des Festes zu erwähnen, verbindet er das übergreifende Thema der Wendung der Geschicke bzw. das x-Muster mit Purim. So wird seine Erzählung zum Hieros Logos des Festes. Sie erklärt dabei nicht nur dessen Ursprünge. Bis zur Identifikation der spontanen jüdischen Feierlichkeiten mit dem Purimfest[21] zeigt der vorliegende Abschnitt, daß die Erzählung mehr sein will als eine Festlegende über die Entstehung dieses Festes – sie will eine Interpretation seiner *Bedeutung* geben. Wer an diesem Fest die Bewahrung der Juden vor der Ausrottung durch eine feindliche Macht feiert, der sollte vor Augen haben, wie im Ablauf jener Ereignisse (nur jener?) menschliche Vedrantwortung und Weisheit mit geheimnisvoller Fügung oder göttlicher Einflußnahme auf das menschliche Geschehen einhergehen.

13.
Kapitel 9,20-32
Die Einsetzung des Purimfestes

20 Da schrieb Mordechai diese Dinge auf und schickte Briefe an alle Juden in allen Provinzen des Königs Xerxes, nah und fern, 21 um ihnen zur Pflicht zu machen[1], den vierzehnten Tag des Monats Adar und auch den fünfzehn-

---

[17] *'al kēn* („daher") ist eine typische ätiologische Formel (vgl. R. Frankena, Studia Biblica et Semitica, 94-99).

[18] Zum Partizip in präsentischer Bedeutung vgl. auch Jos 4,9; 7,26; 8.28-29.

[19] Moore hält V.19 für eine Glosse, weil er 9.21-22 widerspreche. Das ist nicht zwingend, da Mordechais Schreiben als ein Versuch angesehen werden kann, verschiedene Praktiken zu koordinieren (s. zu 9,21-23).

[20] Dieses Stück ist von zentraler Bedeutung für Cazelles' Quellenhypothese, die an früherer Stelle besprochen wurde (s.S. 214), wird aber m.E. dem vorliegenden Sachverhalt nicht gerecht (so wenig wie die These von Clines).

[21] Das geschieht im nächsten Abschnitt (9,20-23).

[1] *qwm* im Piel begegnet im AT nur elfmal, im Esterbuch nur in diesem Abschnitt (siebenmal). Vgl. Meinhold.

ten Tag dieses (Monats) jährlich zu begehen[2] 22 als die Tage, an denen die Juden Ruhe vor ihren Feinden erhielten, und als den Monat, der für sie gewendet wurde vom Kummer zur Freude und von der Trauer zum Feiertag, und daß sie sie halten sollten als Tage des Festmahls und der Freude und des gegenseitigen Verschickens von Leckerbissen und von Gaben für die Armen. 23 Und die Juden übernahmen[3] das, was sie (bereits) zu tun begonnen hatten, und das, was ihnen Mordechai geschrieben hatte. 24 Denn Haman, der Sohn Hammedatas, der Agagiter, der Feind aller Juden, hatte gegen die Juden geplant, sie zu vernichten und hatte Pur, d.h. das Los geworfen, um sie aufzureiben[4] und auszurotten. 25 Aber als die Angelegenheit[5] vor den König kam, befahl er gleichzeitig mit dem Schreiben[6], daß der böse Plan, den jener gegen die Juden geplant hatte[7] auf seinen eigenen Kopf zurückfalle, und sie hängten ihn und seine Söhne an den Galgen. 26 Deshalb heißen diese Tage „Purim" nach dem Namen „Pur". Deshalb (wegen all der Worte dieses Briefes und alles dessen, was sie erfahren hatten und was ihnen zugestoßen war) 27 machten die Juden es zur Pflicht und übernahmen für sich selbst und für ihre Nachfahren und für alle, die sich ihnen anschlossen, alljährlich diese zwei Tage zu begehen, ohne sie zu versäumen[8], nach ihrer Vorschrift und ihrer festgesetzten Zeit, 28 daß diese Tage erinnert und eingehalten würden in jeder Generation, jeder Familie, jeder Provinz und jeder Stadt, daß diese Tage von Purim niemals aus der Mitte der Juden schwinden noch die Erinnerung an sie bei ihren Nachfahren ein Ende finden dürften. 29 Und Königin Ester, die Tochter Abihajils[9], schrieb auch mit allem Nachdruck, um diesen zweiten Purimbrief zu bestätigen. 30 So wurden Briefe geschickt[10] an alle Juden in den 127 Provinzen des Reiches von Xerxes – Worte von Frieden und von Dauer – 31 um diese Purimtage zur Pflicht zu machen zu ihren Zeiten wie Mordechai, der Jude[11], sie zur Pflicht gemacht hatte und wie die Juden sie bereits selbst für sich und ihre Nachfahren zur Pflicht gemacht hatten hinsichtlich der Vorschriften (eig. „Worte") des Fastens und Klagens. 32 Und Esters Anordnung machte diese Purimangelegenheiten zur Pflicht, und es wurde schriftlich festgehalten.

---

[2] Das Partizip 'ośîm nach dem Infinitiv lihyôt zeigt die Dauer an. 'sh ist t.t. für die Feier eines religiösen Festes. Im Pentateuch geht es auf die Feier des Passa (Ex 12,48; Num 9,10.14) und des Sabbat (Ex 31,16; Dtn 5,15); vgl. Meinhold. Da das Purimfest nicht im Pentateuch erscheint, ist das zu beachten.

[3] Der Konsonantentext muß nicht geändert werden, wie viele Ausleger vorschlagen (vgl. BHS). qibbēl kann als qabbēl gelesen werden (inf.abs. Pi'el) und würde dann qibbᵉlû (3. sing.masc.Pi'el) vertreten. Vgl. Ges.-K.par. 113y,ff, gg.

[4] lᵉhummām ist eine Klangmalerei zu hāmān im gleichen Vers (Anderson).

[5] Das feminine bᵉhō'ah bezieht sich entweder auf Ester oder ist Neutrum; der Bedeutungsunterschied im Kontext ist unerheblich.

[6] Dieser Ausdruck wird oft „durch einen Brief" oder „schriftlich" übersetzt. Aber 'im ist kaum mit bᵉ gleichzusetzen, es kann jedoch „gleichzeitig mit" bedeuten; vgl. KBL, s.v. 'im.

[7] ḥāšab maḥᵃšebet: figura etymologica.

[8] Lies ya'brû (mit Umstellung von r und w).

[9] ûmordᵒkay hayyᵉhûdî ist ein späterer Zusatz.

[10] Die dritte Person masc.sing. wayyišlaḥ ist unpersönlich.

[11] wᵉ'ester hammalkâ ist ein Zusatz, der mit dem Zusatz ûmordᵒkay hayyᵉhûdî in V.29 harmonisiert.

Der vorletzte Abschnitt der Novelle beginnt mit dem Subjektswechsel in V. 20.

20-22 Der erste Satz besagt nicht, wie frühere Ausleger annahmen, daß Mordechai das Buch Ester verfaßt habe. „Diese Ereignisse" können nur auf den vorangegangenen Abschnitt bezogen werden. Mordechai schickte Briefe an alle Juden im Reich des Xerxes „nah und fern", womit angedeutet wird, daß niemand in diesem Riesenreich übergangen wurde. Hier wird zum erstenmal in einer Reihe von Wiederholungen festgehalten, daß *alle* Juden durch die Purimbestimmung gebunden sind („alle Juden": V. 20.24.27.28). Drei Grundelemente werden als bindend zur Pflicht gemacht (t. t. $qayy\bar{e}m$): Das Fest soll alljährlich am vierzehnten und fünfzehnten Adar von allen Juden gefeiert werden; ihm sollen die Ereignisse zugrundeliegen, die im vorangegangenen Abschnitt berichtet wurden; es soll als ein Fest der Freude und der Geschenke gefeiert werden. Indem er, ohne sich für eine der beiden Möglichkeiten zu entscheiden, eine Einheit herstellt, beseitigt der Verfasser die Unterschiede zwischen den Feiern der Juden in Susa und der Juden in den Provinzen. Die Zusammenfassung von V. 1 in V. 22 (abermals das Motiv der mit *hpk* beschriebenen Wende) weist nicht, wie Paton behauptet[12], auf das Werk eines späteren Redaktors. Bardtke hat mit Recht auf die Betonung des Motivs der Ruhe hingewiesen. Beobachtet man, daß dieses Motiv ziemlich isoliert aus dem vorangegangenen Abschnitt übernommen ist und dessen kämpferische Elemente ganz fehlen, so wird eine gewisse Ausgewogenheit gegenüber der aggressiven Bitte Esters in 9,13 hergestellt. Clines[13] spricht geradezu von einer „Entmilitarisierung" in unserem Abschnitt. Es handelt sich jedoch keineswegs um das Endstadium eines Prozesses von „Entmilitarisierung" innerhalb der Erzählung, sondern um ein Gegenstück zu der allzu augenfälligen (militäriscvhen) Gewalt in V. 1-19. Es ist eine ganz natürliche Entwicklung, wenn nach der Schlacht das Interesse einem Fest gilt, seiner Feier und seinen bleibenden Bestimmungen[14]. Das Purimfest wird jetzt zu einem einzigen Fest von zwei Tagen anstatt eines Doppelfestes an verschiedenen Tagen für verschiedene Teile der jüdischen Bevölkerung.

23-27 Jetzt wird die Wirkung beschrieben, die Mordechais Brief hervorruft. Die Juden übernehmen - zusätzlich zu dem, was sie bisher spontan taten - Mordechais Anordnungen. Zuerst hatten die Juden ja am Tage nach ihrem Sieg gefeiert, am vierzehnten Adar also die Juden in den Provinzen, am fünfzehnten Adar die Juden von Susa. Das blieb auch so nach dem Empfang von Mordechais Schreiben, nur wurde jeweils nach seiner Anordnung ein weiterer Tag der Feier hinzugefügt: für die Juden in den Provinzen der folgende Tag, für die Juden von Susa der vorangehende. Deshalb sind wir im Gegensatz zu Moore der Auffassung, daß V. 19 nicht im Widerspruch zu diesem Abschnitt steht. Die „Widersprüche", die manche Ausleger[15] in der gerafften Übersicht finden, die V. 24 ff. von Kap. 3-8 gibt,

---

[12] Dommershausen weist auf die Symmetrie der Paare in diesem Vers hin: Tag / Monat, Kummer / Freude, Festmahl / Jubel, Leckerbissen / Geschenke, zwei 'a$\check{s}er$-Sätze.

[13] The Esther Scroll, 162-165.

[14] S. auch S. 213.

[15] Z.B. daß Esters Mitwirkung übergangen wird (Paton; Lebram VT 22,212); daß Haman vor seinen Söhnen aufgehängt wird (Würthwein), wobei die zusammenfassende Formulierung das doch offen läßt; daß Xerxes von Hamans Plan wußte (Würthwein), wobei das Nichtwissen des Königs doch mit dem Bild des Despoten ohne Weisheit übereinstimmt, das die Erzählung durchgehend festhält.

können nicht für die Annahme verschiedener Quellen ins Feld geführt werden, denn eine derartige Übersicht muß notwendigerweise zusammenfassend formulieren (vgl. Bardtke). Haman heißt jetzt der Feind *aller* Juden wie V. 20 überhaupt ihre Gesamtheit betont (s. o.). Das Wort *pûr*, „Los", erscheint hier zum erstenmal seit 3,7 und im weiteren Verlauf des Abschnittes noch sechsmal, davon fünfmal im Plural. „Der Brief" muß sich auf die Briefe beziehen, die zusammen mit Mordechais Erlaß hinausgingen (8,9-14). Zwei Ätiologien, insgesamt durch „daher" eingeleitet, folgen V. 26-27: Die Juden nennen das Fest *pûrîm*, da zu dem Werfen des *pûr* zwei Tage gehören, und sie folgen den neuen Bestimmungen, nicht nur weil sie von Mordechai erlassen sind (V. 23!), sondern auch aufgrund ihrer eigenen Erfahrung. Sie gelten für alle in einer nicht überbietbaren Totalität - nicht nur für jene Juden, die am Geschehen unmittelbar beteiligt waren, nein, auch für ihre Nachfahren und für die Proselyten. Ein solches Verständnis weist auf eine religiöse Dimension der Feier.

Der unveränderte und immerwährende Charakter, der dem Fest eigen ist, wird 28 in positiver und negativer Weise hervorgehoben. Die doppelte negative Verfügung (daß die Purimtage nie schwinden noch die Erinnerung an sie aufhören solle) wird zweimal durch *lō'* mit Imperfekt ausgedrückt, die Form eines absoluten Verbotes. Der Ausdruck „Geschlecht um Geschlecht" (*dōr wādôr*), von uns mit „in jeder Generation" wiedergegeben, ist feierlich (öfter in Psalmen: 90,1; 45,18; 61,7; 145,13) und hat eine nahe Entsprechung in der Exoduserzählung (*lᵉ dōr dōr* in Ex 3,15).

Diese letzten Verse unseres Abschnittes handeln von einem Brief, den Ester 29-32 geschickt hat. Mordechai scheidet als Mitverfasser des Briefes aus, den Ester abfaßte, um seinen eigenen zu bestätigen (V. 29). Ester kann aber auch nicht die Mitverfasserin des Schreibens sein, von dem V. 31 spricht, denn dieses macht die Feiern zur Pflicht und muß sich daher auf V. 20-22 beziehen, wo wir erfahren, daß es von *Mordechai* herrührt. Beide Hinzufügungen verfolgen jedoch dasselbe Ziel, das unser Abschnitt als ganzes im Auge hat: Sie wollen zeigen, daß beide Hauptpersonen, Ester und Mordechai, für das Purimfest und für die Rettung der Juden gleichermaßen wichtig sind[16]. In diesem Sinne dient Esters Brief der Bestätigung von Mordechais „zweitem Purimbrief" (V. 29). Ist Mordechais Brief mit seinen Festlegungen (V. 22-24) ein „zweiter Purimbrief", dann muß bei dem ersten an jenes Schreiben gedacht werden, das er zur jüdischen Selbstverteidigung am dreizehnten Adar verschickte (8,10-14). Esters Brief hingegen enthält „Worte von Frieden und Dauer" (V. 30b). Mit diesen Worten wird er eingeleitet (vgl. Bardtke), doch ist dabei anzumerken, daß „Dauer" (*ᵉmet*) - im Gegensatz zu „Friede" (*šālôm*) - kein Bestandteil der herkömmlichen Grußadresse am Anfang eines Briefes ist. Der im Hebräischen schillernde Begriff (auch „Bestand", „Gewißheit", „Treue", „Wahrheit") ist hier, wo es auf das Beibehalten des Festes durch die

---

[16] Nach S. E. Loewenstamm, HUCA 42, 117-124, beabsichtigen diese Verse, den Juden die verpflichtende Kraft des Purimfestes zu verdeutlichen. Das trifft zu, aber seine besondere Funktion und seine Bedeutung im Kontext des ganzen Buches ist darin zu sehen, daß Ester und Mordechai in gleicher Weise dazu beigetragen haben.

Zeiten geht, am ehesten als „Dauer" zu interpretieren. Das Fasten und Klagen (V.31) sind Bestandteile des Purimfestes, die es mit dem Fasten verbinden, zu dem Ester die Juden während der Passazeit aufrief (4,16), aber auch mit der Klage Mordechais und der anderen Juden bei Bekanntwerden von Hamans Erlaß (4,1.3). Noch einmal wird die Wende, die sich im Geschick der Juden ereignet hat, durch den Parallelismus „Worte von Frieden und Dauer" in V.30 und „Worte des Fastens und ihres Klagens" in V.31 zum Ausdruck gebracht. Schließlich wird eine Abschrift von Esters Schreiben in den Annalen festgehalten, womit seine Bedeutsamkeit hervorgehoben wird[17].

Der ganze Abschnitt zeigt noch einmal die Vorliebe des Verfassers für Symmetrie (V.22.27), Parenthesen (V.26.27) und rückblendendes Plusquamperfekt (V.24). Er ist dabei sorgfältig darauf bedacht, die Gleichgewichtigkeit seiner beiden Haupthelden im Ablauf der Handlung festzuhalten. Im ganzen Abschnitt kommt es wesentlich auf die bleibende Bedeutung des Purimfestes an, das derart betont werden muß, weil es das einzige jüdische Fest ist, das nicht im Pentateuch erwähnt wird. Dabei ist es wichtig, daß die Errettung mit einem Fest endet, denn so ist der letzte Berührungspunkt zum Exodusgeschehen gegeben, das für den ganzen Ablauf der Handlung Vorbild war. Wie das Passafest die krönende Feier der Errettung aus ägyptischer Unterstützung war, so ist das Purimfest die krönende Feier der Errettung aus persischer Bedrohung. Daher ist es bedeutsam, daß dem ernsten Passaopfer die fröhlichen Tage der ungesäuerten Brote folgen wie dem ernsten Fasten und Klagen die Freude von Purim[18]. Das Grundmotiv einer Wende der Geschicke und das Motiv der Ruhe vervollständigen die religiösen Aspekte unseres Abschnittes, und es ist Bardtke zuzustimmen, wenn er auch hier die „verborgen lenkende Macht" am Werke sieht. Schließlich ist zu beobachten, daß das Fest wie in allen Festlegenden von seinem Ursprung her erklärt wird. Aber in unserer Erzählung geschieht mehr - sie *interpretiert* die Bedeutung von Purim. Es ist ein Fest, das an menschliche Gewandtheit erinnert, aber zugleich an die verborgene Weise, in der Gott menschliche Geschicke lenkt.

14.

Kapitel 10,1-3
Mordechais Glanz

1 Jetzt erlegte König Xerxes dem Inland und den Küstengebieten eine Steuer auf. 2 Und jedes Werk seiner Macht und seine Stärke und der genaue Bericht über die Größe Mordechais (den der König groß gemacht hatte) - ist das nicht alles aufgeschrieben im Buch der Chronik der Könige von Medien

---

[17] Dieser Abschnitt ist von zentraler Bedeutung für die bereits besprochenen Thesen von Torrey und Lebram (s. S. 210 f). Nach Torrey (HThR 37, 31-34) bezieht sich der zweite Brief auf das hebräische Esterbuch, während der damit angedeutete erste Brief auf die ursprüngliche aramäische Fassung geht. Lebram (VT 22, 208 ff.) sieht in 20-28 den Skopos des Buches, um von ihm ausgehend seine Quellenhypothese zu entwickeln.

[18] Vgl. Dommershausen, Die Estherrolle, S. 135.

und Persien! 3 Denn Mordechai, der Jude, war der zweite nach König Xerxes, und er war ein großer Mann für die Juden, und beliebt bei der Menge seiner Brüder, weil er immer Gutes für sein Volk suchte und Frieden verkündete für seine gesamte Nachkommenschaft.

Die Erzählform (*waw* consecutivum), mit der V.1 einsetzt, verbindet den letzten Abschnitt des Buches nicht nur mit dem vorangegangenen, sondern zugleich mit der ganzen Erzählung.

Ohne dessen Notwendigkeit zu begründen (s. zu V.2), erlegte Xerxes dem Inland wie den Küstengebieten eine Steuer[1] auf. Wir sind einem solchen symmetrisch formulierten Doppelausdruck[2] in unserem Buch schon öfter begegnet. Er deutet die riesigen Ausmaße des Reiches an und weist damit auf Kap.1 zurück (vgl. 1,1.20). Die Größe des Königs (teilweise auch in V.2 hervorgehoben) wird dadurch zum Ausdruck gebracht, daß er ein solches Riesenreich zu beherrschen vermag. Zugleich bildet das einen ironischen Gegensatz zu Kap.1: Hier zeigt der groteske Humor der Waschti-Szene, wie wenig er in der Lage ist, seine eigene Frau unter Kontrolle zu halten, dann aber selbst einen Erlaß veröffentlicht, daß im ganzen Reich die Frauen in ihren Grenzen gehalten werden sollen, und bei diesem Vorgehen in geradezu kläglicher Weise auf Ratgeber angewiesen ist. Dieser Gegensatz hält nicht nur alle zehn Kapitel des Buches zusammen, er richtet auch eine Frage an den Leser (solche Fragen hat der Erzähler immer wieder an den Leser gerichtet!): Wer verantwortet eigentlich die Macht, wenn der schwache König als ein derart mächtiger Monarch dargestellt wird? Gibt es eine andere Macht, die sozusagen hinter dem Thron steht?

Dieser Vers beantwortet nicht die Frage, gibt aber zu verstehen, in welche Richtung eine Antwort gehen könnte. Wir hören abermals von dem mächtigen Werk des Königs und seiner Stärke, jetzt in einem chronikartigen Stil formuliert[3]. Sie zeigt sich auch in der Erhöhung Mordechais. Wird mit Mordechai die Macht hinter dem Thron angedeutet (vgl. V.3)? Und ist er verantwortlich für die Regierung, die das ganze Reich unter Kontrolle hält? Wenn wir auch D.Daube[4] darin nicht zu folgen brauchen, daß die Steuer notwendig war, um den Verlust der 10000 Talente Hamans auszugleichen (3,9)[5], so können wir doch seinen Gedankengang darin aufnehmen, daß Mordechai den schwachen König jetzt ebenso in einem guten Sinne beeinflußt, wie Haman das seinerzeit zum Schaden getan hatte. Eine Macht hinter dem Thron, die den König davon überzeugt, es sei besser die Staats-

---

[1] In älteren Texten bedeutet *mas* „Zwangsarbeit"; sollte hier diese Bedeutung vorliegen, so mag der Erzähler an Salomo denken, der sie als Zeichen seiner Macht gebrauchte (so Clines; vgl. 1 Kön 4,6; 9,15.24).

[2] Vgl. Anm. 12 im vorangehenden Abschnitt.

[3] Die rhetorische Frage, nebst Begriffen wie „Buch der Chronik" (*sēfer dibrê hayyāmîn*) und „Stärke" (*gᵉbûrâ*) sind typisch für die abschließende Wertung von Königen im Deuteronomistischen Geschichtswerk (vgl. 1 Kön 11,41; 14,29; 15,7.23 usw.).

[4] JQR 37, 139-147.

[5] Der Text gibt zu verstehen, daß Haman das Geld im voraus entrichtet hätte; in jedem Falle war sein Besitz bereits beschlagnahmt (Clines).

kasse durch friedliche Steuern aufzufüllen als durch einen Völkermord, ist in jedem Falle gut. Solche Ratgeber braucht ein König, um sich des Gelingens zu erfreuen, das die Weisen mit einem klugen Rat verbinden[6]. Wie es sich jetzt herausstellt, war die Wende der Geschicke von einzelnen, von Mordechai und Haman, nicht nur für die Juden gut, sondern auch für den König. So geht es in Kap. 10 um das „kleine x-Muster" zwischen Mordechai und Haman, und deshalb ist es auch ganz und gar Teil der Haupthandlung. Schließlich entspricht der chronikartige Abschluß, der die Authentizität der Erzählung wahren will, dem sonstigen Vorgehen des Verfassers, der bestrebt ist, seine Erzählung durch authentische Details glaubhaft zu machen. Auch das spricht dagegen, in unserem Kapitel einen späteren „Anhang" zu sehen.

3   Dieser Vers ist - wie oftmals bei unserem Erzähler - sorgfältig gegliedert[7]. Mordechai nimmt die höchste Stellung im Reiche ein, nur der König steht noch über ihm. So verhielt es sich ja auch mit Josef[8]. Bei Mordechai ist die durch zwei Partizipien[9] gegebene Begründung für seine Beliebtheit unter den Juden besonders zu beachten. Es fällt auf, daß er *Frieden* verkündet haben soll, da er sonst als schweigende Autorität hinter der das Wort ergreifenden Ester steht. Das muß von Bedeutung sein, und Dommershausen ist wahrscheinlich im Recht, wenn er hier die letzte religiöse Andeutung des Buches sieht: Ps 85,9 sagt, daß Gott seinem Volk „Frieden verkündet", und nach Sach 9,10 verkündet der kommende König den Nationen Frieden und regiert „von Meer zu Meer" und „bis an die Enden der Erde" (beide Elemente tauchen in V.1 auf, um die Ausmaße des Reiches zu beschreiben, in dem Mordechai regiert).

Damit endet unser Buch. Mordechai steht hier im Vordergrund, womit wieder ein Gleichgewicht zu Ester hergestellt ist, die im vorangegangenen Abschnitt seinen Brief bestätigte und demzufolge vielleicht gegenüber ihrem Pflegevater als wichtiger hätte angesehen werden können (vgl. 1,20). In Wirklichkeit setzten sich beide gleichermaßen für ihr Volk ein - wie Mose beim Auszug. In dem chronikartigen Abschluß unserer Erzählung können wir - durch beide verkörpert - den Glanz und das Verdienst von Männern (und Frauen!) aus der ganzen Welt wiederfinden, aber auch die Pfade Gottes ahnen, die Spuren seiner Gegenwart im Leben seines Volkes und der Welt. Wir können nicht beweisen, daß es seine Spuren sind, wir können es nur glauben und tapfer die Verantwortung auf uns nehmen.

---

[6] Vgl. Spr 11,14; 15,22; 24,6.
[7] Dommershausen, Die Estherrolle, 137.
[8] S. Rosenthal, ZAW 15, 280.
[9] Beide Partizipien (im Deutschen Verben des Kausalsatzes) sind gleichzeitig Beispiele für Alliteration und Klangmalerei: *dōrēš* und *dōbēr*.